문화콘텐츠 DNA 스토리텔링

제2판
문화콘텐츠 DNA 스토리텔링

2019년 1월 10일 제1판 발행
2022년 8월 30일 제2판 발행

지은이 | 김헌식 · 이동배
교정교열 | 정난진
펴낸이 | 이찬규
펴낸곳 | 북코리아
등록번호 | 제03-01240호
주소 | 13209 경기도 성남시 중원구 사기막골로 45번길 14
　　　우림2차 A동 1007호
전화 | 02-704-7840
팩스 | 02-704-7848
이메일 | ibookorea@naver.com
홈페이지 | www.북코리아.kr
ISBN | 978-89-6324-893-6 (03300)

값 22,000원

제2판

문화 콘텐츠 DNA 스토리텔링

김헌식 · 이동배 지음

북코리아

문화콘텐츠의 DNA 스토리텔링

"대학과 대학원에서 마케팅과 심리학을 전공했고, 각종 공모전에서 여러 차례 수상한 경험이 있습니다. 1학년 때부터 동아리도 마케팅 관련 쪽에서 활동했습니다. 학교에만 있지 않고 일찍이 다양한 분야의 경험을 쌓았습니다. 사회봉사활동도 열심히 했으며, 해외 마케팅캠프도 참여한 바 있습니다. 사회적 가치와 기업의 이익을 최대화하는 데 관심이 많습니다. 여러 분야에 대한 경험과 지식을 바탕으로 융합하여 실무에서 역량을 발휘하고자 합니다. 특히, 매장관리를 나가본 적도 많이 있어 소비자의 눈높이에 맞는 서비스에 대해 깨달은 것이 많습니다. 따라서 다양한 경험과 인식을 바탕으로 열심히 근무하겠습니다."

이는 흔히 볼 수 있는 자기소개 양식이다. 주로 자신이 얼마나 똑똑한 사람이고 훌륭한 인재인지 드러내고 있다. 하지만 이 책에서 집중적으로 논할 스토리텔링 방식과는 거리가 있다. 무엇보다 고용주에게 도움이 되는 인재인지도 잘 부각되지 않는다. 이를 스토리텔링 방식으로 바꾸어보면 다음과 같다.

"대학과 대학원에서 '선택'에 관한 학과목을 중점적으로 전공했습니다. 이런 전공 내용을 바탕으로 실제 현장 경험을 쌓으려 노력했습니다. 어느 날 임시로 일하던 매장에서 매니저님이 하소연했습니다. 매장에 다양한 상품을 최대한 진열했는데, 예상보다 판매가 저조하다는 것이었습니다. 가만히 살펴보면 정말 그러했습니다. 많은 고객이 둘러보기만 하고 그냥 나갔습니다. 그래서 저는 선택의 패러독스를 떠올렸습니다. 이는 사람들은 물건이 많을수록 고민만 더 하고 실제로 사지 않는 현상을 말합니다. 저는 종류를 줄이고 핵심적인 추천 상품 중심으로 재배치했습니다. 그러자 매상이 올라가기 시작했습니다. 너무 많은 상품을 진열하면 오히려 역효과가 난다는 선택의 패러독스를 직접 확인하는 순간이었습니다. 모두 기뻐했고 저도 즐거웠습니다. 저는 앞으로도 이렇게 현장의 문제들을 관련 경험과 전공 지식을 바탕으로 해결하겠습니다."

확실히 차이가 있다. 둘 사이의 차이는 무엇일까? 차이가 일어나는 이유는 간단하다. 여기에서 부각시키는 것은 어떤 문제가 발생했고, 그로 인해 벌어지는 고통, 고민, 피해 등을 어떻게 해결했는가다. 이런 점들이 없다면 스토리텔링이 될 수 없으며, 단순히 이벤트나 사실의 나열에 불과하다. "무엇을 했다."는 일어난 일, 즉 사건이다. 스토리도 아니고, 스토리텔링도 아니며, 단순히 사건과 정보의 나열에 머물고 만다. 단순한 과거 행위의 기술이다. 여기에서 이런 행위에 관한 나열은 단순 내러티브 수준이다. '무엇보다 무엇이 최고다, 뛰어나다'를 강조하는 이런 방식으로는 공감을 얻기 어렵다. 실제 경험적 이야기를 통해 감정을 이입하고 공감할 수 있어야 한다. 더구나 스토리텔링에 관련한 많은 책이 이러한 오류 안에 있다. 스토리의 요건도 없는데 '스토리텔링'이라 언급한다. 이 때문에 혼동과 착오, 실패가 일어난다.

근원적으로 스토리텔링은 문화콘텐츠의 기초이자 DNA다. 말하자면 기초 설계도에 해당한다. 디지털미디어가 부상함에 따라 단순 콘텐츠를 문화콘텐츠로 만들려면 반드시 스토리텔링을 해야 한다. 스토리텔링은 성공할 경우 영향력이 크며 어떤 방법보다 효과적이다. 그러나 스토리텔링은 어렵다. 스토리텔링에 맞는 소재와 구성을 적절하게 분별하고 재창작해야 하기 때문이다. 스토리텔링은 이야기의 단순한 전달이 아니라 창작의 영역이다. 그렇기 때문에 창작의 관점에서 이야기를 어떻게 잘 전달할지 고민해야 한다. 특히 일반 대중이 콘텐츠 소비를 좌우하는 상황에서는 당연히 그들 때문에 스토리텔링이 새롭게 부각되었음을 잊지 말아야 한다. 즉, 스토리텔링은 철저하게 수용자 중심으로 이뤄져야 한다.

이 책은 스토리텔링에 대한 기본 개념과 특징, 유형과 조건 등을 살피고 이에 따라 각 분야에 어떻게 적용되고 있는지 정리했다. 실제 사례들을 중심으로 스토리텔링의 제대로 된 면모를 더 가까이 살펴볼 수 있도록 구성하려 했다. 아울러 사례에 대해 좀 더 나은 방향도 틈틈이 모색하고 있다. 나아가 이 책에서 다룬 내용을 바탕으로 스스로 적용해볼 수 있도록 예시 과제를 곁들였다. 이런 2018년 내용에 2022년 현재 내용을 수정 보완하였다. 문화콘텐츠는 이 시간에도 수없이 창작되고 있다.

CONTENTS

Cultural contents
DNA
Storytelling

1강

스토리텔링의
기본 이해

).
스토리텔링의 개념과 특징

1) 개념과 형성 배경

　"왜 스토리는 이렇게 중요한 것일까. 왜 스토리는 나이와 성별 문화를 초월해 모든 이의 마음을 움직이는 것일까. 전달된 좋은 스토리는 기억에 오래 남고 감동을 주며 개개인에게 작용하기 때문이다." 이는 '픽사 스토리'의 저자 매튜 류의 말이다. 스토리는 사람을 움직인다. 마음과 몸을 모두 변하게 한다. 인지심리학자 제롬 브루너(Jerome Bruner)는 "사람은 스토리를 통해서 정보를 접하면 22배나 더 잘 기억한다."고 했고, 그것은 개인 차원에만 머물지 않고 집단적 기억의 전승으로 이어진다. 이런 맥락에서 소설 《정글북》의 저자 러디어드 키플링은 "역사를 이야기로 가르치면 절대 잊어버리지 않을 것이다."라고 한 바가 있다. 이렇게 중요한 스토리가 진가를 발휘하려면 스토리텔링을 잘해야 한다.

　흔히 스토리텔링을 명사(story), 동사(tell), 현재진행형(~ing)이라는 품사로 분석하여 말한다. 스토리, 즉 '이야기'를 진행형으로 말한다는 것이다. 그것이 무엇을 의미하는지에 대해서는 좀 더 구체적으로 살펴볼 필요가 있다. 우선 이야기는 그것을 통해 세상을 이해하는 근본적인 수단이다.[1] 세상을 이해하는 것은 관계에서 시작한다. 스토리는 관계를 위해 유효 적절하다. 스토리는 사람과 사람을 연결하는 데 매우 거대한 잠재성을 가지고 있다. 삶의 이야기들을 다른 사람들과 나누고 듣는 것은 서로를 연결해주는 강력한 접착제이다.[2]

우리는 수많은 정보와 자료 그리고 연결 속에 살고 있지만, 인간적인 접촉에 부족함을 느껴 고통받기도 한다. 인간적인 접촉의 결핍을 스토리텔링이 채워준다. 픽사 창립자이자 애니메이션 영화 제작자인 에드윈 캣멀은 다음과 같이 말했다.

"스토리텔링은 사람들 간에 소통하고 정보를 전달하는 기본적인 방법입니다. 부모가 아이를 무릎에 앉히고 이야기를 들려주거나 책을 읽어주는 건 부모와 아이 모두에게 가장 가치 있는 일 가운데 하나입니다. 이때 부모는 단순히 이야기를 들려주는 것이 아니라 아이와 깊은 정서적 유대감을 형성합니다. 그 다음 아이는 학교에서 과거, 역사, 문화를 배우며 또 다른 형태의 스토리텔링을 접하게 됩니다."[3]

스토리텔링은 지식과 정보의 전달에서도 탁월한 효과를 보인다. 지식과 정보를 적절하게 스토리텔링을 통해 전달하면서 가능하게 한다. 판단과 의사결정에도 중요하게 영향을 미친다. 많은 자료와 정보, 특히

---

1) Gregory Berry, "Telling stories: Making sense of the environmental behavior of chemical firms," *Journal of Management Inquiry*, March 2001, Vol. 10, No. 1, p. 59.

2) Kate Marek, *Organizational Storytelling or librarians-Using Stories for effective leadership* (Chicago: American library Association, 2011), p. 13.

3) 비카스 샤, 『생각을 바꾸는 생각들』, 임경은 옮김, 인플루엔셜, 2021, 78쪽.

단절된 정보의 바다에서 무엇을 선택해야 할지 모르는 상황에서는 의미 있는 스토리들이 사람들에게 더 안심되고 중요한 선택을 하도록 주목하게 한다.[4] 구체적인 판단과 선택만이 아니다. 스토리들은 크고 작은 방법으로 설명하고, 정신적 영감을 주고, 위로해주며, 복잡한 일상생활을 이해하게 만든다.[5]

또한 스토리텔링은 조직과 공동체에 변화를 이끌어낸다. 지식을 전하고, 공동체를 성숙시키며, 혁신을 이끌어내기도 한다. 기존의 신념이나 믿음을 바꾸게 하는 것이다. 이에 필요한 소통을 원활하게 만들고, 지켜야 할 가치관을 교육하는 기능도 한다.[6] 특히 특정 범주 안에 있는 사람들 사이의 소통의 힘을 강화하는 것이 스토리텔링이다.[7]

스토리텔링은 미래지향적이다. 스토리텔링은 지나온 이력 · 역사에 용이하게 접근할 수 있도록 하고, 과거의 이야기들에서 배울 점을 제공한다. 바카스 샤는 "우리는 과거 사건을 직접 경험할 수 없고 오직 남겨진 이야기를 통해서만 경험할 수 있죠. … 스토리텔링이라는 예술적 형태는 그 자체로는 결코 존재할 수 없는 과거 사건에서 본질을 포착하는 방법이면서 무엇이 중요한지를 밝혀내는 방법이기도 합니다."라고 말했다. 이에 스토리는 과거와 현재를 연결하고, 현재를 미래로 인도

---

4)   Annette Simmons, *Whoever tells the best story wins: How to use your own stories to communication with power and impact* (New York: American Management Association, 2005), p. 5.

5)   Kate Marek, *Organizational Storytelling or librarians-Using Stories for effective leadership* (Chicago: American library Association, 2011), p. 4.

6)   John Seely Brown … [et al.], *Storytelling in Organization-Why Storytelling is transforming 21st century organizations and management* (Burlington: Butterworth-Heinemann, 2004), p. 11.

7)   John Seely Brown and Paul Duguid, *The Social life of information* (Boston: Harvard Business School Press, 2000), pp. 173-174.

한다.[8] 스토리의 교환은 사람들에게 새로운 집단적 이야기를 창조하도록 하는데, 이는 스토리를 통한 사회학습과 창조 시스템을 말하는 것이다.[9] 영화로 제작된 소설 《파이 이야기》를 쓴 세계적인 작가 얀 마텔은 "스토리텔링은 우리를 하나로 묶는 접착제"이며 이야기가 없다면 가족, 사회, 국가 모두 의미가 없을 것이라고 말했다. 이야기는 우리가 누구인지 알려주며 방향을 제시하는 것이고, 우리에게 이야기가 없다면 어디로 가는지 왜 가는지도 알지 못한 채 대지를 배회하는 고독한 동물이나 마찬가지"[10]라고 말했다. 이는 한정된 공간에서만 효과를 나타내는 것은 아니다. 이와 같은 역할과 기능은 한 사회와 국가 안의 텔레비전과 라디오, 미디어콘텐츠들이 수행하기 때문이다.[11] 다만 그것이 기존의 미디어 시스템에 갇혀 스토리텔링의 특성이 제대로 부각되지 못했기 때문이다. 즉, 스토리텔링은 미디어 속에서만 존재하는 것이 아니라 각 분야에서 광범위하게 존재하며 그 역할과 기능을 하고 있다.

한 연구에 따르면, 입소리로 스토리텔링을 하는 것이 더욱 사람들에게 강하게 영향을 미친다면 멀티미디어를 통해 그 효과가 강화될 수 있었다.[12] 이 점은 미디어 전반에서 나타나는 일반적인 효과다. 스튜디

8) J. Bouwen, B. Overlaet, "Managing continuing in a period of takeover," *Journal of Management Inquiry*, 2001, Vol. 10, p. 34.

9) Kimberly B. Boal, Patrick L. Schultz, "Storytelling, time, and evolution: The role of strategic leadership in complex adaptive systems," *The Leadership Quaterly* 18 (2007), p. 419.

10) 비카스 샤, 『생각을 바꾸는 생각들』, 임경은 옮김, 인플루엔셜, 2021, 79쪽.

11) Jennings Bryant (eds.), *Media Effects-Advances in theory and research* (New Jersey: Lawrence Erlbaum Associates), 1993, pp. 1-90.

12) Walter Swap, Dorothy Leonard, Mimi Shields and Lisa Abrams, "Using Mentoring and Storytelling to Transfer Knowledge in the Workplace," *Journal of Management Information Systems*, Summer 2001, Vol. 18, No. 1, p. 110.

오 안에서 스토리텔링이 잘 이루어진다면 청중과 스토리텔러들의 분위기는 미디어를 통해 다른 공간의 청중에게 전달된다. 하지만 그렇지 않은 상황은 그만큼 효과를 떨어뜨린다. 디지털미디어의 경우 상호작용을 통해 스토리텔링의 효과를 더욱 높인다. 마셜 맥루한은 "미디어는 메시지"라고 했다. 그것이 의미하는 바는 모든 미디어가 우리 자신의 확장이기 때문이다.[13] 말과 이야기도 하나의 미디어라고 할 때, 그것은 우리 자신의 확장이 된다. 스마트 모바일과 디지털 지능 환경에서는 확장이 언제든지 실시간으로 순식간에 파급 효과를 일으키므로 스토리텔링은 그것을 염두에 두어야 한다. 무엇보다 미디어의 메시지는 이런 환경에서 스토리텔링을 통해 더욱더 강화될 수 있다.

특히 SNS 스토리텔링이 중요해진 이유가 된다. 다시 한 번 스토리텔링이 진행형이라는 점에 주목하자. 원시사회에서는 사람들 앞에서 직접 말을 통해 자신의 생각이나 전체 정보를 전달했다. 바로 이야기 형태로 말이다. 그리고 그것은 언제나 반응을 염두에 두고 완결된 것이 아니라 현재적으로 이뤄졌다. 현재진행형이라는 것은 동시적이면서 비완결성을 의미한다. 언제나 수정할 수 있고 소통할 수 있음을 의미한다. 그것이 기준의 완전성을 추구하는 예술창작행태와 스토리텔링의 창작이 확연히 다른 점이기도 하다. 그것이 가능해진 것은 미디어와 테크놀로지의 발달과 무관하지 않다. 그렇기 때문에 제2의 구어시대가 도래했다고 해도 지나침이 없다. 사람과 사람 사이에서 마치 대면하고 있는 듯이 소통할 수 있는 테크놀로지 환경이 조성되고 있다. 이는 개방적 소통과 상호 수정보완의 수평관계가 형성되었음을 말해주는 것이기도 하다. 스

---

13) 마셜 맥루한, 박정규 역, 『미디어의 이해』, 삼성출판사, 1989, 298쪽.

토리텔링은 누구나 참여할 수 있고, 그것을 통해 자신이 원하는 것을 실현할 수 있으며, 구어의 이야기하기에 반영되고 있음을 문화콘텐츠 영역에서 확인할 수 있다. 구어의 역사에서 문어의 역사로 들어서면서 통제되었던 지식권력이 깨어지고 누구나 공유할 수 있는 이야기 형태의 정보유통이 테크놀로지의 발달로 한층 더 용이해져서 스토리텔링에 주목하게 되었다.

2) 스토리텔링이 부상한 이유

미디어 테크놀로지와 채널의 관점에서 스토리텔링이 디지털시대에 부각된 이유는 바로 디지털미디어를 통해 수많은 사람에게 말하듯이 직접적으로 소통할 수 있는 창구가 열렸기 때문이다. 또한 수용자의 반응에 구어적으로 접근할 수 있게 되었다. 다만 그것이 미디어 같은 매개수단에 간섭되지 않은 것처럼 보이도록 투명성과 비매개성을 강조할 뿐이다.[14] 이 때문에 실화성(팩션), 진실성(진정성), 자연스러움(리얼버라이어티)이 강조되어 문화콘텐츠에 주목하게 되었다.[15]

---

14) 제이 데이비드 볼터·리처드 그루신, 이재현 역,『재매개(뉴미디어의 계보학)』, 커뮤니케이션북스, 2006, 21-61쪽.

15) 이인화는 스토리텔링을 "사건에 대한 진술이 지배적인 담화양식"이라 정의하고, 그 특성으로 상호작용성, 네트워크, 복합성을 제시했으며, 최혜실은 스토리텔링을 "스토리와 ing의 결합"이라 하면서 이야기성과 현장성, 상호작용성을 주요 특징으로 보았고, 박기수는 스토리텔링이 "매체의 환경적 특성을 반영한다"고 보는가 하면, 김성리·김의숙·이창식 등은 "매체의 특성은 물론 공학적 기술까지를 아우르는 통합적 능력"으로 보았다(정창권,『문화콘텐츠 스토리텔링』, 북코리아, 2008, 37쪽 참조). 다만, 아쉬운 것은 텔링(telling)의 심리학

주체의 변화 관점에서 스토리텔링이 다시금 부각된 이유에 대해 이해할 필요가 있는데, 이는 공급자가 아니라 수요자의 심리에 맞추어 원하는 목표를 이끌어내기 위해서다. 발화자가 아니라 수용자가 우선이다. 창작자나 예술가보다는 관객과 팬이 중심이다. 스토리텔링은 추상적이고 고답적인 이야기 구조가 아니라 사람들이 보편적이고 정서적으로 감응할 수 있는 방식을 추구한다. 이 점이 기존의 이야기 창작 방식과 다른 점이다. 다양한 문화콘텐츠를 통해 직접적인 설득이 아니라 부드럽고 유연한 설득 방법으로 강력한 행동변화를 유도해낼 수 있는 것이 스토리텔링이므로 그것의 심리학적 메커니즘에 유념할 필요가 있다. 무엇보다 기존의 문화예술 창작론과 다른 스토리텔링의 특징을 염두에 두고 관련 콘텐츠를 기획·제작할 때 반영해야 할 것이다.

무엇보다 스토리텔링 방식이 기업의 조직운영이나 경영관리 측면에서 큰 효과를 보았기 때문에 부각되기 시작했다는 점을 중요하게 생각해야 한다. 스토리텔링이 단순히 게임, 음악, 영상, 애니메이션, 브랜드 스토리텔링 등 문화콘텐츠에만 적용되는 것으로 한정할 수 있다. 무엇보다 사회 구성원의 소통과 연대 강화에 이바지하는 데 스토리텔링이 활용되도록 해야 한다.

적 특징과 효과(내재적 측면)가 도외시되고, 민주화의 디지털 환경에서 텔링의 부활을 통해 장르콘텐츠가 부각하게 된 대중문화권력의 부각(외재적 측면)은 배제되었다는 점이다(김헌식, 「군 장병 정신전력강화를 위한 스토리텔링의 적용」, 『제2회 국방정신전력 세미나 발표집』, 국방대학교, 2011. 6. 23, 22-33쪽; 김헌식, 「스토리텔링 기법을 활용한 소통방안」, 『국방리더십저널』, Vol. 52, 2011. 12, 11-17쪽 참조).

2.
스토리텔링의 특징

1) 작가와 스토리텔러의 차이 — 버벌 크리에이터(verbal creator)

스토리텔링은 이야기(스토리)에 신념, 가치, 의미를 담아 전달하는 행위다. 따라서 일반 커뮤니케이션 과정에서 단순히 문장의 나열을 통해 신념이나 가치, 의미를 전달하는 것과는 다르다. 스토리텔러는 그러한 스토리텔링을 수행하는 사람을 말한다. 그렇다면 스토리텔링은 단순히 말로 메시지를 전달하는 것과 어떻게 다른가? 이를 위해 스토리'라이팅'이라는 말과 스토리'텔링'은 어떻게 다른지 살펴야 한다.

흔히 글을 잘 쓰는 사람들은 말을 잘 못한다고 한다. 이는 뛰어난 시인이나 소설가를 방송프로그램에 출연시켰을 때를 생각해보면 알 수 있다. 대개의 경우 말을 잘한다는 평가를 듣지 못하며, 애초의 기대에 부응하지 못하고 만다. 이럴 때 으레 천재적인 작가들은 말을 못한다는 생각을 가질 수 있다. 적어도 글을 잘 쓰는 사람은 말을 잘 못한다고 여긴다. 하지만 작가 중에도 말을 참 잘하는 사람이 있다. 그렇다면 어떤 작가들은 왜 말을 잘하는 것일까. 여기에서 말을 잘한다는 것이 연설이나 주장을 잘한다는 의미는 아니다. 그들은 자신의 이야기를 잘 풀어낸다. 특히 청취자나 관람객은 그 작가에 대한 이야기를 듣고 싶어 한다. 작가의 삶에 관한 스토리텔링이다. 자신의 이야기를 들려주는 작가의 말에 사람들은 빠져들 수 있다. 하지만 어떤 생각이나 신념만 들려준다면 지루해할 것이다. 아마 팬이 더 이상 아니게 될 수 있다. 말을 잘하지 못한다는 것은 두 가지 유형에 속하는 것일 수도 있다. 하나는 논설이나 자기주장을 너무 많이 하는 것, 그러한 방식으로 자신의 이야기를 하는 것은 이야기를 듣기 바라는 수용자의 인지적·사회문화적 욕구에 배치된다. 다른 하나는 이야기를 하더라도 마치 이야기를 '쓰는 것'처럼 말하는 것이다. 대개 방송은 이야기를 쓰는 것이 아니라 말하는 것이다. 그야말로 '스토리텔링'이다.

유명 작가들이 말을 잘 못한다는 평가를 받는 요인 가운데 하나는 바로 글을 쓰듯이 말을 하기 때문이다. 예컨대 시를 쓰듯이, 소설을 쓰는 방식으로 말하기 때문에 말을 잘 못한다는 평가를 받는다. 그들은 문장의 구조와 배치를 생각하므로 자연스럽게 말을 이어가지 못하고 완전한 문장만 구사하려 한다. 더구나 문법과 수사학에 맞게 정확하게 구사하려고 할수록 말은 더딜 수밖에 없다. 스토리 중심으로 말하면 말하는 작가나 듣는 팬이 한결 소통이 잘된다. 물론 시와 소설도 장르의 차이가 있다. 시(詩)에도 스토리형 시가 있고, 그렇지 않은 시가 있다. 예컨대 언어의 조탁(彫琢), 문체의 정연함을 추구하는 시는 이에 적합하지 않다. 소설의 경우에도 스토리 자체가 아니라 수사학이나 구조, 심오한 주제의식을 추구할수록 사람들의 몰입도를 떨어뜨린다.

이야기 자체가 주는 흥미와 매력이 떨어지므로 그 안에 있는 메시지나 주제의식 자체에 대해 관심을 갖지 않게 된다. 이러한 현상을 흔히

"대중성에서 멀어졌다"거나 "대중성이 없다"고 말한다. 스토리텔링은 '읽는 것'이 아니라 듣는 것이다. 시각과 온몸으로 듣는 것이다. 그만큼 즉응적이고 감각적이며, 추상적 · 관념적 · 정보처리적이지 않다는 것을 말해준다. 따라서 스토리텔러들은 이에 부응해 말을 해야 한다.

2) 말하듯 창작하기 ─ 스토리 말하기의 창작

그렇다면 이야기 쓰기와 이야기 말하기는 어떻게 다른 것인가. 흔히 주변에서 말을 재미있게 잘하는 사람들을 접할 수 있다. 말을 재미있게 하는 사람들은 대개 에피소드를 중심으로 이야기한다. 자신의 경험담이나 다른 사람이 겪은 일을 전달한다. 이 과정에서 단순화되고, 극적이 되며, 예리하고, 무엇보다 보충과 보완, 과장이 이루어진다. 플롯이 성립하고, 시간도 재구성된다. 말 자체도 비약과 간략화, 종합적 압축이 일어나게 된다. 단어 사용은 사람들에게 직접적으로 와 닿을 만한 것들로 바뀐다. 자극적이거나 선정적이기도 하고 직설적이며, 때로는 거칠고, 욕설이나 비속어도 사용한다. 거꾸로 너무 정확하고 지나치게 아름다운 말, 표준적인 어휘를 구사하는 이들의 말은 재미가 없다. 또한 이야기를 잘하는 사람일수록 얼굴에는 표정이 있고, 목소리에는 감정이 담겨 있다. 말을 못하는 사람일수록 사실에 충실한 진술이나 단순 사건의 나열에 치우친다. 표정의 변화는 찾아볼 수 없고, 목소리와 억양은 밋밋하고 균일하다. 말을 잘하는 사람들은 상대방의 표정 등에 민감하게 반응하면서 이야기를 다변화시킨다. 상대방의 정서와 감정에 즉응적으로 반응하면서 이야기를 이끌어간다. 이는 '원소스 멀티유스(One-Source Multi-Use)'와 같다.

　이른바 정서와 감정이 배제된 말하기는 주목과 몰입을 받기 어렵다. 정서와 감정을 넣어 이야기를 할 때 일반사람들이 관심을 갖는 소재와 주제, 이야기의 내러티브, 메시지는 더 선호하는 반응을 이끌어낸다.

　또한 이야기를 잘하는 사람들은 대부분 학술적인 사람들이 아니거나 배움의 수준, 즉 학력이 낮은 경우가 많다. 그럼에도 이야기와 말을 재미있고 맛깔나게 잘하는 경우가 많다. 이러한 사람들은 지식이나 정보 중심으로 말하는 것이 아니라 경험과 직관에 의해 커뮤니케이션을 한다. 많이 안다고 해서 좋은 것만은 아닌데 아는 것이 병이라는 말을 생각할 수 있다. 이런 사람들은 삶의 경험을 이야기 형태로 풀어내는데 학자들은 지식과 정보, 자료, 수치, 사실을 중시하여 전달하기 쉽다.

　이러한 사람들을 '스토리텔러'라고 부른다면, 이들에게는 몇 가지 요건이 필요하다. 할머니가 손주에게 들려주는 구전동화처럼 표정과 목소리의 변화, 그리고 감정의 요소를 삽입하여 스토리텔링할수록 몰입을 증대시키는 양상을 확인할 수 있다. 손주에게 말할 때 아주 쉽게 어린이도 관심을 가질 수 있도록 보편적이고 흥미로운 소재와 구성을 사용하게 된다. 아이들은 이성보다는 감정 그리고 논리보다는 직관에 더 쉽게 반응한다. 그런데 할머니가 글자로 써서 손주에게 이야기를 전한다면 잘할 수 있을까? 대개 할머니는 매우 어려워할 것이다. 흔히 스토리텔링을 '구어의 부활', '구전문화의 부활'이라고 하는 것은 바로 말하기 같은 커뮤니케이션이 주는 효과가 쓰기의 커뮤니케이션보다 뛰어나기 때문이다. 여기에 호응하는 대중의 반응이 과거 그 어느 시기보다 더 적극적으로 변했다. 모든 콘텐츠가 이런 구어적 감각의 반응에 맞게 구성되고, 따라서 그것이 경제수익모델을 만들고 있어 스토리텔링이 부각되었다. 그러므로 콘텐츠 창작자도 이런 스토리텔링의 관점에서 앞에 있는 사람에게 이야기를 들려주듯이 창작해야 한다.

3) 도입과 초반의 중요성

다른 사람에게 자신이 경험했거나 아는 이야기를 들려주고 있다고 생각해보면 처음에 어떻게 시작해야 할까? 무엇보다 주목을 이끌어내야 한다. 이는 당연히 생각할 수밖에 없다. 특히 다른 사람들이 자신이 할 말에 관심이 없는 경우에는 더욱 그렇다. 더구나 많은 경쟁자 사이에서 자신의 말에 주목하게 만들려면 처음에 어떻게 말을 시작하거나 스토리텔링을 펼쳐놓는가는 매우 중요하다. 더구나 처음에 말을 한번 놓치면 그 뒤는 잘 이해할 수 없다. 다시 말해달라고 할 수 없어 흐름에 맡기는 경우가 대부분이다. 이렇게 다시 말해달라거나 더 자세히 말해달라는 요구가 빈번하면 그 이야기 듣는 사람은 갈수록 집중하기 어렵다. 더구나 처음부터 사람들의 주의와 관심을 불러일으키지 못하면 계속 이야기를 전개해나가기 어렵다. 글자로 쓰여 있는 작품은 다시 읽고 또 읽을 수 있지만, 스토리를 말하는 것은 그렇게 할 수 없다. 그렇기 때문에 초반에 기대와 흥미를 불러일으킬 수 있어야 하고, 아울러 초반의 이야기가 끝까지 연결되어 맺어지도록 해야 한다.

또한 결말이 어느 정도 독자가 기대하는 바를 충족시킬 수 있을 것 같은 분위기를 갖고 있어야 한다. 따라서 음악으로 치면 '인트로(Intro)'

가 중요하다. 인트로는 '첫머리'에 해당하는데, 사전적으로는 "음악이나 영화, 드라마 등의 처음 부분"이다. 음악의 경우 원래는 반주의 처음인 '전주'를 뜻했지만, 근래에는 앨범의 가장 처음에 오는 짧은 트랙으로 앨범 전체의 주제를 나타낸다. 처음에 이 주제 트랙을 들으면 앨범 전체에 대한 흥미를 돋우게 된다. 영화에서는 긴박한 장면이나 의미심장한 대화 장면이 처음에 등장해서 앞으로 등장할 이야기에 대한 기대와 호기심을 증폭시킨다. 꼭 인트로가 아니어도 영화나 드라마에서는 초반의 스토리텔링이 전체 흥행을 좌우한다. 특히 연속극 형태의 드라마는 더욱 그렇다. 처음의 4회로 승부를 보다가 갈수록 짧아지는 모양새다. 거의 1~2회에서 결판이 나고 있다. 2022년 최고의 글로벌 화제작 〈이상한 변호사 우영우〉의 경우 첫 주에 폭발적인 반응을 이끌어냈다. 물론 처음만 잘 쓴다고 해서 성공하는 것은 아니므로 전체가 완결성을 갖추어야 한다. 특히 글로벌 OTT 시대의 드라마는 더욱 그러하다. N차 시청이 중요해졌고 입소문에 따른 이용자 유입 효과를 더욱 생각해야 하기 때문이다.

다시 돌아가서 한 가지 예를 들어보자. 말을 할 때, "어제 교차로에서 사고가 났는데, 사람은 죽지 않았대."라고 단번에 말하면 흥미가 덜 일어난다. '그냥 그런 일이 있었구나.' 할 것이다. 그런데 "사람이 죽은 줄 알았어."라고 먼저 말을 시작하면, 사람들은 궁금하게 생각한다. 즉 단순한 사고가 아니라 사람이 죽었으므로 어디서, 무슨 일이 일어났는지 궁금해지게 된다. 죽음은 누구나 충격적인 공포감으로 항상 관심의 대상이다. 이렇게 방송 화법에서도 이야기하고자 하는 바를 먼저 요약적으로 제시해야 한다. 그렇게 할 때 뒤의 이야기에 주목한다. 일단 말을 들어야 하는 상황이라면, 듣는 사람에게는 말하는 사람에게 집중할 시간이 많지 않다. 즉 이왕 스토리텔링을 한다면 듣는 사람들이 그렇게 시간이 많지 않고, 에너지도 충분하지 않다는 점을 생각해야 한다. 그렇기 때문에 스토리텔링에서는 말을 길게 하거나 복잡하고 치밀한 구조를 짜면서 말하는 사람들은 선호되지 않는다. 사람들의 흥미와 관심을 불러일으킬 수 있는 감각적인 방식의 언어와 대화, 표현을 잘하는 이들이 주목받고 효과적으로 사건과 경험, 사실 등을 전달할 수 있다.

또한 앞에서 말하거나 그려진 내용이 자주 반복되어야 한다. 그것이 완성도는 떨어질지 모르지만, 앞서 놓칠 수 있는 내용을 다시금 잘 전달되게 하는 방법이다. 완성도를 높이는 것은 자신의 가치평가를 중시하는 것이고, 치밀한 완성도보다는 누더기처럼 보일지라도 반복적인 이야기를 통해 주장이나 사실의 전달에 신경을 쓰는 것은 스토리텔러(창작자)의 본래 역할을 중시하는 것이다. 위대한 작가는 상호작용의 수용자 중심의 시대에 전달력이 뛰어난 작가라는 점을 생각해야 한다. 사람들은 스토리텔링에서 완성도 이전에 마음을 건드려주고 채워주길 바란다. 요컨대, 맥락과 개연성, 공감만 이루어지면 대개 동의하고 몰입하며 좋은 평가를 내린다.

4) 정서, 감정 그리고 스토리텔링의 관계

연구자에 따라서는 스토리텔링의 특징으로 인지적 요소를 강조하기도 한다. 인지적 요소는 정보나 지식 차원과 밀접하게 맞물려 있다. 정보나 지식을 스토리텔링 하면서 감정과 정서를 중요하게 작동시키는 것이 중요하다. 여기에는 중요한 인간관의 차이가 있다. 인간이 합리적·이성적 존재인가, 아니면 감정적·정서적 존재인가 하는 점의 차이다. 미하이 칙센트미하이는 교육학적으로 몰입의 이론을 적용하면서 "인간은 컴퓨터가 아니라 정서적 존재"라고 말했다. 단순히 정보와 지식을 주입하는 형태의 교육은 효과를 발휘하기 어렵다는 것이다. 이는 감성지능 혹은 정서지능을 강조하는 학자들이 주장하는 바이기도 하다. 정보와 지식 위주의 콘텐츠는 지식정보의 과잉성이라는 오류를 낳는다. 사람들은 피로증을 느껴 주목하지도 않고 주목해도 몰입은 하지 않고 영향을 받지 않으며 신념은 물론 행동의 변화를 일으키지 않는다.

예컨대, 사람들이 많이 보는 드라마는 정보나 지식 위주가 아니라 적은 정보를 바탕으로 감성과 정서에 의존한다. 대중소설도 마찬가지다. 정서와 감정은 학력과 계층, 지역, 나이, 남녀노소를 불문하고 보편적인 요소다. 스토리텔링은 일차적으로 이러한 보편적인 요소에 활용한다. 여기서 말하는 장소와 대상을 생각해야 한다. 스토리텔링은 강한 정서적·감정적 유대 상태를 기본으로 하고 있다. 정서적 유대를 강화하는 차원일수록 이성적·합리적 메시지가 아니라 정서적 교감과 감정의 공유가 중요해진다.

그러나 이러한 정서와 감정 본위의 창작론은 비판에 직면해왔다. 파인아트(fine arts), 고급예술을 지향하는 전문가들은 영화에서 눈물을 자아내려는 행위 자체를 거부하는 경향이 있다. 인위적으로 감정을 이끌어내는 행위는 타당하지 않은 문화행위로 여긴다. 심지어 '신파'라는 용어를 자주 사용한다. 이러한 점은 기본적으로 이성적·합리적 인간관에 바탕을 둔 예술관에 근거한다. 절제와 통제의 미학적 태도는 일반사람들이 원하는 정서와 감정을 추방시켜버린다.[16] 스토리텔링에 이런 합리적 · 이성적 차원의 미학과 창작론을 적용하면 대중의 감수성을 받아들이지 못하는 스토리텔링을 추구하게 되며, 이는 일반 시민에게 외면당하는 결과를 낳는다. 이러한 점은 사실상 스토리텔링이 대중문화의 속성과 매우 밀접하게 연결되어 있음을 알 수 있다.

'텔링(telling)'은 말하는 사람의 목소리, 표정, 아울러 몸짓까지 모두 포괄한다. 단지 글자를 읽는 것만으로는 사람의 감각을 통해 이러한 것을 느낄 수 없다. 그러므로 매체를 활용할 때는 이야기를 들려주는 사람이 말하듯이 다양한 감각을 자극할 수 있도록 연출 · 구성되어야 한다. 시각적 테크놀로지의 발달은 이야기를 생생하게 들려주는 정서적 감각적 느낌을 더욱 강화해주고 있다. 심지어 혼합 현실(MR)이나 4DX 등 오감을 자극하는 환경은 극장에서 매우 발전되고 있다.

5) 스토리텔링과 치유의 심리

사람들이 스토리를 찾는 이유는 심리적 치유와 연관된다. 최근 치유의 관점에서 문화콘텐츠에 접근하는 경향이 강해지고 있다. 이전에 치유는 문학 분야에서 시도되었다. 하지만 대중적이지 않아 한계를 보였다. 이제 디지털과 미디어를 매개로 문화콘텐츠는 대중문화의 영역에서 누구나 쉽게 접근할 수 있고 그것에서 위로받거나 안정을 취할 수 있

---

16) 찰스 애프론, 김갑의 옮김, 「영화와 정서」, 『영화이론총서』 29, 영화진흥공사, 2001 참조.

게 됐다. 한국 사회가 경쟁과 갈등이 많아질수록 이러한 과정에서 상처를 입은 이들을 긍정적인 방향으로 이끌 수 있는 것이 바로 스토리텔링이다. 스토리텔링이 마음에 상처를 입은 사람들에게 힘과 위안을 줄 수 있는 것은 커다란 장점이다. 스토리의 주인공이 겪는 과정은 단순히 다른 모르는 누군가의 사연이 아니라 바로 그 스토리를 접하는 사람들의 삶이다. 그러나 단순히 상처와 고통을 확인하는 차원의 스토리텔링은 매우 제한적인 효과와 영향력을 보인다.

연구자들은 흔히 한국의 드라마와 영화, 만화, 게임에는 유독 약자의 성공 스토리가 많다고 지적한다. 이 때문에 반대로 한국에는 성공 지향적인 문화심리가 많아서 문제라는 비평가들의 지적도 많다. 이른바 '루저(looser) 문화'가 적다는 것이다. 루저 문화는 그야말로 사회적으로 성공하지 못해도 그 삶 자체로 인정되어야 하며 긍정해야 한다는 주장이다. 하지만 대다수의 사람들은 성공적인 삶을 추구하는데, 그것을 스토리에서 대리 충족한다. 루저 그 자체에 머무는 것은 문화의 한 양상이다. 더구나 한국의 스토리에는 약자들이 약자의 상황에 머물러 있지 않고 자신의 삶을 성공한 방향으로 성취하는 내용이 많다. 때로는 약자가 꿈을 실현하는 과정에만 머무는 것이 아니라 강자에 대한 복수를 이루기도 한다. 이러한 현상에 대해 연구자들은 한국인이 강대국 틈바구니에서 약자의 상황에 오랫동안 노출되어왔기 때문이라고 분석하기도 한다.

한편으로 약자와 실패자가 성공하는 석세스 스토리(success story)가 많은 이유를 한국의 사회구조 속에서 찾기도 한다. 즉, 일제 패망과 한국전쟁을 겪은 이후 신분과 계층질서가 무너진 상황에서 누구라도 실력과 노력이 있으면 사회적으로 성공할 수 있었던 측면이다. 유럽과 비교했을 때 상대적으로 고도로 성장하는 사회였기 때문이다. 이 때문에 대중소설이나 드라마, 영화에는 고시 합격이나 사업 성공으로 인생 전환을 이루는 내용들이 많다. 이런 스토리가 전혀 얼토당토않다면 설득력을 가질 수 없을 것이다. 미국의 경우에는 개척을 통해 국가를 이뤘기에 도전과 성취 스토리를 좋아한다.

한편, 집단주의 문화이므로 그 속에서 개인들이 상처받고 고통 받는 스토리텔링도 많은 양을 차지한다. 집단이나 공동체의 원칙이나 규율 때문에 개인들의 권리가 침해되거나 억압당하는 현실은 한이나 억울함으로 남기도 한다. 이러한 스토리라인 구성은 치유의 관점을 넘어서서 '긍정의 심리학(positive psychology)'이라는 장점을 생각할 수 있다. 프로이트학파를 중심으로 한 치유의 관점은 원상회복의 관점이 강하다. 마틴 셀리그만(Martin E. P. Seligman)의 『긍정 심리학』에서는 상처를 찾고 그것을 아물게 하는 복원의 의미를 넘어 좀 더 외연을 확장한다. 상처 여부에 관계없이 자아 존중감을 높이고, 삶에 대한 희망과 용기를 불어넣어주며, 자신에게 닥친 상황과 과제에 대해 자신감을 충만하게 심어준다. 따라서 과거의 일에 대한 분석보다는 미래지향적으로 도전하고 성취할 수 있도록 북돋워주는 역할을 한다.

스토리텔링은 이러한 역할을 할 수 있는 수단으로서 충분히 가능성을 가지고 있다. 이렇게 사람들이 스토리에 관심을 갖는 이유는 단순히 상처의 확인과 위안에만 머무르려는 것이 아니다. 물론 지나치게 현실성을 외면하는 도전과 성취는 공감을 얻기 힘들다. 그럼에도 많은 경우 스토리를 구성하는 이들은 이러한 분별이 없는 상태에서 예술이라는 이름으로 스토리텔링에 대한 사람들의 소망을 도외시하는 경우가 있다.

이런 맥락의 창작이 이뤄지면, 특히 지역의 스토리텔링에서는 방문자들이 원하는 스토리들을 반영하지 못하고 만다. 지역설화의 스토리텔링에서 주의해야 할 점이 여기에 있다. 사람들은 일상의 한계를 벗어나 삶의 과제를 해결할 수 있는 희망과 용기를 얻고 싶어 한다. 단순히 "희망을 가져라", "용기를 내야 꿈을 이룰 수 있다"는 금언적인 내용보다는 자신이 원하는 인물의 소망스러운 이야기를 통해 심리적 욕구를 충족한다. 스토리텔링은 긴장의 이완을 통한 감정의 순화 기능이 잠재되어 있다. 사람들이 스토리에서 얻으려는 것은 긴장과 부담이 아니라 마음의 유연성을 통해 한발 물러서서 삶의 문제들을 해결할 힘이다. 따라서 스토리텔링은 이완과 여유를 통해 인생의 새로운 동력을 얻는 것이다.

6) 스토리텔링과 설득, 변화

할머니나 할아버지가 구전설화를 들려주는 것은 손주들이 이야기에서 공감 속에 깨달음과 지혜 그리고 희망을 얻어 좋은 사람으로 성장하게 하려는 것이었다. 《이솝우화(Aesop's Fables)》의 저자 이솝은 정치인이자 지식인이었다. 우화를 통해 사람들에게 자신이 경험하고 깨달은 진리를 공유하여 세상을 변화시키고자 했다. 불교 우화나 성경의 예화도 마찬가지다. 장자(莊子)는 많은 이야기를 통해 자신의 주장을 펴고 있으며, 동양고전 가운데 《춘추(春秋)》나 《정관정요(貞觀政要)》처럼 실제 스토리를 가지고 경험적인 세상 법칙을 전달하기도 한다. 스토리텔링은 기본적으로 '설득'과 '변화'를 전제로 한다. 그러나 합리적·이성적 메시지를 통해 설득하고 그로 인한 사고와 행동의 변화를 추구하는 것이 아니라 비합리적·비이성적 수단으로 설득과 변화를 이끌어낸다. 정보와 지식의 나열을 통해 사고와 행동의 변화를 이끌어내는 경우는 매우 드물다. 예컨대, 임진왜란 때 많은 백성이 의병에 참가한 것은 바로 일가친척들의 죽음을 목도하고 나서다. 아무리 전쟁 참여를 독려한다고 해도 불가능한 일이 일어났다. 가족이 죽어가고 가족과 같은 마을 사람들이 당한다면, 여기에서 전쟁 참여는 더 이상 남의 일이 아니다. 살아남는다고 해도 사는 것이 아니기 때문에 죽기 살기로 싸움에 참여하게 된다. 이러한 이야기를 들은 사람도 일정한 행동변화가 일어난다. 그것은 합리적·이성적 판단에 따른 것이 아니라 바로 현실에 정서와 감정이 상응한 것이다.

사마천의 《사기》에 이런 대목이 나온다.

전쟁터에서 한 병사가 몸에 큰 상처를 입었다. 고름이 가득 차서 차마 볼 수 없는 지경에 이르렀다. 그러자 장군이 그 병사의 상처에 입을 대더니 고름을 뽑아내기 시작했다. 장군의 그 같은 행동 때문에 병사는 살아났다. 이 소식을 전해들은 병사의 어머니는 아들이 살아났다는 말에도 불구하고 대성통곡을 했다. 그리고 병사의 어머니는 이렇게 말했다.

"제 아들은 이제 죽은 목숨입니다."

사람들은 그 이유를 몰라 당황했다. 그러자 그 병사의 어머니는 이렇게 대답했다.

"장군의 은혜를 입었다고 생각할 것이니 아들은 목숨을 바쳐가며 전쟁터에서 더 열심히 싸울 것이기 때문입니다."

만약 병사가 매우 합리적인 사람이라면 장군의 행동에 목숨을 버리는 행동을 하지는 않을 것이다. 인간의 보편적인 성정을 지녔다면 젊은이처럼 행동할 가능성이 크다. 물론 장군과 병사의 이야기는 널리 스토리텔링되어 병사들의 사기를 진작시키는 데 활용되었다. 한편 어머니들이라면 아들이 장군의 행동에 너무 감동하지 않기를 바랄 것이다.

조직운영에서 중요하게 작용할 수 있는 스토리텔링은 '이야기 경영(Story Management)'이라는 분과를 생성하도록 했다. 생산량을 설정하고 이를 반드시 달성해야 한다고 목소리만 높인들 실천 행동에 나서는 것은 한계가 있다. 리더의 솔선수범이나 조직 구성원의 실제 경험담을 들려주는 것은 구성원을 자연스럽게 설득하여 사고와 행동의 변화를 이끌어내는 데 효과적일 수 있다. 이야기를 통해 그 속의 캐릭터나 인물들에게 감정이입하여 동일시 감정을 느낄 수 있기 때문이다. 그러나 단순한 지시·명령에 의한 설득이나 행동변화 촉구는 이런 심리적, 즉 정서적·감정적 감정이입과 동일시 상태를 이끌어내지 못하기 때문에 효용성이 적다.

어쨌든 스토리 쓰기(wright)가 아니라 스토리텔링이 중요하게 부각한 것은 공감하고 설득하여 변화시키는 데 더 효과적이고 유용하기 때문이다. 그것은 새로운 생산성과 효과성을 높이는 데 스토리텔링이 기여하기 때문이고, 경제적 이익 증대와 밀접하기 때문이다.

7) 대중문화와 스토리텔링, 그리고 시장의 원리

대중문화는 흔히 대량생산, 대량소비되는 측면이 강하므로 곧잘 비판에 직면한다. 대량생산은 한 번에 많은 상품을 만들어내어 소비하도록 한다. 따라서 이것이 가능하려면 많은 사람이 소비할 만한 상품을 주로 생산해야 한다. 즉, 많은 사람이 소비할 만한 상품만 제작한다. 이를 영화에 적용해보면, 대중영화는 많은 사람이 보게 만들어 수익을 최대화하는 것이 목적이다.

이런 과정에서 사람들이 많이 보지 않을 작품은 배제되는 결과에 이를 수 있다. 이는 문화예술적으로 부정적인 결과를 낳을 가능성이 크다. 예컨대, 획일성과 단순화, 천박함이 전면에 등장할 가능성이 커진다. 비슷비슷한 작품들이 다수 존재하고, 그 작품들의 수준은 빤하다는 것이다. 이 때문에 작품들은 예술적 진지함보다는 가벼운 흥밋거리를 추구하면서 수익을 증대하는 데 집중하게 된다. 이것이 아도르노, 호르크하이머 등의 프랑크푸르트학파가 비판이론을 통해 대중문화를 바라보는 관점이다.

일부 맞는 지적이다. 그런데 반드시 이렇게만 볼 수 없는 측면이 있다. 대중 콘텐츠는 끊임없이 수요자의 눈에 들어야 하므로 부단하게 변신하고 새로운 것을 접목한다.[17] 단순히 말초적인 재미만 주는 콘텐츠는 오래가지 못한다. 예컨대, 대개 천만 관객이 보는 영화는 상업성만이 아니라 의미와 가치를 지니고 있어야 한다. 일반 관객이라고 해도 가치와 의미를 추구하는 행태가 어느 시대보다 강해졌기 때문이다. 더구

---

17) 허버트 J. 갠스, 이은호 옮김, 「고급문화와 대중문화」, 현대미학사, 1996, 1장 대중문화비판론, 2장 대중문화와 고급문화의 비교분석 참조.

나 모바일 SNS 문화가 강화되면서 더욱 입소문이 중요해졌다. 역주행이라는 단어가 유행하게 된 것도 이러한 맥락에서 이해할 수 있다.

자본주의 체제에서는 대중 콘텐츠의 상업성이 시장의 논리에 영합한 결과라고 비판하기도 한다. 시장 논리의 동력인 자본주의 논리가 문화예술성을 훼손한다는 것이다. 그러나 고대 이래로 시장은 항상 존재해왔다. 왕과 제후, 귀족들의 시대에는 문화예술시장이 왕과 제후, 귀족들 그리고 그 일가들이었다. 중세 교회 시대에 문화예술의 소비자는 목회자, 수도사들이었다. 산업화 초기에 문화예술 소비자는 기업 운영으로 부를 축적하기 시작한 부르주아였다. 본격적인 자본주의 사회에 이르면서 자본을 축적한 시민이 이제 문화예술의 주인공으로 등장했다. 현대는 시장 수요자가 특정 계급이나 계층에 얽매여 있는 것이 아니라 시민 누구에게나 보편화되어 있으며, 이는 문화예술도 예외가 아니어서 스토리텔링에도 함께 적용되고 있다. 조선 시대 초기만 해도 연희의 주요 수요처는 궁궐과 동헌, 사대부가였다. 조선 후기 이앙법 등의 생산력 발달로 상업이 활성화되자 뭇사람들이 많이 모이는 장터가 연희공간이 되었다.

《청중의 탄생》의 저자 와타나베 히로시는 "우리가 알고 있는 클래식은 모두 19세기에 만들어진 예술"이라고 평가했다. 18세기만 해도 음악은 예술의 반열에 오르지 못했다. 음악 관련 전문가들이 음악을 예술의 반열에 올리려고 괜히 진지하고 무게감 있는 장르로 만들어 의미와 가치만 추구하면서 대중성을 상실했다. 그들은 음악을 특정 공간에 가서 들어야만 하는 것으로 만들었다. 이른바 만들어진 전통이 된 것이다. 그러나 이는 음반기술이 발전하면서 언제 어디서든 음악을 듣게 된 일반 청중에 의해 무너지게 되었다. 음악 연주장에서 무엇인가 진지한 행위를 통해 성취되리라던 음악적 가치의 충족은 언제 어디에서든 음악을 듣게 된 청중에게 외면당했다. 그러면서 청중은 음악을 자신에게 좋은 것이어야 의미가 있다고 생각하기 시작했다. 이제 많은 사람이 선호하는 문화예술은 누군가 인위적으로 만든 권위와 명예 혹은 지식과 교양의 틀이 아니라 일반 대중이 선호하는 그 자체로써 존중받기에 이르렀다. 물론 대중화된 음악은 다시 클래식의 원형성에 대한 관심을 불러오는 상생의 관계이다.

이제 스토리, 이야기는 이제 학자나 평론가가 주도하는 것이 아니라 일반 대중이 주도한다. 디지털시대에는 문화권력이 대중에게 더욱 주어졌다. 일설에는 "대중이 아니라 다중이 존립하는 시대가 되었다."는 지적이 있다. 대규모의 무리, 군중으로 간주되는 대중의 개념보다는 다양한 소규모의 무리로 군집을 이루는 것으로 볼 수 있다. 이를 문화부족이라는 개념으로 설명하는 경우도 있다. 즉 다양한 개성과 취향, 선호를 가진 이들이 함께 소규모의 그룹을 이루면서 한 시대와 사회를 구성하고 있다는 것이다.

그럼에도 많은 사람이 공유하는 이야기는 여전히 효용이 있으며, 한 사회의 구성 원리로나 경제적 관점에서 필요막급하다. 이야기는 당대 사람들의 정서와 감성에 충실할수록 각광받는다. 스토리텔링은 정서와 감정에 충실하므로 심리적 현상에 밀접하다. 이런 심리적 반응이 커지면서 디지털 다매체 상황은 스토리콘텐츠의 소비와 평가를 온전히 시민과 대중에게 넘겨주었다. 그 반응의 피드백은 빠르고 제작진도 이를 순발력 있게 수용해야 한다. 마치 공연장에서 상호작용하듯이 말이다.

8) 해석과 상상의 스토리텔링

　말 그대로 스토리텔링은 스토리를 전달하는 방식의 하나다. 즉, 이 야기가 생생하게 구어적으로 전달되는 것을 말한다. 구어적 전달은 정보나 지식을 단순히 그대로 전달하는 것을 말하는 것이 아니다. 그대로 전달한다면 '구연'이나 '텔링'이 아니라 '기술(記述)'이 될 것이다. 객관의 스토리텔링은 현실에서 가능하지 않다. 창작물은 객관적인 기록물이 아닌 것과 같다. 스토리텔링에는 특정 세계관이 들어가 있기 마련이다. 텔링은 주관적인 관점이 들어간다. 오로지 객관을 유지하려면 학술논문이나 보고서를 작성하여 제출하거나 봐야 한다. 그렇기 때문에 문화 원형의 단순한 사실이나 기록을 전달하는 것은 스토리텔링이 될 수 없다. 많은 경우 예부터 전해 내려오는 사실을 그대로 전달하면서 스토리텔링이라고 하는 경우가 빈번하다. 학술연구를 하는 전문가들이 이러한 행태를 보이는 경우가 많다. 어떤 사실이 있으면 그것에 살을 붙이고 해석하고 상상을 덧붙여 재현하여 전달하고, 그 과정에서 공감과 이해 그리고 행동의 변화까지 이끌어내는 것이 스토리텔링이라는 점을 기억해야 한다. 있는 그대로 전해 내려오는 지식이나 개념을 전달하면 창작의 영역에서 다뤄질 필요없이 다큐멘터리를 제작하는 차원에만 머물면 된다. 사실이나 콘셉트에 전문작가가 참여하는 이유가 여기에 있고 스토리텔러가 할 일이다.

　중요한 것은 해석과 상상을 통해 새롭게 스토리를 풍성하게 만들고 그것이 수용자들에게 동의를 받는가 받지 않는가의 문제다. 이런 맥락에서 사실과 사실, 사건과 사건, 내러티브와 내러티브 사이의 공백을 스토리텔러들이 채워주는 것이다. 그것을 잘못 채우면 당연히 공감을 얻을 수 없는 경우도 많다. 공감과 지지에서 진실과 진리를 찾는 것이 스토리텔러들이다. 그럼에도 끝까지 지켜야 할 원칙은 스토리텔링이 사실과 맥락에 근거해야 한다는 점이다. 보편적인 상식과 가치에 부합해야 하며, 당대 사람들의 고민과 관심 사항에서 일말의 해법을 찾는 데 힘을 모아야 한다는 공적 의식을 충분히 교감하고 체화해야 한다. 그것이 스토리텔러들의 책무이자 사회적 기여점이다. 그런 작업들을 통해 개인과 공동체의 삶과 양식을 좀 더 낫게 바꾸는 것이다.

2강

스토리텔링의
유형과 요건

ㅣ.
스토리텔링의 유형

1) 형식

(1) 간접 소통

간혹 전문가 가운데 인포메이션(Information) 스토리텔링을 언급하는 경우가 있다. 이는 정보성 스토리텔링으로, 지식과 정보를 스토리텔링 하는 것을 지칭한다. 그런데 이는 엄밀하게 말해 스토리텔링이 아니며, 스토리를 다루는 것 같아도 내러티브에 머무는 경우가 대부분이다. 이 야기 형태를 가지고 있지만 텔링이라고 할 수 없고 라이팅 수준에 머물 기도 한다. 이는 입말을 하듯이 이야기를 전해야 한다. 이야기 말하기는 어디까지나 구어적이어야 한다. 말로 사람들의 마음을 움직이고 행동의 변화까지 낳아야 한다. 눈을 보고 표정과 몸짓을 지으며 진솔하게 감정 을 실어 전달해야 마음이 움직인다. 단순히 말로 이성을 움직이는 것은 스토리텔링보다는 스토리라이팅이 낫다. 비록 인쇄 매체라도 구어적인 이야기를 통해 정보를 전달해야 한다. 최소한 구전설화 같은 이야기 구조라도 지니고 있어야 한다. 단순 사건 형태의 스토리 쓰기는 스토리텔링 기법이 부각된 배경이나 이유가 되지 못한다. 즉, 단순 사건의 기술을 통한 정보 전달은 스토리텔링 기법이 아니다.

예컨대 "이곳은 고려의 왕이 궁으로 돌아가고 싶어 눈물을 흘리던 정자(亭子)입니다."라고 말하면 스토리텔링 같지만, 일단 이것은 스토리의 기본 요건이 없다. 왕이 눈물을 흘렸다는 단순 사건만 기술하고 있으므로 내러티브에 불과하다. 이렇게 이야기하면 과연 사람들이 좋은 반응을 보일지 의문이다. 이 이야기가 사실이어도 스토리텔링 할 가치가 없다. 예컨대, "왕이 궁으로 가고 싶어 눈물을 흘렸던 정자로, 환궁을 기원하며 기도를 했을 것이며, 그 때문인지 마침내 궁으로 돌아가게 되었다."라고 스토리텔링을 해야 한다. 비록 그 왕이 돌아가지 못했어도 그 아들이 왕이 되어 다시 돌아갔다고 해야 한다. 그러면 그곳은 소원을 빌면 성취하는 장소가 된다.

소설이나 드라마, 영화도 이런 구어적인 이야기 방식으로 만들어져야 사람들 마음이 더 움직이게 된다. 사람들의 이성이 아니라 감성에 호소하고, 사람들의 꿈과 소망 그리고 문제를 해결하여 극적인 즐거움을 주어야 한다. 또한 그 이야기들은 일방적으로 작가나 연출가의 세계관 또는 가치관을 강요하는 것이 아니라 대중 지향적이어야 한다. 사람들이 원하는 결과를 위해 사실에 바탕을 두되 상상력과 문화적 가치를 반영해야 한다. 예컨대 치정에 의한 살인사건이 일어났다고 단순히 정보로 전달하는 것이 아니라 재연 드라마로 만드는 것은 스토리텔링을 영상에 적용한 것이다. 요즘에는 건강 프로그램에서도 사연자의 이야기를 재연 형식으로 그려 전달한다. 비록 소설이나 드라마, 영화는 제작자가 자신의 관점에서 만들 수밖에 없으나 수용자나 소비자의 의견이나 기회를 최대한 반영할 준비가 되어있어야 한다. 또한 후속이나 연작 시리즈에는 더욱 적극적으로 반영해야 한다. 오락, 예능 등의 방송에서는 더욱더 그렇다. 공연에서 팬들을 기획에 참여시키는 것도 이런 차원이다.

(2) 직접 소통

스토리텔링의 가능성이 모든 분야, 모든 양식에 다 적용되는 것은 아니다. 적절한 곳에 적용되지 않으면 하지 않은 것만 못할 수도 있다. 그것을 분별하는 것도 진정한 스토리텔링에서 중요한 원칙이다. 예컨대, 인포메이션이나 내러티브만 가지고는 본질적인 스토리텔링의 효과를 낼 수 없고 자칫 실패하게 된다. 본래 고전 전통 공연양식에서는 대본에 충실하지 않아도 되었다. 왜냐하면 상황의 우연적인 변수와 인물들이 공연을 만들어갔기 때문이다. 특히, 장터에서 많은 사람이 보는 공연은 더욱 그러했다. 조선시대 시장에서 이야기를 들려주는 전문 스토리텔러였던 전기수(傳奇叟)도 꼭 자신이 준비한 스토리에 완벽하려고 하지 않았다. 그들의 이야기는 사람들이 관심을 불러일으킬 만한 소재와 인물을 선택하고, 사람들이 솔깃해할 단어나 표현을 통해 전달되었다. 무엇보다 몸짓이나 표정이 중요하고 소리의 높낮이, 인물별로 다른 분위기와 톤을 설정하거나 보여주어야 했다. 듣는 사람의 표정이나 목소리, 몸짓에 따라 이야기는 얼마든지 달라질 수 있다. 따라서 같은 설화라 해도 각기 다른 판본이 만들어질 수밖에 없다. 거꾸로 똑같이 재현되지 않을 수도 있다.

　방송에서는 시청자나 청취자의 사연을 바탕으로 프로그램을 구성하는 것이 여전하다. 실제로 있었던 이야기이고, 그 이야기를 텔링 형태로 전달하고 공유한다. 실제 스토리이지만 완결성은 물론 하이 콘셉트나 터치가 있는 경우 좋은 평가를 받는다. 또한 예능 프로그램에서도 실시간 참여를 유도하는데, 이에 따라 프로그램이 달라질 수 있다. 디지털 스토리텔링은 예전의 시장 공연이나 전기수 같은 스토리텔러의 부활을 말해준다. 게임은 사용자가 어떻게 조작하는가에 따라 다른 상황이 펼쳐질 수 있다. 아이들이 좋아하는 콘텐츠는 대부분 스토리텔링 방식을 취한다. 그것이 관심을 불러일으키고 쉽게 기억하도록 만들기 때문이다. 특히 생방송인 경우에는 영상 콘텐츠에 댓글을 달고 하트를 주거나 별풍선을 보내기도 한다. 이 때문에 영상 콘텐츠는 달라질 수밖에 없다. 계속해서 영상 제작자들이 실험하고 있는 것은 사용자의 반응에 따라 이야기를 선택할 수 있게 하는 것이다. 드라마의 결말도 이젠 여러 가지 버전으로 만들겠다고 한다. 물론 그 작품이 꼭 감동을 주어야 하거나, 다른 버전이 꼭 마음에 들지 않을 수도 있다. 각자 기호는 다양하기 때문이다. 하지만 보통 관객들이 보고 싶어 하는 것은 특정 스타일일 수도 있다. 그것을 완성도 있게 보여주는 것은 각고의 노력 끝에 가능하기 때문에 여러 버전으로 제시하는 것은 제작 여건상 쉽지는 않지만 더욱 그것이 가능한 테크놀로지를 기대한다.

2) 화자와 층위

스토리텔링은 강력한 효과를 발휘하는 것이 필요한데, 스토리텔링의 효과 면에서 3가지 화자 유형과 층위가 있다. ① 직접 스토리텔링(셀프 스토리텔링), ② 간접 스토리텔링(스피커 스토리텔링), ③ 창작 스토리텔링(크리에이티브 스토리텔링)이다.

(1) 직접 스토리텔링(셀프 스토리텔링)

스스로 본인에 관한 이야기를 하는 방식이다. 미국의 아이들은 어린 시절부터 자신의 이야기를 하도록 교육받는다. 자신의 이야기를 하지 않으면 문제가 있는 아이로 간주하기도 한다. 뭔가 상처와 응어리가 있어 자신의 삶 이야기를 자신 있게 표현하지 못한 것으로 생각하기 때문이다. 스토리텔링이 가장 강력한 효과를 내는 것은 바로 자신이 직접 이야기하는 것이다. 여기에는 몇 가지 전제조건이 있다. 사람들이 관심을 갖는 주제일수록 효과는 주효하다. 모든 사람이 고민했을법한 화두와 과제들이 있어야 한다. 또한 경험에서 나온 이야기들이 실패나 답보가 아니라 성공이라면 더 큰 몰입을 낳을 수 있다.

2005년 미국 스탠퍼드대학 졸업식에서 연설자로 나선 사람은 애플사의 스티브 잡스였다. 스티브 잡스는 3가지 주제에 따라 지혜를 전달했는데, 모두 자신의 인생 이야기를 말하며 공감시켰다. 그는 자신의 이야기를 가볍게 몇 가지 할 뿐이라고 하면서 깊은 메시지를 남겼다. 우선 그는 미혼모인 어머니에게서 태어나 입양 과정을 거쳐 어렵게 입학했지만, 학비 문제로 대학을 그만두고 청강생으로 전전해야 했던 젊은 날의 이야기를 들려주는 가운데 우연의 연결이 큰 결과를 낳는다면서 미미한 것들의 소중함을 말한다. 그가 학비 때문에 학교를 그만두고 청강하던 타이포그래피 강의는 결국 애플컴퓨터의 독보적인 디자인으로 연결되었기 때문이다. 애플사의 스티브 잡스는 그 자신이 세계적인 성공으로 대중의 주목을 받는 존재였다. 이야기를 듣는 사람들이 대부분 잡스와 같이 어려운 상황에 있었기 때문에 역경을 헤쳐낸 그의 이야기는 생생한 감동과 함께 설득력을 실어주었다.

'현대'기업의 경우, CF를 통해 창업주인 정주영 회장의 생전 강연 내용을 보여주었다. 그 내용은 어려운 시기, 결정적인 시점에 도전과 성공을 이룬 내용이다. 실제 그때 영상과 사진을 사용하는 이러한 장면은 도전과 용기를 통해 어려운 시기를 극복할 수 있다는 자신감을 준다. 그것은 비단 조직 구성원만이 아니라 그 광고를 지켜보는 수용자에게도 똑같이 작용한다. 이를 통해 브랜드 가치는 더욱 상승한다. 즉, 조직경영에 도움이 될 뿐만 아니라 브랜드 가치가 상승하는 역할도 한다.

실제 당사자의 스토리텔링은 극적인 구조를 갖지 않는다고 해도 그 자체가 의미를 주게 되는데, 여기에는 경험성, 보편성, 공공성, 진실성 그리고 소통과 개방성이 필요하다. 실제로 겪은 이야기이면서 누구라도 인정할 수 있는 가치와 의미가 있으면 더욱 좋다. 여기에 자신의 사적 이익이 아니라 공동체나 조직, 기관이 지향한 공적 가치, 그리고 진정성이 담겨야 한다. 스토리텔링에는 무엇보다 소통과 개방성이 중요한데, 진정성이 있으면 소통과 개방성은 자연스럽게 연결된다.

우리 각자는 스토리텔러가 될 수 있다. 스스로 자신의 라이프스토리를 말하는 것도 마찬가지다. 대중이 스타들의 인생 이야기에 열광하는 것은 바로 이러한 스토리텔링의 특징 때문이다. 스스로 우리도 가능하려면 자신 안에 마음의 응어리와 상처를 넘어설 때 더욱 가능하다. 그것을 넘어서는 과정에서 치유효과가 스스로 발생한다. 그 효과는 다시다른 사람들에게 긍정의 영향력을 발휘하게 된다.

(2) 간접 스토리텔링(스피커 스토리텔링)

자신의 스토리를 직접 말하는 경우가 있다면, 그 말을 전해들은 사람이 다른 이들에게 전달할 수 있을 것이다. 이 유형에 속하는 이들은 실제 있었던 이야기를 말하는데, 자신의 이야기가 아니라 남의 이야기를 전한다. 이 경우 진정성이나 경험의 직접성이라는 특성은 상대적으로 약화되는 측면이 있다. 다만, 이때는 스토리텔러에 따라 가감이 일어나면서 극적인 흥미가 더해진다. 좀 더 강조하거나 과장하는 일이 이때 일어난다. 이를 통해 영웅담이나 신화화 과정을 거치게 된다. 자신이 직접 겪거나 만들어온 삶의 스토리가 아니므로 더 설득력을 부여하기 위해 이러한 극적 구조화 과정을 거친다.

오바마 대통령이나 마틴 루터 킹(Martin Luther King, Jr.) 목사는 자신이 흑인으로 살면서 겪은 이야기를 들려주기도 했지만, 다른 흑인이 실제로 겪은 이야기를 들려주면서 청중의 감동과 변화를 이끌어냈다. 1960년대 마틴 루터 킹 목사의 명연설 '나는 꿈이 있습니다(I have a dream)'는 스토리텔링으로 흑인과 백인의 통합적 가치관을 잘 보여준다. 이러한 방식에는 위대한 인물들의 이야기를 들려주거나 평범한 사람들의 이야기라도 삶의 희망과 용기를 불어넣어주는 정서적 콘텐츠를 만들어 매체를 통해 전달하는 것도 포함된다. 예컨대 〈인간극장〉, 〈이것이 인생이다〉 같은 다큐멘터리가 이에 속한다. 비록 실제 인물이 등장한다고 해도 내레이션이나 카메라를 통해 간접적으로 전달한다. 내레이터나 카메라가 스토리텔러가 되는 셈이다.

넓게 보면, 실화를 바탕으로 한 약간의 각색은 이 범주에 속한다고 보아야 할 것이다. 팩션 장르가 각광을 받는 이유는 이처럼 실제 이야기를 바탕으로 삼고 있기 때문이다. 이때 주의해야 할 것은 쓰기가 아니라 말하기 방식으로 자연스럽게 전달해야 한다는 점이다.

(3) 창작 스토리텔링(크리에이티브 스토리텔링)

자신의 스토리를 말할 수 없고 다른 사람의 스토리도 말할 수 없다면, 스토리텔러 자신이 이야기를 만들어내는 영역이 있다. 이것이 기존의 작품영역에서 주류를 차지한다. 이른바 픽션스토리 영역이다. 그런데 이 영역은 앞에서 살펴본 것처럼 3가지 층위로 다시 나누어진다.

그것은 ① 명작이나 클래식, 고급문화 영역, ② 마니아문화나 아방가르드, 인디예술의 경지, 그리고 또 하나의 영역은 ③ 대중예술 영역이다. ①, ②는 대체로 스토리텔링 영역과는 거리가 있다. ①은 높이 평가된 객관적 텍스트를 중시하며 ②는 자신들의 주관적 예술정신을 우선 강조하므로 하나는 너무 과거 지향적이고 다른 하나는 너무 미래 지향적이다. 스토리텔링은 현재를 통해 과거와 미래를 넘나들며 연결한다.

하지만 '스토리노믹스'를 강조하는 이들은 ①과 ②의 영역을 포괄하려 한다. 이미 그 영역은 상대적으로 오래전부터 자신의 창작론과 방법론을 구축했으므로 스토리 영역에 포함시킬 필요가 없다. 새롭게 부각된 스토리텔링 영역이 바로 대중문화콘텐츠이기 때문이다.

판타지, 추리물, 무협, 로맨스, 칙릿, SF, 팩션, 신화 등은 그동안 주류문학과 문화예술계에서 소외된 장르들이었다. 대중문화콘텐츠여서 그러한 평가를 받았던 것이다. 새롭게 부각된 게임, 웹툰, 만화, 캐릭터, 애니메이션 등도 여전히 꺼린다. 이러한 장르의 공통점은 재미있고 흥미로운 이야기 자체에 대한 주목이었다. 겉으로는 엉성하고 가벼워 보이지만, 동시대인이 공감할 수 있는 정서와 감정, 감성을 가지고 있다. 이야기가 가지고 있는 매력을 바탕으로 진지한 메시지를 집어넣는다. 장르가 비주류일수록 그 스토리텔링은 처음에 강력한 자극이나 재미로 팬을 확보하려 한다.

예컨대 《다빈치 코드》는 팩션 장르의 신기원을 이룬 작품이다. 이 작품은 시종일관 호기심과 흥미를 자극한다. 하지만 단순히 호기심과 흥미를 자극하는 것이 아니라 강력하고도 진지한 메시지와 주제의식을 담고 있다. 《반지의 제왕》, 《해리 포터》의 경우도 마찬가지다.

이들 작품은 완전히 허구이기는 하지만, 스토리텔링 방식에 따라 구성되어 있다. 즉, 이야기를 들려주듯이 구성했다. 예컨대, 《해리 포터》의 저자 조앤 롤링은 수많은 어린이 앞에서 자신의 소설을 읽어주었다, 마치 할머니나 어머니가 아이에게 전설이야기를 들려주듯이 말이다. 표정, 목소리의 높낮이, 속성을 바꾸어 들려줄 수 있다. 그것을 영화나 드라마, 애니메이션으로 바꾼다면 배우나 캐릭터가 그 역할을 담당하게 될 것이다. 그들을 중심으로 한 스토리 전개는 스토리텔러인 감독이나 연출자의 몫이 될 것이다. 스토리텔링을 구사하기 위해서는 스토리텔링의 층위들을 구성하는 것이 매우 중요하다.

2.
스토리텔링의 요건

1) 캐릭터

　'스토리텔링'이라고 하면 가장 먼저 스토리나 내러티브를 언급할 수 있겠지만, 그것은 스토리텔링의 본질과는 다르다. 그만큼 스토리텔링에서는 누가 등장하는가에 따라 접하는 이들의 반응이 달라지기 때문이다. 캐릭터는 등장인물이다. 소설에서는 3대 요소로 인물, 사건, 배경을 말하지만 평가하는 이들은 대개 주제나 사회의식 그리고 문장이나 표현, 사유 구조를 중시한다. 물론 독자들은 인물을 좋아한다. 주인공 캐릭터나 악당에 반한다.

　장르문학의 대가라 불리는 스트레진스키는 "캐릭터는 플롯의 부차적인 요소가 아니다. 캐릭터가 플롯이다. 캐릭터를 구체적으로 만들수록 이야기가 유기적으로 흘러간다. 이야기 내부에서부터 이야기를 끌고 갈 수 있기 때문이다."라고 했다. 그는 캐릭터가 스토리텔링의 중심이라는 점을 강조하고 있다.

　사전에서는 캐릭터(character)를 "소설 · 극 · 만화 등에 등장하는 인물이나 동물, 또는 그 외모나 이야기 내용에 의해 독특한 개성과 이미지가 부여된 존재"라고 정의하고 있다. 하지만 스토리텔링에서 등장인물을 뜻하는 캐릭터는 다르다. 독특한 개성과 이미지가 반드시 읽거나 보는 사람을 매혹시키지는 않는다. 매력 있는 캐릭터여야 한다. 그래야 감정이입과 동일시, 그리고 몰입이 일어난다. 캐릭터는 번역에서 '성격'이라고도 한다. 캐릭터는 상황에 따라 인물, 됨됨이, 특성 등 여러 가지 의미로 달리 쓰인다. 등장인물의 성격이나 외모 등의 속성을 캐릭터라고도 한다. 사람마다 성격이나 외모의 속성이 제각기 다르고 다양하다. 스토리텔링에서 캐릭터는 사람들의 다양한 성격이나 외모라는 좁은 범위에서 벗어나는 것을 내포한다.

주인공이 있으면 상대방이 있어야 한다. 주인공을 돋보이게 하기 위해서는 친구나 연인이 필요하다. 셰익스피어의 《로미오와 줄리엣》에도 두 사람의 사랑에 집안사람들이 반대하고 나선다. 그들이 어린 10대가 아니었다면 큰 주목을 받았을지 생각하지 않을 수 없다. 또한 친구나 연인을 부각하기 위해 긴장이나 문제를 일으킬 존재가 필요하다. 이는 스릴러나 액션, 오락 영화에서는 반드시 필요하다. 이를 '안타고니스트(antagonist)'라고도 하는데, 라이벌일 수도 있고 악당일 수도 있다. 요즘에는 빌런(villain)이라는 단어를 더 많이 쓰고 있다.

한 예로 영웅담의 캐릭터를 살펴보자. 조셉 캠벨은 《신화의 힘》에서 영웅(hero), 조언자(mentor), 관문수호자(threshold guardian), 전령(herald), 변신자재자(shaper/shifter), 그림자(shadow), 트릭스터(trickster)라는 7가지 캐릭터를 논했다.[1] 영웅은 주인공이고, 조언자는 스승일 수도 있고 도와주는

---

1) 조셉 캠벨 · 빌 모이어스, 이윤기 옮김, 『신화의 힘』 2판, 21세기북스, 2017, 5장 영웅의 모험 참조.

사람일 수도 있다. 관문수호자는 영웅이 위기와 장애물을 돌파하는 곳을 관장하고 책임지는 사람이다. 전령은 전달하고 경고하고 자극을 주는 캐릭터다. 변신자재자는 변신을 자유자재로 하는 이로 이의를 제기하고 속이는 사람이며, 영웅은 이들에게 당하면서도 역경을 극복해야 한다. 그림자는 주인공을 파멸로 이끄는 존재다. 트릭스터는 주인공에게 혼란을 일으킨다. 예를 들어, 조셉 캠벨의 영향을 받아 제작·연출한 영화 〈스타워즈〉에서는 루크 스카이워커가 '영웅'이고, '그림자'는 악당인 다스베이더, '조언자'는 스승 오비완이다. 현대의 캐릭터에서 악당은 반드시 나쁜 놈이라는 인식에서 벗어나야 한다. 악당(惡黨)의 당(黨)은 '무리'라는 뜻을 갖고 있다. 이는 나름대로 악당을 지지하는 세력이 있으므로 '악인(惡人)'과는 다른 개념으로 인식해야 한다.[2] 현대인은 누구나 악당의 처지에 놓일 가능성이 높다. 여기에서 중요한 것은 누구나 공감할 수 있는 캐릭터여야 한다. 악당뿐만 아니라 주인공은 말할 것도 없다. 스토리텔링의 캐릭터 구성에서 가장 중요한 것은 접하는 이들이 감정이입을 할 만한 사람이어야 한다. 영웅이라고 해도 반드시 우월한 존재일 필요는 없다. 아이언맨이나 배트맨이 우월한 영웅이라고 해도 그들은 상처와 약점이 있는 존재다. 스파이더맨처럼 어린 소년일 수도 있다. 대체로 아이들이 즐겨 보는 액션 애니메이션의 주인공은 어린이다. 드라마 여주인공은 대개 얼굴이 그렇게 예쁘지 않고 자기 멋대로 행동하고 천방지축임에도 멋지고 부유한 남성들이 사랑한다. 대개 악녀들은 섹시한 부잣집 딸인데, 현실과 반대이다. 못나고 약자인 주인공이 멋지게 성공하는 캐릭터여야 한다. 때로는 복수극일 수도 있고 부와 명예, 지위를

---

2)   김헌식, 『나는 악당이 되기로 했다 ― 결핍과 승부욕이 완성하는 악당의 철학』, 한권의책, 2012, 1장 악당의 탄생 참조.

얻는 것을 포함한다. 끝으로 다음과 같은 지적을 보고자 한다.

"주인공 즉 이해할 수 있을 것만 같고 응원하고 싶고 나와 비슷한 사람처럼 느껴지는 등장인물이 죽는 장면은 영화에서 눈물을 쏟게 만든 부분이다. 이 효과는 강력해서 예컨대, 애니메이션 〈밤비(Bambi)〉에서 죽는 장면, 특히 엄마와 같은 어느 사슴의 죽음은 액션 장면에서 죽어나가는 이름 없는 모든 인간의 피해자보다 우리에게 강렬함을 남긴다."[3]

2) 내러티브와 스토리

캐릭터를 정했으면 그가 어떻게 살아가는지, 삶을 잘 영위하는지 삶의 흐름을 부여해주어야 한다. 그것이 스토리텔링의 시작이다. 그 캐릭터가 본인 이야기인가, 다른 누군가인가, 아니면 완전히 제3자인가 하는 점이 다를 뿐이다. 스토리텔링을 다루는 논문이나 책에서는 내러티브를 매우 중요하게 여긴다. 그렇기 때문에 때로는 혼란스럽기도 하다. 스토리를 정의할 때 가장 혼동을 주는 것이 내러티브이기 때문이다. 사전에서도 같다고 혼동하고 있지만, 엄밀하게 말하면 스토리와 내러티브는 다르다. 외국 연구서에도 이런 내용이 많다. 내러티브가 모여서 스토리를 이룬다. 거꾸로 스토리 안에는 여러 내러티브가 존재한다. 내러티브가 연결되어 줄거리가 된다. 사실상 줄거리가 스토리라고 할 수 있

---

3) 브라이언 클라스, 『권력의 심리학』, 서종민 옮김, 웅진 지식 하우스, 2022, 372쪽.

다. 존 가드너는 《소설의 기술》에서 "모든 소설은 3가지 단위로 이루어진다."고 했다. 서술, 대화, 행위인데, 그것은 내러티브에도 해당한다.

내러티브(narrative)는 '말하다'라는 뜻의 라틴어 동사 'narrare'에서 기원한다. 그렇기 때문에 다큐멘터리 등에서 설명하는 것을 '내레이션(narration)'이라고 하고, 내레이션을 하는 사람을 '내레이터'라고 한다. 사전에서는 내레이션을 "영화 · 방송극 · 연극 등에서 장면의 진행에 따라 줄거리나 장면 등을 해설하는 장외(場外)의 소리 또는 그 해설. 순화어는 '해설'"이라고 정의한다. 즉, 내러티브는 기술적 설명에 가깝다.

케임브리지 영어사전(Cambridge English Dictionary)에서는 내러티브를 "사건을 설명하고 이해하는 특정한 방법(a particular way of explaining or understanding events)"이라고 했다. 또 다른 사전적인 정의는 "사실인지 허구인지 알 수 없을지라도 경험이나 사건을 쉽게 말하는 것(account of events, experiences, or the like, whether true or fictitious. See more.)"을 내러티브라고 한다.[4] 어떻게 보면 내러티브는 말하는 행위 자체에 더 초점이 맞추어져 있다고 짐작할 수 있다.

사람은 누구나 말하고자 하는 본능이 있으므로 이러한 내러티브는 인간의 삶에 필수라고 할 수 있다. 내러티브의 대상은 반드시 스토리에만 한정될 수 없다. 내러티브에는 갈등이나 플롯 등이 없고, 단지 사건의 나열만 있을 수 있다. 다큐멘터리 방식을 연상하면 된다. "남자가 죽었다. 여자가 죽었다." 이것은 단순히 내러티브다. 이것이 스토리가 되려면 이렇게 바뀌어야 한다. "남자가 죽자 여자가 괴로워하면서 따라 죽었다." 남자가 죽고 여자가 죽은 사실은 그냥 이벤트다. 남자가 죽고

---

4)   www.dictionary.com

여자가 죽은 사실을 연이어 말하는 것은 이벤트의 설명이다. 그런데 괴로워서 죽었다면 인과관계가 성립하여 스토리가 된다.

당연히 좋은 스토리가 되려면 그에 대한 원인과 결과 등을 더 부여해야 한다. 같은 배우에 비슷한 스토리를 채택하더라도 연출이나 이야기의 플롯에 따라 각별히 몰입이 달라지는데, 그것이 바로 '스토리텔링'이다.[5] 내러티브나 스토리가 중요한 것이 아니라 공감을 불러일으키는 것이 중요하기 때문이다. 그것이 스토리텔링이 부상한 이유이기도 하다. 극적인 효과를 요구하는 팬들은 더욱 수준이 높아져서 예전의 내러티브 방식으로는 만족하지 않는다.

3) 플롯

플롯(plot)의 3대 요소는 인물(캐릭터), 사건(내러티브), 배경(시공간)이다. 플롯은 이야기의 구성을 말한다. 더욱 정확하게 말하면 내러티브(사건들)의 인과관계를 어떻게 구성하고 배치하는가다. 정말 재미있는 이야기가 되려면 플롯을 잘 짜야 한다. 내러티브가 구슬이라면 플롯은 실이라고 할 수 있다. 내러티브라는 구슬을 잘 꿰야 좋은 스토리가 되고 그것이 스토리텔링으로 이어질 수 있다. 구슬을 꿰는 실은 영상기술의 발달로 다양화되었고 예전에 할 수 없었던 것들도 가능하게 했다. 내러티브가 사건의 연결이라면 그것을 어떻게 배치하는가가 플롯이다. 특정한 효과

---

5) "스토리텔링의 기본은 초반 10분과 반전", NDC 2013 강연: 게임 내 스토리텔링의 중요성, 〈디스이즈게임〉, 2013. 4. 25.

를 위해 논리적으로 배치하는 것이 플롯이라고 할 수 있다.

예컨대, 대개 정통 극작법에서는 기 – 승 – 전 – 결이 기초 플롯이다. 순차적 구성이 일반적이지만, 결론이 먼저 나올 수도 있다. 두 개의 사건이 교차로 흘러 나중에 하나의 이야기에 집중될 수도 있다. 이야기가 추리 방식으로 반전이 있을 수 있다. 시공간을 넘나들 수도 있다. 중간에 과거로 넘어갔다가 다시 현재로, 그리고 미래로 갔다가 다시 현재로 돌아올 수도 있다. 이렇게 하는 원칙은 말을 할 때처럼 상대방의 시선을 끌 수 있는 스토리 전개가 필요하기 때문이다.

영화 〈스타워즈〉의 사례를 보자. 주인공 루크 스카이워커는 평범한 젊은 농부로 보통 세상에 살고 있다. 어느 날 그에게 소명이 주어진다. 그러나 그는 소명 맡는 것을 거부하고 저항한다. 처음에는 왜 해야 하는지 이해도 잘 안 되고 두려운 마음이 들었기 때문이다. 그러던 중에 현자 오비완이 나타나 격려는 물론 지혜와 능력을 전수하고 가르친다. 도전에 응하게 되고 관문에 들어가게 되며 장애를 극복한다. 계속 관문이 나타나는데, 그 과정에는 조력자도 있고 적도 나온다. 그러다가 점차 소명을 달성하는 중심부로 가게 된다. 그리고 마침내 소명을 이루고 귀환한다. 이것이 전형적인 순차적인 영웅의 플롯이라고 할 수 있다. 스승이 등장하지 않을 수도 있고, 또 다른 영웅들을 만나서 마블사의 '어벤져스' 시리즈처럼 집단주의 영웅들의 모습을 보여줄 수도 있다. 이 시리즈는 과거와 현재 심지어 미래를 오가며 공간도 자재로 이동한다. 끊임없이 영웅들의 플롯을 바꿔나간다. 끝 이야기인 줄 알았는데 중간 이야기이고 처음 에피소드인 줄 알았는데 끝이다.

다시 앞에서 살펴본 예로 돌아가 보자. "남자가 죽었다. 여자가 죽었다."는 단순히 내러티브인데, "남자가 죽자 여자가 괴로워하면서 따라 죽었다."라는 스토리를 어떻게 하면 더 흥미롭게 만들 수 있을까. 먼저 남자가 왜 죽었는지 그 남자가 죽게 된 배경에 대해 재구성하는 것이다. "남자는 여자가 먼저 죽은 줄 알고 죽었다. 그러나 여자는 죽지 않고 살아있었다. 여자가 왔을 때 남자는 이미 숨이 끊어져 있었다. 여자는 너무 슬퍼서 따라 죽었다." 이렇게 좀 더 확장할 수 있을 것이다. 이는 시간 순서대로 이뤄지는 순차적인 구성의 플롯이라고 할 수 있다. 또 다르게 구성하면 어떨까. "이웃 사람이 등산로 약수터에서 남녀가 함께 죽어 있는 것을 발견했다. 형사반은 현장을 검증하고 두 사람이 왜 죽었는지 수사하기 시작했다. 알고 보니 두 사람은 부부였다. 생활고로 아내가 스스로 목숨을 끊은 줄 알고 남편이 비관하여 뒤따라서 독극물을 들이켰는데, 알고 보니 아내는 생활고로 영양실조에 걸려 잠시 정신을 잃었을 뿐이다. 그리고 사건은 이렇게 종결되었다. 그러나 어떤 사람이 경찰서에 전화를 걸어 그들은 독살당했다고 제보한다. 어떻게 그들이 독살당했다는 말인가. 형사는 궁금증을 갖고 다시 수사에 나서게 된다. 그런데 상관이 더 이상 그 사건을 수사하지 말라고 명령한다. 형사는 놀라고 만다." 자, 과연 왜 상관은 사건을 수사하지 말라고 하는 것일까. 이쯤 되면 궁금증의 연속이라고 할 수 있다. 궁금증의 연속은 어떻게 이야기를 말하는가에 따라 달라진다. 여기서 어떻게 말할 것인가를 구성하는 것이 '플롯'이라고 할 수 있다.

스토리텔링에서는 무엇보다 사람들의 궁금증과 기대감에 걸맞게 이야기가 전개되는 것이 중요하다. 마치 앞에 사람이 있다고 생각하고 이야기를 들려주는 상황에서 한시라도 사람들의 이목을 놓치면 곤란할 것이다. 그렇기 때문에 엄청나게 주옥같고, 명문장이나 명대사가 나오지 않아도 관계없다. 치밀한 구성이 아니라고 해도 사람들의 관심을 계속 불러일으키면 된다. 다만 주의해야 할 것은 사람들이 원하는 대로, 기대하는 대로만 흘러가면 안 된다는 것이다. 반전이 있어야 의외의 상황에 놀라워하고 더욱 몰입하게 된다. 반전의 반전을 어떻게 구성하는가도 플롯의 몫이다.

4) 갈등과 긴장

대개 내러티브나 스토리에는 갈등이 없다. 스토리텔링에서는 반드시 갈등의 발생과 해결이 필요하다. 그래야 말하는 사람에게 더욱 주목하고 집중하는 것과 같다. 옥스퍼드 사전의 스토리에 대한 정의를 보면 "재미를 목적으로 상상해내거나 실제로 있는 사람과 사건에 관해 말하는 것, 누군가의 인생에서 벌어진 일이나 어떤 사건이 진행되는 과정에 벌어진 과거의 일에 대한 설명…"이라고 했다. 이는 내러티브에 관한 설명이다. 적어도 요즘 이렇게 스토리텔링을 하면 곤란하다. 팬들의 외면을 받기 알맞다.

내러티브는 단순 사건의 나열이나 설명이고, 내러티브가 모인 스토리는 평이한 기술일 수도 있다. 예컨대, "옛날에 착한 농부가 있었는데, 열심히 일해서 돈을 모았고 결혼해서 아이를 낳고 행복하게 오래오래 살았다."라고 할 수 있다. 열심히 일하고 결혼하고 아이를 낳은 것은 내러티브다. 전체적으로 농부의 일생이 스토리에 해당한다. 여기에 플롯을 넣어보면 다음과 같이 된다. "옛날에 착한 농부가 살았는데, 나이가 차서 결혼할 시기가 되었다. 그러자 어린 시절에 돌아가신 어머니 말씀이 생각났다. 어머니가 어떤 말을 했는지 과거로 돌아가 본다. 돈을 열심히 모아서 건넛마을에 사는 처자에게 청혼하라는 말씀이었다. 어머니는 농부에게 처자의 이름을 적은 편지를 남겼다. 어머니 말씀을 잘 들었던 농부는 돈을 열심히 모아서 처자를 찾았다. 처자는 예전에 정혼한 사이라는 것을 생각하고 농부와 결혼했다." 중간에 어머니 말씀이 들어가게 되는데, 농부가 돈을 모아 결혼하게 된 것은 어머니가 정혼을 해놓았기 때문이다. 이렇게 플롯은 어떤 행위나 결과의 인과관계를 설정하는 것이다.

그런데 여기에는 갈등관계가 없다. 갈등관계는 '긴장관계'라고 할 수 있다. 긴장관계가 형성될수록 사람들은 더욱 주목하게 된다. 갈등관계는 크게 두 가지가 있는데, 하나는 내적 갈등이고 다른 하나는 외적 갈등이다. 내적 갈등과 외적 갈등은 따로 분리되지 않고 두 개가 복합적으로 구성되기도 한다. 내적 갈등은 주인공이나 등장인물의 심리 내부에서 일어나는 갈등이다. 외적 갈등은 다른 존재를 통해 일어나는 갈등이다. 주인공을 방해하는 이들일 수도 있고, 적대적인 관계일 수도 있다. 이 때문에 주인공의 내적 갈등이 강해질 수도 있다. 농부가 어머니 말대로 돈을 모아 처자를 찾았으나 처자는 이미 결혼할 사람을 정해놓고 있었다. 이미 결혼하기로 한 남자는 강력하게 대응했고, 농부가 애초에 생각했던 것과 다른 상황이 펼쳐진다. 이때 농부는 예전에 정혼한 편지를 보여준다. 이 편지를 보여주자 처자는 약간 흔들린다. 하지만 결혼 예정자는 많은 돈을 가지고 있었고, 이미 오래전부터 처자에게 구혼해온 상황이었다. 이때 농부는 어떻게 할 것인가. 갈등은 서로 원하는 것을 추구할 때 그것이 충족되지 못하는 상황에서 벌어진다. 농부의 해법이 과연 무엇일지 스토리텔러는 궁금증을 불러일으켜야 한다.

갈등의 중요성을 간과하면 멜로(melodrama)와 로맨스(romance)의 차이도 구분하지 못한다. 본래 멜로는 18~19세기에 유럽에서 유행한 '음악이 혼합된 연극'을 말한다. 그 스토리텔링에서는 주제와 줄거리가 낭만적이었으며, 반주를 위한 음악이 있었다. 사전적으로는 "현재 사건의 변화가 심한 통속적인 흥미, 선정성이 있는 대중극"을 가리킨다. 하지만 이것은 멜로가 일반 로맨스 드라마와 다른 점을 포함하지 못하는 정의다. 로맨스는 단순한 사랑이야기다. 남자가 여자를 짝사랑하여 쫓아다니고 여성의 마음을 얻는다는 내용은 플롯이 들어간 사랑이야기, 그냥 로맨스다.

그런데 멜로는 불가항력적인 갈등 상황이 들어간다. 멜로는 사랑하는 남녀가 등장하고, 그 남녀의 사랑을 방해하는 요인이나 환경이 등장한다. 그런데 그 방해하는 요인은 단순히 장애 정도가 아니라 불가항력적인 요인이나 환경이다. 지진, 화산, 쓰나미, 허리케인 혹은 태풍, 홍수도 포함될 수 있으며 전염병이나 신종 바이러스도 이에 해당한다. 또한 교통사고도 빈번하게 활용된다. 영화나 드라마에 치명적인 불치병이 등장하는 이유도 마찬가지다. 고칠 수 없는 병은 사랑하는 연인을 강제로 떼어놓는다. 갈수록 고칠 수 없는 희귀병을 찾아 스토리에 등장시키는 이유다. 이것도 결국 갈등 상황의 매우 큰 범위라고 할 수 있다. 인물 간의 내외적인 갈등을 불러일으키는 토대나 틀이라고 할 수 있다. 갈등은 접하는 이들의 이목을 끈다. 누군가 싸우거나 대립하고 문제가 생기는 것은 궁금증을 불러일으키고, 다음에 그 결과가 어떻게 될지 기대하게 한다. '싸움 구경'이라는 말이 왜 나왔는지 생각할 수 있겠다. 더구나 갈등을 일으키는 문제는 더 이상 남의 이야기가 아니라 자신의 문제라고 생각할 때 더욱 감정을 이입하고 몰입을 일으키게 된다. 단순한 이벤트의 나열은 결코 다음에 대한 기대와 궁금증을 유발하지 못한다. 갈등이 나의 삶과 밀접하게 펼쳐지며 고조될 때 사람들은 몰입을 하게 된다.

5) 드림 포인트(소망과 꿈)

갈등과 긴장은 꿈과 소망이 있어 발생한다. 대개 이를 욕망이라고 표현하지만 욕망이라는 용어는 대개 부정적인 의미로 쓰이기 때문에 여기에서는 꿈과 소망이라고 한다. 각자 꿈과 소망이 강할수록 더욱 심한 갈등 상황이 벌어지기도 한다. 예컨대 주인공에게는 어떤 목적이나 미션이 주어지게 되는데, 이것은 스토리에 공감을 불러일으키는 중요한 요인이고 공감할 수 있는 것이어야 한다. 할리우드 영화에는 반드시 방해세력이 등장하여 갈등과 분란을 일으키고 주인공은 그 상황을 극복하려 한다. 스토리텔링이 그것을 접하는 사람들에게 어떤 효과를 낳으려면 사람들이 기대하는 바를 자극하거나 충족해주어야 한다. 어떤 효과라는 것은 주로 심리적 효과이고, 그 심리적 효과에 부응한다면 어떤 특정 행동으로 이어질 수도 있다. 흔히 드라마나 소설, 영화, 연극에서는 주제를 중요하게 생각하는데, 그보다는 그 스토리텔링에 어떤 소망과 꿈을 반영하고 그것도 공감력 있게 만드는가가 중요하다. 그것은 시청률이나 흥행 관객 수와는 별도이고, 관계없는 경우도 많다. 만약 기존에 잘 알려지지 않았거나 드림 포인트, 즉 숨겨진 꿈과 소망을 담은 내밀한 콘텐츠를 발견하지 못한 수용자가 그것을 나중에 어떤 스토리텔링에서 발견했다면 열광하게 된다. 팬이 될 수도 있고 코스튬 플레이

(costume play)에 나설 수도 있다. 코스튬 플레이는 '코스프레(コスプレ)'라고도 하는데, '의상'을 의미하는 'costume'과 '놀이'를 의미하는 'play'의 합성어로 일본식 용어다. 코스프레는 주로 인기 있는 게임이나 만화, 애니메이션 등에 등장하는 캐릭터를 모방해 그들과 같은 의상을 입고 분장하는 퍼포먼스다. 국립국어원의 '분장놀이'라는 순화용어도 있다.[6]

이는 '원소스 멀티유스(OSMU: one source multi-use)' 전략을 취해야 하는 근거가 되기도 한다. 일본에서는 '미디어믹스(media mix)'라고도 한다. 이 용어들을 비교해볼 때 한국이 콘텐츠 자체의 다변화에 초점을 둔다면, 일본은 미디어의 변화에 초점을 맞춘다. 어쨌든 중요한 것은 사람들의 기대나 만족을 충족하는 것이다. 이전에는 이를 대중의 욕망을 대리충족 한다거나 현실도피라는 좀 더 부정적인 개념으로 표현하기도 했다. 현실의 결핍을 콘텐츠나 스토리로 채우는 것이 현실도피라고 할 수는 없다. 정확히 현실에서 도피하는 것인지 알 수 없기 때문이다. 오히려 현실에서 더 힘을 얻거나 치유를 통해 일상을 좀 더 잘 꾸려나가기 위해 콘텐츠나 스토리를 접한다. 그것이 문화콘텐츠의 역할과 기능이다.

그렇다고 해서 사람들의 소망과 꿈이 고색창연해서는 스토리텔링에 맞지 않는다. 보편적이고 상식적인 것이어야 한다. 왜냐하면 대중성에 기반을 두어야 하기 때문이다. 사람들에게 이야기를 들려줄 때 듣는 순간 익숙한 소망의 가치관을 담아내면 받아들이기 쉽다. 글자로 이루어진 텍스트는 낯설어도 여러 차례 읽으면 친숙해질 수 있지만, 스토리텔링은 그렇게 할 수 없다. 예컨대 어린아이에게 들려주는 이야기에 독

---

6) 국립국어원 홈페이지 참조. http://www.korean.go.kr/front/onlineQna/onlineQnaView.do;
    front=B21E1AD8164AC89EA179F812FC1FC3CA?mn_id=61&qna_seq=113388&pageIn-
    dex=1

특하게 낯선 욕구들은 없는 것이 보통이다. 사람은 본능적으로 자신의 삶을 유지하려 한다. 행복하고 즐겁게 살고 싶어 하며, 배고픔 없이 풍족하게 살고 싶어 한다. 그리고 돈을 많이 벌 수 있기를 바란다. 돈이 많이 있었으면 좋겠다는 생각만이 아니라 건강했으면 한다. 좋은 사람을 만나고 사랑을 나누고 싶어 한다. 또한 가족을 만들고 그 가족도 잘 영위했으면 한다. 사회적으로 의미 있는 존재가 되어 활동하고 싶어 하며 지위와 명예도 갖고 싶어 한다. 부와 명예, 지위, 건강과 성, 가족, 자아실현 등 보편적이고 타당한 소망과 꿈을 담고 있어야 한다. 결말도 마찬가지 관점에서 이해해야 한다.

주인공에게 이러한 소망이나 꿈이 있어야 하고, 플롯이나 갈등은 이러한 소망과 꿈이 방해당하여 좌절하는 기제가 된다. 주인공은 이를 극복하고 자신이 원한 것을 이뤄가야 한다. 이렇게 꿈과 소망을 이뤄가는 주인공을 보면서 감정이입을 하고 현실에서 힘들어하는 자신을 스스로 격려할 수 있다. 생활이 안정되어 있는 이들은 비극을 원할 수 있다. 인생이 행복하지만은 않다는 것을 통해 삶에 대한 정화를 이룰지 모른다. 그것이 그리스 비극이 탄생한 이유이기도 하다. 아리스토텔레스의 《시학》은 비극에 관한 책이다.[7] 따라서 그 책에 나오는 카타르시스는 비극을 보고 나서 느끼는 정화된 느낌을 말한다. 비참한 노예들이 새삼 비극을 볼 필요는 없을 것이다. 그들에게 필요한 것은 희망과 행복한 미래였을 것이다. 현재 잘살고 있는 이들은 과거를 보기 원하지 미래를 원하지 않는다. 오히려 가진 것이 없는 사람들, 약자들이 미래를 원한다. 미래에는 뭔가 바뀔 수 있을지 모르기 때문이다. 허구적 상황이나 꿈을

---

7) 아리스토텔레스, 이상섭 옮김, 『시학』(원제: Peri Poietikes), 문학과지성사, 2005 참조.

꾸는 것은 이 때문이다. 미래불, 미륵을 숭상한 것은 지배층이 아니라 민중이었다.

스토리텔링의 주체는 일반 시민이며 생활인이기도 하다. 그렇기 때문에 그들이 원하는 꿈과 소망이어야 한다. 예컨대 그들은 스트레스가 심하면 그것을 풀기 위해 영화나 소설, 드라마, 웹툰을 본다. 그러므로 결말은 결핍되고 고단한 현실과 다르기 바란다. 2010년 3월, MBC 일일시트콤 〈지붕 뚫고 하이킥〉이 126회로 끝났는데, 두 남녀 주인공이 사고로 죽는 결말이 나오자 시청자가 집단 반발했다. 더구나 이 작품은 시트콤이었다. 즉, 명랑하고 재미있는 내용을 다루는 장르인데 비극으로 끝나서 애청자의 엄청난 비난에 직면하게 되었다. 남녀 두 주인공이 잘되기를 바랐던 것이다. 더구나 여자 주인공은 가난하지만 착하고 열심히 사는 캐릭터여서 멋진 남자와 사랑을 잘 이뤘으면 하는 소망이 컸다. 물론 현실에서는 그렇지 않은 것이 빈번하므로 더욱 그렇다. 이때 반발이 엄청날 수 있었던 것은 10대들도 스마트폰을 갖기 시작해 의사표현이 적극적으로 이뤄질 수 있었기 때문이다. 이런 일들은 이후 빈번하게 이뤄졌다.

어떤 진지한 가치를 탐구하기 위해 보는 것은 관련 전문가들이다. 또한 항상 전문적인 수준의 콘텐츠를 보는 이들에게 높은 평가를 받은 스토리텔링이 일반 시민과 생활인에게 호응을 받을지는 알 수 없다. 대체로 희망과 행복이 있는 결말을 원하는 이유도 여기에 있다. 그들의 삶은 충분히 비극적이다. 그것을 전문 창작 스토리텔러가 콘텐츠를 통해 일깨우지 않아도 일상이 그렇게 체화되어 있다.

6) 서브 트렌드

꿈과 소망은 트렌드에 따라 다양한 모습으로 나타난다. 꿈과 소망이 담긴 현상은 변한다. 새로운 세대일수록 더욱 강하다. 건강을 꿈꾸어도 어떤 건강한 상태인지에 따라 달라진다. 예컨대 웰빙인지, 치유를 통한 건강인지에 따라 달라지는 것과 같다. 사회적 성공도 트렌드에 따라 소설가일 수도 있지만, 웹툰 작가일 수도 있다. 트렌디 드라마(Trendy Drama)라는 장르가 따로 있는데, 유행에 민감하게 반응하는 드라마다. 대개 젊은 층이 중심인 드라마여서 유행하는 패션이나 공간, 아이템 그리고 직업군이 등장한다. 이러한 트렌디 드라마는 고성장기에 새로운 사회 변화가 많을 때 각광을 받는다. 물론 유행을 민감하게 반영하므로 기업의 협찬이나 투자를 이끌어낼 수 있다.

트렌디 드라마만이 아니라 스토리텔링에는 트렌드가 반영되어야 한다. 사람들의 직관이나 감정에 호소해서 공감을 일으키려면 새로운 자극이 필요하다. 또한 스토리텔링은 문화콘텐츠이므로 바람직해 보이는 어떤 대상이 존재하면 사람들은 더욱 주목하게 된다. 그 가운데 하나가 바로 '트렌드'라고 할 수 있다. 소설에도 현재 유행하는 신조어들이나 화장법 그리고 소품들이 등장하는 이유다. 요즘은 청중에게 재미있고 흥미롭게 강연하는 이들도 트렌디한 소품들을 등장시키는 것은 이런 주목도를 높이기 위해서다. '트렌드'라고 하면 유행이라고도 할 수 있는데, 그 자체를 문화콘텐츠에 반영할 경우에는 모순이 발생할 수 있다. 이는 새롭게 기획되는 스토리텔링에도 마찬가지로 적용된다. 즉, 유행은 이미 확산된 것이므로 트렌드를 선도하지는 않는다. 잘못하면 유행을 추종하여 남을 따라 하거나 모방하게 된다. 이는 참신한 주목 대상이 되지 못하고, 경제적으로 상품성이 없어진다.

수용주기 모델에 따르면 창조자, 즉 선도자들이 만들어낸 것을 공유하는 것은 얼리 어댑터(Early Adopter)다. 이 단계에서 전기 다수 수용자(Early Majority)에게 수용될 때 유행이 시작된다. 그렇기 때문에 최소한 얼리 어댑터가 공유하는 트렌드를 반영하는 것이 중요하다. '조기 수용자'라고 할 수 있는데, 이들은 새로운 유행을 만들기 좋아하고 이를 전기 수용자 같은 이들에게 확산시키는 것을 즐긴다. 그런데 이들이 확산시키려 한다고 해서 반드시 널리 확산되는 것은 아니다. 왜냐하면 '캐즘(Chasm)'에 빠질 수 있기 때문이다. 캐즘은 얼리 어댑터와 전기 수용자 사이에 발생하는 갭을 말한다. 캐즘에 빠지면 널리 확산되지 않는데, 확산되는 데는 광고나 미디어가 작용한다. 요즘은 대중미디어뿐만 아니라 소셜네트워크서비스가 큰 역할을 한다. 이렇게 아직 확산되지 않은 트렌드를 이름하여 '서브 트렌드(sub trend)'라고 할 수 있다. 즉, 스토리텔링을 담당하는 이들도 이러한 트렌드 확산의 트리거(trigger)가 될 수 있다.

보수적인 영역에서는 트렌드가 한창일 때 기획·제작하는 경우가 많다. 이는 다른 곳에서 검증을 다 받은 이후에 뒤늦게 나서는 것을 말한다. 즉, 후기 다수 수용자(Late Majority)에 해당한다. 이럴 경우에는 유행에 참여하는 것 같지만, 이미 지나간 뒤인 경우가 많다. 설령 성공한다고 하더라도 미미할 수밖에 없으며, 곧 트렌드가 끝나고 새로운 트렌드가 시작된다. 폭발적인 인기로 주목을 끌기보다는 소소한 주목을 통해 작은 수익에 머물고 만다. 당연히 작품성 자체에도 좋지 못할 수 있다. 무엇보다 따라 했다는 모방 혐의에 시달릴 가능성이 많다.

이런 서브 트렌드, 즉 아직 본격화되지 않았고 앞으로 확산 가능성이 있는 트렌드를 알아내려면 단순히 매스미디어(Mass media)에 의존하여 트렌드를 파악할 것이 아니라 생활교차 분석, 도시거리 분석 등 사람들이 접하고 즐기는 문화적 기호들에 대해 끊임없이 탐색해야 한다. 적어도 스토리텔링을 하는 이들은 현재적으로 이야기하거나 즉시적으로 반응을 이끌어내는 피드백의 콘텐츠를 만드는 사람들이므로 이러한 유행과 트렌드의 추이에 대해 관심을 많이 가져야 한다. 구석진 방에서 오로지 작가의 문제나 구성, 그리고 작품 자체의 완성도나 천재적인 실험과 시도에 우선하는 것은 스토리텔링의 형상과 탄생에서 거리가 멀다. 스토리텔링은 사람들 사이에 존재하고 생명력을 갖는다. 비록 고전을 새롭게 스토리텔링한다고 해도 현재의 사람들 사이에서 살아 움직이게 만들어야 하며, 그것이 리메이크나 리부트(reboot)의 전제조건이기도 하다. 스토리텔링은 싱싱한 농산물이다. 같지만 같지 않은 신선해야 하는 농산물, 해산물이며 그것을 더욱 가능하게 하는 것이 트렌디한 스토리텔링이다.

7) 스토리텔링의 상호작용성

상호작용성(Interactivity)이란 서로 소통하고 영향을 주고받는 행위를 말한다. 상호작용성은 살아있는 경험, 즉 실시간으로 겪는 경험(Interactivity is a live experience)이다.[8] 상호작용은 적극적으로 이뤄질 수도 있고 소극적으로 이뤄질 수도 있다. 공연이나 강연도 똑같은 것이 없는데,

---

8) Ulrike Spierling, Dieter Grasbon, Norbert Braun, Ido Iurgel, *Setting the scene: playing digital director in interactive storytelling and creation*, Computers & Graphics 26 (2002), pp. 31–44.

그 이유는 듣는 이들이나 관객과 서로 영향을 주고받기 때문이다. 공연 실연자는 관객의 반응에 따라 공연 내용을 약간 다르게 하기도 한다. 강연자는 더욱 그럴 수 있다. 말하듯이 할수록 더욱 그러하다. 소설의 경우 종이에 인쇄되므로 독자들이 반응을 보일 수단이 없다. 출판사에 편지를 보내거나 감상문을 제출할 수 있을 것이다. 요즘에는 북콘서트나 팬사인회를 통해 자신의 견해를 밝힐 수 있을 뿐이다. 반응이 있다고 해도 우회적으로 시간이 많이 걸린다. 또한 다음 작품에 반영되는 것이 느릴 수밖에 없다. 반면 웹소설은 소설에 다양한 댓글을 달 수 있다. 또한 채팅방이 있어 저자와 대화를 나눌 수도 있다. 저자는 자신의 작품을 직접적으로 확인할 수 있고 반응을 느낄 수 있으므로 더욱 자극을 받을 수 있다.

원래 구연동화에서는 이야기를 들려주는 사람과 듣는 사람 사이에 상호작용이 있을 수밖에 없다. 화자는 아이의 반응에 따라 이야기하는 방식을 다르게 구사한다. 아이가 잘 듣는다면 더욱더 성취감을 느껴서 재미있게 구연할 것이고, 잘 듣지 않는다면 더 흥미 있게 들려줄 방법을 찾을 것이다. 케이팝 콘서트에서 팬들의 반응은 매우 중요한 요소가 된다. 더구나 코로나19 팬데믹 상황에서 인기를 끈 온라인 콘서트에서 보이는 댓글 등은 이전 공연 문화에서 볼 수 없는 상호작용성의 현상이었다.

한국에서는 쪽대본으로 만든 드라마가 비판의 도마에 오르기 일쑤였다. 완성도가 떨어진다는 이유였다. 쪽대본은 완성된 대본이 아니라 그때그때 써서 만드는 대본이다. 드라마를 촬영하는 가운데 대본을 쓰는 형태를 말한다. 사전제작 드라마를 모범이라고 꼽기도 한다. 그런데 과연 사전제작제가 스토리텔링 관점에서 반드시 바람직한 것인지 생각해볼 필요는 있다. 대개 한국의 드라마는 연속극이다. 매일 혹은 매주 드라마가 방영되므로 시청자를 기다리게 한다. 시청자의 반응에 따라 이야기가 달라질 수 있음을 전제로 만드는 것이기도 하다. 이는 소설이나 연극처럼 온전히 작가가 만들고 연출가가 완성하는 것과는 다르다. 본래 영화도 시나리오 작가와 감독이 만든 작품을 관객이 감상하기만 하는 수동적인 위치에 머물렀다. 드라마를 평가할 때 완성도 면에서는 미국 드라마가 모범 사례로 언급되는 경우가 많다. 그러나 세계 시장을 무대로 드라마를 수출하는 미국과 다른 점이 있을 수밖에 없다. 글로벌 온라인 플랫폼 등장에 따라 우리나라도 드라마를 사전제작 시스템에 따라 만들고 있다. 대표적인 예가 〈오징어 게임〉이다.

드라마의 전개가 달라지는 것이 스토리텔링 관점에서는 긍정적인 면도 있을 수 있다. 2010년 30%의 높은 시청률을 기록한 드라마 〈추노〉를 방영했을 때, 등장인물 두 명이 죽으면서 시청자 게시판에는 항의가 쏟아졌다. 이에 놀란 제작진은 두 명의 인물을 다시 살려냈다. 죽어서 수레에 실려 나갔지만 죽지 않고 다시 깨어나는 것으로 대본을 바꾸었다. 그러자 주춤했던 시청률이 다시 올라가는 일이 일어났다. 이처럼 쪽대본, 즉 임시대본이 반드시 부정적일 수만은 없다. 더구나 사전제작제 드라마가 반드시 성공하는 것도 아니다. 시청자가 원하지 않는 스토리의 작품일 경우 외면받을 가능성이 높다. 특히 21세기 시청자는 자신이 원하지 않는 스토리라면 아무리 좋아하는 스타나 배우가 출연하는 작품이라고 할지라도 시청하거나 소비하지 않는다. 특히 인터넷이 발달하면서 팬들은 자신들의 기호와 취향을 스토리에 영향을 미치려고 한다.

결과적으로 극작과 달리 이런 대중 콘텐츠는 대중의 요구에 맞게 그때그때 수정할 여지를 남겨주어야 한다. 영화의 경우에도 각색하는 사람을 적게는 한두 명, 많게는 십여 명 참여시킨다. 특히 제작비가 많이 들어가는 작품일수록 규모는 더욱 커지게 마련이다. 말하자면 원작을 대중의 소망에 맞게 수정하는 것이다. 소설처럼 한 자도 고치지 않는 것과는 다른 대중 스토리 창작 방식이라고 할 수 있다. 마치 할머니가 어린 손자에게 이야기를 들려주는 과정에서 아이의 반응에 따라 이야기의 방향이나 과정을 바꾸는 것과 같다. 공연계에서는 리메이크를 하거나 연작 시리즈를 다시 만들 때 처음부터 아예 관객을 참여시키기도 한다. 원작을 각색한다고 해서 아티스트의 작품을 훼손한다고 여기는 사고방식은 과거의 유물이 되었다. 좀 더 많은 이들에게 다가가기 위한 스토리텔링 작업이라고 생각해야 한다.

8) 하이 콘셉트와 하이 터치

스토리라이팅(writing)이 아니라 스토리텔링에서는 무엇보다 반응이 중요하다. 스토리 콘셉트는 듣는 즉시 와 닿아야 하고, 이해가 확연하며, 느낌이 와야 한다. 그것이 하이 콘셉트(high concept)와 하이 터치(high touch)다. 기획 단계부터 이것에 착안하지 못하면 스토리텔링 콘텐츠 자체가 성립되지 않거나 생명력이 없어진다. 여기에서 '하이'는 높고 낮음이 아니라, 확연함이나 흥미도가 강한지 약한지를 의미한다.

하이 콘셉트는 이성적인 지성의 영역이다. 작품에 대해 들었을 때 명쾌하게 관심을 불러일으키는 콘셉트를 말한다. 예컨대 '나쁜 놈들을 혼내주는 이야기'보다는 '나쁜 놈들을 통해 범죄자들을 혼내주는 이야기'가 좀 더 하이 콘셉트다. 다시 말해 전과자들에게 죄를 없애주겠다고 하면서 현상수배범들을 잡는 스토리 콘셉트다. 대개 경찰이 범죄자를 추격하거나 수사하는 것과는 다른 콘셉트인데, 전과자들이므로 흥미가 생겨 몰입도를 증대시킨다. "옆집 아저씨가 성추행범인 줄 알았는데, 알고 보니 군(軍) 첩보요원 출신(영화 〈아저씨〉)"이라거나 "남장 여자를 사랑한 남자 이야기(드라마 〈커피프린스 1호점〉)" 등도 예로 들 수 있다. 보통 여자를 사랑한 것이 아니라 남자로 보이는 남장 여자를 사랑한 남자는 자신이 동성애자인 것 같아 갈등을 겪게 되고 그것이 흥미 포인트가 된다.

스티븐 스필버그는 1978년 한 매체와의 인터뷰에서 "만약 어떤 아이디어에 대해 누군가 25마디로 내게 말할 수 있다면 그것은 틀림없이 좋은 영화가 될 것이다."[9]라고 했다. 짧은 말로 표현했을 때 관심을 불러일으킬 수 있다면 하이 콘셉트 스토리텔링이 가능하다는 의미다. 그렇기 때문에 많은 사람에게 관심을 불러일으키는 한두 문장으로 전달 가능한[10] 아이디어다. 할리우드의 유명 시나리오 작가인 로버트 맥기는 "모든 스토리는 한 줄로 요약된다."고 했다. 또한 스토리텔링에서는 도입부가 중요하다. 영화에서는 도입부 10분, 드라마에서는 1~2회, 늦어도 4회에서 결판이 난다. 우리가 말을 할 때도 초반부에 관심을 불러일으켜야 사람들이 주목한다는 점을 생각하면 이해하기 쉬울 것이다. 이것도 하이 콘셉트와 연관이 있다. 하이 콘셉트가 확실할수록 초반부터 후반까지 일관되게 연결된다.

---

9) 신강호, 『할리우드 영화』, 커뮤니케이션북스, 2013, 88쪽.
10) 루시 큉, 최상범 옮김, 『미디어 전략 경영론』, 커뮤니케이션북스, 2013, 3장 전략 환경의 추세 참조.

하이 터치는 감각의 영역이다. 즉, 느낌이 전달되는 콘셉트를 말한다. 본래 일반 상품에서 하이 터치는 주로 시각적인 효과의 디자인이나 감촉을 전달하는 매질에 대해 고민을 많이 했다. 스토리텔링에서는 전율과 긴장이 느껴지는 스릴러 장르, 짜릿한 통쾌함이나 극적 반전을 이루는 복수극, 달콤하고 유쾌한 로맨틱 코미디 장르에서 주로 그 속성을 살필 수 있겠다. 주로 스토리텔링의 구어적 표현들이 느낌을 주는데, 초점을 맞출 때 형용사나 부사가 많아지듯이 이러한 장르에서는 특히 영상에서 시각적 표현이 감각을 자극하기 위해 기여한다.

맬컴 글래드웰은 자신의 저서 《블링크》에서 "영화와 스토리가 성공하는지 못하는지 전문가들이 판단하는 데는 0.2초가 채 안 걸린다."고 했다. 블링크란 눈 깜빡하는 순간을 말한다.[11] 짧은 순간 무의식 영역에서 일어나는 반응으로, 직관적인 판단이라고 할 수 있다. 1998년 네덜란드 네이메헌 라드바우드 대학의 압 데윅스테르후위스 박사는 이를 '지능 시동 효과'라고 규정하기도 했다. 인간의 행동은 무의식적인 생각이나 동기에 의해 영향을 받는다는 것이다.[12] 현대인은 시간이 없고 처리해야 할 정보가 많다. 더구나 콘텐츠만 해도 엄청나게 많이 생산되고 선택을 기다리고 있으므로 무의식적인 판단이 중요해지고 있다.

하이 콘셉트나 하이 터치는 바로 반응성을 유도하는 것이므로 이런 점에 부응해 스토리텔링을 해야 한다. 전문가들은 10여 년 이상의 오랜 경험에서 판단하지만, 일반 수용자, 즉 팬들은 즉각적인 본능이나 상식에 기초해서 반응을 보일 수밖에 없어 스토리텔러들은 이를 생각하

---

11) Malcolm Gladwell, *Blink: The Power of Thinking Without Thinking*(Back Bay Books, 2005), pp. 45-46, p. 90.

12) 이성규(객원편집위원), "'블링크'에 대한 역설", 『ScienceTime』, 2015. 2. 9.

지 않을 수 없다. 전문가들을 위해서 스토리텔링을 따로 할 필요는 없을 것이다. 그들은 더 고차원에서 살려고 하기 때문에 흥미를 가지게 되어도 가치는 낮게 평가할 것이다. 전문가 타깃을 생각한다면 스토리텔링 고민은 덜해도 된다. 어쨌든 듣거나 보는 사람들을 위한 것이 스토리텔링이다. 그것을 객관적으로 평가하는 이들을 위한 것이 아니므로 이 점을 중시해야 한다. 그렇다고 해서 대중적인 스토리텔링은 아무나 할 수 없다. 수용자는 보통 자신이 관심 있는 스토리텔링을 많이 보므로 즉각적으로 판단한다. 다른 스토리텔링 콘텐츠와 차이가 있어야 한다. 그들은 전문가보다 더 대중적인 스토리텔링 콘텐츠를 많이 보고 원하고 있다. 전문가는 그 반대다. 좋은 모범적인 모델이 따로 있다고 생각하기 때문에 그에 부합하지 않으면 보지도 않는다. 더구나 대중문화 권력 시대여서 자신의 마음에 들지 않거나 원하는 바가 아니면 그 가치나 메시지의 중대성은 중요하게 고려되지 않는다. 특히 이제는 콘텐츠의 소비목적이 대개 명확하다. 매스미디어 시대처럼 졸면서도 어쩔 수 없이 억지로 시청하거나 소비하지 않는다. 더구나 선택할 때 직관이나 감각의 측면에서 스토리텔링을 판단하는 것이 왜 중요한지 판단해야 한다. 그만큼 현대인은 자아중심성이 커졌고 그에 따라 콘텐츠를 향유하려 하기 때문이다.

9) 스토리텔링의 요건 — 흐름과 플로

　스토리텔러들은 청자가 이야기를 듣고 있을 때 심리 흐름을 생각해야 한다. 반면, 이런 흐름에서 거리를 두고 있는 스토리라이팅에서는 생각을 많이 하게 하기 위해 많은 지식과 정보를 담으려고 한다. 때로 저자가 많은 교양이 있다는 것을 과시하려는 듯이 글을 쓴다. 또한 깊은 깨달음을 심오하게 적기도 한다. 물론 이렇게 깊은 지식과 성찰이 담겨 있는 책은 나쁜 내용일 수 없으며 훌륭하다. 그 노고와 정성, 그리고 뛰어난 역량을 부정적으로 볼 필요는 없을 것이다. 하지만 일반 사람들이 원하는 콘텐츠는 아닐 수 있다. 지식인이나 학자, 평론가들이 높이 평가하는 책이나 작품을 반드시 대중이 원하는 것은 아닌 경우가 빈번하다. 그것은 유식이나 무식과는 관련이 없다. 콘텐츠를 소비하고 접하는 목적이 다를 뿐이다. 이런 상황에서 너무 많은 정보를 담으면 과잉 정보성 현상 때문에 오히려 일반 사람들은 피로감을 느끼게 된다. 모든 사람이 지식과 성찰이 많고 깊은 내용이 담긴 콘텐츠를 항상 선호해야 한다고 강박할 수는 없다. 하지만 오랜 동안 그렇게 해왔으므로 거꾸로 스토리텔링이 뒤늦게나마 부각된 것이다.

　스토리텔링은 앞에 앉은 사람에게 말하는 것처럼 콘텐츠를 전달하는 것이므로 흐름에 맡겨야 한다. 물이 흘러가듯이 자연스럽게 흘러가야 한다. 만약 중간중간에 너무 복잡하거나 생각이 더 요구되는 내용이 있으면 흐름에 장애가 되므로 관심이 이탈한다. 이야기 내용은 듣는 사람이 관심을 놓지 않을 정도로 적절한 난이도와 흥미 있는 소재, 전개 방식으로 흘러가야 한다. 너무 어려운 이야기나 복잡한 구조, 많은 정보량은 그런 흐름을 방해한다. 자연스럽게 이야기를 이끌어 텔러에게 빠져들어가야 한다. 몰입하는 순간 수준이 높아지면 특정 행동을 하고 있다는 사실이나 상황을 잊게 된다. 그 상태가 미하이칙센트 미하이가 언급한 바가 있는 '플로(flow)'다.[13] 뭔가를 애써 하지 않아도 저절로 흘러간다. 의식을 자각하지 않은 상태를 연이어 갈 수 있도록 이야기를 들려주는 것이 스토리텔링의 수준이 되어야 한다. 스릴러나 드라마, 팩션은 너무 어렵게 구조를 짜거나 사건과 인물이 지나치게 복잡하면 이를 접하는 사람들은 이해하기 어렵고 지루해하며 급기야 고통스러워한다. 당연히 마니아는 열광해도 일반 시청자는 몰입이 불가능하다. 오히려 과잉정보는 자연스런 몰입은커녕 인지적 왜곡 효과를 낳는다. 아직도 정보나 지식 그리고 그에 따른 콘셉트를 스토리텔링이라고 말하는 경우가 있다. 자신의 이야기로 여기게 하고, 그것이 자신의 삶과 밀접할 수 있는 실제 같은 스토리텔링은 낯설게 생각하는 것이 없기에 친숙하게 의식의 흐름으로 상대방의 메시지가 들어가게 하는 것이므로 당연히 공감과 설득이 되는 것이다. 이야기 흐름을 자연스럽게 가지려면 창작자는 매우 자신 있게 스토리를 자유자제로 통제하고 창작하는 수준이 되어야 한다.

이런 논의를 바탕으로 각 분야의 사례를 적용해보는 노력이 있어야 한다. 여기에서 논한 스토리텔링의 요건을 매번 모두 갖출 수는 없을 것이다. 하지만 항상 최대한 갖추려고 노력하는 것이 필요하다. 최대한 노력할수록 추구하고 원하는 효과는 가까워질 것이다.

---

13) Mihaly Csikszentmihalyi, *Flow: The Psychology of Optimal Experience* (New York: Haper and Row, 1990); 미하이 칙센트미하이, 최인수 옮김, 『몰입-flow』, 한울림, 2004 참조.

Cultural contents
DNA
Storytelling

3강

대중음악과
스토리텔링

).
이해하기

대중음악에서 스토리텔링과 직접적으로 연관되는 것은 노래와 가수다. 대중음악이 연주곡인 클래식음악과 가장 확연하게 차이나는 것은 가사가 있는 노래다. 노래는 본래 시(詩)에서 기원했으므로 가사에 많이 주목한다. 노래 가사 가운데는 시가 원작인 경우도 많다. 비록 원래 시가 아니었어도 국문학 전공자들이 시를 연구한다. 하지만 시는 본래 서정적으로 자신의 마음을 중심에 두므로 반드시 스토리텔링 방식을 취하는 것이 아니다. 왜냐하면 특히 현대인의 경우 자아 중심에서 감정의 표현이 우선하기 때문이다. 그런데 스토리텔링이 아닌데 스토리텔링이라고 혼동하는 경우도 많다. 그럼에도 간혹 스토리텔링 방식의 노래들은 여전히 존재한다. 노래 가수만이 아니라 가수도 중요하다. 예컨대, 노래를 부르는 가수가 매우 친숙하고 감정을 이입할 만한 캐릭터를 가지고 있으면 더욱 매력을 느낄 수 있게 된다. 무엇보다 자신의 이야기인 1인칭의 경우에는 더욱 그러하다.

그런데 대중음악을 가사만 연구하는 것으로는 한계인 것은 분명하다. 대개 작곡자는 배제되는 경향이 있지만, 사실 작곡과 작사는 분리할 수 없다. 성공한 노래들을 보면 가사내용과 음악이 절묘하게 맞아떨어지거나 특정 부분이 강조되거나 극대화할수록 대중적 효과가 뛰어나다는 것을 알 수 있기 때문이다. 그런 점들을 더 고려해야 하는 것은 영상시대가 도래하고 뮤직비디오가 나오면서부터다.

즉, 노래 가사에 스토리텔링하던 창작 작업은 영상 뮤직비디오 시대가 되면서 변화하기 시작한다. 초창기의 뮤직비디오는 스토리텔링과 무관했으나, 인터넷 시대의 상호작용성과 문화에 관한 변화된 인식이 이를 가능하게 했다. 뮤직비디오는 단순히 노래를 영상으로 옮기거나 가수의 노래 부르는 모습을 담는 것이 아니라 또 다른 세계를 그려 보이는 이야기다. 당연히 스토리텔링 콘텐츠다. 나아가 최근에는 뮤지션이나 그룹 자체가 스토리텔링을 정체성으로 삼고 뮤직뮤디오도 이를 반영한다. 처음부터 정체성이 스토리텔링에 맞게 기획되고, 발표하는 곡이나 앨범 그리고 뮤직비디오가 하나의 작품처럼 만들어진다. 물론 이렇게 하는 것이 가능한 것도 디지털 환경이 구축되면서 팬들이 팔로업을 할 수 있게 되었기 때문이다. 무엇보다 자신이 좋아하는 콘텐츠에 대해서는 더욱 적극적인 태도를 갖게 된 현대인의 문화적 취향과도 관련이 있겠다.

2.
사례 분석하기

1) 노래 가사

대개 시는 화자의 내적인 느낌을 반영하므로 심리적 묘사와 압축적인 시어가 많지만, 때로는 스토리텔링 기법으로 시를 창작하는 시인들도 있다. 다음의 시를 통해 살필 수 있다.

〈어린 게의 죽음〉(김광규, 1941~)

어미를 따라 잡힌

어린 게 한 마리

큰 게들이 새끼줄에 묶여

거품을 뿜으며 헛발질할 때

게장수의 구럭을 빠져나와

옆으로 옆으로 아스팔트를 기어간다

개펄에서 숨바꼭질하던 어린 시절

바다의 자유는 어디 있을까

눈을 세워 사방을 두리번거리다

달려오는 군용 트럭에 깔려

길바닥에 터져 죽는다

먼지 속에 썩어가는 어린 게의 시체

아무도 보지 않는 찬란한 빛

바다에 살던 어린 게가 어미 게와 함께 잡혔는데, 갇힌 어린 게는 자유가 그리워 탈출한다. 필사의 탈출이다. 이것은 갈등 상황인데, 불행하게도 비극으로 치닫는다. 언제부터인가 예술을 지향하는 시는 희극이나 해피엔딩보다는 비극을 더 선호한다. 그렇기 때문에 대중성을 얻는 데 실패하고는 한다. 하지만 〈어린 게의 죽음〉이라는 이 시는 스토리텔링 방식을 갖추고 있어 누구나 쉽게 이해할 수 있고 어떤 의미인지 음미할 수 있다. 더구나 '어린 게'는 읽는 이와 별개가 아니라 감정이입을 할 수 있는 캐릭터라고 할 수 있다. '군용트럭'은 자유를 억압하는 존재라고 볼 수 있다. 누구나 자유가 억압된 경험이 있다면 쉽게 자신의 이야기로 생각할 수 있을 것이다. 그런데 이 시에서 어린 게는 죽었고, 허무해 보인다. 하지만 시적인 표현으로 어린 게의 행위를 기억하게 한다. '찬란한 빛'이라는 말로 어린 게의 죽음을 예술적으로 기록한 셈이다. 물론 대중적 스토리텔링 방식에서는 어린 게가 탈출에 성공해야 한다. 왜냐하면 현실에서는 성공하지 못하는 경우가 많으므로 스토리텔링에서는 어린 게가 성공했으면 좋겠다는 소망을 반영해주어야 한다. 노래 가사에서는 이런 점이 중요하게 반영되면 좋다. 물론 좀 더 극적인 해피엔딩이면 좋다.

노래에는 직접 자신을 등장시키는 경우도 있지만, 다른 동물 캐릭터를 등장시키는 경우가 있다. 그 동물은 노래를 부르는 사람뿐만 아니라 듣는 사람도 감정이입을 해야 한다. 만약 사람들이 싫어하거나 선호하지 않는 동물이라면 적절한 캐릭터의 선정과 등장이라고 할 수는 없을 것이다. 비록 비호감 동물이라 해도 좋은 면모를 부각하여 의미부여하는 것이 문화예술이다.

〈거위의 꿈〉(인순이)
난 난 꿈이 있었죠 / 버려지고 찢겨 남루하여도 / 내 가슴 깊숙이 / 보물과 같이 간직했던 꿈 / 혹 때론 누군가가 / 뜻 모를 비웃음 / 내 등 뒤에 흘릴 때도 / 난 참아야 했죠 / 참을 수 있었죠 / 그날을 위해 / 늘 걱정하듯 말하죠 / 헛된 꿈은 독이라고 / 세상은 끝이 정해진 책처럼 / 이미 돌이킬 수 없는 현실이라고 / 그래요 난 난 꿈이 있어요 / 그 꿈을 믿어요 나를 지켜봐요 / 저 차갑게 서 있는 운명이란 벽 앞에 / 당당히 마주칠 수 있어요 / 언젠가 나 그 벽을 넘고서 / 저 하늘을 높이 날 수 있어요 / 이 무거운 세상도 / 나를 묶을 순 없죠 / 내 삶의 끝에서 / 나 웃을 그날을 함께해요 /

이 노래에 등장하는 거위는 날지 못한다. 그러나 거위는 꿈을 가지고 있었다. 바로 자유롭게 나는 것이다. 비록 다른 사람들이 뭐라고 해도 그 꿈을 위해 견디는 과정이 부각되었다. 이 노래는 1인칭 시점으로 스토리가 구성되고 있다. 마치 자신의 이야기로, 삶의 실제 생생한 체험으로 생각된다. 거위는 바로 '꿈을 갖고 있지만 당장 보여지는 비틀대는 모습에 비웃음을 당하는 수많은 사람'을 대변하고 있다. 많은 사람은 꿈을 이뤄가는 과정에서 고난과 장애물을 마주치게 된다. 이는 갈등 상황이다. 그 상황에서 어려워도 운명에 맞서 당당하게 나아가고, 마침내 어려움을 극복할 것이라는 긍정적인 주제의식을 담아내고 있다. 만약 거위가 그냥 꿈을 포기하기로 했다면, 이 노래는 성립할 수 없다. 보편적으로 사람들이 가지고 있는 꿈과 소망을 미래지향적인 희망으로 비장하게 담아내고 있다.

이 노래처럼 1인칭으로 캐릭터를 내세워 스토리텔링할 수도 있고, 관계에 따라 스토리텔링도 가능하다. 예컨대 대상과 자신의 실제 스토리를 노래 가사에 반영할 수도 있다.

〈날아라 병아리야〉(신해철)

육교 위의 네모난 상자 속에서 / 나와 만난 노란 병아리 얄리는 / 처음처럼 다시 그 상자 속으로 들어가 / 우리집 앞뜰에 묻혔다 / 나는 내게 처음 죽음을 가르쳐준 / 천구백칠십사년의 봄을 아직 기억한다 / 내가 아주 작을 때 나보다 더 작던 내 친구 / 내 두 손 위에서 노래 부르면 / 작은 방을 가득 채웠지 / 품에 안으면 따뜻한 그 느낌 / 작은 심장이 두근두근 느껴졌었어 / 우리 함께한 날은 그리 길게 가지 못했지 / 어느 밤 얄리는 많이 아파 힘없이 누워만 있었지 / 슬픈 눈으로 날갯짓하더니 / 새벽 무렵엔 차디차게 식어 있었네 /

어린 시절 길거리에서 병아리를 사서 집에 데려와 기른 경험을 노래 가사에 반영하고 있다. 그러나 병아리는 오래 살지 못하고 죽었고, 이를 묻었던 사실을 회상하며 먼저 언급하고 있다. 이 노래에서는 병아리의 죽음을 먼저 말했다. 이는 순차적인 플롯은 아니다. 먼저 병아리를 만난 과거로 돌아가고 있기 때문이다. 병아리가 살아있을 때 자신과 어떤 일이 있었고 교감이 어떠했는지 기억한 것을 적고, 그 죽는 과정을 회상하고 있다. 이는 긍정적이 아니라 슬프고 비극적으로 기억하고 있으므로 기분좋은 일은 아니다. 사실 여기에만 그친다면 이 노래 가사는 가치가 적고 바람직하지 않게 간주될 것이다. 하지만 후렴구를 보면 이런 한계를 극복하고 소망을 드러낸다.

> (후렴)
> 굿바이 얄리 이젠 아픔 없는 곳에서 / 하늘을 날고 있을까 / 굿바이 얄리 너의 조그만 무덤가엔 / 올해도 꽃은 피는지 / 눈물이 마를 무렵 희미하게 알 수 있었지 / 나 역시 세상에 머무르는 건 / 영원할 수 없다는 것을 / 설명할 말을 알 순 없었지만 / 어린 나에게 죽음을 가르쳐 주었네 / 굿바이 얄리 언젠가 다음 세상에서도 / 내 친구로 태어나 줘

자신에게 죽음을 깨닫게 해준 것에 대해 고맙다는 말을 하면서 아픔이 없는 곳에 갔기를 바라고 있다. 마치 사람에게 말하는 것처럼 하고 있으며, 나아가 환생을 소망하고 있다. 그냥 다시 환생하는 것이 아니라 병아리에서 벗어나 다시 태어나주기를 바란다고 밝혔다. 그 사람은 바로 자신의 친구다. 병아리를 단순히 동물이 아니라 친구라고 생각하고 있었던 화자의 마음과 소망을 후렴구에 잘 표현하고 있다. 그것이 정말 소망대로 이뤄질 수 있는 것인지 알 수 없다. 비록 현실에서는 결과가 부정적이었지만, 그 부정적인 결과에서 벗어나 긍정적인 희망을 담아내려고 노력하고 있다. 살아남은 자신은 병아리가 준 깨달음을 통해 더 좋은 세상을 만들기 위해 노력할 것이다.

이런 관계의 스토리텔링은 대부분 사람과 사람 사이에 발생한다.

특히 대중가요는 사랑이야기가 많다. 그 사랑은 대부분 현실의 결핍과 상처, 미완성을 노래하는 내용이 대부분이다. 그런데 단순히 못 이룬 사랑이나 실연의 상처만 다루게 되면, 스토리텔링의 효과를 극대화하지 못한다. 다음 노래는 자신의 남자 친구와 여자 친구가 연인이 된 쓰라린 체험담을 말하고 있다.

〈잘못된 만남〉(김건모)

난 너를 믿었던 만큼 난 내 친구도 믿었기에 / 난 아무런 부담 없이 널 내 친구에게 소개시켜줬고 / 그런 만남이 있은 후로부터 우리는 자주 함께 만나며 / 즐거운 시간을 보내며 함께 어울렸던 것뿐인데 / 그런 만남이 어디부터 잘못됐는지 / 난 알 수 없는 예감에 조금씩 빠져들고 있을 때쯤 / 넌 나보다 내 친구에게 관심을 더 보이며 / 날 조금씩 멀리하던 / 그 어느 날 너와 내가 심하게 다툰 그날 이후로 / 너와 내 친구는 연락도 없고 날 피하는 것 같아 / 그제서야 난 느낀 거야 모든 것이 잘못돼 있는 걸 / 너와 내 친구는 어느새 다정한 연인이 돼 있었지 / 있을 수 없는 일이라며 난 울었어 / 내 사랑과 우정을 모두 버려야 했기에 / 또 다른 내 친구는 내 어깰 두드리며 / 잊어버리라 했지만 잊지 못할 것 같아

깊게 믿은 친구를 자신의 여자 친구에게 소개해주었고 같이 어울렸는데, 여자 친구는 점차 자신의 친구에게 관심을 보이게 된다. 이런 사건의 기술은 내러티브가 점점 순차적으로 흘러가 전개되는 것을 말한다. 여자 친구와 싸우게 되면서 갈등 상황이 발생하게 되었다. 물론 그 갈등 상황은 이미 어느 정도 전조(前兆)가 있었다. 싸우고 나서 사태는

더 악화되어 남자 친구와도 거리가 멀어지고 결국 두 사람은 연인이 되었다. 사랑과 우정을 모두 버려야 할 상황이 온 것이다. 이것이 보통 사람들이 생각하는 선택이다. 친구가 사랑하게 되었다고 축하해줄 수는 없다. 만약 우정과 사랑을 모두 긍정해서 즐거워한다면 이는 성인군자라고 칭송받을 수 있을지는 모르지만, 일반 보통사람의 지지와 공감을 받을 수는 없다. 물론 그렇게 사랑과 우정을 모두 인정하고 그들의 행복을 축하해주는 사람이 없을 수는 없지만, 그것은 보편적이지 않고 대중적이지 않으므로 호응을 생각할 수 없다. 사랑이나 우정은 누구나 소중하게 생각하고 이뤄지기를 염원하는 가장 원초적이면서도 이상적인 소망이다. 한편, 이 노래는 중간에 랩이 들어가 자신의 느낌을 적극적으로 개입시키는 플롯을 보여주기도 한다.

(랩)
너를 사랑했던 것만큼 난 내 친구도 믿었기에 / 난 자연스럽게 너와 함께 어울렸던 것뿐인데 / 어디서부터 우리의 믿음이 깨지기 시작했는지 / 난 알지도 못한 채 어색함을 느끼면서 / 그렇게 함께 만나온 시간이 길어지면 질수록 / 넌 내게서 더 조금씩 멀어지는 것을 느끼며 / 난 예감을 했었지 / 넌 나보다 내 친구에게 관심이 더 있었다는걸

친구에게 여자 친구를 뺏기는 상황은 보통 사람이라면 찬성하지 않을 것이다. 그렇다면 이 슬픈 상황을 어떻게 해야 할까. 댄스음악이라는 장르에 랩을 더한 것은 슬픈 상황이지만, 그것을 극복하겠다는 의지를 드러내주려는 것이다. 이 노래는 빠르고 신나는 댄스음악이다. 슬프지만 그것을 초극하려는, 그것에 집착하지 않고 벗어나려는 소망을 빠

른 비트의 음악에서 추구하고 있는 셈이다. 또한 자신의 사랑은 영원하다는, 진실하고 영원한 사랑으로 간직하고 싶다는 이상적인 마음을 담으려 하고 있다.

사랑 노래, 연가(戀歌) 중심의 대중가요에서는 잘 볼 수 없을지 모르지만, 일상생활에서는 가족 관계에서 벌어지는 일이 많다. 가족 관계만큼 기초적이면서 사람들의 삶을 좌우하는 것도 드물다. 어떤 가족이었으면 좋을지 가족들을 그리워하는 마음은 보편적일 수밖에 없는데, 현실적으로 어려움이 존재하는 것도 사실이다. 그러한 내용들을 희망적으로 다루는 노래도 눈에 띈다. 가족 이야기를 할 때 집안 사정이 매우 풍족했다고 말하는 경우는 없다. 돈과 재화가 풍족해서 즐겁고 행복하다는 노래를 할 필요나 이유가 없다. 왜냐하면 노래를 듣는 대부분의 사람들은 그렇게 여유 있지 못하기 때문이다.

〈어머님께〉(god)

"어머니… 보고 싶어요. …"

데니: 어려서부터 우리 집은 가난했었고 / 남들 다하는 외식 몇 번 한 적이 없었고 / 일터에 나가신 어머니 집에 없으면 / 언제나 혼자서 끓여먹었던 라면 / 그러다 라면이 너무 지겨워서 / 맛있는 것 좀 먹자고 대들었었어 / 그러자 어머님이 마지못해 꺼내신 / 숨겨두신 비상금으로 시켜주신 / 자장면 하나에 너무나 행복했었어 / 하지만 어머님은 왠지 드시질 않았어 / 어머님은 자장면이 싫다고 하셨어 / 어머님은 자장면이 싫다고 하셨어 /

태우: 야이야아아 그렇게 살아가고 / 그렇게 후회하고 / 눈물도 흘

리고 / 야이야아아 그렇게 살아가고 / 너무나 아프고 하지만
다시 웃고 /

이 노래는 자신의 청소년 시기의 경험담을 풀어 직접 들려주는 방식으로 스토리텔링을 전개하고 있다. 이 노래의 도입부를 보면 어머니가 보고 싶다고 말한다. 이것이 다른 노래와는 다른 플롯이라고 할 수 있다. 현재 소망과 꿈이 무엇인지를 서두에 먼저 내놓고 있다. 다음으로 가난해서 쌀밥보다는 라면을 자주 먹어야 했던 상황을 말하는 갈등 상황이 전개된다. 라면은 지겹다며 맛있는 것을 달라고 어머니에게 불평불만을 강하게 말한 것이다. 그것을 해결하는 어머니의 방법은 비상금이었다. 비상금으로 당시에 아이들이 좋아했던 자장면을 사주신 것인데, 여기에 반전이 있었다. 어머니는 자장면이 싫다고 하며 드시지 않았으나 그것은 돈이 없어 드시지 않은 것이라는 점이다. 결핍이 주는 애잔함이 감정을 일으킨다. 이는 아들에 대한 어머니의 사랑을 부각하면서 듣는 이들은 순간 눈물을 왈칵 흘리게 된다. 여기에서 근본적인 갈등 요인은 혼자가 된 가난한 어머니가 아이를 키우고 있어 발생한 것이다. 아마도 지금 같으면 어머니에게 자장면을 마음껏 사주시고 싶은 것이겠다. 가난으로 벌어지는 갈등은 집에서만 한정되지는 않았다. 학교에서도 펼쳐질 수 있다.

호영: 중학교 일학년 때 도시락 까먹을 때 / 다 같이 함께 모여 도
시락 뚜껑을 열었는데 / 부잣집 아들 녀석이 나에게 화를 냈
어 / 반찬이 그게 뭐냐며 나에게 뭐라고 했어 / 창피해서 그
만 눈물이 났어 / 그러자 그 녀석은 내가 운다며 놀려댔어 /

참을 수 없어서 얼굴로 날아간 내 주먹에 / 일터에 계시던 어
머님은 또다시 학교에 /

계상: 불려오셨어 아니 또 끌려오셨어 / 다시는 이런 일이 없을 거
라며 비셨어 / 그녀석 어머님께 고개를 숙여 비셨어 / …우
리 어머니가 비셨어 /

태우: 야이야아아 그렇게 살아가고 / 그렇게 후회하고 / 눈물도 흘
리고 / 야이야아아 그렇게 살아가고 / 너무나 아프고 하지만
다시 웃고 /

도시락 반찬이 부실할 수 있는 상황은 충분히 이해가 가는데, 이
때 내적인 갈등 상황에만 있는 것이 아니라 학교에서 외적인 갈등 상황
을 심화시킨다. 그 설정의 축에 부잣집 출신인 같은 반 학생을 등장시키
고 있다. 이름도 없이 부잣집 아들 녀석이라는 캐릭터로 극단적으로 부
각시키고 있다. 가난한 집 학생 자신과 부잣집 아들 녀석을 대비시키면
서 갈등의 증폭을 전개한다. 특히 자신의 도시락을 놀리는 악한 상대에
게 폭력을 행사하는 일이 벌어진다. 스토리는 극도의 긴장 상태로 치달
아간다. 무엇보다 어머니가 학교에 불려오셨기 때문이다. 이때 해결은
어머니가 비는 것으로 나아간다. 물론 이런 방식은 효과가 있겠지만, 어
머니에게 정말 못할 짓을 한 아들이라는 생각을 지울 수 없게 만든 것이
다. 이러한 스토리들은 대부분 부정적인 내용이다. 슬프고 고통스러운
내용들이기 때문이다. 이렇게 좌절과 무력감에 시달리는 내용만 기술하
는 것이라면 노래가 스토리텔링 관점에서는 언급할 내용이 없을 것이
다. 그 다음에 기쁜 스토리도 나온다.

준형: 아버님 없이 마침내 우리는 해냈어 / 마침내 조그만 식당을
하나 갖게 됐어 / 그리 크진 않았지만 행복했어 / 주름진 어
머님 눈가에 눈물이 고였어 / 어머니와 내 이름의 앞글자를
따서 식당이름을 짓고 / 고사를 지내고 밤이 깊어가도 아무
도 떠날 줄 모르고 / 사람들의 축하는 계속되었고 / 자정이
다 되서야 돌아갔어 / 피곤하셨는지 어머님은 / 어느새 깊이
잠이 들어 버리시고는 /

"…깨지 않으셨어. …다시는…" /

태우: 난 당신을 사랑했어요 / 한 번도 말을 못했지만 / 사랑해요 /
이젠 편히 쉬어요 / 내가 없는 세상에서 / 영원토록… /

노래의 마지막에는 성취와 희망의 긍정적인 내용을 담아내고 있
다. 행상을 하던 어머니는 마침내 작은 식당을 마련할 수 있었고, 안정
된 생계수단을 갖추게 되었기 때문이다. 오랜 고생 끝에 이제 행복이 시
작될 시점이라는 면을 담아내고 있어 스토리텔링 원칙에 부합한다. 갈
등 상황은 해소되고 이제 미래의 좋은 일을 기약할 수 있을 것이었다.
그러나 노래 창작자는 어머니의 죽음을 통해 비극적 감동을 배가하기
에 이른다. 어머니가 미처 행복을 누리기도 전에 세상을 떠난 내용을 결
말에 구성하고 있다. 비극적 스토리는 삶에 대한 여운을 주는 것이 일견
맞지만, 이 노래를 널리 부르게 하기에는 한계가 있다. 이 노래의 서두
에 어머니가 그립다는 것은 이 노래의 결말 부분과 연결된다. 어머니가
고생을 많이 하셨고 이제 작은 식당을 마련해 살만하니 세상을 떠나셔
서 슬프다는 것을 담아내려 했다. 어머니가 비록 돌아가셨지만 저세상
에서는 행복하기를 바라는 소망이 이 노래를 통해 화자가 하려는 말일

것이다. 물론 저세상이 있는지 없는지에 관계없는 심연의 꿈, 바람이다. 비록 어머니는 계시지 않지만 가족에 대한 가치, 어머니에 대한 그리움이라는 보편적인 소망을 담아내고 있다. 좀 더 해피엔딩이었다면 더 많이 불리는 곡으로 바뀌었을 것이겠다.

2) 뮤직비디오

2021년 9월 수잔 워치스키 유튜브 최고경영자(CEO)는 "유튜브 최초 공개 후 24시간 내 가장 많은 조회수를 기록한 뮤직비디오 10개 가운데 9개가 한국 콘텐츠"라고 언급했다. 그는 "유튜브는 한국 아티스트와 창작자를 글로벌 이용자들과 연결하고 있다."라고 하면서 말이다. 케이팝 한류의 첨병 역할을 뮤직비디오가 했다고 해도 지나침이 없다.

뮤직비디오는 1990년대 초반 디지털 문화가 발전되면서 아날로그 테이프에서 시디(CD)로 변환된다. 그것도 잠시, 인터넷이 본격화되면서 누구나 디지털 공간에서 접할 수 있게 된다. 1990년대 중반 국민의 정부 출범 이후 초고속통신망이 구축되어 인터넷 전송 속도가 빨라졌고 용량이 많은 영상 시청이 원활해지면서 디지털로 뮤직비디오를 즐길 수 있게 되었다.

지금은 할리우드 스타가 된 배우 이병헌이 데뷔 후 유일하게 출연한 뮤직비디오는 1998년 조성모의 데뷔곡 〈투헤븐(To Heaven)〉인데, 이 뮤직비디오는 혁신이었다. 국내 최초의 드라마타이즈 기법으로 제작한 뮤직비디오로 평가받았다. 구체적으로는 스토리텔링 기법을 완전하게 사용한 뮤직비디오의 효시였다. 그 대신에 당시에는 생각할 수 없던 억대 제작비가 들어갔다. 이 뮤직비디오에는 이전과 달리 가수가 전혀 등장하지 않았고, 가수의 뮤직비디오임에도 노래는 한 편의 짧은 영화에 배경음악으로 사용된다. 얼굴 없는 가수였던 조성모는 자신이 등장하지 않고 노래만 한 것으로 알려졌지만, 2012년 3월 케이블TV XTM 〈히어로는 슈트를 입는다〉에서 조성모는 애초에 자신이 직접 출연하기로 했는데 직전에 외모상의 이유로 바뀌었다고 밝혔다. 뒤이어 2000년 〈아시나요〉의 뮤직비디오는 베트남 전쟁에 참여한 국군의 스토리를 담고 있었는데, 여기에는 가수 조성모가 참전 군인으로 등장하여 연기도 한다.

이전까지만 해도 뮤직비디오는 가수들이 야외에서 노래를 부르는 모습이 대부분이었다. 마치 노래방에 나오는 영상 음악처럼 제작되었다. 뮤직비디오를 그냥 공연 촬영의 연장선이라고 봤기 때문이다. 그래서 스토리텔링은 거의 개입할 수 없었다. 물론 제작비도 그렇게 많이 투입할 수 없었고, 그 가수들을 정말 좋아하는 이들에게 서비스하는 차원이었으며, 열렬한 팬들이 그것을 구입하는 수준이었다. 그런 와중에 영화 같은 뮤직비디오가 등장하면서 신선한 충격을 주며 폭발적인 주목을 받게 되었다. 이런 드라마 스토리텔링 방식은 제작 과정이나 기법 그리고 서사도 영화에서나 볼 수 있는 것이었다. 〈투헤븐〉은 전체 스토리가 경찰에 쫓기는 주인공이 다른 조직폭력배에게 사랑하는 애인을 잃고 상심해 자신도 그에 따라가는 듯한 행동을 하는 내용을 담고 있었다. 뮤직비디오의 시작은 기차역에서 형사(허준호)에게 쫓기는 이병헌이 검문을 피하기 위해 김하늘에게 키스하는 장면으로 시작한다. 이런 접근 자체가 하이 터치를 적용했다. 사람들의 관심이 쏠릴 수밖에 없는 성애적 요소이기 때문이다. 다만, 아직은 작품성을 생각하기에 비극적인 요소가 강했다. 과거로 돌아간 〈아시나요〉 같은 경우에도 결말은 그렇게 긍정적이지 않고 비극적이었다. 주인공이 베트콩에게 사살 당하고, 그를 좋아하던 베트남 여성(신민아)도 사망에 이르기 때문이다. 이런 점은 아직 스토리텔링의 맥락을 인지할 수 없었기 때문이다. 〈투혜븐〉은 결말이 비극인지 해피엔딩인지 모호하게 처리해서 여운을 남겼으므로 더욱 많이 보고 싶었지만, 〈아시나요〉는 비극이어서인지 그렇게 자주 보고 싶게 만들지는 못했다. 다만 '한국군이 그렇게 고생했구나'라는 메시지만 전달했을 뿐이다. 호국보훈용 뮤직비디오가 되었는데, 이것도 적합하지 않았다. 왜냐하면 승리의 역사를 기억하려는 것이 보편적이기 때문이다. 즉, 마지막에 국군이 죽지 말았어야 한다. 최소한 주인공은 사랑하는 여성과 탈출해야 지속적으로 반복해 볼 수 있다.

이런 뮤직비디오 이후에 영화 같은 뮤직비디오가 중요하게 다뤄졌다. 스토리텔링 방식의 뮤직비디오가 제작되었고, 상당 기간 지속된다. 여기에는 또 하나의 이유가 여전히 작용했다. 예컨대 2005년에 발매된 SG워너비(SG WANNABE)의 〈죄와 벌(crime and punishment)〉에도 학교폭력에 시달리는 주인공과 선생님의 알 듯 말 듯한 로맨스가 담겨 있다. 가수는 등장하지 않는데, 나오지 않은 이유는 이들이 비주얼형 가수가 아니었기 때문이다. 그러다가 아이돌 음악이 점차 한류 현상을 만들어내면서 아예 뮤직비디오에 가수가 등장하지 않는 것보다는 기본 배우들의 스토리에 중간중간 가수들이 등장하는 방식으로 변화하기 시작했다. 1999년 god의 〈어머님께(Dear Mother)〉 MV에는 멤버들이 중간중간에 나와서 노래를 부르는 모습이 실렸다. 물론 스토리의 주인공들은 배우들이다. 이렇게 뮤비에 나올 수 있었던 것은 비주얼형 아이돌 가수였기 때문이다. 2010년대 이후에 들어서면서 뮤직비디오는 본격적으로 아이돌을 중심으로 스토리텔링을 적용한다. 아예 전부 아이돌만 등장하는 것이다. 그들은 노래를 부르면서 스토리의 주인공이기도 했다. 다만, 찬조 출연하는 캐릭터들이 있을 뿐이다. 그런데 그 시공간이 과거와 현재, 미래를 제한 없이 오간다. 그 공간은 한국일 필요는 없으며 특히 서양적 공간인 경우가 많고, 의상이나 실내 디자인 소품도 서구적이다. 더구나 신상품인 아이돌에 역사성을 부여하기 위해 엔틱한 소품이나 색감 등을 적극적으로 결합하기 시작한다. 한류 현상을 일으키게 되면서 세상에 있는 것 같으면서도 없는 것 같은 제3의 세계를 만들고, 아이돌은 그 속에 있는 또 다른 자아 캐릭터들이었다.

2004년에 데뷔한 동방신기(東方神起)가 동쪽나라 밖에서 온 멋있는 소년들이었다면, 2012년 엑소(EXO)는 이름 자체가 외계인이라는 분위기를 갖고 있다. 판타지와 아이돌의 적극적인 결합이 이루어지면서 뮤직비디오 공간은 이야기 속의 공간과 현실 공간을 자유자재로 오간다. 방탄소년단의 〈불타오르네〉, 〈마이크 드롭 리믹스〉 뮤직비디오가 대표적이다. 싸이의 경우에는 외모와 관계없이 공간을 자유자재로 활용하는 코믹한 콘셉트와 내러티브로 전 세계인을 사로잡기도 했다.

무엇보다 유튜브를 통해 음악을 유통하는 채널이 확보되면서 각 기획사들은 인터넷에 올리는 뮤직비디오에 더욱 신경을 쓰게 되었다. 거기에 크게 기여한 것이 싸이의 〈강남스타일〉이라고 할 수 있는데, 〈강남스타일〉 때문에 뮤직비디오의 조회 수 단위가 바뀌게 되었다. 2015년 유튜브 측은 당시 21억으로 설정돼 있던 최대 조회 수를 922경으로 바꿨고, "〈강남스타일〉이 스트리밍 플랫폼을 바꾼 주인공"이라고 했다. 이렇게 뮤직비디오 〈강남스타일〉이 조회 수가 많아진 것은 유쾌하고 기분 좋은 해피엔딩이어서 이용자가 반복해서 들었기 때문이다. 인터넷

공간에서 이용자가 무엇을 원하는지 알 수 있는 사례였다. 인터넷의 상호작용을 통해 뮤직비디오가 소비되므로 그에 상응하는 제작 방식들이 확장되었다. 뮤직비디오를 보여주고 해외 팬들의 반응을 다시 영상 촬영하여 공유하는 것이 대표적이다. 싸이 이후에 가장 활발한 해외 활동을 보인 방탄소년단도 뮤직비디오를 통해 세계적으로 팬덤을 형성하는 데 일조했다. 방탄소년단의 〈불타오르네〉, 〈마이크 드롭 리믹스〉 뮤직비디오가 대표적이다. 코로나19 팬데믹 상황에서 발표한 〈다이너마이트〉나 〈퍼미션 투 댄스〉 등은 스탠다드 레트로 팝을 적극 수용하여 미국인들도 즐겨 들을 수 있는 데다가 희망적인 내용을 다루고 있다. 사회적 거리 두기 등으로 사람과 사람조차 만나지 못하지만 다시 같이 사랑하고 어울릴 수 있는 날을 구체적으로 뮤직비디오 영상으로 구현했다. 다음으로 뮤지션별로 스토리텔링을 살펴본다.

3) 뮤지션

(1) 방탄소년단

예전에는 댄스음악을 주로 하는 뮤지션들은 노래 자체에 스토리텔링을 구사하기 쉽지 않았다. 기껏해야 콘셉트를 강조하거나 간단한 내러티브 정도가 있었다. 또한 팀의 정체성 면에서 콘셉트를 강조했다. 다만, "스토리의 극대화는 경제적 이익의 극대화로 이어지기에 영화나 게임에서 세계관이 별도의 지적재산권(IP) 위치를 확보하고, 이를 토대로 수많은 시리즈나 프리퀄을 양산해내는 것처럼 아이돌 팀 역시 다양한 부가 스토리를 만들어내고 상품화할 수 있다는 데 주목"하는 측면이 있다.[1]

그런 점에서 그룹 활동 자체를 스토리텔링화하는 방안을 생각할 수 있다. 그 대표적인 것이 방탄소년단이다. 그들에게는 "음악으로 스토리텔링의 힘을 보여주는 그룹"[2]이라는 평가가 있었다. 더 구체적으로는 "스토리텔링은 방탄소년단이 서구 팬들에게 공감을 얻을 수 있었던 이유였다. 학교, 청춘 등 젊은이들이 공감할 수 있는 주제로 스토리텔링에 기반을 둔 콘셉트 앨범은 또래 팬들의 호응을 얻을 수 있었던 원동력이기도 했다."[3]라는 평가도 있었다. 방탄소년단의 하이 콘셉트는 모든 청춘이 공감할 스토리다. 하이 터치는 누구나 느끼는 청춘의 사랑과 방황, 고통이다.

방탄소년단은 데뷔 때부터 '방탄소년단'이라는 팀 이름으로 써내려간 이야기를 노래에 담았다. 2013년 데뷔한 방탄소년단은 '학교' 3부작, '청춘' 2부작을 발표했는데, 이 시리즈가 스토리텔링과 결합한 것이었다. 그들은 청춘들의 성장 스토리에 초점을 맞추었고,[4] 스스로 자신들의 이야기를 널리 공유했다. 앨범 전체가 그러한 스토리와 연관되어 있었다. 시리즈 앨범은 전작과 후작이 연결되어 있고, 그것에 대한 기대감을 스토리로 하여 그들의 매력을 배가시켰다.

---

1) "부채 든 꽃도령, 초능력 소녀 … 아이돌 음악은 스토리다", 〈중앙일보〉, 2017. 6. 7.

2) 〔뮤직IS〕 "8개월 만에 컴백… 방탄소년단, 5월 18일에 전할 이별의 아픔", 〈일간스포츠〉, 2018. 4. 18.

3) "'SNS시대의 스토리텔링' BTS로 본 글로벌 성공사례", 〈스포츠조선〉, 2017. 2. 26.

4) "퍼포먼스→스토리텔링… K팝 '4.0 시대' 열렸다", 〈스포츠조선〉, 2017. 4. 3.

2017년 〈러브 유어셀프〉의 기승전결 시리즈를 시작했는데, 2017년 9월 발매 때 처음인 '기(起)'가 아니라 두 번째 '승(承)' 플롯부터 시작했다. 즉 〈러브 유어셀프 승 '허'(LOVE YOURSELF 承 'Her')〉를 발매했는데, 여기에서는 사랑에 관한 설렘을 표현했다. 8개월 후 〈러브 유어셀프 전 '티어'(LOVE YOURSELF 轉 'Tear')〉를 발매해 세 번째 단계로 들어섰다. 이 앨범에서는 실연당한 소년들의 아픔을 담아냈다. 운명인 줄 알았는데 사랑이 아니었다는 것을 깨닫는 갈등 상황이 전개된다. 이는 플롯을 자유롭게 배치한 것과 같다.

무엇보다 방탄소년단은 데뷔 때부터 자신들의 일상생활을 팬들에게 공개했다. 소속사에서는 다른 기획사와 달리 소셜네트워크서비스를 자유롭게 허용했다. 그들은 대형기획사 소속이 아니었으므로 언제든지 사라질 수 있다는 위기와 불안, 공포를 가진 청춘들의 또 다른 캐릭터였다. 그들은 없어질지 모른다는 위기, 즉 위험 상황에 처한 청춘들이었고 그러한 갈등 상황을 타개하려면 누군가의 도움이 필요해 보였다. 그렇기 때문에 그들은 지켜보는 청춘들의 삶과 같다는 공감을 이끌어냈다. 방탄소년단은 세계 청춘을 지켜주는 '방탄복'이 되어주겠다고 했고, 그들의 팬들은 그들을 지켜주는 '군대(army)'가 되겠다고 했다. 이는 그들의 삶 자체가 청춘의 삶 스토리라는 점이 공유되었기 때문에 가능한 것이었다. 2022년 6월 15일 그들이 9년 만에 개별 활동을 선언하는 방식도 이런 관점에서 달랐다. 보통 소속사가 마련한 규격화된 기자회견이 아니라 SNS 채널을 통해서 자신들의 회식자리에서 허심탄회하게 나누는 이야기를 그대로 전달했다. 스스로 그간의 이야기와 느낌, 생각, 의견을 그대로 전달했다. 이런 방식에 익숙하지 않은 세대들은 충격적으로 받아들였지만 팬들은 이미 익숙해 있었다.

(2) 드림캐쳐와 몬스타엑스

드림캐쳐(dream catcher)는 2017년 1월 13일 데뷔 싱글 〈악몽(惡夢)〉으로 등장했고, 특유의 판타지 스토리텔링을 선보인 걸그룹이다. 처음부터 콘셉트돌로 '스토리텔링' 그룹을 지향한다고 밝혔다. 앨범과 뮤직비디오를 통해 악몽 판타지 스토리를 연이어 선보였다. 그들은 드림캐쳐의 정체성에 대해 이렇게 말했다.

"드림캐쳐의 유래가 한 아이가 거미를 살려줘서 선물을 받는 이야기인데, 우리는 그걸 재해석해서 거미를 죽이고 저주를 받아 악몽이 되는 거예요."[5]

악몽의 시작이 되는 〈체이스 미(Chase Me)〉와 〈굿나잇(Good Night)〉은 하나의 작품으로 묶였다. 〈체이스 미〉가 끝나면 'to be continue'라고 자막을 넣었다. 일곱 '악몽' 드림캐쳐가 악몽헌터와 벌이는 치열한 추격전을 스토리텔링하고 있다. 필사의 추격전은 반전의 반전을 보인다.[6]

'악몽' 스토리 가운데 〈체이스 미〉에서 드림캐쳐 멤버들은 투숙객에게 악몽을 꿈꾸게 하는 캐릭터다. 배우 조동혁은 투숙객이자 악몽헌터다. 악몽헌터는 악몽을 꾸게 만드는 이들을 쫓는다. 〈굿나잇〉 뮤직비디오에서는 수아·가현이 악몽헌터에게 잡히고, 시연·예은이 쫓기는 상황에서 지유·다미·한동은 잡혀 있는 두 멤버를 구하러 출동하는데, 끝내 반격에 성공해 악몽헌터를 거울에 가둔다. 뮤직비디오 스토리에

---

5) "드림캐쳐, 악몽에서 꿈둥이가 된 소녀들(인터뷰)", 〈조이뉴스〉, 2017. 8. 1.

6) 〔커튼콜〕 "'스토리텔링 그룹' 드림캐쳐, 진짜 이야기는 지금부터", 〈매일경제〉, 2017. 4. 5.

대해서는 스스로 다음과 같이 밝혔다.

"지난 곡 〈굿나잇〉을 통해 악몽헌터를 거울에 가두는 것으로 이야기가 끝났다. 이번 이야기에서는 우리가 사진사로 변신한다. 사진을 찍힌 사람이 악몽을 꾸는 거다. 그걸 거미여인이 눈치 챘다. 그런데 유현이 거미여인을 거미여인인지 모르고 사진을 찍었다가 사라져서 우리가 찾는 내용이다(지유)."[7]

2017년 7월 27일에 발표한 〈프리퀄〉에서는 왜 소녀들이 악몽이 됐는지에 대한 의문의 해답도 담았다. 드림캐쳐가 발표한 곡들과 뮤직비디오, 그리고 무대 의상을 비롯한 퍼포먼스를 다 보면 한 편의 영화 같다. 무엇인가 계속 궁금하게 만드는 플롯을 구성하고 있는 것은 확연하다. 좀 더 대중성 있는 스토리텔링을 구사하는 것이 필요한데, 예술적 기반의 스토리텔링은 그 자체로 실험성 시도와는 다르게 대중에게 평가받을 수 있다. 그들만의 세계관과 정체성을 구축하는 것은 매우 중요하다. 그것에 대중이 감정이입할 수 있는 캐릭터인지 생각해봐야 하고, 아울러 악몽 자체가 긍정적인 것인지, 그리고 그것을 긍정적이고 희망적으로 전환하는 노력에 대해 스토리텔링의 본령에서 생각해볼 필요가 있다. 단, 계절적으로 여름이어서 시즌송과 시즌 콘셉트라고 할 수 있을 것이다. 그런데 여름에는 공포물도 흥행이 되지 않는 상황이라는 점은 생각할 여지가 있었다. 음원과 뮤직비디오에 유기적으로 녹아[8]든 것은 사실이겠다.

---

7) [현장; 뷰] "'악몽의 끝은?'… 더 강력해진 드림캐쳐의 꿈(종합)", 〈헤럴드경제〉, 2018. 5. 10.
8) "'우린 확 달라!'… 빅스부터 드림캐쳐까지, '콘셉트돌 전성시대'", 〈세계일보〉, 2017. 5. 2.

스토리텔링 콘셉트를 선보인 그룹 중 하나인 몬스타엑스는 〈THE CLAN 2.5부작〉을 통해 아픈 청춘들의 성장 스토리를 그렸다. 몬스타엑스 측은 "시리즈의 'Part. 1' 콘셉트는 'LOST'로 상실과 아픔을 통한 클랜의 시작을 담아내고 있으며, 'Part. 2'는 'GUILTY'로 부조리한 세상과 맞서 오히려 자신들의 순수함을 지켜나가는 스토리가 담겨 있다."고 했다. 이어 "각각의 파트들은 'LOST&FOUND', 'GUILTY&INNOCNET'라는 상반된 개념을 코드화하여 두 버전의 앨범 발매로 활용하는 등 숨겨놓은 단서들을 찾는 재미를 더했다."고 했다. 그렇게 다른 팀과의 차별성을 언급했다. 또한 "K-POP 시장이 성숙해지고 팬덤층 역시 글로벌해짐에 따라 앨범 단위로 메시지를 전달하는 데는 제약이 뒤따랐다."며 "다양한 국가, 연령의 팬들과 지속적으로 소통하기 위해서는 좀 더 심도 깊은 세계관과 스토리텔링이 필요함을 느꼈다."고 스토리텔링 방식을 선택한 이유를 밝혔다.[9]

(3) 에스파(aespa)

2020년 11월 17일 데뷔한 그룹 '에스파'는 데뷔 전부터 초현실적인 스토리텔링으로 주목을 받았다. 그룹명 'aespa(에스파)'는 '아바타 X 익스피리언스(Avatar X Experience)'를 표현한 'æ'와 양면이라는 뜻의 영단어 'aspect'를 결합해 만든 이름이다. 그룹명을 'æspa'로 표기할 때도 있다. aespa의 스토리텔링을 보면, '현실 세계'에 존재하는 아티스트 멤

---

9) 〔SE★기획 ②〕 "아이돌의 '스토리텔링', '팀 정체성+대중성' 잡는 성공 아이템", 〈서울경제〉, 2017. 7. 7.

버와 '가상 세계'에 존재하는 아바타 멤버가 현실과 가상의 중간 세계인 디지털 세계를 통해 소통하고 교감하며 성장해가는 스토리텔링을 지녔다. aespa는 현실 세계에 존재하는 aespa 멤버들과 가상 세계에 존재하는 아바타 'æ'가 SYNK를 통해 소통하고 교감하는 이야기를 갖고 있다. '현실 세계'의 멤버들과 '가상 세계'의 아바타 멤버, 그들의 곁에서 서포트해주고 조력자 역할을 하는 '가상세계' 속 존재들이 그룹의 멤버이다. '현실 세계' 멤버들과 '가상 세계' 멤버들이 서로 다른 유기체로서 AI 브레인을 가지고 있어 서로 대화를 하고, 조력도 해주고, 친구가 되어주는 것이다. 각자의 세계를 오가는 등 새 스토리텔링을 선보인다.

'현실 세계'의 멤버들과 똑같은, 하지만 모르는 '버추얼 세계'에서 스스로 아바타가 탄생된다. '현실 세계'의 멤버들이 처음으로 아바타를 만나게 되는 세계관에 따라 스토리텔링이 이뤄진다. 에스파는 데뷔 후 '현실 세계'의 멤버들은 오프라인에서 활동을 펼치며, 그와 동시에 새롭게 세상에 알려지고, 밝혀지게 되는 '가상 세계'와 그곳에 사는 아바타 멤버들도 다양한 콘텐츠와 프로모션으로 활동하고 그들을 본다. 즉 한 그룹 안에서 온·오프라인으로 동시에 하지만 각각 서로 다른 방식으로, 때로는 '현실 세계'와 '가상 세계'의 컬래버레이션을 선보였다.

2021년 5월 에스파는 싱글 '넥스트 레벨(Next Level)'을 발표했다. '넥스트 레벨'은 '블랙맘바(Black Mamba)'를 찾기 위해 '광야(KWANGYA)'로 떠나는 여정을 담은 세계관 스토리를 흥미롭게 풀어낸 곡이다. 블랙맘바는 에스파와 아바타 'ae(아이)'의 연결을 방해하고 세상을 혼란에 빠트린 존재다. 에스파는 조력자 '나비스'의 도움을 받아 블랙맘바와 대결을 벌인다. 주요 캐릭터가 등장하고 이 캐릭터는 방해자와 조력자라는 관계성을 형성한 뒤에 갈등과 우호의 이야기 전개 구성을 갖게 된다. 또한 플롯도 짜여져 있다. 데뷔곡 〈블랙맘바〉와 스토리가 이어진다는 점이 특징이다. 에스파는 '자신의 또 다른 자아인 아바타 ae를 만나 새로운 세계를 경험하게 된다'는 세계관을 바탕으로 스토리텔링을 구성하며 활동했다. 그동안 SF 혹은 판타지 영화에서나 볼 수 있었던 가상 세계, 즉 메타버스라는 장르를 케이팝에 확대하고 다양한 디지털 콘텐츠에 능한 디지털 네이티브 세대를 중심에 두고 더 폭넓은 스토리텔링을 선보였다. 에스파는 데뷔 이전부터 철저하게 준비된 세계관 스토리텔링과 가상 세계의 아바타를 통해 엔메타버스와 연결해 꾸준히 스토리텔링을 기반으로 음악과 퍼포먼스 그리고 다양한 케이팝 콘텐츠를 선보이려 했다. 이 같은 스토리텔링은 소속사 SM엔터테인먼트에 따르면 특정 스태프 한두 명이 아니라 전체 회사가 움직여 만든다. 이수만 총괄 프로듀서가 '큰 그림'을 제시하면, SM엔터테인먼트 내부 A&R (Artists & Repertoire), 비주얼, 퍼포먼스, 뮤직비디오, 마케팅 등의 각 담당이 함께 수차례 회의를 거듭해 콘셉트를 정한다. 그 뒤에 외부 전문 작가가 풍성하게 스토리라인을 만들어간다. 케이팝 그룹들이 단발적으로, 혹은 많아야 2~3개 음반에 걸쳐 특정한 콘셉트에 따라 스토리를 유지하는 것과는 달리 에스파는 스토리텔링을 계속 이어나가는 것이 특징이다. SM엔터테인먼트 관계자는 "에스파의 이야기는 계속 이어질 것"이라며 "이를 위해 음반 발매 전 세계관과 스토리를 숙지하는 시간도 갖는다. 멤버들이 가장 잘 알고 이해해야 하기 때문"이라고 말했다. 스토리텔링에 관해서 집단적 기획과 매니지먼트가 이뤄지고 있는 것을 알 수가 있다. 스토리텔링도 기획형 매니지먼트의 단계에 오른 사례라고 할 수가 있다.

케이팝의 스토리텔링이 단지 노래를 넘어 뮤직비디오에 관여하고 있는 것은 장점이다. "뮤직비디오나 그 과정에서 다양한 스토리텔링이 있다."[10]고 말한 것은 중동 전 지역에 채널 네트워크를 보유하고 있는 최대의 방송사로 '알자지라'와 함께 중동을 대표하는 뉴스 전문 민영방송사 알아라비아(Al Arabiya) 프로듀서 이브라힘 알오타이비(Ibrahim Al Otaibi)의 말이었다. 단지 스토리텔링을 시도하는 것에서 벗어나 스토리텔링의 본질에 맞게 대중의 공감을 이끌어내야 한다.

무엇보다 아이돌 그룹 전체가 스토리텔링에 적합하게 정체성을 갖게 되고, 그것이 전체 곡이나 뮤직비디오에 연계되고 활동도 맞춰지고 있다. 그럴수록 과연 스토리텔링의 요건에 맞게 대중적 소구력을 갖추었는지 진단하는 것이 사전에 적절하게 이뤄져야 한다.

4) 오디션 스토리텔링

(1) 폴 포츠(Paul Potts)

폴 포츠는 오디션 스토리텔링의 시초이자 전형이라고 할 수 있다. 이런 인물의 스토리는 한동안 세계적으로 오디션 프로그램에서 애용되었다. 그는 〈브리튼즈 갓 탤런트(Britain's Got Talent)〉에 참가한 출연자인데

---

10) 〔단독인터뷰〕 "중동에 부는 한류, 알아라비아 기자 'K팝은 풀 패키지, SM타운…", 〈스포츠서울〉, 2018. 4. 4.

이 프로그램은 영국의 숨은 재능을 찾아낸다는 기획에 따라 제작되어 인기를 끌었다. 영국 각지에 숨은 재주꾼들을 출연시켜 세 명의 심사위원들이 각자 YES/NO로 출연자의 능력을 심사한다.

우승자는 3만 파운드(2010년 10월 환율로 5~6천만 원 정도)의 상금을 받고 영국 왕실 가족 앞에서 공연할 기회도 갖게 된다. 이런 포맷은 대히트를 했다. 나중에 미국에서 '아메리칸 아이돌'이 만들어지게 했다. 역시 크게 인기를 끌었다. 아울러 영국에 이어 미국에서 이런 오디션 프로그램이 크게 인기를 끌게 되면서 한국에서 오디션 프로그램이 도입된 것이 〈슈퍼스타K〉였다.

폴 포츠는 〈브리튼즈 갓 탤런트〉의 초대(시즌 1, 2007년) 우승자다. 하지만, 첫 등장할 때 그의 외모는 평범 이하였다. 더구나 엷게 웃는 입술 사이로 앞니는 깨져 있었다. 그런 그가 오페라를 부른다고 했다. 그러자 관객들의 표정이 "당신 같은 사람이?"라는 표정이었다. 설마 그럴 리가 없다는 표정은 심사위원도 마찬가지였다. 심사위원도 한숨을 푹푹 쉬었다. 그런데 그기 오페라 〈공주는 잠 못 이루고〉를 부르자마자 반응은 달라졌다. 그의 실력에 놀라 입이 모두 벌어졌고 곧 함성과 박수가 일었다. 놀라운 노래 실력에 모두 박수를 치고 어떤 사람은 눈물을 흘리기도 했다. 결국 모두 기립 박수를 쳤다. 심사위원도 극찬을 했다. 까다롭기로 유명한 사이먼 코웰은 "정말 완벽했다!"라고 했고 옆의 아만다 홀든은 "우리들은 석탄을 발견했다, 곧 다이아몬드로 변할 석탄을"이라고 했다. 또한 다른 심사위원인 피어스 모건은 "당신이 계속 이렇게만 한다면 이번 대회에서 우승"이라고 말했다. 결국 그는 대회에서 우승했다. 그 뒤 심사위원 중 한 명과 계약을 했으며 그때 받은 돈은 한화로 약 18억 원이라고 알려졌다. 그리고 곧 영국만이 아니라 세계적인 스타가 되었다.

그가 더욱 화제의 인물이 되었던 것은 스토리 때문이기도 했다. 폴 포츠는 넉넉지 않은 집에서 태어나 특유의 외모와 어눌한 말투로 어린 시절부터 학교에서 괴롭힘을 당했다. 왕따와 집단 따돌림, 폭력에 시달렸다. 그때마다 노래를 불러 괴로움을 달랬다고 알려졌다. 질병도 그를 힘들게 했는데 맹장염에 걸렸다고 생각해 병원에 갔더니 악성 종양이었다. 퇴근길 자전거 사고로 쇄골뼈 골절까지 겪었다. 이는 부러져버렸다. 치료비도 없었다. 이 사고로 노래를 부를 수 없다는 말까지 들었다. 그는 전문적인 성악 공부를 하지 못했고 생계를 위해 영국 웨일스에서 휴대전화 외판원을 하게 되었다. 그러다가 우연히 영국 오디션 프로그램 〈브리튼즈 갓 탤런트〉의 지원서를 보게 되어 지원했다. 그는 이런 스토리를 갖고 최고의 오디션 프로그램 스토리텔링의 주인공이 되었다.

(2) 수잔 보일(Susan Boyle)

수잔 보일은 폴포츠와 비견되는 오디션 출신 가수로 불린다. 말하자면 여성판 폴 포츠다. 역시 〈브리튼즈 갓 탤런트〉에 참가했다. 수잔 보일의 차례가 되어 무대로 나가니 폴 포츠 때와 다른 분위기였다. 심사위원들과 청중들 그리고 TV로 지켜본 시청자들은 웃음을 터트렸다. 그녀는 머리와 옷차림이 집에서 빨래하는 식모 같았다. 외모는 중년 이미지를 넘어서고 있었고 작은 키와 함께 아줌마 몸매였다. 목소리도 그렇게 매력적이지 않은 평범한 목소리로 들렸다. 하지만 밑도 끝도 없이 당당했다.

어떤 가수가 되고 싶냐고 물었을 때 그녀가 〈캣츠〉나 〈에비타〉에 주인공으로 출연했던 웨스트엔드 뮤지컬의 대배우인 일레인 페이지 (Elaine Paige, OBE)가 되고 싶다고 하자 청중들은 물론이고 심사위원까지도 비웃거나 실소를 했다. 허세를 부리고 있다고 생각하는 표정이었다. 수잔 보일은 그런 반응에 익숙하다는 듯 흔들리지 않고 당당하기만 했다.

노래가 시작되었다. 곧 관객과 심사위원들은 놀라움을 금치 못했다. 노래는 뮤지컬 〈레 미제라블〉의 1막에서 팡틴이 부르는 〈I Dreamed A Dream〉이었다. 이후 영화 〈레 미제라블〉이 유명해지면서 영화를 보던 사람들은 수잔 보일이 부르던 노래라는 것을 알게 된다. 이 노래는 한때는 큰 꿈을 꾸었지만 나락으로 굴러 떨어진 팡틴의 심정을 담은 노래다. "나도 한때는 꿈을 꾸었지. 그러나 이룰 수 없는 꿈도 있어"라는 가사가 인상적이다. 한국에서는 단순히 제목만 보고 ABBA의 〈I Have A Dream〉처럼 '우리 모두 꿈을 꾸자'는 희망적인 노래로, '수잔 보일처럼 꿈을 갖자!'는 노래로 인식되었지만 좀 다른 결을 가진 노래다. 이런 오디션 스토리텔링의 특징은 하나의 전형성이 있다.

처음부터 의도적으로 수잔의 초라한 모습에 비웃거나 어이없어 하며 무시하는 관객들의 표정과 반응을 유도한다. 그리고 심사위원도 "뭐 이런 사람이 다 나와?" 하는 반응을 한다. 기대치를 낮추고 반전의 이야기 전개를 이끌어내려는 스토리텔링 얼개다. 그 다음에 참가자가 놀라운 노래 실력을 보여주고 관객들과 심사위원들은 반전에 놀라워한다. 이에 맞춰 또한 음악도 상황에 적절하게 곁들여 극적으로 잘 편집한다. 한편의 반전 드라마를 만들어내는 것이다.

수잔 보일은 영국 왕실 가족 앞에서 공연했고 2009년 9월 16일에는 영국에 방문한 교황 베네딕토 16세 앞에서 교황청의 초청으로 공연을 선보이기도 했다. 수잔은 음반을 취입하고 세계의 팬들을 만났다.

기네스 월드 레코드는 2010년 9월 20일 수잔 보일이 2011년판 기네스북에 '영국 여성 아티스트 중 가장 빨리 팔린 음반', '영국에서 발매된 음반 중 첫 주에 가장 성공한 음반', '영국·미국에서 데뷔 음반으로 1위를 차지한 최고령 아티스트' 등 세 부문에 등재됐다는 사실을 공표했다. 2집 앨범 〈기프트(The Gift)〉는 발매가 예고된 지 3일 만에 온라인 사이트 '아마존'의 베스트셀러 리스트 1위에 올랐다. 수잔 보일의 앨범 판매량은 전 세계에서 1,400만 장 이상인 것으로 알려져 있다. 2013년 11월 영화 크리스마스 캔들에 출연하여 스크린에도 데뷔했다. 오디션이 한 사람의 인생을 극적으로 바꾸어놓고 실제 현실에서 스토리텔링을 하는 방식이다.

(3) 허각

〈슈퍼스타K〉는 〈브리튼즈 갓 탤런트〉 우승자 폴 포츠가 객원 심사위원 자격으로 지역 예선을 참관했다. 초기 3%의 시청률로 시작해 7.7%의 시청률을 기록하여 2009년 당시 케이블방송 사상 역대 최고 시청률을 기록했다. 당시 2%면 성공이던 케이블에서 지상파와 비등한 시청률을 보여준 신호탄이었다. 허각은 〈슈퍼스타K2〉의 우승자다. 〈슈퍼스타K2〉 당시 '가장 교과서적인 가창으로 발라드를 부르는 도전자'라는 평가를 받았다. 무엇보다 그의 삶의 스토리가 화제가 되었다. 집안 형편이 어려워 오랫동안 어머니와 떨어져 살았고, 작은 행사 등에서 노래를 부르며 생활비를 벌었다. 오디션 프로그램 출연 전에 환풍기를 수리하는 노동을 했다. 쌍둥이인데 동생이 허공이다. 비슷한 일에 종사했고, 노래 실력도 못지않았다. 그래서 축가 행사 같은 경우 허공이 대신 가는 경우도 있었다. 흙수저 출신의 인생 스토리는 주목을 받을 만했다.

하지만, 온라인 투표에서는 존박, 장재인, 김지수 등에 밀려 3~4위였다. Top 4 때부터 탈락할 거라는 말이 돌았다. 팬 수가 열세였다. 특히 미국에서 생활하던 우월한 외모의 존박과 비교되었다. 그러나 여론의 흐름은 바뀌게 되었다. 대국민 오디션 프로그램으로 외적 조건에 관계없이 실력 있는 사람을 선발하자는 프로그램 기획 취지에 맞지 않는다는 비판이 가해졌다. 특히 남성들의 인터넷 참여가 폭증한 것으로 알려졌다. 삶의 스토리가 없는 존박보다 실력 하나로 올라온 그에게 '언더독 효과'가 발생한 것이다. Top 4부터 존박이 강세를 보였던 인터넷 투표에서 허각은 무려 만 표 이상을 앞섰다. 문자투표와 심사위원 점수도 99점을 두 번 받을 정도로 압도했고, 결국 최종 라운드에서 우승했다. 그는 보컬의 대중성과 가창력에서 우위였다. 환풍기 수리공이라는 출신과 가족사, 외모 등이 거꾸로 존박과 비교되어 강조되면서 언론이나 정계에서 "공정사회 실현을 보여주는 일례" 운운하는 보도가 많이 나왔다. 허각의 '찐팬'들 입장에서는 정치 선전도구나 언론의 보도 프레임에 이용당하는 것 아닌가 하는 우려도 있었다. 결국 대중이 열망하는 스토리대로 퍼즐이 맞춰지는 것을 방송국도 선호할 수밖에 없었다. 허각은 상금을 탄다면 "전셋집에서 가족 셋이서 사는 것"이 꿈이라고 했고, 그 말대로 가족끼리 모여 살 수 있는 전셋집을 구했다. 꿈이 이뤄진 셈이다. 그는 〈슈퍼스타K〉의 '기적을 노래하라'라는 프로그램 캐치프레이즈에 걸맞는 우승자라고 평가받았다.

(4) 임영웅

임영웅은 한국 최초로 100만 팬덤을 이룬 트롯 가수라고 할 수 있다. 미처 전문가들도 예상을 못하는 사이 중장년층이 유튜브를 비롯한 SNS을 구사하며 이룬 신드롬 현상의 중심에 그가 있었다. 그는 처음에는 발라드가수로 활동했다. 2016년 8월 8일 디지털 싱글 〈미워요〉로 데뷔했고, 2017년 〈아침마당〉 '도전 꿈의 무대'에서 5연승을 하면서 이름을 알리기 시작했다. 단번에 주목을 받은 것은 2020년 〈미스터트롯〉에 출연했기 때문이다. 〈아침마당〉에서 그를 데뷔시켰던 KBS에서는 아쉬움이 컸다. 〈미스터트롯〉 실시간 문자 투표에서도 전체 득표수의 25%를 차지하는 압도적인 득표율로 〈미스터트롯〉 초대 진(1위)에 올랐다. 무엇보다 그의 삶의 스토리가 팬층 형성에 영향을 미쳤다. TV조선 〈미스터트롯〉 무대에서 그의 얼굴 흉터가 카메라에 잡히면서 시청자들의 이목을 집중시켰다. 임영웅의 흉터는 왼쪽 뺨에 있었다. 한눈에 알아보기 쉬운 흉터 크기는 이전부터 많은 이들이 궁금해했다. 임영웅의 발라드 가수 활동 때는 없던 것으로 알려져 사고를 갑자기 당해서 생긴 것이 아닌가 하는 추측이 있었다. 하지만 사실이 아닌 것으로 드러났다. 그의 관계자는 흉터가 유년 시절에 생긴 것이라고 했다. 유리병에 얼굴을 다쳤으나 돈이 없어 제대로 된 수술을 받지 못해 큰 상처가 남게 된 것이라 했다. 이뿐만이 아니었다. 어린 시절 임영웅은 자전거를 타고 가다 언덕에서 굴러 온몸을 다치는 사고를 당했다. 하지만 당시 병원 치료비가 없어 이웃집에서 연고를 빌려 바르는 게 다였다. 그 정도로 어려운 생활을 했다. 이런 사실은 그의 인생 스토리에 더 관심을 갖게 했다.

그는 어린 시절 어머니하고만 살았다. 어려운 형편 때문에 얼굴에 흉터가 남을 정도로 힘겨웠던 것이다. 사실 그의 데뷔는 〈전국노래자랑〉에서 시작되었다. 월세를 낼 형편이 되지 않아서 군고구마를 팔기도 했다. 택배 상하차 알바, 편의점, 카페와 식당 등 다양한 아르바이트를 했다고 한다. 〈미스터트롯〉 직전에는 무대가 없어 전국의 노래 교실에서 활동을 했다.

무엇보다 임영웅은 기존 트롯 가수의 캐릭터와 달랐다. 기존 트롯 가수는 50~60년대에 맞춰져 있다. 머리를 올려 이마가 훤히 보이고 얼굴에는 기름기가 흐른다. 느끼한 외모가 대부분이며 옷은 야간 업소의 옷스타일로 반짝인다. 못 먹고 못살던 시대에 선망하던 이미지다. 과거에 고착되어 있는 트롯 가수 이미지와 달리 임영웅은 소년 같고 담백한 이미지를 갖고 있다. 가볍고 방방 뜨는 스타일이 아니며 옷도 단정하고 노래도 조용하게 부르는 스타일로 여심을 저격했다. 이제 관객과 팬들의 취향도 예전의 트롯 가수가 아닌 것을 임영웅이 여실하게 보여줬다. 같은 장르라도 이렇게 팬이 어떻게 바뀌는가에 따라 변해야 한다.

그의 스토리는 개인에 머물지 않았다. 그가 유년 시절부터 살아온 본래 고향인 연천군과 자신의 실질적인 고향이었던 포천시는 일약 유명세를 타게 되었다. 임영웅의 유명세에 남양주시나 파주시와 비교해 포천시도 동시에 도시 위상이 올라갈 정도가 되었다.

3.
적용하기

Q. 스토리텔링으로 노래 가사를 지어보자.

_____

_____

_____

_____

Q. 스토리텔링을 통해 아이돌 그룹을 기획해보자.

_____

_____

_____

_____

_____

Q. 글로벌 시대에 대중음악과 스토리텔링의 미래를 고려하여 음악 마케팅을 구상해보자.

_____

_____

_____

_____

_____

Cultural contents
DNA
Storytelling

4
강

브랜드와
스토리텔링

).
이해하기

소설의 3요소인 인물, 사건, 배경은 브랜드 스토리텔링에서 중요하지 않다는 말이 있다. 이보다는 브랜드 메시지, 결핍과 해결, 미디어와 콘텐츠이 결합을 통해 브랜드가 소비자의 인식 속에 잘 기억되기 위한 방편으로 그것들이 활용된다. 브랜드 스토리텔링은 작가가 아니라 마케터와 홍보맨의 영역이라고 한다.[1] 대개 스토리는 강력한 브랜드를 만든다고 일컬어진다. 소비자에게 감성적으로 다가가 친숙하고 마음에 들어 선택하도록 만들기 위해 브랜드 스토리텔링을 해야 한다고 말한다. 스토리만큼 강력한 커뮤니케이션 수단도 없기 때문이다. 브랜드의 정체성과 철학을 스토리 형태로 각인시킬 수 있으므로 이해도 빠르고 수용하기에도 용이한 점이 있을 수밖에 없다.

브랜드 스토리의 간결하고 짧지만 강력하게 사람들의 기억에 남는 것은 브랜드 마케팅과도 연관되는데, 이는 대개 하이 콘셉트에 가깝다. 대개 캐릭터만 등장시키고 브랜드 스토리텔링이라고 말한다. 봉황이 귀

---

[1] 김태욱, 『브랜드 스토리텔링』, 커뮤니케이션북스, 2015, 01 브랜드 스토리 마케팅 참조.

하고 상서로운 동물이라서 제품 문양으로 삼았다거나 두꺼비가 액운을 물리치고 부를 가져다주며 가족의 행복을 뜻하므로 스토리텔링을 했다고 말하는 경우도 있다. 대부분의 경우에는 스토리텔링이라기보다는 콘셉트나 내러티브 정도에 불과하다. 즉, 간단한 예화(例話)에 불과하다.

브랜드 탄생에 관한 스토리텔링이 있을 수 있고, 소비자가 그 브랜드를 체험한 스토리텔링도 가능하다. 기존에 나와 있는 제품이라면 브랜드에 적합하고 차별화된 스토리를 발굴하거나 창작할 수 있다. 광고 콘텐츠를 만들 때는 기존의 스토리를 패러디해서 만들 수도 있을 것이다. 많은 기업은 브랜드 스토리텔링과 관련해서 신화와 전설에서 이름이나 로고를 가져온다. 때로는 유명한 소설 작품들에서 브랜드와 디자인을 가져오기도 한다. 그런데 콘셉트나 감각적 이미지만을 가져오는 경우도 많다. 그것은 유명한 대상의 후광효과에 기대거나 권위를 차용하는 사례들이다. 스토리텔링이 그 기업이나 브랜드, 상품에 적확하게 일치하는 것인지는 좀 더 세밀하게 따져봐야 한다.

브랜드 스토리텔링은 상품을 넘어서서 기업의 고유한 상표를 말한다. 사람들에게 항구적인 기업 가치를 각인시키고 상품군을 선택하도록 만드는 데 중요하므로 스토리텔링을 그 본질에 맞게 구사해야 한다. 수많은 브랜드 스토리가 있지만 잘된 사례와 그렇지 않은 사례 가운데 몇 가지만 들어 설명하고자 한다.

2.
사례 분석하기

1) 스타벅스와 야후

'스타벅스'는 소설 《모비딕》에 등장하는 1등 항해사의 이름이다. 항해는 여행을 말하기도 하지만 '모험'을 의미한다. 스타벅스라는 공간과 커피 맛이 여행이자 모험이라고 할 수 있겠다. 그런데 스타벅스의 로고는 '세이렌(The Sirens)'이다. 얼굴은 아름다운 여성이지만 몸은 독수리인 것으로 알려져 있다. 세이렌은 고대 그리스 신화의 캐릭터로, 항해하는 이들을 아름다운 노래로 유혹하여 죽음에 이르게 한 두려운 존재다. 오디세우스는 세이렌이 있는 지역을 항해할 때 부하들에게 자신을 결박하라고 했다. 세이렌의 노래에 미혹당한 오디세우스는 바다에 빠지려고 했지만 결박당해 있어 무사히 넘길 수 있었다. 빼어난 음악가이자 시인 오르페우스도 황금 양털을 갖기 위해 항해하면서 세이렌을 만난다. 그런데 오르페우스는 오히려 세이렌보다 더 아름다운 노래를 부른다. 그렇게 되자 세이렌이 바다에 빠진다. 어떤 누군가가 자신의 유혹에 빠지지 않으면 자신이 바다에 빠져야 한다는 원칙이 있었기 때문이다. 자신의 노래에 다른 이들이 유혹당해야 생존할 수 있는 세이렌이었다. 대개 세이렌은 여성의 유혹 또는 속임수로 일컬어지고 있다. 전반적으로 세이렌은 신화 속에서 부정적인 이미지를 가지고 있다. 정작 스타벅스에서 이 세이렌의 스토리텔링은 자주 언급되지 않는다. 왜냐하면 부정적인 이미지를 가지고 있기 때문이다. 여성에 대한 왜곡된 시선을 담고 있는 캐릭터이기도 하다. 스타벅스는 스토리텔링 경영이라기보다는 감성 마케팅 경영을 한 것으로 생각할 수 있다.

애플사의 로고인 사과의 경우에는 여러 가지 설이 많은데, 핵심적인 것은 사과를 한 입 베어 문 모양이라는 것이다. 그냥 사과였다고 하면 사과가 주는 신선한 이미지나 영양학적인 측면을 생각할 수 있지만 다른 의미로 해석할 수밖에 없다. 그것은 성경에 나오는 '선악과'의 패러디라고 할 수 있다. 사과를 한 입 베어 문다는 것은 욕망의 소유를 말한다. 스티브 잡스의 종교는 기독교가 아니라 선불교에 가깝다. 그렇기 때문에 이런 도발적인 로고를 사용할 수도 있었을 것이다. 실제로 스티브 잡스는 금기를 넘나들면서 제품을 개발했고, 성과를 냈으며, 그를 지지하는 이들은 '천재'라고 칭했다. 이미지와 개념을 디자인화한 것이라고 평가할 수 있겠다. 더구나 초기 애플의 사과는 무지개 색이었다. 무지개처럼 욕망은 여러 가지 유형이라고 할 수 있겠다.

포털 '야후(yahoo)'의 이름은 소설 《걸리버 여행기》에 등장하는 야만 종족의 이름이다. 항상 이성적이지만은 않은 인간을 이해하라는 풍자 의미라고 한다. 인간의 삶에서 간과할 수 없는 즐거움과 정보를 제시하는 것을 반영했다고 한다. 이는 역시 스토리텔링이기보다는 하이 콘셉트를 위해 스토리 캐릭터를 활용한 것이다.

물론 사례로 든 기업들의 로고나 디자인을 고객이나 수용자가 스토리텔링하여 받아들인다면 효과가 있다고 볼 수 있다. 기업에서는 강력하고 여운 있게 지속시키는 것이 중요하므로 잘 알려진 스토리나 작품, 콘텐츠의 권위와 유명세를 활용하려고 할 것이다. 완전히 새롭게 시작하는 것은 매우 힘든 작업이기 때문이다. 그럼에도 기존에 있는 스토리를 잘 활용하거나 새로운 스토리라도 잘 활용해 성공한 사례는 있는 법이다.

2) 에비앙

에비앙(Evian)은 제네바 호수의 남쪽 해안 에비앙 레 방 근처 여러 곳에서 나오는 광천수를 이용해 만든 먹는 샘물 브랜드다. 고급생수로 잘 알려진 에비앙은 스위스의 로잔과 레만 호수를 사이에 두고 서로 마주 보고 있는 작은 프랑스 마을 이름이기도 하다. 에비앙은 실제 스토리텔링을 통해 전 세계적인 성공을 거둔 모범 사례다. 그 스토리텔링은 다음과 같다.

1789년 어느 여름날이었다. 신장결석을 앓고 있던 레세르 후작은 긴 투병생활로 인해 힘든 나날을 보내고 있었다. 에비앙 마을을 산책하던 레세르는 우연히 어느 집 화원에서 나오는 광천수를 얻게 됐다. 그런데 그 물을 꾸준히 마신 후 그에게 믿기 힘든 일이 벌어졌다. 오랫동안 그를 괴롭혔던 신장결석이 기적처럼 완치된 것이다.

이 소식이 전해지면서 에비앙 마을에는 물을 직접 마셔보고 이 기적을 경험하려는 사람들의 발길이 끊이지 않았다. 에비앙 물을 처방해주는 의사가 생겨났고, 나폴레옹 3세와 황후도 에비앙 물에 홀딱 반했다. 1864년 나폴레옹 3세는 공식적으로 이 작은 마을에 '에비앙'이라는 이름을 하사했고, 1878년 프랑스 의학아카데미는 에비앙 생수의 뛰어난 치료효과를 인정했다.[2]

생수병에도 간단하게 이런 내용이 인쇄되어 있다. 그런데 대개 이 스토리텔링이 왜 성공했는지 구체적으로 분석하는 경우는 거의 없다. 일단 이 스토리텔링은 실화를 바탕으로 했다. 그렇기 때문에 설득력과 공감을 크게 불러일으킨다. 캐릭터를 분석해보면 레세르 후작이 등장한다. 후작(Marquis)은 귀족의 작위 중 하나로 다섯 개 작위 가운데 두 번째 지위인데, 영지(領地)를 받은 귀족을 총칭하는 단어인 제후의 어원도 후작이다. 어쨌거나 고귀한 신분의 캐릭터라는 점은 분명한 사실이다. 이런 고귀하고 높은 분에게 문제가 있었는데, 바로 신장결석이었다. 후작은 투병생활로 힘든 나날을 보내다가 이를 치료하기 위해 에비앙으로 왔는데, 우연히 마을 화원의 광천수를 얻고 그것을 마시면서 병이 낫기 시작한다. 단순히 예부터 이 물이 좋았다는 수준이 아니라 매우 구체적이고 실제적이다. 후작 레세르의 소원은 신장결석을 극복하고 건강을 회복하는 것이었다. 그는 에비앙 마을의 물을 마시고서 그 소망을 이루었다. 갈등과 고통이 해결된 것이다. 이는 그냥 주관적인 것이 아니라

---

2) 가오펑, 전왕록 옮김, 『이야기 자본의 힘: 하버드 MBA 최고의 스토리텔링 강의』, 모노폴리언, 2016에서 PART 2 훌륭한 이야기 자본의 특성들, '이것은 물이 아니라, 에비앙이다' 편 참조.
[스토리텔링 성공기업] ① "이것은 물이 아니라, 에비앙이다", 〈조선비즈〉, 2016. 10. 10.

의료적인 효과가 있음이 증명되었다. 나폴레옹 3세도 공식적으로 인정했다는 것은 국가적 공인을 의미했다. 더구나 단순히 의료효과만이 아니라 현대 의학 관련 최고 학술단체의 인정을 받기에 이른다.

사람은 누구나 고귀한 존재가 되고 싶어 한다. 그렇기 때문에 왕자와 공주 이야기를 선망한다. 같은 물이라고 해도 지위가 높은 이들이 마신다면 더 관심을 가질 것이다. 그렇기 때문에 노예들이 마신 물이라고 하는 것보다 낫다. 예컨대 몇 년 전 경기도 강화군에서 '노비의 날' 축제를 제안한 일이 있었는데, 노비를 선망하거나 노비가 되고 싶어 하는 이들은 거의 없으므로 스토리텔링 관점에서 호응 가능성이 떨어졌다.

물론 노예라고 해도 크게 공헌한 노예일 경우는 다를 것이다. 또한 '사대부나 선비들의 날'이라고 하면 달라질 것이다. 귀족이나 왕족들이 에비앙처럼 즐겨 마시는 물이고 그것이 의학적으로도 공식적으로 효과를 인정받아서 대중의 선택은 더욱 촉진된다. 이후에 젊은 여성들 사이에서는 의학적인 효과만이 아니라 미용효과가 뛰어나다는 것이 알려지면서 많이 찾게 되었다. 비록 다른 생수 가격보다 비싸더라도 돈이 아깝다는 생각을 덜하게 된다. 생수만이 아니라 사람들이 좋아하는 캐릭터들이 선호한 대상은 대중에게 주목받기 쉽다. 물론 실제로 효과가 있다면 더욱 그렇게 된다.

3) 리바이스

서부개척시대 캘리포니아 탄광 노동자를 상징하는 것이 리바이

스 청바지였다. 이 청바지가 탄생한 데는 나름의 스토리가 있다. '블루진'이라고 불리는 청바지를 만든 사람은 리바이 스트라우스(Levi Strauss, 1829~1902)다. 독일 출신의 유태인으로 처음에는 뉴욕에 거주했지만, 1853년 미국 시민권이 나오면서 18세에 서부 샌프란시스코에서 의류도매업을 했다. 이즈음은 서부에 골드러시가 일어난 때였다. 금광이 발견되면서 수많은 사람이 광산 노동자로 일했다. 그는 샌프란시스코에 가서 처음에는 배에 쓰이는 돛천을 팔았다. 그런데 광산에서 일하는 노동자들에게는 질긴 바지가 필요하다는 것을 알게 되었다.

어느 나이 많은 광부가 "이런 바지는 몇 번만 입어도 쉽게 낡아. 만약 오래 입어도 마모에 잘 견디는 바지가 있다면 당장 몇 벌은 사둘 텐데 말이야."라고 말했다. 리바이 스트라우스는 이런 말을 듣고 돛천에 다른 용도가 있다는 것을 알게 되었다. 바로 광산 노동자들이 입는 바지였다. 그 뒤 1855년 데님 원단, 갈색 캔버스 천에 청색 인디고 염색을 해서 팔았다. 그는 자신의 이름 리바이 스트라우스를 줄여 청바지 브랜드를 '리바이스'로 지었다. 처음에는 날개 돋친 듯이 팔렸다. 그러나 이 바지들은 광산도구의 무게를 견디지 못하고 주머니가 터지는 일이 벌어졌다. 그것은 새로운 고민의 탄생이었다. 물론 리바이 스트라우스는 청바지를 개선하기 위해 부단히 노력해왔지만, 좀 더 강한 바지를 만들려면 다른 시도가 필요했다.

그런데 1872년 단골 고객이던 네바다의 재단사 제이콥 데이비스가 편지를 보내온다. 바지의 개선에 관한 편지였고, 대략 이런 내용이었다. 바지 이음매와 호주머니 귀퉁이에 금속 리벳을 박으면 튼튼해진다는 것이었다. 공동사업을 시작하자는 제안이었고 둘은 즉각 공동으로 특허를 신청해 이듬해인 1873년 5월 20일 승인받았다. '블루진', 즉 청바지는 이렇게 탄생했다. 1886년 두 마리의 말이 양쪽에서 청바지를 잡아당겼는데도 견뎠다는 스토리는 블루진의 내구성을 단적으로 증명해주는 것이었다.

리바이 스트라우스가 서부 지역에 진출한 것도 하나의 모험이었을 것이다. 사실 개척시대의 노동자들에게 팔 수 있는 직물로 과연 무엇이 있었을까 고민이 되었을 것이다. 돈을 많이 벌려면 귀족들이나 부자에게 비싼 옷감을 팔아야 했을 것이다. 그런 맥락에서 서부에 온 초기에는 옷감이 아니라 돛천을 팔았다. 그런데 그는 바지에서 그 해법을 찾았다. 노동자들이 많았으므로 돛천으로 노동자들이 즐겨 입는 옷을 만들 생각을 하게 된 것은 어쩌면 자연스러운 일이었다. 물론 그것을 실행한 것은 대단한 일이다. 어쨌든 청바지가 탄생했지만, 터지는 문제가 발생했다. 그만큼 일이 험했다. 다른 기업들도 그대로 따라 했을 것이다. 리바이스 청바지는 한층 더 개선과 도약이 필요했고, 그것을 극복하고 독보적인 위치를 차지하게 되었다. 더구나 리바이스는 한순간 성공에 머문 것이 아니라 장수기업으로 남아 있으니 더욱 각별하다고 할 수 있다.

청바지는 미국 탄생의 역사를 압축적으로 담고 있는 옷이다. 청바지의 경우는 트리클 다운이 아니라 트리클 업이다. 위에서 아래가 아니라 아래에서 위로 유행한 상품이다. 청바지의 원조 리바이스가 상징하는 것은 미국의 자유롭고 진취적이며 독립적인 문화다. 리바이스는 줄곧 '독창, 정직, 혁신'을 내세웠다. 미국인은 유럽의 귀족들과 달리 새로운 세계에 와서 능동적으로 도전하고 자신의 세계를 이루는 성공을 거뒀다. 꿈을 향한 도전을 의미했고, 그 결과는 성공이었다. 청바지에는 긍정적인 메시지가 있다. 더구나 청바지는 규격화된 옷 문화가 아니라 자유로운 시도의 옷 문화, 트렌디한 옷 문화로 인식되었다. 단지 그런 콘셉트만 있는 것이 아니라 디자인이 멋있고 실제적인 쓰임도 좋았다. 만약 그러한 점들이 없고 콘셉트나 스토리만 있었다면 성공하기 어려웠을 것이다.

리바이스는 광고에서도 스토리텔링 방식을 적용했다. 아버지와 딸이 자동차를 타고 주(州) 경계를 달리고 있었다. 행복한 표정도 잠시, 자동차가 고장 나서 도로에 정차해야 했다. 엔진 덮개를 열자 수증기가 가득 올라온다. 엔진은 너무 뜨거워 손을 댈 수조차 없다. 둘은 어쩔 줄 몰라한다. 이때 낯선 차 한 대가 지나가다가 부녀 앞에 선다. 운전자는 젊은 청년이다. 청년은 차에서 내려 차를 보는 동시에 아름다운 딸을 본다. 위기감을 느낀 아버지는 딸을 자신의 등 뒤에 숨긴다. 그런데 갑자기 청년은 자신의 바지를 벗는다. 아버지는 더욱 경계하고, 딸은 놀란 표정을 짓는다. 청년은 벗은 청바지로 뜨거운 엔진 물탱크를 연다. 엔진 물탱크가 고장 나서 수리할 수 없다는 사실을 알게 된다. 그러고 나서 청년은 청바지의 한쪽은 자신의 차에, 다른 한쪽은 부녀의 차에 연결한다. 청바지가 일종의 견인 장비로 사용된 것이다. 그렇게 자동차 두 대가 움직이면서 딸은 청년의 옆자리에 타고 아버지는 놀란 표정을 짓는다. 차가 고장 났다는 것은 위기와 갈등 상황이다. 여기에 낯선 청년이 등장한 것은 더욱 그렇다. 청년이 옷을 벗은 것은 긴장을 더욱 고조시킨다. 하지만 청바지를 벗은 것은 문제 해결을 위함이었다, 문제 해결을 할 만큼 튼튼한 청바지의 가치는 이러한 스토리텔링을 통해 충분히 전달된다. 물론 청바지가 좋다고 직접적으로 이야기하며 홈쇼핑처럼 구매를 강요하지 않으면서 보는 이들이 공감하고, 동의하며, 선택할 수 있게 한다. 다만, 디자인이 아니라 청바지가 튼튼한 것을 원한다면 말이다.

4) 아오모리 사과

　　일본 열도 가운데 혼슈의 북쪽 끝에 있는 아오모리현(青森県)의 사과는 일본 전국 사과 생산량의 절반 이상을 차지해왔다. 1991년 가을, 연이은 태풍으로 아오모리현의 사과 중 90%가 땅에 떨어졌다. 특히 9월 최대 풍속이 초속 50미터에 달하는 슈퍼 태풍 미레유가 아오모리현을 강타했다. 사과가 10% 정도밖에 남아나지 않아서 당연히 사과를 재배하는 농민들은 고통과 슬픔에 빠졌다. 남아 있는 사과도 상태가 그렇게 좋은 것은 아니었다. 대개 잘 익은 사과들이 쉽게 떨어지기 마련이다. 그러나 농민 가운데 한 명은 이 남은 사과를 보고 역발상을 했다. 태풍에도 떨어지지 않은 사과를 보고 수험생에게 선물로 줄 수 있는 사과를 만들어야겠다고 생각한 것이다. 태풍 속에서도 떨어지지 않고 남은 사과에 '합격사과'라고 이름을 붙인 것이다. 상처가 남은 사과이지만 단지 '합격'이라는 글자만 붙였을 뿐인데, 가격은 10배임에도 날개 돋친 듯이 팔렸다.

　　대개 역발상과 스토리에 초점을 맞추어 다른 사례에 적용하기도 하는데, 이는 스토리텔링 원칙을 제대로 숙지하지 못했기 때문이다. 물론 의미 있는 스토리텔링이라는 평가도 있다.[3] 의미를 넘어서서 스토리텔링의 심리적 효과도 생각해야 한다. 그렇다면 어떤 스토리텔링 원칙들이 적용되었기에 성공할 수 있는지 정리할 필요가 있다.

　　또한 '합격'이라는 단어를 붙였기에 미술계에서 볼 수 있는 일종의

---

3)　김태욱 · 황윤정 · 한정진 · 이상열(공저), 『광고를 이기는 콘텐츠의 비밀: 도배 안 해도 널리 퍼지는 소셜 콘텐츠 제작법』, 이지스퍼블리싱, 2016, 의미 있는 스토리텔링 — 합격사과 이야기 편 참조.

'컨셉추얼 아트(conceptual arts)'를 생각할 수도 있다. 이는 특정 대상이나 오브제라고 해도 어떤 개념을 붙이면 예술작품이 된다는 사조다. 여기에서는 그런 개념 미술과는 다른 점이 있는데, 바로 사과다. 그냥 먹는 사과가 아니라 입시 수험생을 타깃으로 하므로 캐릭터가 된다. 모진 태풍에도 떨어지지 않은 사과처럼 수험생도 절대 떨어지지 말라는 소망과 꿈이 담겨 있다. 그 수험생은 딸이나 아들일 수도 제자나 친구, 후배일 수도 있다. 비록 한 알의 사과에 불과하지만 모진 어려움 속에서도 결코 떨어지지 않은 수험생을 의미하며, 잠재적 합격생이기도 하다. 여기에서 태풍은 주인공이 겪게 되는 시련과 갈등이며, 붙어 있는 것은 소망의 성취라고 할 수 있다. 또한 미래의 꿈을 위해 기회를 잡는 것이다. 더구나 10%에 해당하는 사과는 실제 합격생 비율과도 비슷하다. 만약 어디서나 붙어 있는 사과였다면 가치가 없었을 것이다. 물론 이 사과는 잘 익은 사과가 아니기에 당도나 맛이 좀 덜할 수 있지만, 사람들은 그것 때문에 사는 것이 아니므로 가격이 비싸더라도 구입한다. 사람들은 기원과 소망이 담겨 있는 상품과 대상에 대해서는 돈을 아끼지 않는 경향이 있어 몇 배의 가격 책정에도 별로 개의치 않는다. 무엇보다 만약 초속 50m의 강력한 태풍이라는 위기와 고난의 장애가 없었다면 아오모리 사과의 스토리텔링은 불가능했을 것이다.

국내에서도 비슷한 콘셉트로 점순이 복숭아가 나온 적이 있다. 이를 성공한 사례로도 언급[4]하는데, 생각해볼 여지가 있다. 2009년 6월 경기도 여주에 30분간 우박이 내려 복숭아에 상처가 크게 났다. 매실만 한 복숭아가 상처를 입었는데, 2~3mm 내상이 있었다. 농부는 그것을

---

4)   정창권, 『인포메이션 스토리텔링』, 커뮤니케이션북스, 2016, 농산물 스토리텔링 편 참조.

따버리지 않고 그냥 키웠다. 복숭아가 익어가자 이천농업기술센터 지도사 서만득은 김유정의 소설 《봄봄》의 여자 주인공 '점순이'를 생각해 농민들에게 '점순이 복숭아'라고 이름 붙일 것을 제안했다. 홍보지에는 다음과 같이 적혀 있었다.

> "김유정 소설 《봄봄》의 여자 주인공 이름입니다. 점이 있지만 사랑할 수밖에 없는 주인공이듯, 우박을 맞아 점이 있지만 그 상처자국을 스스로 치유하여 아름다운 추억으로 간직하며 성장해온 정상적인 복숭아입니다. 소설의 주인공처럼~"

알려진 바로는 뒤이어 '점순이 배'도 판매한 것으로 알려졌다. 그렇다면 실제 결과는 어떠했을지 살펴보지 않을 수 없다. 당시 점순이 복숭아를 생산한 곳은 칠성농원이었다. 칠성농원 이순열 대표는 다음과 같이 말한 바 있다.

> 우박도 빼놓을 수 없는 골칫거리다. 지난 2009년 봉지를 씌울 무렵에 연거푸 우박이 오면서 일명 '점순이 복숭아'가 많이 생겨난 것은 복숭아를 재배하며 겪은 아찔한 사건이었다.
> "농원 주변이 지형적으로 우박이 많이 와 당시엔 피해가 어마어마 했죠. 그런데 불행 중 다행으로 농업기술센터와 농촌진흥청에서 우박 맞은 과를 많이 사주셔서 복숭아를 다 팔 수 있었어요. 아직도 그 고마움을 잊지 않고 있죠."[5]

---

5) 〔현장 취재〕 "시골집 툇마루처럼 포근하고 구수한 정과 추억, '도도(桃桃)한 복숭아'", 월간 《새농사》. http://saenongsa.com/info/re2-view.asp?kind=02&idx=1309

점순이 복숭아는 일반판매보다는 농촌진흥청과 농업기술센터에서 구매해주었다. 점순이 복숭아는 우박을 맞는 상처를 딛고 익은 복숭아에 이름을 붙인 것이다. 합격사과보다는 캐릭터의 성격이 직접적으로 드러나 있다. 소설 속 캐릭터인 점순이는 사람들이 선망하거나 좋아하는 캐릭터여야 한다. 소설 속에서 결말이 해피엔딩일수록 좋다. 소설 《봄봄》(1935)의 남자 주인공은 점순이와 결혼시켜준다는 봉필의 말에 데릴사위로 들어가 3년 7개월 동안 일한다. 그러나 주인 봉필은 점순이가 아직 자라지 않았다며 혼인을 시켜주지 않는다. 그러다가 다른 사람처럼 일만 시키고 쫓아내지 않을지 우려한다. 점순이는 밤낮 일만 할 거냐며 남자 주인공에게 채근한다. 주인공은 장인을 구장(지역 책임자) 집에 데리고 가서 따진다. 구장은 당사자가 결혼을 원하면 시켜주어야 한다고 말하지만, 장인은 아직 덜 자랐다며 혼인을 시켜주지 않는다. 남자 주인공은 그대로 돌아오고 만다. 점순이는 그냥 오는 법이 어디 있냐며 볼이 빨개져 안으로 들어간다. 이에 그는 일하러 가지 않고 드러누워 버린다. 그러자 장인이 그를 때리기 시작하면서 싸움이 벌어진다. 주인공은 점순이가 보고 있음을 알고 장인의 사타구니를 붙잡는다. 그러자 점순이는 오히려 남자 주인공에게 달려들어 때리기 시작한다. 이 자체만으로는 점순이가 매력적이라거나 사람들의 선망을 받는 캐릭터인지 알 수 없다. 물론 많은 사람에게 알려진 대중적인 캐릭터는 아니라고 할 수 있다. 복숭아처럼 우박을 맞고도 잘 성장한 캐릭터인지에 대해서도 좀 생각해봐야 할 것이다. 오히려 난관에 부딪치면서도 혼인에 성공하는 남자 주인공이 복숭아에 가까울 것이다.

이와 관련하여 국내의 쌀 브랜드 가운데 '아줌마 뱃쌀'이 있었다. 쌀의 포장지에는 중년 여성의 옷 사이로 배가 살짝 보이게 디자인되어 있었고, 그 빈틈으로 안에 들어 있는 쌀이 보이도록 했다. 먹는 쌀과 배에 끼는 지방살을 연관시켜 브랜드 이름을 지은 사례다. 이런 뱃쌀에 대해 어느 정도 선호도가 있을지는 알 수 없었다. 이유는 선망하는 캐릭터인지 혹은 뱃살이 있는 여성이 감정이입의 대상인지 생각해야 하기 때문이다. 쌀을 사는 소비자가 아무리 중년 여성이라고 해도 뱃살이 찌는 쌀을 구매하지는 않을 것이다. 오히려 날씬하게 해주는 쌀을 구매할 것이다.

3.
적용하기

Q. 브랜드 스토리텔링이 잘된 사례를 찾아보고 그 요인을 정리해보자.

_____

_____

_____

_____

_____

Q. 스토리텔링으로 자신의 브랜드를 기획해보자.

_____

_____

_____

_____

_____

Q. 기존 브랜드 스토리텔링 중에서 아쉬운 사례를 보완해보자.

_____

_____

_____

_____

_____

Cultural contents
DNA
Storytelling

5강

SNS 1인 크리에이터와
스토리텔링

). 이해하기

글로벌 경제분석기관 옥스퍼드 이코노믹스에 따르면 2020년 기준 10만 명 이상의 구독자를 보유한 한국 유튜브 채널은 5,500개, 100만 명 이상은 500개 이상으로 집계되었다. 유튜브를 활용해 연간 1천만 원 이상 수익을 창출하는 채널수는 전년 대비 30% 늘었다. 〈포브스〉 전 세계 유튜버 가운데 2021년 가장 많은 수익을 올린 1위 채널은 8,820만 명의 구독자를 보유한 '미스터 비스트'라고 보도했다. 미스터 비스트는 약 5억 4천만 원의 상금을 걸고 현실판 〈오징어 게임〉을 개최해 세계적인 화제를 모은 바 있다. 미스터 비스트가 2021년 광고 및 협찬을 포함해 5,400만 달러, 한화 약 644억 원을 번 것으로 알려졌다.

2018년 5월 30일, 구글코리아에 따르면 2016년 말 기준 구독자가 10만 명을 넘는 국내 채널(유튜버)은 2015년 367개에서 2017년 1,275개로 불과 2년 사이에 네 배 가까이 증가했다. 100만 명을 돌파한 국내 채널도 2017년 말 90개에서 이날 기준 100개가 됐다.

유튜브는 대표적인 글로벌 소셜네트워크서비스인데, 디지털 공간에서의 상호작용 스토리텔링은 이곳에서 가장 많이 이뤄진다. 유튜버들이 인기 있는 이유 가운데 하나가 스토리텔링이라는 점을 인식할 필요가 있다. 1인칭 관점으로 스토리가 전개되는 콘텐츠와 어떤 상황에서 스토리텔링이 이뤄지는 상황극이 대표적이다. 개인 방송인들은 시청자의 웃음을 이끌어내고 이목을 집중시키기 위해 상황극[1]을 기획하고 실연한다. 상황극은 특정 상황을 설정하여 그에 맞게 역할을 부여하고 연극하듯이 공연하는 것이다. 인터넷에서는 라이브로 방영되는 상황에서 짜인 각본에 따라 이뤄지기보다는 즉응적으로 이뤄진다. 특히 방송되는 순간 댓글을 통해 보는 이들이 반응을 보이므로 크리에이터들은 그것을 적절하게 반영하여 상황을 변화시키면서 전개해나가야 한다. 그렇게 해야 보는 이들이 더욱더 적극적으로 참여하게 되고 몰입을 더 강화하기에 이른다. 그런데 애초에 자신이 어떤 콘텐츠를 만들어가야겠다고 기획한 것이 완전히 실현되지 않는다 해도 실패가 아니다. 결국 콘텐츠는 혼자 만드는 것이 아니라 공동으로 함께 만들어가는 것이다. 개인 방송인들은 '1인 미디어 운영자'라고 하기도 했지만, 지금은 '크리에이터(creator)'라고 하며, 지명도가 있는 경우에는 '인플루언서(influencer)'라고 한다. 크리에이터나 인플루언서는 때로는 황당하고 말도 안 되는 상황을 보여준다. 연애 상담의 경우 실제 경험담을 이야기하는 경우도 있지만, 재연하는 경우도 있고, 자신의 주장을 증명하기라도 하듯이 상황을 설정해서 스토리텔링을 보여주기도 한다. 그것이 어떤 내용이나 상황이든 관계없이 보는 이들이 공감하고 호응을 많이 하면 목표는 달성된 것이다. 기존의 아날로그 시대의 콘텐츠가 기획 창작자들이 완성도 있게 만들고, 그것을 수용자가 그대로 받아들이던 행태와는 많이 다르다는

---

1) 〔기획〕 "게임, '하는' 시대에서 이제는 '보는' 시대로…", 〈게임포커스〉, 2018. 6. 19.

것을 이런 점에서도 확인할 수 있다.

가장 많이 활용되는 것은 게임이나 장난감을 활용한 상황극으로 스토리텔링을 강조[2]하는 것이다. 게임에서는 게임을 하는 이가 마치 게임에 진짜 참여하고 있는 사람처럼 이야기를 펼쳐나간다. 다른 유형으로는 게임을 활용하여 다양한 상황의 스토리를 적용하고 풀어가면서 재미를 주는 것이다. 장난감의 경우에는 언박싱(unboxing)을 통해 그 장난감으로 가상의 상황에서 놀이를 하면서 스토리텔링을 한다. 둘 다 게임의 캐릭터, 장난감의 캐릭터가 필요하다. 게임의 캐릭터가 나일 수도 있고, 내가 조종하거나 타격해야 할 대상일 수도 있다. 혹은 같이 어울려 살거나 가상의 미션과 생활 과제를 완수해야 할 파트너일 수도 있는데, 상황은 기획하고 전개하는 크리에이터에 따라 변화무쌍하며 보는 이들의 반응에 따라 얼마든지 달라질 수 있다. 물론 이러한 일련의 과정은 상황극 놀이라고 할 수 있어 진지함보다는 재미와 함께 놀이 구성원으로서 참여하는 것이 중요하다.

---

2) "세계 톱 강타한 '한국 유튜브' ⋯ 아이돌 · 키즈 · 커버 대세", 〈노컷뉴스〉, 2017. 7. 12.

2.
사례 분석하기

1) 레고의 캐릭터 역할 놀이와 상황극

　1932년 덴마크에서 '재미있게 놀아라'라는 철학으로 시작한 레고
는 21세기 디지털 시대에 위기를 맞았지만 디지털 환경에 적응해 성공
사례를 다시 만들어갔다. 그 가운데가 하나가 유튜브 등 SNS의 활용이
었다. 레고 키즈 크리에이터를 모집할 때 레고 제품을 활용한 리뷰, 상
황극, 실험 등 자유 주제로 창작 영상을 제작해 개인 유튜브 채널에 올
리도록 하고 심사해 적격자를 뽑았다. 선발된 이들은 레고 크리에이터
로 활동하게 되었다. 그렇다면 레고에 어떤 점이 있어 이런 것이 가능한
지 생각해야 한다.

　사실 게임이나 장난감 언박싱 상황극 놀이의 시초는 레고 같은 완
구에서 비롯되었다고 해도 지나침이 없다. 레고는 브릭(brick) 놀이로,
아이들의 상상력과 창의력을 높여주는 교육 완구로 유명하다. 다양한
레고 시리즈 중에서도 '레고 시티(LEGO® CITY)'는 선호도가 가장 높은
데, 이 레고 시리즈는 역할 놀이를 통해 즐길 수 있어 재미도 있고 아

이들의 사회성 증진에도 기여한다고 알려져 있다. '경찰 감옥섬'(60130) 과 '소방보트'(60109)는 전 세계적으로 인기가 높은 레고 시티의 대표 놀이 제품이다. 여러 개의 캐릭터와 함께 스토리를 지니고 있다. '경찰 감옥섬'은 범죄자들을 감옥섬에 수감시키고, 감시·통제·교화 하는 경찰들의 이야기가 담겨 있다. 캐릭터에는 경찰관 및 경찰서장, 경찰 파일럿, 도둑들 등 총 8명이 있는데 미니 피규어 형태로 들어 있다. 섬으로 표현된 대형 감옥과 헬리콥터, 경찰 보트, 도둑의 탈출용 보트, 열기구 등을 만들 수 있다. 특히 2층으로 된 감옥 구조물과 감시탑, 마당, 보안카메라, 서치라이트, 하수구와 이어진 탈출로, 철창 파괴 장치 등의 정교하고 재미있는 요소들은 감옥섬을 탈출하는 범죄자들과 이들을 검거하기 위한 경찰들의 활동을 실감나게 재연해볼 수 있게 한다. 이 피규어를 가지고 노는 아이들은 모두 캐릭터에 맞게 연기할 수 있고, 스스로 만든 대사를 할 수도 있다. 물론 아이들끼리 역할을 정해서 놀이를 할 수도 있다. 이 피규어에는 쌍안경, 무전기, 배낭 및 손전등, 수갑, 운동기구, 커피 제조기 등 작은 소품들도 주어져서 그 소품들을 활용해 스토리를 구성하고 전개할 수도 있게 했다. '소방보트'는 화재가 난 등대로 출동해 화재를 진압하고 등대지기를 구출하는 이야기를 지니고 있다. 큰 소방보트와 등대를 만들 수 있고, 선장, 남녀 소방관 및 등대지기 등 5명의 미니 피규어가 있다. 소방보트 안에는 정교한 다리도 있고 주방과 진료소, 그리고 특수한 블록을 발사할 수 있는 물대포와 크레인 등도 설치할 수 있다. 소품으로는 소화기와 들것, 도끼, 무전기, 응급처치 키트 등이 있는데, 실감나는 구조 활동을

벌일 수 있다.[3]

물론 이는 아이 혼자만 하는 것이 아니라 부모와 같이하면 좋다. 만드는 과정에서 성인의 도움이 필요하기 때문이다. 그리고 만든 후에는 아이와 함께 역할 놀이도 할 수 있다. 요컨대, 레고 프렌즈 시리즈는 아이들이 프렌즈 캐릭터 친구로 자신만의 이야기를 무한히 확장해 만들어갈 수 있는 스토리텔링 장난감이라 볼 수 있으며, 부모가 아이와 역할 놀이를 하며 함께 시간을 보낼 수 있다는 것이 매력[4]이라고 할 수 있다. 그런데 이 같은 레고 시리즈는 현실적으로 남자아이가 좋아하는 것들이다. 물론 여자아이도 할 수 있지만, 평균적으로 여자아이는 인형이 등장하는 놀이나 실내 놀이에 더 주의를 기울이는 것이 사실이다. '스테파니의 집'(41314)은 레고 프렌즈 메인 캐릭터 중 한 명인 '스테파니'가 살고 있는 집을 소재로 한 브릭 상품이다. 2층 구조의 스테파니 집과 스테파니의 애완동물인 아기토끼 '칠리'의 집으로 이뤄져 있다. 미니 피규어로는 스테파니와 그녀의 엄마 알리샤, 아빠 제임스가 있다. 스테파니 집 속에는 다양한 소품이 있다. 아무래도 집안에 있는 생활용품이 구비되어야 하므로 다양하다. 문이 열리는 오븐, 요리판, 쿠커 후드, 싱크대, 식탁, 의자, 창가의 의자, 소파, 커피 테이블, TV가 비치된 거실이 들어있고 2층에는 침대가 딸린 침실, 책상, 문이 열리는 곡면 발코니, 샤워실과 변기, 샤워기와 세면대, 사무실, 책상, 회전의자, 랩톱 컴퓨터가 있다. 실내에서 벌어지는 일이므로 공간은 제한되지만, 소품을 가지고 집안에서 여러 활동을 하는 스토리가 구성되며 가족 관계성 속에서 이야

---

3) "추석 연휴, 아이들과 함께 레고도시 만들며 상상놀이 즐겨볼까?!", 〈뉴스1〉, 2016. 9. 6.
4) 〔어린이날 장난감〕① "레고코리아, 시티부터 테크닉까지 장난감 10선", 〈IT조선〉, 2017. 4. 28.

기가 펼쳐질 수 있다. 스토리는 외부 공간에서 이뤄지는 것에 비해 목표 지향적 성취라기보다는 자신의 내적 만족을 위한 과제 설정과 성취에 초점이 맞춰진다. 예컨대 요리, 청소, 목욕, 화장, 옷 입기 등의 유형이 많을 것이다. 다만 적과 싸움이 가능한 레고 시리즈보다는 긴장이나 갈등은 덜하다. 레고 크리에이터는 이런 레고 시리즈의 스토리 포맷에 맞게 캐릭터와 소품들을 활용하여 상황극 등의 스토리텔링으로 이용자의 눈길을 잡아끈다. 물론 신제품들을 활용하여 더 많은 사람이 공감하고 선택하게 하려는 것이므로 마케팅의 일환이다.

5~9세의 기존 어린이들에 집중하고 다양한 나이대의 이용자도 고객으로 만들려고 했다. 워너브라더스, 디즈니 등 콘텐츠 회사와 라이선스 계약을 맺고 다양한 스토리 콘텐츠화를 레고에 이뤘다. 〈스타워즈〉(1999), 〈해리포터〉(2001)에 이어 〈배트맨〉, 〈반지의 제왕〉 등 영화를 바탕으로 한 시리즈도 소비자층을 어린이에서 성인까지 확장시켰다. 온라인 플랫폼도 키워서 이용자들이 블록 상품 개발에 직접 참여하는 '레고 아이디어스', 레고 세계관을 창조하는 '레고 월드 빌더'를 만들었다. 이는 이용자를 스토리에 참여하게 하는 것이므로 충성도를 높였다. 레고 캐릭터를 활용한 커뮤니티인 '레고 라이프' 앱을 만든 것도 이러한 스토리의 실제 확장이라고 할 수 있다.

2) 대도서관

디지털 미디어렙 나스미디어가 인터넷 이용자 2,000명을 대상으로 조사한 '2020 인터넷 이용자 조사'에 따르면, 유튜브를 이용하는 남성 응답자 가운데 가장 많은 50.9%가 게임 관련 콘텐츠를 가장 즐겨 본다고 응답했다. 10·20대 응답자는 유튜브를 통해 가장 많이 시청하는 콘텐츠로 게임을 들었다. 대도서관은 1978년생으로 본명은 나상현. 2018년 현재 대도서관은 1인 방송에 게임을 등장시킨 지 9년이 되었고 구독자, 즉 콘텐츠를 올릴 때마다 보면서 그를 따르는 공식 확인 팬만 173만 명에 이른다. 유튜브에서 광고 수익을 올리려면 '구독자 수 1,000명 이상', '지난 12개월 동안 시청 시간 4,000시간'이라는 두 가지가 충족되어야 한다. 유튜버는 구글의 광고 중개 시스템 '애드센스'를 이용할 수 있다. 한국방송통신전파진흥원의 2017년 자료에 따르면, 대도서관(게임 위주)은 약 9억 3,000만 원의 광고 수익을 얻었다. 동영상 1뷰당 1원 가량의 수익이 유튜버에게 돌아가는 것을 생각해보면 이 수익이 얼마나 가치 있는지 알 수 있다. 연간 전체 수익이 17억 원 정도 된다고 본인이 밝히기도 했다. 2021년 3월, 대도서관이 공개한 자료에 따르면 28일간 조회수 812만 회, 시청시간 약 190시간을 기록했고, 추정 광고 수익만 31,687.75달러(약 3,600만 원)에 달했다. 마흔 살이 훌쩍 넘은 대도서관이 많은 어린이를 몰고 다니는 것은 이유가 따로 있다. 대도서관은 주로 게임을 해설하는데, 그 해설하는 방식이 스토리텔링이기 때문이다.

> 김혜민: 요즘 게임들은 거의 스토리가 있더라고요. 예전에 제가 했던 '테트리스', '갤러그' 이런 것들은 스토리가 없고, 그냥 막 미사일만 쏘고 그런 건데, 스토리가 있다 보니까 이렇게 누군가가 친절하게 해설해주는 것이 더 좋은 걸까요?

대도서관: 뭐, 스토리가 있는 게임도 있고 없는 게임도 있지만, 스토리가 없는 게임 같은 경우는 그 안에서 제가 스토리텔링을 하면서 여러 가지 역할을 하죠. 또 스토리텔링이 돼 있는 게임인 경우에는 제가 직접 모든 캐릭터를 더빙하기도 하고요. 게임에 따라 많이 달라져요. 어떤 느낌이냐면 어렸을 때 형이나 누나가 옆에서 게임할 때 같이 지켜보면서 재미있었던 기억이라든지, 아니면 오락실에서 누군가가 게임할 때 자기도 모르게 재밌게 보는 기억, 이런 느낌들이 있고요. 보는 게임 방송이라고 해서 많은 분이 즐겨 보고 있습니다.[5]

요즘 게임이라고 해도 모두 스토리가 있다고 말할 수도 없다. 종류에 따라 다르므로 이를 구분하는 것도 중요하다. 게임을 해설하는 사람에게 스토리가 있는 것 없는 것이 따로 구분되어 반드시 해당되는 것은 아니다. 상황에 맞는 이야기를 만들어내기 때문이다. 그렇기 때문에 없으면 없는 것을 넘어서서 스토리텔링으로 해설하는 것이 일반적인 모습이다. 스토리가 없는 경우에는 스스로 이야기를 만들어서 스토리텔링을 해야 한다. 물론 게임에도 캐릭터가 있어 게임 상황에서 캐릭터들 사이에서 오갈법한 내용들을 스토리로 만들고 그것을 구연해야 한다. 스토리가 있는 경우에도 각 캐릭터의 대사는 직접 말해야 한다. 여기에서는 감정연기나 캐릭터별로 다른 연기와 대사를 해야 한다. 스토리텔링을 구체적으로 어떻게 하는지 좀 더 살필 수 있는 다음과 같은 인터뷰도 있다.

---

5) 〔생생경제〕 "대도서관, 유튜버의 비법은 기획력과 성실성. 조회 수로 돈 버는…", 〈YTN〉, 2018. 6. 26.

공략이 필요한 게임보다는 같이 스토리텔링 할 수 있는 게임을 주로 선정해요. 또 너무 잘 만들어진 게임은 별로 안 좋아해요. 그런 게임들은 스토리 구성과 엔터테인먼트적 요소가 탄탄해서 제가 할 게 없어요. 제가 개입할 여지가 많고 자유롭게 할 수 있는 오픈월드 게임을 선호하는 게 첫 번째 노하우예요. 그리고 두 번째는 선정한 게임에 따라 콘셉트를 다르게 진행하는 거죠. 예를 들어 스토리 중심형 게임이라면 스토리에 더 몰입할 수 있게 더빙이나 연기를 하죠. 그런 예능적 요소를 넣으면 사람들이 더 드라마틱하게 받아들이죠. 공포게임의 경우엔 살아있는 표정연기, 리액션을 하구요. 제 가장 큰 강점은 시뮬레이션 게임을 할 때 저만의 스토리텔링을 하는 것입니다. 시뮬레이션 게임은 원래 스토리가 없어요. 그럴 때 저는 스토리를 만들어서 '이 국가는 나의 적', '이 국가는 나의 친구' 이렇게 설정해서 진행하는 거죠. 예를 들어 "나폴레옹 형님, 아우님 왔습니다. 형님 잘 지내시죠?"라고 말하거나 적한테는 "네놈이 말로만 듣던 그놈이냐?"라는 식으로 연기해서 게임을 더 드라마틱하게 받아들이게 하는 거죠. 심즈 같은 게임도 마찬가지예요. 저는 일반 드라마처럼 가족, 인물도, 캐릭터를 만들어서 진행해요.[6]

대도서관도 스토리텔링에 유리한 것을 선호한다. 일단 같이 스토리텔링 할 만한 게임을 선택한다. 당연히 너무 완벽한 게임보다는 좀 탄탄하지 않은 게임을 선택하는데, 해설이나 부연해서 말을 많이 할 수 있기 때문이다. 이런 점이 없다면 스토리텔링을 할 여지도 줄어들게 된다.

---

6) 〔썸타는 만남 A to Z〕 "대도서관 '대박 수입' 전격 공개한 진짜 이유", 〈서울경제〉, 2015. 12. 3.

스토리텔링이 가능한 경우에도 각 장르 특성에 따라 적용해주어야 한다. 스토리 자체가 충실하면 연기나 더빙에 초점을 맞추어야 한다. 다른 효과음이나 예능적인 요소가 필요할 경우에는 이에 맞추어 우스개를 더 많이 곁들여야 할 것이다. 표정이 필요한 경우에는 이야기를 더욱 강화해줄 것이 분명하다. 시뮬레이션 게임의 경우에는 콘셉트만 있고 스토리가 없는 경우가 많다. 그런 상황에서 대도서관은 일부러 스토리텔링을 가한다. 이는 상황설정을 통해 1인극을 하는 것과 같다. 대략적인 상황을 설정하고 즉응적으로 이야기를 만들어간다. 여기에 보는 이들의 댓글이나 반응을 즉각적으로 반영하는 스토리텔링을 해야 한다. 스스로 스토리를 만들고 그것을 실제로 입으로 구현한다는 점에서 보았을 때, SNS에서 디지털 문화와 구어 문화의 만남이 이용자에게 직접적으로 이뤄지고 있는 것이다.

게임 개발자 상당수가 게임 스트리머 전반을 부정적으로 보기도 한다. 개인 방송이라는 이유로 개발사와 별다른 협의를 거치지 않고 방송을 하면서 시청자를 늘리고 돈을 번 스트리머가 많기 때문이다. 게임 스토리를 처음부터 끝까지 다 보여주는 방송이 바람직한가도 스트리밍을 둘러싼 해묵은 논쟁거리다. 물론 유명 스트리머들은 최근에는 개발사와 철저한 협의를 거친다. 이제 개발사 쪽에서 먼저 방송을 부탁하거나 광고를 싣는 경우도 많다. 그러나 이는 마케팅 및 회사 차원의 결정일 뿐 개발자들이 원하는 것은 아니다.

3) 도티와 양띵

도티는 2018년 1월 2일, 국내 게임 유튜버 중 최초로 구독자 200만 명을 돌파했다. 도티는 2017년 12월에 조사한 '초등학생이 닮고 싶어 하는 인물'에서 1위 김연아, 공동 2위 세종대왕·유재석에 이어 3위에 올랐다. 한국방송통신전파진흥원의 2017년 자료에 따르면, 도티(게임 위주)는 약 15억 9,000만 원의 광고 수익을 얻은 것으로 나타났다. 도티는 한 방송에서 "영상 1개당 평균 800만 원의 수익을 올린다"고 밝혔다. 연 매출은 200억 원 수준이라고 알려졌다. 2020년 253만 명의 구독자를 보유하며 25억 뷰를 올린 '초통령'이 되었다.

도티는 게임 '마인크래프트'를 중계한다. 마인크래프트는 플레이어가 블록을 조립하는 게임이다. 건물을 만들거나 화단을 지을 수도 있으며, 만든 공간에서 뛰거나 걷고 날 수도 있다. 게임 안에서 추격전을 펼치고, 퀴즈쇼를 열기도 한다. 무엇보다 도티는 영화 〈부산행〉, 〈신과 함께〉 패러디부터 소중 친구들 맞춤용 '시험 기간 이야기'까지 다양한 세계관·상황극을 마인크래프트 게임으로 풀어낸다. 그는 인기 있는 콘텐츠에 대해 다음과 같이 말했다.

가장 인기 있는 콘텐츠는 어떤 스타일인가?

"극이 있는 콘텐츠, 다시 말해 상황극이 가장 인기가 많다. 〈꿀벌 대소동〉 같은 작품을 마인크래프트로 구현하고, 다양한 시리즈를 만들고 있다. 퀴즈를 풀거나 미니게임을 하고, 〈무한도전〉처럼 추격전을 하는 것도 재미있지만, 이런 콘텐츠는 이용자 입장에서 다시 보고

싫지 않을 수 있다는 점이 한계다."[7]

극이 있는 콘텐츠란 '상황극'을 말하고, 이는 스토리텔링 콘텐츠를 의미한다. 기존에 있는 작품들을 게임 안에서 다시금 구현하는 것이 인기 있다. 퀴즈풀이, 미니 게임, 추격전 등도 주목받기는 하지만 다시 보려 하지 않는다는 점을 지적하고 있는데, 이는 충분히 이해가 간다. 드라마나 영화는 다시 보고 싶어 하지만 퀴즈풀이, 단순 예능 등을 다시보고 싶어 하는 경우는 많지 않다. 그래서 그는 캐릭터가 중요하다는 점을 강조한다.

"콘텐츠 중심이 되는 캐릭터 제작: 키즈 영상의 주시청층인 아이들은 대부분 자신들에게 직접 이야기하는 밝고 카리스마 넘치는 캐릭터들을 좋아하죠. 시청자를 채널에 다시 방문하게 하는 것은 이러한 캐릭터를 만드는 것에서 출발한답니다. 또 훌륭한 역할모델이 되어야해요."[8]

여러 평가를 보면, 10대 취향을 '저격'한 맞춤형 콘텐츠가 도티TV의 장점이라는 지적이 많았다. 시험기간에는 '시험'이라는 주제로 상황극을 한다. 방학 때는 방학을 축하하는 스토리의 콘텐츠가 나온다. 도티는 "(TV 등) 기성 미디어가 10대 콘텐츠를 만드는 데 적극적이지 않아요. 10대는 자신들의 이야기를 하는 콘텐츠에 대한 갈증이 있는데, 제 방송

7)   "'무한도전' '유느님' 능가하는 유튜브 '도티'님", 〈미디어오늘〉, 2016. 8. 8.
8)   〔소년중앙〕 "도티에게 듣는 '10대 눈높이 맞춤 영상 어떻게 만들어질까'", 〈중앙일보〉, 2018. 4. 30.

이 그런 부분을 해소해주는 것 같아요. 친구들('청소년들')과 얘기하면서 그들 눈높이에서 콘텐츠를 만들고 있어요."[9]라고 말했다. 10대들은 자신들의 이야기가 반영되기를 바라지만 기존 매체에서는 그런 점들을 반영하지 않고 있는데, 도티가 그런 콘텐츠를 만들어주어 인기가 많은 셈이다. 크리에이터가 그들을 대리하여 스토리텔링을 해주기 때문이다. 중요한 것은 이들이 모두 10대가 아니라는 점이다. 즉, 30대가 10대에게 맞는 스토리텔링을 하려면 어떻게 해야 할지 생각하지 않을 수 없다. 결국 10대들의 트렌드를 계속 따라가주는 수밖에 없다. 이에 대해 도티는 다음과 같이 말했다.

> "도티 팬카페도 매일 들어가요. 10대들이 이야기하면서 노는 모습을 유심히 보며 문화나 언어 습관을 모니터링하죠. 요즘 친구들이 많이 하는 인스타그램도 해요. 감을 잃지 않기 위해 노력하는 거죠. 또 유튜브 시장이 과열되면서 자극적인 콘텐츠를 만드는 사람도 생겼는데요. 도티TV는 부모님이 보라고 허락할 수 있게 자체심의를 엄격히 합니다."[10]

무엇보다 도티는 그들이 자주 모이는 곳이나 활동하는 곳에서 같이 어울리고 문화나 습관 등을 살피며 그것을 반영하려고 끊임없이 노력한다. 같은 공간에서 어울리는 것은 정보를 습득하는 것도 있지만 감각을 잃지 않는 것, 분위기나 느낌을 공유하는 것이고 이는 스토리텔링

9) 도티TV "매일 작은 웃음 준다는 마음으로 영상 만들었죠", 〈매일경제〉, 2018. 1. 30.
10) 〔소년중앙〕"도티에게 듣는 '10대 눈높이 맞춤 영상 어떻게 만들어질까'", 〈중앙일보〉, 2018. 4. 30.

에서 중요하게 작용할 수밖에 없다. 10대들의 문화나 취향, 습관, 분위기를 따라간다고 해서 모든 것을 다 하는 것은 아닐 것이다. 나름대로의 자체 원칙을 지키는 것이 중요하고 그것이 생명력일 수 있음을 잘 보여준다. 특히 학부모들이 같이 볼 수 있는 콘텐츠라면 더욱 좋을 것이다.

크리에이터 도티에게 배우는 꿀팁 베스트 3
① 시청자가 '소통하고 있음'을 느끼게 하라: '댓글 캡처', '설문조사' 등 콘텐츠에 시청자가 참여한다고 느낄 장치를 마련하자.
② 콘텐츠는 꾸준하게, 생활 습관도 규칙적으로: 매일 꾸준하게 콘텐츠를 올리자. 크리에이터로서 생활 리듬도 꾸준해지는 게 좋다.
③ 유튜버는 유튜브를 많이 봐야 한다: 콘텐츠 제작자라면 해당 플랫폼에서의 트렌드를 읽어내는 감각이 중요하다.[11]

인터넷 디지털은 상호성이다. 즉, 피드백이 즉각적으로 이루어져야 한다. 그 과정에서 참여와 성취감을 느끼게 해주어야 한다. 스토리텔링은 짜인 대로 하는 것이 아니라 그 상황의 반응에 따라 언제든지 달라질 수 있고, 그것이 크리에이터가 생각하지 못한 재미와 즐거움을 줄 수 있다. 꾸준하게 콘텐츠를 올리는 것도 이러한 상호성이라고 할 수 있다. 그렇게 되지 않는다면 보는 이들을 의식하지 않는다고 충분히 생각할 수 있다. 무엇보다 스토리텔링을 하려면 많이 보고, 거기에서 감각이나 기획 아이디어를 많이 얻어야 한다. 그렇게 해야 다른 콘텐츠와의 차별

---

11) 〔크리에이터 탐구생활〕③ "게임채널의 초통령 '도티'", 〈블로터〉, 2017. 7. 17.

화, 비교우위를 점할 수 있다.

또 다른 인기 크리에이터 양띵이 인기를 끌기 시작한 것도 게임 '마인크래프트'로 방송했기 때문이라고 한다. 본인의 개인생활 이야기인 '리얼라이프'와 장난감 소재의 '또이채널'도 운영하고 있다. 스토리텔링 방식으로 제작하는 것임을 충분히 짐작할 수 있다. 양띵의 콘텐츠 가운데 가장 많은 인기를 끈 것은 게임 마인크래프트를 활용한 '감옥탈출'이었다. 국내에서만 조회 수가 약 400만이었다. '감옥탈출'은 인기 예능 〈런닝맨〉 형식을 차용했는데, 상황극을 다양하게 연출하여 영상을 제작[12]해 인기를 끌었다. 양띵의 경우에도 "예능, 만화, 드라마 등을 보면서 어떻게 하면 시청자가 더 몰입할 수 있을지 고민한다."라고 하면서 스토리텔링을 위해 트렌드를 계속 따라가고 그것을 반영하기 위해 노력하는 것을 알 수 있다.

4) 캐리언니

유튜브에서 인기 있는 콘텐츠는 언박싱(unboxing)이다. 언박싱이란 포장지를 열어서 내용물을 소개하는 것을 말한다. 대개 장난감을 그냥 소개할 수도 있지만, 아이들이 장난감으로 어떻게 놀고 있는지를 반영한 콘텐츠다. 아이들은 장난감을 사면 그 장난감을 가지고 나름대로 상황 설정을 하고 마치 자기가 주인공인 것처럼 논다. 비행기라면 비행기

---

12) "'요즘 대세' 1인 크리에이터 릴레이 인터뷰(1) '초통령' 양띵", 〈한국경제〉, 2016. 9. 14.

를 타고 적을 무찌르거나 모형 칼을 가졌으면 칼을 가지고 적과 대결을 벌인다. 대표적으로 '캐리와 장난감 친구들' 등의 유튜브 채널에서 주로 선보이는 해당 영상 콘텐츠는 새로 출시된 장난감들을 언박싱하고, 상황극을 통해 놀이 방법을 알려준다.[13] '캐리와 장난감 친구들'과 마찬가지로 상황극을 통한 스토리텔링을 방송한다.

아이들의 장난감과 10여 분간 놀이하는 '캐리'라는 진행자 캐릭터가 유튜브의 '뽀미언니'로 부상한 바 있다. 뽀미언니는 1981년부터 2013년까지 방송한 MBC의 어린이 프로그램 〈뽀뽀뽀〉의 진행자다. 이 프로그램은 32년 동안 25명의 '뽀미언니'를 배출한 바 있다. 이제 뽀미언니의 역할을 하는 것은 텔레비전 방송 프로그램이 아니라 유튜브 같은 SNS 채널이다.

캐리는 구체적으로 유튜브 채널 '캐리와 장난감 친구들'에서 장난감을 스토리텔링으로 언박싱하는 여성 크리에이터라고 할 수 있다. 3세부터 초등학교 저학년까지 탄탄한 팬층을 보유해 캐리를 보려는 유튜브 구독자만 140만 명이 넘는다. 중국어채널은 단기간에 조회 수 2,000만을 넘겼다. 캐리소프트는 2017년 4월, 뮤지컬 〈패밀리쇼! 캐리와 장난감 친구들〉을 공연했는데, 전 좌석 매진에 지방공연도 추가되어 현재까지 7만 명의 아이와 부모가 캐리를 직접 만났다. 현장에서 판매한 '꼬캐'(꼬마캐리) 봉제인형도 인기가 높았으며, '캐리숍'도 오픈했다. 뮤지컬은 물론 뮤직콘서트 등 공연 콘텐츠도 만들고 있다.

코로나19 팬데믹 이후 캐리소프트는 어린이 방송국 '캐리TV'와 함께 콘서트와 뮤지컬이 혼합된 신개념 공연 장르인 '쇼뮤지컬 〈캐리와

---

13) "막내리는 장난감 시대, 동영상 콘텐츠 '장난감'을 대신하다", 〈게임포커스〉, 2017. 11. 30.

친구들 2022〉'를 제작했다. 2021년 11월 6, 7일에 경기도 고양시를 시작으로 2022년 6월까지 전국 24개 주요 도시를 순회하는 공연을 진행했다.

제작진은 "'캐리와 장난감 친구들'의 기본설정은 '캐리가 나한테 이야기하는 콘셉트'다."라고 밝힌 바 있다. 또한 "장난감을 손에 든 캐리는 끊임없이 상황극을 진행하고 만드는 과정을 보여준다."고도 했다. '캐리와 장난감 친구들'의 경우에도 대본의 완성도는 그렇게 중요하지 않다. 그 이유에 대해서는 다음과 같이 말하고 있다.

> "'캐리와 장난감 친구들' 영상은 짜인 대본 없이 즉흥적으로 촬영해요. 직접 만드는 장난감의 경우 생각대로 결과물이 나오지 않는 경우가 종종 있지만, 처음부터 다시 찍는 경우는 드물어요. 아이들이 캐리의 이런 모습을 더 친근하게 생각하거든요."[14]

생각대로 나오지 않는 결과물은 스토리텔링의 원래 특징이라고 할 수도 있다. 스토리텔링에는 열린 결말일 수도 있고, 우연과 의외의 결말로 향할 가능성이 언제나 잠재되어 있다. 오히려 이런 과정과 결말을 원하는 것은 보는 이들이 참여자로 성취감을 느끼기 때문이다. 자신들이 말하는 것을 반영하여 방송하게 되면 자신이 뭔가 흐름이나 과정을 바꾸고, 그것 때문에 많은 이들에게 호응을 얻게 되면 사회적 관계성 속에서 이뤄지는 만족감을 얻을 수 있게 된다. 물론 그러한 스토리텔링이 온전하게 아이들에게만 적용되는 것은 아니다. 키즈 콘텐츠계에서

---

14) 〔장난감 세상〕 "유튜브의 뽀미언니 '캐리' 아시나요", 〈머니S〉, 2016. 9. 2.

'캐통령'으로 불리는 1대 캐리 강혜진은 "장난감을 리뷰하지만, 그보다는 아이와 가족이 함께할 수 있는 상황극과 만들기에 주력하고 있다."[15]고 말했다. 이러한 점은 정말 크게 성공하려면 부모도 같이 볼 수 있어야 한다. 그러기 위해서는 내용도 건전하고 유익해야 한다고 볼 수 있다. 어쨌든 부모도 재미있고 몰입할 수 있어야 아이들에게 보도록 할 것이다.

2022년 6월, 캐리소프트는 기존 '캐리언니' 콘텐츠를 기반으로 캐리버스, 멘티스코와 함께 '슈퍼콜라 프로젝트'를 추진했다. 우선 기존 콘텐츠 사업은 다양한 매체로 확장해 지식재산권(IP)의 내재가치를 높이겠다는 구상이었다. 캐리버스와 멘티스코는 캐리언니 IP를 기반으로 유저들이 활동할 수 있는 디지털 공간을 구축했다. 캐리언니 IP를 기반으로 PFP(Profile For Picture) 방식의 NFT를 발행하고 메타버스 '캐리버스'와 게임 '슈퍼콜라'의 계획을 밝혔다. 이를 통해 유저들이 디지털 자산 생태계에 참여하면서 창작물에 소유권을 인정받아 수익까지 돌려받는 웹 3.0 시대를 만들겠다는 것이다. 캐리 소프트는 다음과 같이 말했다.

> "지금 캐리의 주요 시청자층은 4~8세다. 그런데 우리가 시작했던 6년 전 5살 아이가 이제는 11살이 됐다. 그래서 캐리와 친구들도 5살에서 11살로 성장시켰다. 앞으로도 계속 성장할 것이고, 이 세계관을 영화 및 메타버스 게임과 연동해 MZ세대까지 팬층을 확대해나갈 것이다."

---

15) "'캐리'에서 '지니'로 변신한 MCN스타 강혜진의 도전", 〈미디어오늘〉, 2017. 6. 17.

어린이들이 성장하면서 그 세계관의 성장으로 스토리텔링도 확장할 수밖에 없고 이에 맞추어 플랫폼도 달라진다는 것이다. 비록 유튜브 콘텐츠일지라도 확실한 팬들이 있을 때 다른 영역으로 확장할 잠재성은 충분하다. 더구나 어린이들을 그 팬으로 확보할 때 미래 가능성은 더 높을 수 있는데 단지 추억으로만 머물지 않는 것이 관건이다.

5) 유라야 놀자

갈수록 1인 크리에이터 콘텐츠는 세분화되고 있다. 3세부터 7세까지의 영·유아 및 미취학 아동들을 대상으로 상황극이나 역할극을 통해 정서와 인성을 갖추는 데 초점을 맞춘 차별화된 방향성을 내세운 것이 '유라야 놀자'다. 앞선 사례들보다 차별화되는 장점들을 전면에 내세운 인상이다.

> "저희 채널은 장난감을 언박싱(포장된 제품을 개봉)해 소개하는 데 그치지 않고 피규어·장난감들이 갈등과 문제를 해결하는 플롯을 담고 있어요. 영상 속에 이야기를 녹여내니 아이와 부모님 모두 좋아해 반복 시청하게 되는 것 같아요."[16]

여기에서 눈에 띄는 단어는 '갈등'과 '플롯'이다. 갈등과 플롯은 스

---

16) [덕터뷰] "'유라야 놀자' 유라, 하고 싶은 걸 잘할 때까지 도전", 〈파이낸셜뉴스〉, 2017. 7. 25.

토리텔링에서 중요한 개념이다. 대체로 내러티브만 있는 경우와는 다르기 때문이다. 내러티브만 있는 경우 단순히 사건의 나열에 불과할 수 있다. 갈등은 스토리의 긴장과 접하는 이들의 주목을 강화하고, 다음 이야기에 대한 몰입을 낳는다. 갈등, 그리고 이 때문에 일어나는 여러 가지 상황이 어떻게 될지 궁금하게 만들기 때문이다. 물론 상황극에서는 그러한 갈등과 문제를 보는 어린이들의 문제라고 인식하게 되고 감정이입을 하게 된다. 제작자는 "'유라야 놀자'는 전래동화 · 이솝우화 등 상황극을 적극적으로 활용하고 있는데, 이를 통해 아이들이 논리 · 판단능력 등을 습득하는 데 주안점을 뒀다."라고 했고, 또한 "여기에 장난감뿐 아니라 동물, 체험, 여행 등 다양한 콘셉트의 영상을 제작해 아이들과 부모님들에게 많은 호응을 받을 수 있었다."라고 했다. 기존에 알고 있는 이야기들을 새로운 스토리 상황에 맞게 적용했음을 알 수 있다. 스토리텔링은 보수적이다. 왜냐하면 당장에 접하고 보는 순간 이해해야 하므로 완전히 새롭거나 낯선 것은 잘 받아들여지지 않는다. 명확하게 말하며, '보수적'이라는 것은 익숙하게 알고 있는 것을 바탕으로 판단하는 것을 말한다. '패러디'가 대표적이라고 할 수 있다. 패러디는 우리가 알고 있는 것을 약간 변형하거나 전복시킨 내용이 중심이다. 앞에서 언박싱 스토리텔링 콘텐츠에 대해 몇 가지 사례를 살폈다. 중요한 것은 결국 상호성이다.

　　단순한 언박싱 리뷰 영상들은 휴대폰 등의 전자기기 등 대상을 막론하고 다양하게 존재하지만, 완구 언박싱 영상이 조금 더 특별한 이유는 영상을 보는 어린이와 진행자 간의 상호작용에 있다. 영상은 진행자 홀로 완구를 언박싱하지만, 진행자는 화면 너머에 있는 어린이들에게 끊임없이 말을 건다. 함께 놀고 있다는 느낌을 주기 위해서다. 그뿐만 아니라 완구를 직접 구매하지 않더라도 소유한 것 같은 대리 만족과 함께 상황극을 통한 자연스러운 놀이 방법의 전달, 구매 전 완구를 미리 살펴보고 구매를 결정할 수 있다는 장점 또한 존재한다.[17]

진행자는 혼자 놀거나 자신만의 정보나 주장을 완벽하게 전달하려는 것이 아니다. 구성이나 짜임새도 완벽하게 작품성을 지향하는 것은 타당하지 않다. 스토리텔링의 본질은 앞에 사람이 있다고 여기고 이야기하는 것이다. 마치 이야기를 듣는 아이가 앞에 있고, 그 아이가 반응을 보이면 그 반응을 반영해야 한다는 의무와 역할이 전제되어야 한다. 어린이가 이해하고 있는지 아니면 어떻게 느끼고 생각하고 있는지 항상 점검하고 그에 맞추어 내러티브와 플롯에 변화를 주어야 한다. 외롭거나 심심한 이들에게 같이 참여할 수 있고 존재감을 줄 수 있는 스토리텔링이라면 더욱 몰입을 낳게 된다. 만약 이러한 점을 반영하지 않는다면 스토리텔링이 아니라 스토리라이팅(storywriting)이 된다. 그런데 여기에서 생각해야 할 또 하나의 원칙이 있다. 바로 1인칭 시점이다.

2017년의 페북 인기 콘텐츠에는 몇 가지 공통점이 나타났는데, 8가지 유형 가운데 1인칭 주인공 시점. 내가 주인공이 된 느낌을 주는 1인칭 콘텐츠는 흔하게 사용되는 방법이다. 특히 이용자들이 주로 스마트폰으로 콘텐츠를 접한다는 점을 고려, 세로영상으로 제작해 현실감을 더한다. 이 중에서도 가장 많이 활용되는 방법은 좋아하는 스타의 얼굴을 화면에 띄워 영상전화가 온 것처럼 상황극을 연출하는

---

17) "막내리는 장난감 시대, 동영상 콘텐츠 '장난감'을 대신하다", 〈게임포커스〉, 2017. 11. 30.

것. 영상을 플레이하는 순간 스타와 대화하는 듯한 친밀함을 느낄 수 있어 팬들로부터 열띤 호응을 불러일으키곤 한다.[18]

1인칭 시점, 즉 자신이 겪거나 경험한 이야기를 들려주는 것이 가장 직접적인 심리적 효과를 낳는다. 자신이 직접 체험하거나 참여한 내용이 진실성을 갖기 때문이다. 다른 사람이 했거나 혹은 완전히 창작한 것은 사실성은 물론 진실성이 좀 떨어질 수밖에 없다. 이런 1인 콘텐츠의 경우 본인이 직접 스토리를 만들거나 그것을 시연해 보이므로 기본적으로 1인칭 시점의 스토리텔링이다. 그것을 바라보는 이들은 멀리 떨어져 있는데, 그 사이의 간격을 메워줄 수 있는 것은 진행자가 좋아할 만한 친근한 캐릭터여야 한다. 그것이 우선 중요하게 전제되어야 스토리텔링에 대한 공감과 참여, 기대가 높아질 수 있다.

6) 박막례 할머니(KOREA GRANDMA)

박막례 채널은 두 가지 스토리텔링이 존재한다. 하나는 개인적인 스토리텔링이다. 2017년 박막례 할머니가 치매 위험 진단을 받았고, 손녀 김유라 씨는 할머니와 더 많은 시간을 보내기로 결심, 직장을 그만둔 것은 하나의 스토리텔링이었다. 할머니는 손녀의 제안으로 호주로 여행을 떠났고, 손녀는 영상을 찍어 브이로그처럼 그들의 여행 기록을 할머

---

18) "이용자 움직이는 페이스북 콘텐츠 유형 8", 〈더피알〉, 2017. 12. 28.

니가 쉽게 볼 수 있게 유튜브에 올렸다. 그런데 뜻하지 않게 반응은 폭발적이었다. 박막례 할머니 특유의 유쾌함과 유머감각이 사람들에게 뜨거운 반응을 얻었다. 박막례 할머니가 이야기 속의 주인공 캐릭터가 되었다. 그렇게 해서 '박막례 할머니' 채널이 탄생하게 되었다. 영상 콘텐츠에는 손녀도 하나의 캐릭터로 실제 이야기를 들려주고 있었다. 그런 맥락에서 유튜브는 "할머니와 손녀 간의 소통 방식이 전 세계 많은 이에게 사랑받는 하나의 대한민국 브랜드로 성장했다"고 평가했다.

중요한 스토리는 노인의 도전기였다. 박막례 할머니는 "노인이기에 새로운 일들에 도전하기에 한계가 있다고 생각했다"고 말했다. 이런 도전과 젊은 세대와 같이 하는 소통의 스토리는 여러 브랜드와의 협업, 자서전 출판, 그리고 레시피북도 발행하는 크리에이터로 성장하게 했다. 130만 명의 구독자와 누적 조회 수 3억 회 이상을 기록했다. 박막례 할머니의 새로운 목표는 '넓은 세상을 최대한 다 보고 즐기는 것'이라는 점에 많은 구독자가 공감하고 스토리텔링을 어떻게 할지 궁금해했다. 캐릭터가 누구이고 그 캐릭터가 어떻게 끊임없이 일상에서 삶의 스토리를 만들어가는지는 나이를 불문한다는 점을 잘 보여준 사례이다.

3.
적용하기

Q. 유튜브 등을 포함해 스토리텔링을 활용한 인터넷 동영상 콘텐츠 사례
를 찾아보자.

_____

_____

_____

_____

_____

Q. 앞으로 어떤 아이템을 가지고 1인 크리에이터가 스토리텔링을 할 수
있을지 기획해보자.

_____

_____

_____

_____

_____

Q. 기존 스토리텔링의 인터넷 방송 가운데 아쉬운 사례를 보완해보자.

_____

_____

_____

_____

Cultural contents DNA
Storytelling

6강

게임
스토리텔링

).
이해하기

　'문화콘텐츠'라는 용어는 디지털 때문에 생긴 것이라 해도 지나침이 없다. 콘텐츠는 디지털 콘텐츠에서 파생한 것이기 때문이다. 본래 '콘텐츠'라는 말은 디지털 문화가 생기기 전에는 잘 사용하지 않았다. 다만, 문화콘텐츠는 좀 더 문화적인 관점을 디지털 콘텐츠에 부여하기 위해 확장된 개념으로 사용되었다. 이런 용어가 확산된 배경에는 한국 정부의 정책적 지원이 기여를 한 것도 사실이다. 디지털 콘텐츠에서 가장 중요한 비중을 차지하는 것이 게임이다. 실제로 디지털 콘텐츠 가운데 여전히 가장 많은 매출액과 수출액을 기록하고 있다. 1985년에 출시되어 전 세계적인 히트 상품이 된 〈슈퍼마리오(Super Mario)〉처럼 텔레비전에 연결하는 패밀리 게임 시대에도 스토리텔링은 간단하게나마 적용했다. 지금은 모든 게임이 디지털화되었고 스토리텔링도 진화되었다. 디지털 게임이 이렇게 큰 성과를 내는 것은 디지털 시대의 상호작용성을 가장 잘 반영하고 있기 때문이다. 그렇기 때문에 강한 중독성을 줄 수 있다. 특히 중요한 것은 온라인게임이다.

"온라인게임은 기존 PC게임과 달리 사용자가 많아질수록 당초 개발자들이 의도한 것보다 훨씬 다채로운 스토리와 자발적인 커뮤니티가 형성돼 상승효과를 일으킨다."[1]

이러한 디지털 게임에도 스토리텔링이 중요하게 작용하므로 많은 논문과 저술에서 스토리텔링을 강조하는 주장을 자주 접할 수 있다. 게임 스토리를 전달하는 방식은 크게 3가지가 있다. 첫째는 영상을 통해 전달하는 방식이다. 이는 게임 안에 들어가는 인(in) 영상이나 게임 밖에 존재하는 영상을 전달한다. 중간에 삽입된 영상을 통해 스토리텔링을 할 수도 있고, 게임 시작 전이나 끝난 다음에 따로 영상을 통해 스토리텔링을 할 수도 있다.

다음은 퀘스트(Quest)를 통해 전달하는 방식이다. 퀘스트는 롤플레잉 게임에서 주인공부터 지시받는 일종의 임무다. 퀘스트의 내용은 주로 특정 몬스터를 이기거나 특정 아이템을 얻는 것이다. 이런 임무와 과제를 성공시키면 보상을 받는다. 여기에는 점수나 단계의 통과가 해당하며, 이를 통해 이야기가 전개된다.

또 하나는 논플레이어 캐릭터(non-player character, NPC)를 통해 말하는 것이다. NPC라고 하며 이런 캐릭터들은 게이머가 직접 조종할 수는 없지만, 게이머가 수행하는 데 여러 가지 도움을 주거나 가이드 역할도 한다. 동료일 수도 있고 상인이나 지나가는 사람, 마을 주민일 수도 있는 다양한 위치와 상황 속 캐릭터다.

게임에서 스토리는 중요하지 않다는 주장도 있지만, 여하간 단순

---

1) "스타크 · 리니지 · 바람의 나라, 3040의 장수 게임 비결은…", 〈한국경제〉, 2018. 4. 20, A2면 TOP.

스토리와 달리 스토리텔링이 중요하며, 단순히 좋은 이야기를 쓰기보다는 이야기를 어떻게 공감시킬지 언제나 고민[2]이다. 배경과 콘텐츠가 유기적으로 연결되어 자연스럽게 스토리텔링 되는 것이 중요하다. 갑자기 난데없는 미션이나 설정이 등장하면 게이머들은 몰입하지 못하고 참여감이 떨어질 수 있다.

MMORPG(다중접속역할수행게임)의 내러티브 구조는 크게 두 가지로 나뉜다. 하나는 WoW처럼 개발자가 미리 구성된 플롯을 유저에게 제시하는 플롯 중심형이고, 다른 하나는 리니지처럼 유저 캐릭터들이 모여서 직접 이야기를 만들어가는 캐릭터 중심형이다.

---

2) "스토리텔링의 기본은 초반 10분과 반전", NDC 2013 강연: 게임 내 스토리텔링의 중요성, 〈디스이즈게임〉, 2013. 4. 25.

2.
사례 분석하기

1) 구축된 스토리텔링

(1) '월드 오브 워크래프트'

전 세계에서 가장 많이 즐기는 온라인게임이다. 개발자들이 제공하는 '이미 완성된' 시나리오 유형이다. 이런 유형 중에서는 현존 최고 수준이라는 평가를 듣기도 했다. 이 게임은 스토리텔링이 완성되어 제공되는 유형이다. 월드 오브 워크래프트(World of Warcraft)가 출시되기 전만 해도 게임 가운데 MMORPG에는 스토리텔링이 필요 없다고 보았다. 왜냐하면 MMORPG는 많은 유저가 한데 모여서 즐기는 게임이기 때문이다. 따라서 유저들이 직접 내러티브를 만들어나가는 것이 중요하다고 생각했다. 개발자들이 모든 시나리오를 미리 다 구축해 제공하는 것은 진정한 MMORPG가 아니라고 여겼다. 그러나 월드 오브 워크래프트가 성공하면서 이러한 인식은 완전히 바뀌게 되었다. 그 뒤로 게임

제작자들이 스토리텔링에 많은 집중을 하게 되었다. 국내 사례들은 쉽게 성공하지 못하는 사례들을 낳았는데, 그 이유는 의외로 간단했다.

우선 캐릭터다. 워크래프트 역사상 주요 영웅 캐릭터들을 가상의 세계에서 만날 수 있으며, 그들을 통해 게임을 할 수 있다. 스랄이나 일리단, 아서스 같은 가상 캐릭터들의 생명력과 카리스마에 열광하는 이유다. 퀘스트 몇 개나 세계관 소개 정도로 이런 열광에 따른 몰입을 이끌어내기는 어렵다는 것이다. 단순히 퀘스트를 많이 넣어 내러티브를 구성한다고 해서 게임에 몰입하지는 않을 것이다. 우선 매력적인 캐릭터를 만드는 것이 필요하다. 단순히 월드 오브 워크래프트의 서사구조만 그대로 따라 한다고 해서 해결되는 문제가 아니다. 앞서 스토리텔링의 요건 가운데 캐릭터가 중요하다고 말한 것을 이런 게임을 통해 정확하게 알 수 있는데, 많은 개발자들이 이를 잘 인식하지 못한다. 심지어 스토리텔링 전문가들도 간과한다. 요컨대, 많은 이용자를 끌어들일 수 있는 캐릭터들을 우선 구성하는 데 집중해야 한다. 그다음으로 다양한 시나리오별로 스토리텔링을 구성하는 것이다.

이 게임은 '얼라이언스'와 '호드'라는 두 진영 사이의 대립이 게임 스토리의 배경이다. 두 진영 모두 서로 다른 종족으로 세분되어 있다. 플레이어는 13개의 종족, 11가지 직업 중 하나를 선택하여 게임을 진행한다. 전투지역에서 상대 진영을 공격(PvP)하는 행위를 허용하는지 여부에 따라 전쟁 서버와 일반 서버로 나뉜다. 가상 세계인 아제로스(Azeroth)에서 살아갈 캐릭터는 종족별·직업별로 하나씩 선택·조합하여 생성한다. 사용자가 고를 수 있는 11가지 직업은 드루이드, 전사, 마법사, 흑마법사, 성기사, 사냥꾼, 사제, 주술사, 도적, 죽음의 기사, 수도사 등이다. 사용자는 캐릭터를 한 서버에 최대 11개까지 만들 수 있다. 또한 서버에 상관없이 한 계정에 모두 50개의 캐릭터를 생성할 수 있다. 얼라이언스와 호드 두 진영에 따라 선택할 수 있는 종족이 다르고, 종족별로 직업 선택에도 제한이 있다.

다음으로는 성취감과 소망이다. 월드 오브 워크래프트의 플레이어는 아제로스의 위대한 영웅들이다. 지금 이 순간에도 아제로스를 지키기 위해 끊임없이 분투하는 존재다. 평소에는 얼라이언스와 호드라는 양 진영으로 나뉘어 싸울 때도 있지만, 공통의 적이 나타날 때는 함께 아제로스를 지킨다. 이는 뭔가 자신이 스스로 의미 있는 존재이며 가치 있는 행동을 한다는 자부심과 성취감을 준다. 사람은 누구나 이런 욕망을 갖고 있는데, 특히 이런 성향의 남성일수록 더욱 강하다.

(2) '갓 오브 워'

이 게임은 역발상의 스토리를 창작했다. 초기 버전들에서 주인공인 스파르타 전사 크레토스는 혈혈단신으로 그리스 신화 속 신들을 처단한다. 보통 그리스 신화 속 신들은 주인공으로 나오는 것과 달리 싸워이겨야 할 적이다. '갓 오브 워 3'에서는 주인공 크레토스가 그리스의 만신전을 파괴하고, 결국 자기 자신마저 희생시킨다. 이른바 RPG(역할수행게임)의 대표적인 모습을 보인다. 2005년 PS2 시절부터 시작해 2010년 PS3로 등장한 '갓 오브 워 3'로 마무리된 줄 알았는데, 2018년 소니는 '플레이스테이션 4' 전용 타이틀인 '갓 오브 워'를 출시했다. 2005년부터 시작된 '갓 오브 워' 시리즈의 최신작이자 'PS4' 플랫폼의 신작이었다. 리뷰 모음 사이트인 메타크리틱에 따르면 '갓 오브 워'를 평가한

97개 매체 중 34개 매체가 만점을 주었으며, 그 외에도 대부분 90점 이상을 매겼다. 현재 평균 점수는 100점 만점에 95점을 기록했다.[3]

스토리를 좀 더 보면, 제우스를 비롯해 올림푸스의 모든 신을 처리해버리면서 화려한 복수극이 마무리된 줄 알았는데, 무엇보다 크레토스는 죽은 것이 아니라 중년의 모습으로 멀쩡히 살아있었으며, 아들 '아트레우스'도 있었다. 사람들의 열망은 주인공이 다시 부활하는 것임을 반영한 것이다. 이전 시리즈가 고대 그리스 신화를 배경으로 한 것과 달리 북유럽 신화가 배경이었다. 따라서 북유럽 신들과 벌이는 전투를 기대하게 한다. 게임은 기본적으로 메인 스토리인 '여정'을 중심으로 진행된다. 게임은 아내의 장례식으로 시작된다. 크레토스는 이미 세상을 떠난 아내 '페이'의 유해를 세상에서 가장 높은 산에 뿌리기 위해 길을 떠난다. 아내의 유언을 지키기 위해 아들과 함께 머나먼 길을 떠나게 된다. 그 여정에서 발두르나 토르 등 북유럽 신화 속 신들과 싸우게 된다. 그 안에서 도움을 주는 다양한 퀘스트가 스토리텔링을 돕는다. 궁금증을 불러일으키기 위해서인지 등장인물을 알려주지 않는다.[4] 여기에는 캐릭터에 대한 재해석도 있다.

북유럽 신화에 대한 재해석도 돋보인다. 게임에 등장하는 북유럽 신화 속 인물들은 기존 이미지와 상당히 다른 모습을 하고 있어 이름이 공개되는 순간까지도 해당 캐릭터의 정체를 알 수 없을 정도다. 그러나 이러한 재해석을 그냥 제멋대로 한 것이 아니라 게임을 진행해

---

3)   "SIE 신작 '갓오브워', 만점 행렬 줄이어", 〈ZDNet Korea〉, 2018. 4. 23.

4)   〔리뷰 — 갓 오브 워〕 "'파괴자' 크레토스, 신화의 창조자로… 상반기 PS4 빅히트…", 〈스타뉴스〉, 2018. 5. 8.

보면 원작 이야기와 북유럽 신화 이야기가 제대로 맞물리도록 탄탄하게 짜여 있다는 것을 느낄 수 있다.[5]

그리스 신화의 캐릭터가 등장하는 것도 이용자에게 친숙함을 주는 것이어서 이로운 점이 있는데, 그것이 반드시 그대로 구현되는 것이 아니라 색다른 해석이 있어야 이로운 점으로 작용한다. 여기에서 내재적인 갈등을 하나 설정했다. 주인공이 나이가 들었다는 점이 강조되고, 더구나 혼자 싸우는 것이 아니라 아들과 함께 싸워야 한다. 그렇기 때문에 이런 약점을 극복하고 다른 스타일로 전투를 벌여야 한다. 더구나 북유럽은 그가 잘 모르는 곳임이 강조된다.[6] 내재적인 갈등도 있다. 그는 아들에게 아버지의 역할을 해야 한다. 아들의 육체적·정신적 성장을 도와야 하지만, 그는 전투에 더 익숙하다. 또한 언젠가 인간과 신 사이의 본성에 고통 받는 아들에게 진실을 말해주어야 한다. 진실은 그것만이 아니다. 자신이 과거에 얼마나 많은 이들을 해쳤는지 아들에게 말해주어야 한다. 그러면서 아내의 마지막 유언도 성취해야 한다.[7] 이러한 점은 단순히 정의를 실현하거나 복수를 완성해야 하는 이분법적인 스토리텔링과는 다른 점이다. 사실 게임을 즐기는 이들 중에는 이렇게 아버지가 된 연령대도 많다.

사람들을 몰입시키는 데 중요한 것은 장애나 걸리는 것 없이 심리적으로 빠져드는 것이다. 이것이 플로 심리이기도 하다. '갓 오브 워'는

---

5) "그리스에 이어 북유럽도 접수하다! '갓 오브 워'", 〈PC사랑〉, 2018. 6. 27.

6) [리뷰] "대화가 서툰 아버지와 아들의 GOTY 등산 일기. 갓 오브 워", 〈게임동아〉, 2018. 5. 15.

7) [리뷰] "아버지가 된 크레토스. 그리고 완벽한 변화의 후속작, '갓 오브 워'", 〈인벤〉, 2018. 4. 23.

플레이어가 더욱 깊이 몰입하도록 게임 속 모든 장면이 화면 전환 없이 하나로 구성되었다. 즉, 크레토스가 도끼로 나무를 패는 시작 화면부터 괴물과의 전투, 보물상자를 열기 위한 탐험, 그리고 각종 컷 신들이 끊이지 않고[8] 스토리텔링 되면서 이어진다. 이렇게 게임이 끊어지지 않아서 자연스럽게 몰입하게 된다. 물론 전문게이머들을 위한 것이므로 강력한 보스 몬스터 '발키리'를 타격해야 하는 미션 등도 있다.

(3) '디아블로' 시리즈

디아블로는 스페인어로 '악마'라는 뜻이다. 이전의 RPG와 달리 게임을 단순하게 만들어 몰입감을 증대했다. 달리 말하면 스토리텔링에 충실했다. RPG의 흐름 자체를 바꾸어 디아블로 이전과 이후로 말하기도 한다. 던전을 탐험하고, 돈과 아이템을 모으고, 최종 보스를 물리치는 데만 집중하도록 구성했다. 스토리는 이렇다. 공포의 군주 디아블로를 호라드림의 마법사들이 '영혼석(소울스톤)'이라는 마법석에 봉인하게 된다. 대주교 라자루스는 이 마법석의 원석에 홀려 레오릭 왕을 디아블로의 숙주로 삼으려 하지만 실패한다. 대신 알브레히트 왕자를 납치해 디아블로의 숙주로 삼는다. 이 사실을 모른 채 아들의 실종에 격분한 레오릭은 살육에 빠지게 된다. 결국 호위기사 라크다난에 의해 살해당하는데, 왕이 죽고 난 뒤 소문이 퍼진다. 그 내용은 실종된 왕자 수색 및 대성당 지하에 묻힌 온갖 재보에 대한 이야기였다. 많은 모험가

---

8) "갓 오브 워, GOTY로 가는 마지막 '한 조각' 찾았다", 〈게임메카〉, 2018. 4. 26.

가 트리스트럼 마을에 왔지만 오는 족족 죽어 나가는데, 이때 주인공이 나타나 모든 사태를 잠재우게 된다. 주인공은 바로 게임을 하는 참여자가 되겠다.

1996년 12월 31일 이후 디아블로, 디아블로 II(2000), 디아블로 III(2012)는 블리자드에서 만든 액션 롤플레잉 게임이다. 2012년 5월 15일 블리자드 엔터테인먼트가 출시한 액션 RPG로, 디아블로 시리즈의 세 번째다. 가상 왕국인 성역 세계의 칸두라스가 공간적 배경이다. 세 대악마는 패했으나 천상과 지옥, 성역을 가르던 세계석이 오염되어 티리엘의 손에 파괴되었다. 세계석이 파괴되면서 경계가 사라진 지 20년 뒤, 성역 세계의 밤하늘에 돌연 혜성이 출현하여 트리스트럼으로 떨어지고, 성역 세계는 불길한 기운에 휩싸인다.

디아블로의 플레이어는 영웅으로 공포의 군주 디아블로를 물리쳐야 한다. 이러한 과제와 미션을 수행하기 위해 홀로 전투를 벌인다. 플레이어는 트리스트럼 마을에서 16층의 무작위로 형성된 지하 미궁을 지나고, 지옥으로 들어가 디아블로를 상대로 전투를 벌인다.

디아블로 III(Diablo III)는 게임에 들어가면 바로 괴물 – 몬스터의 습격을 받은 마을에 들어가게 된다. 문자와 음성이 모두 나오는데, 글자를 읽거나 사운드를 듣지 않아도 상황을 알 수 있다. 괴물 몬스터가 습격하고 있는 상황이라면 괴물이 퇴치해야 할 대상이다. 마을은 몬스터의 공격에서 보호해야 할 곳이다. 그러므로 게임 참여자는 자신이 무엇을 해야 하는지 알게 된다. 선악의 구분에 따라 나쁜 괴물에게서 마을과 마을 사람을 구하는 영웅이 바로 게임 참여자가 된다. 과제의 정도가 어렵지 않다는 것을 쉽게 인지하여 참여할 수 있게 한다. 복잡한 스토리를 통해 공감을 유도하지 않으며 자연스럽게 몰입이 일어나도록 스토리텔링한 것이다.

(4) '길드워'

2005년, 엔씨소프트가 글로벌 시장을 공략하겠다면서 '참신한 판타지 세계관'을 내세우며 출시한 게임이 MMORPG '길드워'였다. '길드워 2'는 전 세계적으로 700만 장 이상 판매된 '길드워'의 후속작이다. '외계와의 조우'라는 SF에서 볼 수 있을법한 소재를 판타지로 각색했다. '인간이 침략한 외계'가 공간적 배경이자 스토리의 시작이다. 인간은 외계에서 나타나 토착 종족을 탄압하고 땅을 빼앗은 침략자 종족으로 등장한다. 토착 종족은 생태와 문화를 지닌 외계인처럼 묘사되며, 실제 게임에서도 각 종족의 생리적·문화적 차이가 자주 등장한다.

구체적으로는 '티리아'라는 외계가 공간적 배경이다. 모든 세계는 미스트에 있다. 미스트는 각 세계의 사이에 있는데, 자유롭게 넘나들지는 못한다. 어느 순간 티리아가 미스트 사이에 떠올랐다. 온갖 환상적인 존재들이 있는 곳이다. 그런데 어느 날 미스트 너머에서 낯선 종족이 나타난다. 여섯 신의 안내를 받아 미스트를 건너 티리아에 온 이들은 해안가에 정착지를 만들고 엄청난 속도로 영역을 확장하기 시작했다. 그들은 인간이었다. 신들의 권능을 가진 인간은 무차별적으로 확장하나 비밀의 신 '아바돈'은 토착 종족을 돕는다. 인간만이 신의 권능을 독점하는 것은 타당하지 않다고 본 것이다. 그러자 인간은 다시 여섯 신을 찾아가 마법을 거두어 봉인하도록 요구한다. 광물 블러드스톤에 마법을 담아내고, 아바돈을 응징한 뒤 봉인한다. 신들은 떠나는데, 한 세기 후 인간은 서로 갈라져 다툰다. 이에 토착 종족들이 침공하고 인간 왕국이 위기에 처하게 된다. 이것은 모두 아바돈의 음모였음이 밝혀지는데, 봉인에서 해방되려는 것이었다. 그래서 인간이 찾아가 그를 쓰러뜨리는데, 그 과정에서 인간의 세력은 크게 축소되거나 분열된다. 이에 토착 세력은 다시 영역을 찾으려 한다.

'길드워 2'는 인간이 '티리아' 토착 종족들과 관계를 맺고 연합해나가는 이야기를 담았다.[9] 무엇보다 아바돈의 죽음 이후에 엘더 드래곤이 깨어난다. 그는 티리아에 옛날부터 마법의 힘을 빼앗았던 존재다. 죽음의 힘을 가진 '엘더 드래곤'인 '자이탄'이 대규모 언데드를 앞세워 다시 침공해와 각 종족과 길드들은 서로에 대한 불신과 증오에도 힘을 합치게 된다.

MMORPG(다중접속역할수행게임)의 세계관을 전달하는 것이 중요하므로 플레이어는 게임에 들어가면 튜토리얼 전투를 통해 세계가 위험에 빠져 있고, 이러한 세계를 도와야 한다는 상황을 인식한다. 각 마을의 진입부에 해당 마을의 문제 요소, 즉 몬스터를 배치하고 마을이 위험에 빠진 곳이라는 상황이라고 연출하여 퀘스트를 읽지 않아도 어떤 스토리인지 알 수 있게 한다. 당연히 참여자가 해야 할 일도 알 수 있게 한다.

---

9) 〔세계기행〕 "아바타처럼, 인간이 침략한 외계 이야기 '길드워'", 〈게임메카〉, 2017. 8. 18.

(5) 대항해 시대 오리진

대항해시대 오리진은 1522년 중세 유럽이 메인 무대다. 당시 대부분의 유럽 국가들은 생존만이 아니라 제패를 위해 해양에서 치열한 경쟁을 벌였다. 끝없는 전쟁의 연속이었고 각 국가들은 해양 지배에서 우위를 점하려고 새로운 대륙을 찾아내고 동맹항을 만들며 세력을 키워나갔다. 이 점에 착안해 국가의 대립구도를 포착하고 있다.

특히 포르투갈은 서유럽의 끝자락이자 이베리아 반도의 외곽에 자리 잡았으므로 지리적으로 지중해에 영향력을 발휘하기 힘들어 일찍 대서양으로 향했다. 이웃국가 경쟁 관계였던 에스파냐도 '아르마다'라고 불리던 무적함대를 중심으로 지중해와 대서양에서 공격적으로 세력을 확장했다.

잉글랜드는 에스파냐와 포르투갈이 선점한 바다의 패권을 뒤늦게 차지하려고 왕실의 자금을 투자해 뛰어들었다. 육지를 평정한 오스만 제국도 유럽의 견제를 막으려고 해상권을 장악하려 했다. 대항해시대 오리진이 담은 대립구도를 보며 소설가 김영하는 "역사는 위대한 인물들과 끝없는 이야기로 만들어진다. 신항로 개척과 신대륙 발견이 역사상 가장 찬란하고 치열했던 대항해시대가 대표적이다. 대항해시대 오리진은 그 안에 얽혀있는 흥미로운 이야기들을 플레이어가 직접 주인공이 되어 펼쳐나갈 수 있는 게임이다"라고 했다.

구체적으로 게임을 하는 것을 보면 게임에 참여하는 플레이어는 게임 내에서 다양한 캐릭터를 택할 수 있다. 캐릭터는 조안 페레로, 카탈리나 에란초, 알 베자스, 옷토 스피노라, 에르네스트 로페스 등이 있다. 캐릭터에 대해 설명을 해보면 우선, 조안 페레로는 레온 페레로의 아들이자 드넓은 바다에서의 모험을 꿈꾸는 모험가 성향이 있다. 드넓은 대항해시대로 끝나지 않은 모험을 떠나고 싶은 플레이어에게 맞는 캐릭터다. 포르투갈의 귀공자인데 누구에게나 류트 연주를 들려주는 다정한 청년이다. 내심 모험이 가득한 삶을 꿈꾸는 낭만도 가지고 있다. 어느 날 아버지의 명을 받아 페페로 가문의 뜻을 이어 프레스터 존 왕국을 찾기 위해 롯코 알렘켈과 함께 바다를 나간다.

카탈리나 에란초는 전투에 특화된 해적 캐릭터다. 당돌하고 능력이 뛰어나다. 어린 나이에 에스파냐 해군 장교로 임관했다. 그녀는 오빠와 약혼자의 실종 사건 이후 복수를 결심하고 모든 명예를 버린 채 빨간 머리 해적단의 두목으로 활동한다.

알 베자스는 무역으로 일확천금을 생각하는 플레이어에게 맞다. 오스만의 상인인 그는 고아로 어릴 적부터 빈곤하고 힘든 삶을 살아왔는데 자립심과 결단력 그리고 영리함을 모두 갖춘 덕인지 자수성가했다.

옷토 스피노라는 카탈리나 에란초와 같이 전투에 특화된 캐릭터다. 잉글랜드의 기사로 진중하고 충성스러운 인물이다. 기사의 귀감으로 세간의 존경을 받고 있다. 국왕의 명령에 따라 사략 해적이 되라는 밀명을 받았다. 에스파냐의 무적 함대를 견제할 강력한 함대를 조직한 후 바다를 떠났다.

마지막으로 에르네스트 로페스는 지도를 완성하기 위해 바다를 떠난 캐릭다. 네덜란드의 지리학 강사인데 권태감을 느꼈고 벗어나기 위해 세계지도 완성을 꿈꾼다. 이후 절친한 친구인 헤르하르뒤스 메르카토르와 계약을 맺고 완벽학 세계지도를 완성하려고 넓은 바다로 떠난다.

각 캐릭터들은 모험 전문지식(박물학, 심미학, 척후법, 보급법 등), 교역 전문지식(구매 전략, 판매 전략, 협상 전략) 등 다양한 능력치와 함께 효과(패시브), 기술(액티브)을 보유하고 있다. 그만큼 취향에 맞는 캐릭터를 선택하게 했다.

2) 만들어가는 스토리텔링

(1) '리니지' 시리즈

2018년 4월 20일 한국콘텐츠진흥원의 발표 자료에 따르면, 국내 온라인게임의 평균 수명은 37.6개월에 불과하다. 5년만 버텨도 "천수를 누렸다."라는 소리를 듣는다.[10] 1998년 9월 출시된 리니지는 엔씨소프트의 든든한 캐시카우(현금 창출원)로 간주된다. 단일 게임 최초로 누적 매출이 2007년 1조 원, 2013년 2조 원, 2016년 3조 원을 돌파했다. 리니지를 통해 벌어들인 매출은 2010년 2,030억 원에서 2016년 3,880억 원으로 증가했다. 2018년 1,497억 원으로 여전히 엔씨소프트가 PC게임 매출 1위를 기록했다. 2019년 3월, 리니지 리마스터를 공개했으며 2019년 5월, 21년 만에 무료화 전환을 선언했다.

리니지는 게임 판타지 소설의 원형이 된 게임이다. 유저들이 스스

---

10) "스타크 · 리니지 · 바람의 나라, 3040의 장수 게임 비결은…", 〈한국경제〉, 2018. 4. 20. A2면 TOP.

로 이야기를 써나가게 해 게임판 픽션에 필수적으로 등장하는 길드 요소들이 만들어지게 했다. 거대 길드의 사냥터 독점 → 다른 유저들의 불만 → 저항세력 결성 → 거대길드의 무력으로 인한 실패 → 그러나 결국 해방전쟁 승리라는 고착화된 전개는 바츠 해방전쟁이라는 '대서사시'이자 일종의 '신화'를 기점으로 자리 잡았다.

리니지는 세계관을 공유하는 것이 우선이다. 그러나 그 세계관은 단순히 설정이다. 그 세계관이 게임의 스토리텔링에 정확하게 구현되는 것은 아니다. 왜냐하면 게임을 이용하는 사람들이 스스로 게임 스토리를 만들어가야 하기 때문이다.

본래 이 게임의 원작은 만화였다. 같은 이름의 만화 원작은 부당하게 왕위를 찬탈당한 데포로쥬 왕자가 왕위를 되찾는 스토리다. '어머니를 유혹해 왕이 된' 반왕 켄 라우헬이 악의 캐릭터로 등장한다. 데포로쥬 왕자는 그에게 도전하여 왕위를 되찾으려고 한다. 그러나 혼자 도전하지 않는다. 데포로쥬 왕자는 자신을 따르는 이들을 모아 피의 맹약으로 서약을 받고, 결국 이들의 도움과 협력으로 켄 라우헬을 격퇴하고 왕위를 되찾는 스토리다. 중세 기사문학(騎士文學)에 등장하는 왕과 기사, 충성과 반역, 피의 맹약이 등장하는 '리니지'에는 전통적인 로망스 모티프가 내재되어 있고, 그것이 이국적인 캐릭터와 스토리 콘셉트를 갖춘다. 게임은 이 가운데 피의 혈명 콘셉트를 적용했다. 혈명 충성 서약은 유저 간의 경쟁과 다툼이라는 설정으로 이어졌다. 리지니 세계는 몇 개의 영지로 나뉘어 있고, 그 영지는 성을 통해 관리·통제된다. 이용자는 그 성을 차지하면서 영지를 소유하고자 한다. 이를 위해 각 유저가 서로 뭉쳐야 하고, 협업을 통해 성을 차지한다. 성의 소유권을 얻는다는 것이 호응을 얻었다. 성을 얻은 혈맹단은 논플레이어 캐릭터(non-player character,

NPC)를 통해 판매되는 아이템에 세금을 붙여 이익을 얻을 수 있고, 이를 통해 부를 축적하게 되면 캐릭터를 더 강하게 성장시킬 수 있다. 보상으로 더 큰 사냥터에 출입할 수 있는 등 특전이 주어지기도 한다. 이렇듯 성취와 보상이 기다리는 스토리텔링을 만들었다. 이용자는 자신이 마치 만화 속의 캐릭터인 기사가 된 느낌을 갖게 되고, 이른바 기사문학적인 파토스(Pathos)를 체험하게 된다.[11] 무엇보다 한 사람이 아니라 여러 사람이 협력하므로 성공했을 경우에는 더 큰 즐거움이 생긴다. 특히 리지니의 핵심 콘텐츠 가운데 하나인 '공성전(攻城戰)'이 대표적이다. 어쨌든 제작사 엔씨소프트는 활동무대와 게임 시스템만 제공하고, 그 안의 스토리를 만들어나가는 것은 이용자가 할 역할로 남겨두었다.

좋은 예가 '리니지 2'의 이른바 '바츠해방전쟁'이다. 2004년 'Dragon Knights'라는 혈맹이 바츠 서버의 모든 성을 소유하고 다른 이들에게서 무자비하게 착취하는 일이 벌어졌다. 이것은 게임 내의 이야기가 아니라 이용자 사이에서 일어난 일이다. 이런 독점과 착취 행위가 일어나자 이용자들이 모여 4년간 조직적으로 항거했고, 마침내 최고급 장비를 갖춘 고레벨 캐릭터들로 구성된 'Dragons Knights' 혈맹을 몰아냈다. 이를 가리켜 '바츠해방전쟁'이라고 하는데, 여기에는 연간 약 20만 명의 인원이 참가한 것으로 추산되었다. '인터넷 민주화운동'으로 불리기도 했다. 이후 경기도미술관에서 '바츠혁명전'이라는 예술제를 개최했을 정도로 유명했다. 하지만 '리니지 2'가 제공해준 것은 혈맹 시스템과 공성전뿐이다. 이는 게임을 통해 이용자들이 만들어낸 스토리다. 이외에도 리니지를 둘러싼 많은 이야기가 탄생했는데, 모두 이용자

---

11) 〔세계기행〕"빈약한 틀, 유저 드라마가 채운 세계관 '리니지'", 〈게임메카〉, 2017. 4. 20.

스스로 만들어낸 것이고, 그것이 다시 많은 이들을 유지하거나 유입하는 스토리텔링 역할을 하게 되었다.

(2) '로한'

로한(ROHAN)은 한국형 다중접속역할온라인게임(MMORPG)을 내세우며 2005년부터 국내 서비스를 시작했다. 2005년 당시 썬, 제라, 그라나도 에스파다 등 대작을 밀어내고 10만 동시접속을 달성해 '시스템홀릭'이라는 신조어를 만들 만큼 성인 이용자들의 지지를 받으면서 10년 이상 국내·외 온라인게임 시장에서 입지를 다졌다.[12] 이 게임은 8종족 간 대립, 타운공방전, 공성전 등을 강조했다. 게이머들이 직접 성과 건축물을 세우는 '타운 건설 시스템'과 이를 바탕으로 벌어지는 전투인 '축성전', 암살 전문종족 '단', 게이머들 간의 독특한 위계구조를 만드는 '결속 시스템' 등이다. '로한'은 전체적으로 'SN(Social Network) 시스템'을 통해 움직인다. 이 시스템은 'SN 전투'와 'SN 전투 명부', '결속 시스템' 같은 요소로 구성된다. 이용자들은 'SN 전투 시스템'을 통해 서로 우호적으로 협력할 수도 있고, 극단적으로 대립할 수도 있다. 어떤 관계를 형성할 것인지는 이용자가 선택한다. 친한 사람들끼리 동맹을 이뤄 게임을 하고 지인 그룹 간 연합을 통해 더 크고 결속력 있는 커뮤니티를 형성할 수 있다는 점이 장점으로 꼽혔다.[13]

로한 오리진이 출시되었을 때 스토리는 최초이자 근원인 주신 온과

---

12) "'로한 오리진' 나라밖으로 고고싱", 〈스포츠월드〉, 2017. 1. 24.
13) 〔대작게임이 쏟아진다〕 ⑪ "써니YNK의 '로한'", 〈아이뉴스〉, 2005. 1. 23.

그의 외로움에서 태어난 모신 에도네의 이야기로 구성되어 있다. 로한 대륙에서 주신 온의 힘이 사라짐을 느끼고 피조물을 없애기 위해 피나는 전쟁을 벌인다. 로한의 모든 지역이 파괴되고, 배후의 신인 나에게 대항하기 위해 인간과 신이 연합하게 되는 상황을 그린다.

계정당 휴먼과 엘프, 하프엘프, 자이언트, 단, 데칸, 다크엘프 등 총 7가지 종족을 선택할 수 있다. 원조 로한의 특징인 개인 간 및 길드 간의 경쟁/협동 및 커뮤니티 시스템 등을 강화했다. 오픈형 월드에서 PVE(유저와 시스템 간 대결)와 PVP(유저끼리 격돌), PK(Player Killing, 유저끼리 대결해 상대 캐릭터를 없애는 것) 기능을 더욱더 극대화했다.[14] "게이머는 길드, 협동 시스템, 인스턴스 던전 등 수많은 콘텐츠를 지닌 MMORPG에서 과감히 PvP와 PK 전투, 이른바 '쟁'에 초점을 맞추어 PK가 만연했던 그때 그 시절 온라인게임의 치열한 전투를 만끽할 수 있다."[15]는 지적도 있었지만, 무엇보다 이용자 스스로 만들어가는 스토리텔링이 강화되었다는 것을 의미했다. 사용자가 원하는 게임 시스템을 만들어내는 데 집중했는데, 로한이 새롭게 선보인 결속(Rank) 시스템은 '상호 이익형 길드'로서 게임을 즐기면서 자신을 기준으로 상하위 커뮤니티를 만드는 것[16]도 이런 연장선상에서 이해할 수 있었다.

한게임의 롤플레잉 온라인게임 'R2(Reign of Revolution)'도 비슷한 포맷이다. 게이머들은 동시 스팟/공성전 참여 시 다양한 방어 및 공격 전술을 적극 활용해 대규모 전투를 수행한다. 기존 지역과 차별화된 길드별 세력 구도를 만들어나가며, 기존 길드 간 세력 구도에 변화를 이끌어낸

---

14) "'로한오리진' 예비유저들 심금 울렸다", 〈스포츠월드〉, 2016. 6. 14.
15) "'로한 오리진', 클래식에서 찾는 새로움을 줄 수 있을까?", 〈동아일보〉, 2016. 6. 8.
16) 〔게임〕 "써니 YNK '로한'의 돌풍 분석", 〈경향신문〉, 2005. 10. 4.

다. 게이머들이 길드 간 전투를 통해 경쟁과 협력의 과정을 경험하고 자발적으로 스토리를 구성해나가는 열린 게임을 지향했다.[17]

디지털 게임 스토리텔링이 다른 스토리텔링과 결정적으로 다른 것은 다른 스토리텔링은 참여자와 관계없이 계속 전개되는 데 비해 게임 스토리텔링은 참여자가 패배하면 이야기가 더 이상 전개되지 않는다는 점이다. 아무리 완벽한 스토리텔링이 이뤄질 토대나 시스템을 갖추었어도 참여자가 못하면 더 이상 스토리텔링은 전개될 수 없다. 참여자가 체험·주도하고 그것을 만들어가야 하는 점은 완성형이건 비완성형이건 분명히 공통적이다. 다만 정도의 차이가 있을 뿐이다. 패배가 너무 잦으면 스토리텔링은 완성될 수 없다. 그렇게 하려면 참여자가 스스로 스토리를 완성해갈 수 있도록 다양한 장치를 마련해야 한다. 그것이 디지털 게임 스토리텔링이 다른 스토리텔링과 차별화되는 철저한 이용자 중심의 특징이라고 할 수 있다.

(3) "엘든 링"

2022년 2월 출시된 프롬소프트웨어의 '엘든링'은 얼마 안 되어 세계 누적 판매량 1,200만을 돌파하는 등 역대 '소울라이크' 게임 가운데 가장 높은 판매량을 기록했다.

소울라이크 장르의 핵심은 다양한 패턴의 공격을 퍼붓는 보스 몬스터와의 대결이다. 수많은 죽음을 경험하면서 자연스럽게 반복 플레이

---

17) "'R2', 게임 내 최대 영지 '바이런' 금일 등장", 〈동아일보〉, 2006. 10. 19.

를 거쳐 파훼법을 찾아야 한다. 극악의 난이도로 진입장벽은 매우 높다. 하지만, 그런 만큼 확실한 마니아층을 형성한다.

엘든링은 기존의 작품처럼 소울라이크 장르의 문법을 충실히 따른다. 초반에 불합리하게 느껴질 정도인데 인내심을 가지고 하다 보면 공격 패턴이 인식된다. 또한 엘든링은 전작과 달리 '오픈월드' 시스템을 도입해 육성 난이도를 낮췄다. 오픈월드 시스템을 도입한 것은 바람직했다. 특히 오픈월드와 프롬 소프트웨어 작품 특유의 비선형적 서사구조가 만나 좋은 시너지가 발생했다.

스토리구조에는 크게 두 가지 진행방식이 있다. 대중에게 익숙하고 영화나 드라마 등에 많이 사용되는 것은 선형적인 서사구조다. 선형적 서사구조 속 스토리는 기승전결이 명확하고 시작과 끝이 나뉘어 있다. '더 라스트 오브 어스', '호라이즌 제로 던' 등 스토리를 중시하는 게임의 대부분은 선형적 구조다.

반면 비선형적 서사구조는 일정 순서가 따로 존재하지 않는다. 선형적 서사구조의 스토리가 '가나다라' 순으로 진행된다면, 비선형적 서사구조에서는 플레이어의 선택에 따라 '가에서 라로, 라에서 하'로 전개되며, 선택에 따라 결말도 달라진다. 엘든링에는 총 여섯 개의 엔딩이 있다.

스토리나 배경을 묘사하는 방식에 있어서 프롬 소프트웨어의 전작들은 아이템의 위치 배치와 플레이버 텍스트(간단한 소개와 배경 설정), 그리고 게임 내 시스템까지 활용해 플레이어에게 간접적으로 스토리를 전한다. 플레이어는 여러 조각의 퍼즐을 맞추듯 증거를 모아 스토리를 갖춘다. 엘든링 역시 마찬가지다.

플레이어는 '빛바랜 자'가 돼 '데미갓'들을 제압해야 하지만 왜 이들을 물리쳐야 하는지, 빛바랜 자들이 왜 선택받았는지에 대해서는 직접적으로 알려주지 않는다. 자세한 이유는 플레이어가 직접 게임을 하면서 하나하나 알아간다. 전작 '소울' 시리즈보다는 직관적으로 정보를 전달하는데, 모든 것을 자신이 해나가야 한다.

메인스토리는 여러 가지 단서를 통해 일정 부분 이상 유추가 가능하지만, 자잘한 사이드 퀘스트는 존재 자체도 모르고 넘어가게 된다. 하지만 그 속에 있는 촘촘한 서사와 인물의 스토리를 보면 대단하다고 생각할 수 있게 한다.

게임은 대다수 내용들을 숨겨놓고 유저들이 추측하도록 만든다. 특정 아이템, 장소, 사람, 혹은 비밀 문서의 장식에서 내용들을 설명하고 이를 이어 붙이는 형태로 스토리텔링이 전개된다.

일례로 바닥에 아이템이 숨겨진 시체가 누워 있다면, 누군가에게는 일종의 보물상자처럼 사용하는 장식처럼 보인다. 누군가에게는 죽어 있는 국왕이 보인다. 또 누군가에게는 일족을 배신한 배신자로 보일 수 있다. 같은 장면을 두고도 여러 해석이 나오게 되는 구조인 셈이다.

각기 다른 관점에서 내용을 보고 합당한 해석을 내리면 괜찮은 결말이 나올 수 있다. 난감할 수도 있다. 게임을 시작할 때 만났던 NPC가 플레이타임을 기준으로 100시간이 지난 뒤에 다른 방에서 발견된다. 하루에 10시간씩 게임을 하는 유저들이라면 10일 뒤에 캐릭터를 다시 만난다. 그것도 약 5초 대화한 것만으로 이 캐릭터의 뒷 이야기를 유추해야 한다. 심지어 캐릭터 간 대화도 역시 은유로 진행된다. 이에 맞는 단서는 유저가 알아서 찾아야 하는데, 다음에 다시 만나려면 또 몇십 시간이 소요된다.

가장 인상적인 NPC는 '마술사 토푸스'다. 토푸스는 주변인들에게 무시당하지만, 엘든링 세계관 속 몇 안 되는 선한 인물이다. 구체적으로 보면 토푸스와 관련된 퀘스트를 완료하면, 그는 매우 기뻐하면서 감사 인사를 전한다. 시간이 지나면 그가 평온한 표정으로 죽음을 맞이한 것을 볼 수 있다. 옆에는 '토푸스의 역장'이라는 마술이 떨어져 있다. 해당 아이템에는 '그가 연구하던 역장은 학원에 새로운 교실을 창설할 만한 희대의 발견'이라는 설명이 붙어있다. 플레이어들이 이를 확인해보려 해도, 딱히 특출난 것이 없어서 죽어서도 무시당하는 비운의 캐릭터다.

하지만 엄청난 반전이 있다. 토푸스의 역장은 엘든링의 최종보스 '엘데의 짐승'의 유도 공격을 막아낼 수 있는 유일한 방어마법이다. 이 사실이 커뮤니티 등에 퍼지면서 많은 이용자는 토푸스에게 경의를 표하게 되었다.

물론 이런 불친절한 방식의 스토리텔링에 거부감을 보이는 게이머들도 적지 않다. 이들은 대체로 "프롬소프트웨어는 UI(사용자 인터페이스), UX(사용자 경험) 디자인도 불친절한 데다가 스토리텔링도 대강 던지듯이 만들어놓는다"면서 "그런데도 팬들은 이를 훌륭하다면서 엄지를 치켜세운다"고 비판한다. 이러한 점은 초심자들을 끌어들이는 데는 방해 요인이나 장애가 될 수 있을 수 있다.

이러한 불친절함에도 이런 스토리텔링의 매력은 디테일에 그 장점이 있다. 세세하고 짜임새 있는 세계관을 구축하고 이것을 이곳저곳에 숨겨놓는다. 찾아 만들어가는 재미를 줄 수 있다. 대부분의 신작게임의 스토리를 보면 설정과 세계관은 다르지만, 플롯의 형태는 닮아있다.

요컨대, '엘든 링'은 볼륨이 크다. 맵을 구석구석 뒤진 뒤에 약 100시간에 달하는 여정 끝에 보스를 죽이고 엔딩에 돌입한다. 엔딩이

나오는 순간, 눈 깜짝할 사이에 설명 몇 줄을 남기고 끝난다. 그런데 장면을 천천히 뜯어보면 온갖 복선들이 녹아있다. 친절한 설명보다 몇몇 심볼과 동작으로 여러 이야기들을 숨겨놓는다. 같은 장면인데 해석이 모두 다르다. 상상력을 발휘해야만 비로소 엔딩이 보인다.

(4) 하이브리드 참여 — 공포 심리 스토리텔링

쿼리(Quarry) 게임에서는 여름 캠프 마지막 날 해킷 채석장에 갇힌 10대 지도교사의 이야기를 그린다. 청년들이 낯선 장소에 갇혀 미지의 존재에게 습격받는다는 고전적인 공포 영화의 코드에 따라 스토리가 전개된다. 선택지에 따라 특정 인물이 위험에 빠질 수 있고 각기 다른 스토리로 전개된다. 또한 최대 일곱 명의 친구와 함께 게임을 즐길 수 있는 온라인 플레이는 물론 한 편의 영화처럼 감상할 수 있는 '영화 모드' 등 기존에 스토리가 강조된 내러티브 게임과는 다른 요소도 있다. 쿼리는 흡입력 있는 컷신과 공포감을 절묘하게 버무려낸 스토리에 선택지를 더해 유저에게 뒤에 일어날 상황을 끊임없이 상상하게 만든다. 압박감을 주는 것으로 긴박함을 극대화한다. 이런 스토리텔링 게임은 피지컬을 요구하지 않고 선택과 집중에 모든 신경을 쏟기에 깊은 몰입이 가능하다. 다만, 아쉬운 것은 한번 모든 이야기를 알게 되고 나면 처음과 같은 경험은 제대로 즐기지 못하게 된다. 알면 이전의 상태로 되돌릴 수 없다.

'헤비 레인'은 제목 그대로 게임 내내 눅눅한 비가 쏟아지는 '심리 스릴러' 중심의 게임이다. 폭우가 몰아치는 미국 필라델피아를 배경으로 한다. 연쇄 살인마 '종이접기 살인마'를 뒤쫓는 네 명의 사람을 조작하며 게임 내에 숨겨진 비밀을 찾아간다. 이들은 각자의 목적을 가지고 있고, 각자의 관점에서 사건을 지켜보며 하나의 스토리에 더욱 다각적으로 접근한다. 헤비 레인의 장점은 여러 캐릭터들을 통해 전개하는 스토리와, 이 스토리를 부각시키는 음울한 배경, 그리고 OST다. 연출 또한 훌륭해 게임 중에 발생하는 이벤트에 실패해도 실패라는 메시지 없이 자연스럽게 '실패한 컷신'을 이어 보여준다. 이렇게 하면 흐름을 끊지 않는다.

'스탠리 패러블: 울트라 디럭스'는 2013년 출시된 '스탠리 패러블'과는 같으면서도 다른 게임이다. 기존 '스탠리 패러블'을 기반으로 더 많은 콘텐츠를 추가했다. 게임은 거대한 빌딩에서 근무하는 평범한 427번 직원 '스탠리'가 자신의 사무실에서 함께 일하는 동료들이 미스터리하게 사라진 것을 알게 되며 시작된다. 스탠리 패러블은 '모를수록 재미있는 게임'이다. 영화나 드라마 등으로는 보여주지 못하는, 게임만이 할 수 있는 스토리텔링으로 호평을 받았다. 다른 스토리 중심 게임에 비해 플레이타임이 짧고 굵은 게임을 원하는 유저에게는 제격인 게임이다.

PS4에서 즐길 수 있는 언틸 던은 '쿼리' 제작사가 2015년에 개발한 스토리텔링 게임이다. 외딴 산속에서의 휴가 계획이 틀어지며 고립된 여덟 명의 친구들이, 이 산에 자신들 외에 누군가가 있다는 것을 느끼며 상황이 점차 심화된다. 플레이어는 게임을 진행하며 모두를 살릴 수 있는 선택도, 죽일 수 있는 선택도 할 수 있다. 다만 이 선택은 더없이 신중하게 진행하는 것이 좋다. 그 이유는 바로 자동으로 진행되는 세이브 시스템 때문이다. 게임을 하는 동안 진행한 선택은 결코 번복할 수 없고, 이 선택을 취소하기 위해서는 오직 각 에피소드를 새롭게 시작하는 방법뿐이다. 이는 게임 내 캐릭터가 아니라 플레이어도 긴장을 갖게 만드는 장치로 작동한다. '돌이킬 수 없는' 선택에 관한 긴장감과 섬뜩한 공포감을 주는 스토리텔링 방식을 취하고 있다.

'디스코 엘리시움'은 '레바숄'이라고 불리는 도시에서 벌어진 살인 사건과 '기억을 잃은 형사'가 중심이 된다. 플레이어는 이 기억을 잃은 형사가 되어 게임을 진행하는 동안 우중충한 도시에서, 많은 사람들을 만나며 다양한 스킬과 선택지를 활용해 진실에 다가가야 하는 스토리에 참여하게 된다. 그 과정에서 플레이어는 형사가 기억을 잃은 이유나 이 도시에 있는 비밀스러운 스토리를 알게 된다. 형사로 자신을 공고히 만들거나, 전혀 다른 방향으로 나아갈 수도 있다. 제작사 '자움'은 영상보다 텍스트적 연출을 위해 약 97만 개의 단어를 사용했다. 폴아웃4가 약 98만 개의 단어를 사용했다. 즉, 엄청난 볼륨을 가지고 있다. 게다가 동일한 사건도 자신이 가진 스킬이나 선택지에 따라 그 묘사가 달라진다. '풍부한 스토리'를 찾는 유저에게 맞다.

이 장의 끝을 잠뜰의 말로 대신하려 한다. '잠뜰'은 가장 인기 있는 게임 유튜버 3대장으로 손꼽힌다. 2014년부터 유튜브 채널 '잠뜰TV'를 운영해온 박슬기는 뛰어난 마인크래프트 실력으로 유명하다. 무엇보다 어린 연령대 시청자들로부터 폭발적인 인기를 얻었다. 2022년 4월 현재 구독자 200만 명과 누적 조회수 23억 회를 넘은 대형 크리에이터다. 누적 조회수 20억 회 이상 기록의 게임 유튜버는 도티와 잠뜰이 유일하다. "좋은 게임을 어떻게 정의하는가?"라고 질문을 던지자 그는 다음과 같이 말했다.

"사람마다 생각과 취향이 다르니 좋은 게임의 정의를 한 가지로 내릴 수 없겠지만 저에게 좋은 게임이란 확장성 있는 게임입니다. 게임의 플레이 방식이 국한되지 않아 플레이어가 그 안에서 자신만의 스토리를 만들어 즐길 수 있고 그것들을 또 다른 플레이어가 즐길 수 있는 게임, 즉 플레이어들 스스로가 창작자가 되어 다양한 콘텐츠를 다른 사람들에게 공유함으로써 새로운 플레이어들이 유입되어 함께하는 그런 확장성 있는 게임의 무궁무진함이 창작자 입장에서 좋은 게임이라고 생각합니다."

정해진 대로만 하는 것이 아니라 스스로 스토리를 만들어갈 수 있게 하는 것, 그것이 유저들이 원하는 것이고 게임의 미래가 만들어가는 이상적 세상일 수밖에 없다. 그것을 통해서 유저들을 만족시킬 수 있는 스토리가 무한하게 만들어지는 열린 스토리텔링 플랫폼이 되는 셈이다.

3.
적용하기

Q. 게임 스토리텔링에 몰입이 잘될 수 있도록 하려면 어떤 기획이 필요할까?

_____

_____

_____

_____

_____

Q. 전투나 액션 게임 외에 다른 스토리텔링 게임 사례를 찾아보자.

_____

_____

_____

_____

_____

Q. 게임 스토리텔링을 다른 문화콘텐츠로 전환할 때 어떻게 해야 하는지 고민해보자. 다른 문화콘텐츠를 게임 스토리텔링으로 전환할 때도 모색해보자.

_____

_____

_____

_____

_____

7강

공간
스토리텔링

1.
이해하기

    공간 스토리텔링은 말 그대로 공간에 스토리텔링을 결합한 것이다. 물론 일반 스토리와 스토리텔링은 구분되어야 하지만, 실제로는 그렇지 않은 경우가 많아서 주의가 필요하다. 공간 스토리텔링은 상품 스토리텔링과 마찬가지로 공간을 판매하는 것이다. 장소 마케팅 차원에서 스토리텔링이 많이 언급되는 이유이기도 하다. 많은 사람이 공간을 방문하게 만들어 관광수익 효과를 거둘 수 있기 때문이다. 공간은 실내 공간일 수도 있고 실외 공간일 수도 있다. 실내 공간은 직접적으로 상품이나 서비스를 판매하는 것일 가능성이 높다. 야외공간은 직접적으로 상품이나 서비스를 판매하지는 않지만, 맛집이나 특산품 매장 그리고 숙박시설을 이용할 수도 있다. 물론 야외공간일 경우 체험거리나 볼거리가 있을 때, 입장료를 받는 경우도 있다. 스토리텔링의 역할은 방문하고자 하는 동기를 부여하는 것이다. 여기에서 중요한 것은 그 공간에 가는 것만으로도 의미와 가치를 찾을 수 있어야 한다는 것이다. 즉, 그곳에 방문하는 것 자체가 다른 체험이나 볼거리에 관계없이 심리적인 만족감을 줄 수 있어야 한다.

도시공간에도 스토리텔링을 결합했다는 마케팅이나 홍보를 많이 볼 수 있다. 매장 내에서 각 영역별로 구성하는 경우도 있다. 나이키 같은 경우가 대표적이다. 그런데 많은 경우 스토리가 없는 경우도 많고, 단지 캐릭터만 존재하거나 내러티브 수준에 머물고 만다. 심지어는 콘셉트를 달리 만들어낸 경우도 스토리텔링이라고 한다. 물론 이런 단계라면 스토리텔링이 추구하는 효과를 얻기에는 한계가 있을 수밖에 없다.

공간 스토리텔링이 지역 명소화를 위해 활용되는 것도 의무처럼 되었다. 지역은 특정 공간을 알려서 관광객을 유입하려고 하기 때문이다. 경제적 목적 때문에 대체로 일찍부터 스토리텔링에 주목해왔다. 특히, 신화와 전설 그리고 실제 있었던 이야기를 중심으로 공간 스토리텔링을 구성하는 경우가 많다. 많은 전문가들이 실제로 스토리텔링 작업을 하는 경우가 있었고, 지자체의 많은 예산이 투입되는 경우도 볼 수 있었다. 그런데 앞에서 논의했던 스토리텔링의 원칙에 부합하는 경우는 그렇게 많지 않다. 대체로 콘셉트만 있거나 내러티브 수준에 머문다. 스토리 자체만 있는 경우가 많으며, 스토리텔링 단계까지는 도달하지 못한다. 더구나 지역을 방문하는 도시인이 그 공간에서 무엇을 원하는지 생각하지 않고 지나치게 교훈적 · 교육적이거나 학술적인 가치를 우선하는 경우도 많다. 물론 교육적인 목적을 위해 이뤄지는 스토리텔링은 교육적 목적에 맞게 이루어져야 한다. 다만, 일반 관광객이나 소비자에게 분별없이 적용되는 것은 고려해야 할 사항이다. 전문가의 권위에 의존하는 시대는 지났다. 지금은 시민이나 국민이 오히려 더 똑똑하고 주도적이므로 그들 각자가 판단할 문제다.

2.
사례 분석하기

1) 석촌호수의 공공미술작품 시리즈

2014년 10월, 석천호수에 거대한 크기의 노란색 고무 오리인형이 등장했다. 가로 16.5m, 세로 19.2m, 높이 16.5m에 무게만 1톤이 넘었다. 오리인형은 덩치만 컸을 뿐 별다른 점은 없어 보였다. 놀랍게도 이 오리인형은 네덜란드 예술가 플로렌타인 호프만의 작품이었는데, 이름은 '러버덕(Rubber Duck)'이었다. 2007년부터 전 세계 16개국에서 20회 이상 순회한 공공미술작품으로, 아시아 투어 마지막 도시인 서울에서의 설치 장소는 석촌호수였다.

오리인형을 호수에 띄운 것은 롯데월드몰 개관 때문이었다. 오리인형을 설치하며 롯데월드몰에 사람들을 유입시키기 위한 행사였다. 한 달간 물에 떠 있던 러버덕은 엄청난 화제를 모았고, 수백만 명의 인파를 끌어 모아 주차난, 쓰레기 문제로 각종 민원을 야기하기에 이르렀다. 러버덕은 단순히 탄성고무로 된 오리인데, 그 이름과 달리 숨겨진 스토리가 있었다.

1992년에 일어난 일명 '러버덕 사건'에서 시작됐다. 러버덕 장난감 수만 개를 실은 화물선이 홍콩을 출발해 미국으로 향하던 중 한국 부근 해상에서 폭풍우를 만나게 된다. 이때 고무 오리인형을 실은 컨테이너 박스가 떨어지는 사고가 발생했다. 열린 컨테이너 문 사이로 러버덕 수만 개가 바다에 표류하게 된다. 이후 러버덕은 해류를 따라 떠돌게 됐다. 미국의 해양학자 커티스 에비스메이어는 '러버덕 사건'을 흥미롭게 관찰했다. 그는 10여 년 동안 러버덕의 여정을 추적해왔다. 러버덕은 호주, 인도네시아, 알래스카, 남미 등지에서 발견되기 시작했다. 이후 러버덕은 해류의 흐름을 읽는 자료로 활용되기도 했다. 그러나 정작 사람들이 중요하게 생각한 것은 다른 데 있었다. 사람들은 러버덕에게 사랑과 평화, 행복의 전령이라는 의미와 가치를 부여했다. 오리를 사람이라고 가정해보자. 일단 조난당한 곳은 육지와 거리가 멀었고, 중간에 더위와 폭풍우도 겪었을 것이다. 바다 위를 표류하던 오리는 험난한 여정을 거쳐 결국 육지에 도착했는데, 그것도 10여 년이 지나서 말이다. 고무 오리는 전혀 자세의 변화 없이 웃는 표정으로 물 위에 떠 있다. 물론 10년이 지나도 그 표정은 변할 리 없다. 그렇기 때문에 고무 오리는 많은 사람에게 행복을 전해줄 수 있는 메시지를 지녔다고 볼 수 있을 것이다.

　　2013년 5월 홍콩 침사추이에 러버덕이 등장하자 우한, 시안 등에서 비슷한 모양의 복제품이 등장하기도 했다. 2013년 10월 중국 베이징에서는 금두꺼비가 등장했다. 사진을 올린 네티즌은 "러버덕에 맞선 중국의 러버프로그(Rubber Frog)"라고 짧게 소개했다. 높이 22m, 세로 길이 34m의 거대한 풍선으로, 높이 16.5m, 세로 길이 19.5m인 러버덕보다 몸집이 컸다. 중국에서 두꺼비는 행운과 재물의 상징이어서 수도 베이징의 한복판이자 중국 황실의 낚시 명소였던 위위앤탄공원 호수에 금두꺼비를 띄운 이유도 이런 정서 때문인 것으로 짐작할 수 있다. 베이징시 관광국은 "방문객에게 행운과 부라는 축복을 주고 시각적 흥미를 선사하기 위해 설치했다."고 밝히기도 했다. 물론 고무 오리 러버덕 같은 극적 스토리보다는 예부터 전해 내려오는 의미가 더 크다.

석촌호수의 러버덕이 크게 인기를 끈 뒤에 같은 작가의 작품을 다시 올렸는데, 반응은 사뭇 달랐다. 7월 2일부터 30일까지 세계의 공공 설치미술 프로젝트 '1600 판다 플러스 코리아 투어'로 석촌호수 동호 일대에서 판다 조형물 1,600마리가 설치되는 행사였다. 2008년 프랑스에서 처음 시작된 '1600 판다의 세계여행'은 세계자연기금과 프랑스 조각가 파울로 그랑종이 멸종위기에 처한 대표적 동물인 판다를 개체 수만큼 재활용 종이로 제작하여 세계 곳곳에 전시하는 프로그램이다. 1,600마리의 판다는 네덜란드, 독일, 스위스, 이탈리아, 홍콩 등 8개국을 거쳐 아홉 번째로 우리나라를 방문했다. 판다 역시 캐릭터들인데, 그 캐릭터들은 다른 이야기를 내포하고 있지는 않다. 단지 멸종위기종이고 귀엽다는 느낌만 줄 뿐이다. 긍정의 스토리보다는 캠페인 차원이라는 인식이 강했다.

그 뒤에 석촌호수를 무대로 2016년 9월 1일부터 10월 3일까지 '슈퍼문 프로젝트'가 열렸다. '슈퍼문'은 미국 출신 사무엘 복슨과 쿠바 출신 아르투로 산도발로 구성된 '프렌즈위드유'가 보름달에서 착안해 만든 공공미술품이다. 석촌호수에 슈퍼문이 띄워지고, 그 주위에는 우주 행성 모양으로 제작된 4m가량의 작품도 설치되었다. 슈퍼문은 일반적인 보름달보다 14% 더 크고 30%가량 더 밝다. 흐린 날씨로 인해 첫 일출을 보지 못한 사람들에게는 꽉 찬 보름달을 보며 소원을 빌 기회를 제공하는 면도 있다고 했다. 추석에는 소원을 빌 수 있는 기회도 되었다.

물론 이 슈퍼문 자체에 다른 스토리가 있는 것은 아니었다. '슈퍼문'이라는 달을 기반으로 한 캐릭터가 중심일 뿐이었다. 역시 감정이입의 대상이기보다는 귀엽거나 소원을 들어주는 대상으로 이격되어 존재했다.

2017년 4월 '스위트 스완'은 롯데월드타워 개관에 맞춰 제작되었다. 높이 14~16m의 엄마·아빠와 3.5m 내외의 아기 백조 등 모두 7마리의 가족으로 구성됐다. 이 작품을 만든 작가는 러버덕의 호프만이었다. 그는 "작품 의뢰를 받았을 때 봄이라는 계절을 생각했고, 작품에 새로운 생명이 시작되고 미래를 생각하게 하는 계절인 봄의 의미를 담아내고 싶었다."라고 대답했다. 호프만은 "많은 사람이 안데르센의 동화《미운 오리 새끼》를 통해 새끼 백조는 예쁘지 않다는 것을 알고 있을 것"이라며, "아기 백조가 아름다운 어른 백조로 성장하는 과정을 통해 나름대로 인간의 삶과 성숙을 표현하고자 했다."고[1] 밝혔다. 안데르센의 동화에서 미운 오리 새끼 개념을 가져왔는데, 정작 제작한 것은 백조 가족이다. 스토리의 일치가 없으며, 물론 패러디도 아니다. 백조 가족에 대한 확실한 스토리텔링이 없고 콘셉트만 있다. 그러므로 컨셉추얼 아트(개념예술)에 해당한다.

2018년 7월 19일부터 8월 19일까지 석촌호수에서는 팝아티스트 '카우스'의 공공미술 프로젝트인 〈카우스: 홀리데이 코리아〉 전시가 열렸다. 카우스는 미국 뉴욕 출신 팝아티스트로 디올 맨, 꼼데가르송, 유니클로 등 유명 브랜드와 협업해왔는데, 해골머리와 미키마우스를 연상시키는 캐릭터 '컴패니언'으로 알려져 있다. 카우스는 세로 28m, 가로 25m, 높이 5m의 컴패니언을 제작하여 석촌호수에 띄웠다. 취지는 일

---

1) "석촌호수에 뜬 백조 가족 '스위트 스완', 작가 '서로 사랑하기를'", 〈경향신문〉, 2017. 4. 6.

상으로부터 탈출해 모든 것을 잊고 세상을 바라보며 휴식을 취하는 현대인의 모습을 표현한 것이라고 했다. 현대인의 삶을 조명하고 진정한 의미의 휴식에 대해 생각하자는 취지다. 이와 관련하여 작품 전시기간 석촌호수 동호 일대에는 파라솔과 포토 타워, 푸드 트럭 등이 자리했다. 송파구는 "이번 프로젝트는 가족과 친구, 연인 모두에게 휴식과 마음의 여유를 선사하는 열린 공간이 될 것"이라고 했다. 카우스 조형물 중 가장 거대하다는 '카우스:홀리데이(KAWS:HOLIDAY)'의 얼굴은 이빨이 그대로 드러난 해골 형태를 띠며, 두 눈은 X자가 그려진 모습이다. 올록볼록한 몸체는 귀엽지만, 무채색에 X자 눈을 한 것이 아름답게 보이지 않는다는 의견도 있다. "익사체를 떠올리는 사람도 있다."는 지적에 대해 작가는 "사람들이 어떠한 의견을 내더라도 환영한다. 다만, 컴패니언도 수영할 수 있었다."라고 밝혔다.[2] 사실 뉴욕 거리예술가로 출발한 그는 미쉐린맨, 스누피, 피노키오, 심슨, 세서미 스트리트 등 캐릭터 눈에 'X'자를 표시하면서 이름을 얻었다. 그는 "거리에서 그래피티(낙서) 예술로 시작했기 때문에 상징적이고 강력한 흔적을 남기는 게 중요하다고 생각해요. 'X'는 나 자신을 상징하며 탄생 마크와 같아요."라고 말했다.[3] 그에게는 강력한 상징이 우선이다.

보통 친근하게 생각하지 않는 해골을 감정이입하기 위해서는 스토리가 있어야 했다. 물론 스토리텔링이 제대로 된 것보다 개념예술에 가깝다. 송파구는 2014년 러버덕을 시작으로 스위트 스완까지 치유와 사랑, 가족, 지구환경 등 다양한 메시지와 함께 누구나 즐겁고 편하게 예술작품을 감상할 수 있는 공공미술 프로젝트를 선보여왔다고 밝혔다.

2) "석촌호수에 28m 미키마우스 띄운 카우스 '함께 휴식을'", 〈연합뉴스〉, 2018. 7. 19.
3) "석촌호수에 거대한 '휴식'을 띄우다", 〈매일경제〉, 2018. 7. 19. A31면 3단.

치유와 사랑, 가족, 지구환경에 맞게 콘셉트가 주어졌을 뿐이다. 언론에 많이 보도된다고 해도 스토리텔링 관점에서 성공했다고 보기에는 한계가 있으며, 장소 이벤트에 가깝다. 특히 러버덕보다는 감동이 덜할 수밖에 없다. 그냥 개념미술작품이었다.

2) 신안의 한국판 '노인과 바다' 스토리

스토리를 발굴하는 것이 스토리텔링의 1차 작업이기는 하지만, 스토리가 신화나 설화에만 한정되지 않는다. 좋은 스토리는 지금 이 순간에도 만들어지고 있다. 희망에 관해서는 현대인이 항상 주목하는 주제다. 두 가지 한국판 '노인과 바다' 이야기로 불린 사례를 살펴보면 다음과 같다.

(1) 완도 어부

첫 번째는 완도의 어부 표류 이야기다. 2011년 11월 5일 오전 6시, 전남 완도군 소안도 어부 신중길(61)은 큰어머니 제사상에 올릴 삼치를 잡기 위해 바다로 나갔다. 싱싱한 삼치를 직접 잡아 올릴 생각이었다. 바다에 출항한 지 10시간이 지났을 즈음 갑자기 날씨가 나빠졌다. 잔잔하던 바다가 사나워져 파도가 높아졌다. 불길하다고 판단하여 재빨리 마을로 돌아오기 위해 뱃머리의 방향을 돌렸다. 그런데 엔진에 문제가 생겼다. 이상한 소리를 내던 엔진은 마침내 멈춰버렸다. 0.9톤밖에 안 되는 배는 큰 파도에 휩쓸리기 시작했다. 평생 바다에서 물고기를 잡으며 생활한 그였지만, 공포를 느낄 수밖에 없었다.

> "외손주 녀석들과 가족들이 아른거리더구먼…. 살아서 돌아가야 한다는 생각에 정신을 놓지 않으려고 애썼지."

바람이 많이 불어 추워서 비닐 천막으로 몸을 감쌌다. 엔진이 고장 난 배는 망망대해를 표류하기 시작했다. 물이 부족했다. 1.8ℓ짜리 한 병과 그 절반 정도의 물병이 있을 뿐이었다. 5일 동안 표류하면서 굶주림과 목마름에 사투를 벌였다. 이렇게 죽는구나 싶어 생의 순간을 포기하려는 순간 어디선가 엔진 소리가 들렸다. 중국 어선이었다. 엔진 고장으로 바다를 표류하던 그는 10일 오후 3시 즈음 제주도 마라도 부근 해상을 지나던 중국 국적의 100톤급 저인망어선에 의해 극적으로 구조되었다. 그가 마을로 돌아오자 딸과 아내는 매우 기뻐했다. 신 씨의 부인 황금단(57) 씨는 "옷가지라도 수습해 장사를 치르려고 했다."며 눈물을 쏟아냈다. 신 씨는 큰어머니의 제삿날인 이날 밤, "모든 것이 조상 덕"이라며 정성스레 술 한 잔을 따라 올렸다.[4]

이 사례는 신문 보도내용을 다시 매만진 것이다. 제사상에 올릴 생선을 잡기 위해 바다에 나갔다가 날씨가 나빠져 회항하는 도중 엔진 고장으로 바다에 표류하다가 중국어선에 의해 구조되어 6일 만에 생환한 실제 이야기다. 흔히 접할 수 없는 감동적인 이야기로, 삶의 희망을 줄

---

4)   "망망대해 5일 사투 한국판 '노인과 바다'", 〈한겨레〉, 2001. 11. 11.

수 있는 스토리텔링 소재로 사용될 만하다. 특히 그 마을에서는 이런 이야기를 스토리텔링 하면 좋을 것이다. 희망을 잃지 않고 버텼기 때문에 살아 돌아올 수 있었으니 말이다. 다만, 여기서 또 다른 이야기를 읽고 비교해보자. 역시 어부의 이야기다.

(2) 거가도 어부

2000년 8월 우리나라 기상 관측 이래 가장 강한 바람(순간 최대 풍속 58.3m)을 동반했다는 제12호 태풍 프라피룬이 한반도를 강타했다. 8월 31일 기상청에서 태풍이 정면으로 상륙하지 않을 것이라고 예보해서 전남 신안군 흑산면 가거도의 어부들은 인근 흑산도항으로 대피하지 않았다. 육지에 26척을 올리고 8척은 방파제 뒤편에 묶어놓았다. 그러나 예상과 달리 태풍이 정면으로 상륙했다. 파도가 미친 듯이 몰아치기 시작했다. 배가 위험했다.

고흥산 씨(63)는 이렇게 태풍이 무섭게 닥치자 '굶어 죽으나 바다에 빠져 죽으나…. 내가 죽으면 배도 죽을 거고, 내가 살면 배도 살 테니까.'라고 생각했다.

배를 육지에 대면 그대로 부서질 것 같았다. 그는 "배를 육지에 올려놔도 부서질 것 같더라고. 그래서 차라리 바다로 나갔지. 떠 있으면 상하지 않으니까."라고 말했다.

그래서 그는 바다로 나가기로 결정했다. 오히려 바다에 나가 파도를 견디면 배를 지킬 수 있을 것이라고 생각했다. 아침 8시부터 태풍과의 싸움이 시작되었다. 그는 방향타를 조종하여 뱃머리를 정확하게 파도에 맞추고 엔진 출력을 최대한으로 올려 높은 파도에 정면으로 맞섰다.

거대한 파도가 정면으로 부딪힐 때마다 3톤짜리 배는 하늘로 솟아올랐다. 30초 동안 하늘로 떴다가 다시 바다로 처박혔다. 그렇게 오르락내리락 10여 시간을 계속했다. 그사이 섬에도 엄청난 파도가 들이쳐 40톤급 배 두 척이 풍비박산이 났다. 800m 길이의 방파제도 망가져 배들이 모두 부서졌다. 바다에 나간 목선을 바라보는 주민의 시선도 불안했다. 마을사람들은 그의 배가 보이지 않을 때면 침몰된 것 같아 구하러 가고 싶었지만 그렇게 할 수 없었다. 마을 청년들이 바다에 뛰어들어 구하려고도 했으나 주변에서 말리고는 하는 일이 반복되었다. 마침내 오후 6시경 태풍이 북쪽으로 방향을 바꾸었다. 그러자 고 씨는 배를 항구 쪽으로 돌려 들어오기 시작했다. 어촌계장 정석규 씨(43)는 "태풍이 모든 것을 앗아갔지만 '고 씨의 생환'에 마을은 잔치 분위기였다."고 말했다. 동아닷컴(www.donga.com)에 소개된 고 씨의 사연은 조회 수 수만 건을 기록하며 추석 연휴 최대의 감동드라마로 화제를 불러왔다.[5]

2018년 7월 16일 채널A 〈김현욱의 굿모닝〉 방송분에 기상전문가 김승배가 출연해 그 당시 상황을 설명했는데, 이때 가거도의 배는 모두 파손되었다고 한다. 고 씨의 배만 정상이어서 마을 사람들이 추석 차례상에 올릴 생선을 얻을 수 있었다고 한다. 이 사례에서 인상적인 것은 어부로 지낸 40년 동안의 경험을 살려 바다로 나가 태풍과 맞섰다는 사실이다. 더욱더 극적인 것은 태풍이 막대한 피해를 남긴 거대한 규모였다는 점이다. 가만히 있거나 피한 것이 아니라 태풍과 맞서서 인간이 이겼다는 것은 대단한 도전과 극복 의지라고 할 수 있다. 특히, 이 배 때문

---

5) 〔한국판 노인과 바다〕 "태풍이긴 老어부", 〈동아일보〉, 2000. 9. 13.

에 차례상에 올라갈 생선이 공급될 수 있었다고 하니 인간의 소망과 꿈이 만들어낸 긍정적인 결과라고 하지 않을 수 없다. 가거도는 이 스토리만으로도 방문할 만한 곳이다. 앞선 사례가 힘든 표류 상황에서 수동적으로 견뎠다면, 이 사례는 오히려 적극적으로 극복한 것이어서 능동적인 측면에서 가치가 있다. 더구나 모든 것을 잃은 섬 주민에게도 희망을 주었다는 점에서 가족에게만 그친 것이 아니라 공동체 전체에도 희망과 더불어 실제로 좋은 결과를 낳은 사례라고 할 수 있다.

3) 산청의 동의보감 파크 등

경상남도 산청에는 동의보감촌이 있다. 한방 관련 테마파크 성격의 공간이다. 이 공간이 탄생할 수 있었던 것은 명의(名醫) 허준(許浚, 1539~1615)에 관한 드라마와 소설 때문이었다. 허준은 조선시대 사람으로 유네스코 세계기록유산인 의서《동의보감(東醫寶鑑)》을 편찬하고, 당대 최고의 의관으로 궁궐 사람들의 난치병을 고쳐준 명의다. 명의 허준은 드라마와 소설에서 산청에서 생활하고 의술을 배운 것으로 그려진다. 작품들 속에서 그의 스승은 산청에서 유명했던 유의태라는 사람이었다. 그런데 이 유의태는 본래 유이태(1652~1715)다. 그런데 유이태가 유의태가 된 데는 내력이 있었다.

허준의 스승이 유의태라고 처음 주장한 사람은 1965년《인물한국사》를 쓴 한의사 노정우 박사였다. 그는 허준의 족보를 추적하여 조부가 경상우수사, 조모가 진주 유씨로 되어 있어 진주와 관련 있어 보여

지역을 탐문한 후 수백 년 전에 활동한 유의태(柳義泰)라는 유명한 의료인을 허준의 스승이라고 발표했다.[6] 이를 본 드라마 〈집념〉의 작가는 허준의 스승을 산청의 유의태로 설정했다. 이후에 이 드라마의 작가 이은성은 소설 《동의보감》을 집필했는데, 이 소설은 엄청난 베스트셀러가 되었다. 이에 따라 다시 드라마가 만들어졌는데, 캐릭터를 내세운 〈허준〉(1999)이라는 드라마도 시청률이 50%가 넘는 국민 드라마가 되었다. 나중에 다시 〈구암 허준〉(2013)이라는 이름으로 드라마가 리메이크 되었다. 이렇게 국민에게 널리 알려지게 되면서 드라마와 소설에 등장한 산청에 동의보감 테마공원이 들어서게 되었다. 그렇다면 유이태라는 인물이 실제로 유명한 의원이었는지 살펴봐야 할 것이다.

유이태(劉以泰, 1652~1715)는 조선인 최초로 홍역 전문 치료서를 저술했다. 그는 劉爾泰로도 알려져 있다. 1680년과 1692년 전국적으로 발병한 홍역을 치료했고, 그때 경험으로 1696년 《마진편》을 썼다. 홍역을 퇴치하는 장면은 소설 《동의보감》이나 드라마 〈허준〉에도 나온다. 유이태는 조선 최초로 홍역 퇴치 방법을 찾았다. 그래서 홍역학의 태두(泰斗)이며 경남 산청을 홍역 치료의 발상지로 만든 전설적인 명의(名醫)라고 불린다. 학술적으로 볼 때 유이태의 《마진편》은 조정준의 《급유방》, 이헌길의 《마진기방》, 정약용의 《마과회통》에 큰 영향을 주었다고 한다. 산청은 지리산 자락에 위치해 있어 예부터 약재가 많이 나는 곳이어서 한방과 의학에 관한 테마파크가 들어설 수는 있다. 관련 연구와 기업들도 실제로 있고 국가적인 지원도 받는다. 물론 그것이 가능해진 데는 드라마와 소설의 영향이 컸다. 그러나 나중에 허준의 스승이 유이태가 아

---

6) 류철호(韓醫史學 박사), "歷史인물추적 — 허준의 스승이라는 柳義泰는 허구다! 실존인물 유이태는 허준보다 100년 뒤 인물", 〈월간조선〉, 2015년 11월호.

니며, 허준이 살았던 시대보다 100년 전에 생존했던 것이 알려지면서 스토리텔링에 타격을 입게 된다. 이 점은 맨 처음 유이태의 오기(誤記)인 유의태를 허준의 스승이라고 발표한 노정우 박사가 잘못을 인정하면서 오류라는 것이 공인되었다. 결국 허준은 산청에 산 적도 없으며, 아울러 《동의보감》 집필과도 연관이 없는 셈이다. 실제와는 아무런 관련이 없는 공간에 동의보감촌이 형성된 것이다. 다만 허준이 유이태가 집필한 홍역 치료서인 《마진편》을 봤을 수는 있다. 따라서 정확하게는 동의보감촌이 아니라 유이태촌, 유이태 한방 테마파크가 되어야 한다.

이렇게 실제와 다른 스토리텔링으로 테마파크 등의 공간이 생긴 곳은 전남 곡성도 마찬가지다. 애초에 심청의 고향으로 알려져 500억 원 이상의 국고가 투입되어 각종 시설을 만들었는데, 나중에 심청의 실제 인물인 원홍장(元洪壯)이 충남 예산군 대흥면 출신이라는 것이 알려졌다.[7] 다만 심청이 보낸 불상으로 만든 관음사가 있을 뿐이다. 관음사 사적기 서두에는 "충청도 대흥현에 원량(심학규)이라는 가난한 장님이 있었다. 일찍이 아내를 잃고 원홍장(심청)이라는 어린 딸과 살아갔다."는 내용이 기록돼 있다. 관음사 사적은 조선 영조 5년(1729) 관음사의 장로인 우한자가 구술해 백매자 선사가 기록한 서적이다. 6·25 때 곡성군 관음사의 목판본이 소실되고 현재 판각본이 순천 송광사에 보관되어 있다.

그런데도 곡성군은 《심청전》에 등장하는 공간을 억지로 구성하고 심청이 마을을 만들었다고 했는데, 이 자체가 성립되지 않는 것이다. 심

---

7) 시주하고 왕비가 되어 아버지의 눈을 뜨게 한 효녀. 주제: 효선, 국가: 한국, 시대: 백제, 지역: 충청도, 참고문헌: 한국사찰사료집 http://www.culturecontent.com/content/contentView. do?search_div=CP_THE&search_div_id=CP_THE004&cp_code=cp0433&index_id= cp04330745&content_id=cp043307450001&print=Y

청이나 심봉사 원량(본명은 元良)은 이곳에 와본 적도 없기 때문이다. 심청은 원래 실존 인물인데, 풍랑길에 던질 처녀가 필요한 상인들에게 공양미 삼백 석에 팔려간다. 그 삼백 석으로 아버지가 눈을 뜨게 된다고 해서 말이다. 하지만 그녀는 살아남아서 중국 저우산시의 심국공(沈國公)의 양녀로 들어가게 된다. 그래서 그 이름도 원홍장이 아니라 심국공의 성을 따라 심청이 된다. 심국공은 심청을 양나라 왕에게 왕비로 들여보낸다. 나중에 심청은 아버지가 그리워 아버지가 사는 나라에 배를 보내고 그 배가 처음 닿는 곳에 사찰을 지어달라고 한다. 그 배가 처음 닿은 곳이 곡성이고, 그 곡성 땅에 관음사를 지은 것이다. 저우산시에는 심청과 그의 아버지 심국공을 기리는 비석 등 각종 유물이 있는데, 한국인을 대상으로 심청 테마파크를 만들기도 했다. 곡성군과도 자매결연과 협약을 맺었다. 그러나 심청의 고향이 곡성이 아니라고 밝혀지면서 난감하게 되었다.

이 같은 사례를 통해 지역 공간 스토리텔링을 할 때 주의가 필요하다는 점을 알 수 있다. 중요한 것은 실제와 진실성이다. 물론 허구적인 스토리 자체로도 의미가 있을 수 있다. 한편, 경남 하동군 악양면 평사리는 소설《토지》의 배경이 되었는데, 이곳에 드라마 세트장을 만들어 드라마〈토지〉를 비롯해 여러 차례 드라마를 촬영했으며, 최참판댁을 비롯한 드라마 속 주인공들의 집 등이 그대로 있다. 사람들은 드라마의 흔적을 보기 위해 이곳을 찾는다.

4) 수원 못골시장의 스토리텔링 간판

수원 못골시장은 전통시장을 활성화시키기 위해 2008년 문화체육관광부에서 주관한 '문전성시(문화를 통한 전통시장 활성화 시범사업)' 프로젝트의 시범사업지로 선정된 곳이다. 이곳에서는 2010년 시장 상점을 대상으로 스토리텔링 사업을 했다. 왜 그런 사업을 하게 되었는지 밝힌 내용을 보면 다음과 같다.

> '스토리텔링' — 87개의 이야기 간판을 만들다
>
> 장소를 만든다는 것은 그 장소에 대해 많은 사람이 공감할 수 있는 이야기를 만드는 과정이기도 하다. 스토리에 따라 사람들은 감동하거나 놀라거나 동조하면서 자연스럽게 장소에 대한 애착심을 갖게 된다. 스토리텔링이 가장 압축적으로 나타난 형태가 브랜드인데, 시장에서 브랜드는 바로 상점의 간판으로 나타난다.
>
> 김종대 큐레이터는 "간판은 각 상점이 갖고 있는 특성을 가장 함축적으로 드러내는 것인 만큼 못골 스토리텔링을 통해 발굴해낸 상점별 이야기를 기초로 간판을 제작했다."고 밝혔다.
>
> 간판은 상점의 얼굴로, 상점의 랜드마크가 된다. 따라서 상품이나 상인의 특성을 잘 드러내기 위해 각 상점마다 안고 있는 이야깃거리를 찾아냈고, 이를 시각화하는 과정을 거쳐 소비자가 쉽게 이해할 수 있는, 그래서 더욱 친근한 간판을 제안하고 있는 것이 특징이라고.[8]

---

8) [공공디자인] 이야기를 파는 전통시장 — 수원 못골시장에서 만난 '87개의 이야기 간판들', 〈팝사인(Popsign)〉, 2010년 8월호.

장소에 대한 애착심을 갖게 하기 위해 스토리텔링이 매우 중요하다는 점을 언급하고 있다. 놀라고 감동하고 동조하게 되면 공간을 사랑하고 친근하게 대하게 된다는 것을 충분히 인식하고 있는 것으로 보인다. 그러한 장소에 대한 애착심을 갖게 하는 것 가운데 하나가 상점의 이름이라고 말하고 있다. 간판이 상점의 랜드마크이므로 그 상점에서 파는 상품이나 상인의 특성을 잘 반영하려면 그 상점에 있는 이야깃거리를 찾아내고 그것을 시각화하는 노력이 필요하다는 것이다. 실제로 못골시장에서는 이러한 점들을 반영해서 시각화하는 작업을 했다. 새로운 디자인으로 시각화 작업을 했기 때문에 깔끔하고 정연하여 눈에 띌 수밖에 없다. 다음은 못골시장에 있는 실제 간판 사례들이다. 이런 사례들을 하나하나 살펴보고 어떤 점이 장점이고 어떤 점을 보완해야 하는지 살필 수 있다.

완도상회

못골온에어 DJ이면서 건어물가게를 운영하는 주인의 모습을 라디오와 오징어를 들고 있는 캐릭터로 재미있게 표현했다.

두부마을

기자 남편과 시인 아내 부부가 만드는 즉석 두부점이다. 발리 가족여행에서 만난 사람에게서 즉석 두부가 잘될 것 같다는 이야기를 듣고, 귀국 후 두부장사를 시작했다고 한다. 부인은 시인이지만 나른하게 시만 읊조리지 않고 열심히 두부공장을 뛰어다니는, 인생을 아는 여성이다.

대우닭집

조선소 기술자 출신의 사장님이 운영하는 닭집

완도상회는 동네 라디오 DJ라는 점이 눈길을 끈다. 여기에 오징어를 등장시킨 것도 다른 곳과 달리 캐릭터를 부각시켰다. 라디오와 오징어를 들고 있는 사람 캐릭터를 강조한 것이다. 진일보한 점이고 사람들의 이목을 집중할 수 있다. 다만, 캐릭터의 재미를 드러냈지만 스토리텔링은 없다. 두부마을은 기자 남편, 시인 아내라는 부부의 직업을 부각했다. 두부를 만들게 된 이유는 '단지 잘될 것 같아서'라고 한다. 빈약한 스토리다. 또한 앉아서 시를 짓지 않고 직접 열심히 두부를 만드는 점을 강조하고 있다. 그런데 소비자의 시각에서는 두부를 만든 지 얼마 되지 않아 비전문성이 느껴진다. 사람들은 원조 두부집, 수십 년 된 두부집이라는 전통성과 오래된 경험, 노하우에 따라 만든 두부집을 좋아한다. 그런 점들이 없으면 두부와 관련된 스토리텔링이 필요하다. 조선소 기술자라는 직업을 강조한 닭집은 조선소 기술자와 닭집과 연관성이 없어 관심을 불러일으키지 못한다.

참숯김

은하잡곡 못골시장 입구에 있는 노점. 노점 주인에게는 권투를 하는 아들이 있는데, 그 아들이 가장 큰 자랑이다. 권투 챔피언을 상징하는 월계수관 그래픽을 간판에 접목했다. 한편, 간판 뒤로 작가의 설치미술작품인 달팽이들이 보인다. 못에는 달팽이가 산다. 못골시장에도 시장상인들과 숨겨진 이야기를 공유하고 있는 달팽이들이 함께한다는 것을 표현했다.

비봉채소윤가네

수원 근처 비봉 출신으로 고향 밭에서 직접 농사지은 것을 팔고 있다. 상호 그대로 윤씨 일가가 운영하는 가게다.

비봉야채

친절한 두 아들은 어머니를 도와 가게 일을 하고, 아버지는 고향인 비봉의 농장에서 직접 채소를 길러 판매한다. 싱싱한 채소가 자라고 있는 농장의 모습을 주인이 직접 그려냈다.

참숯김에서는 아들을 강조하고 있는데, 하는 일이 권투선수다. 시장상인들이 '달팽이'라는 점을 강조한 설치미술작품 이야기도 있다. 노점 자체와 권투선수 사이의 연관성은 없다. 권투선수 아들이 노점에서 어떤 스토리를 낳았는지도 알 수 없다. 시장상인들이 달팽이라는 점은 좋은 콘셉트를 내세운 것이다. 비봉채소윤가네는 비봉에서 직접 농사지은 것을 팔고 있다는 점을 강조하고 있다. '윤가네'라고 한 것도 직접 농사를 지어 팔고 있음을 강조하기 위함이다. 비봉야채도 마찬가지로 이 점을 강조하는데, 농장의 모습을 주인이 직접 그렸다는 점이 이채롭고 아들 두 명이 도와서 채소를 팔고 있다는 점이 부각된다. 비봉채소윤가네와 농장의 위치가 중복된다. 채소를 사야 한다면 직접 재배한 싱싱한 채소이기 때문일 것이다. 무엇보다 비봉지역의 싱싱한 채소 이전에 공간 스토리텔링이 필요할 것이다. 그렇게 해야 그곳에서 생산한 채소에 더 관심이 갈 것이다.

용인야채

용인에서 와서 '용인댁'이라고 불리다가 그 자신도 모르게 〈용인상회〉라는 이름을 가지게 됐다고 한다.

아들네만두

장사를 하시는 부모님 덕분에 시장에서 나고 자란 상인들의 대표인 아들이 운영하는 가게. 할아버지 때부터 아들까지 4대째 이곳에서 생활하고 있는 가족이라고 한다.

동성분식

못골시장 상인회 회장이 운영하는 동성분식에는 다정한 네 식구가 있다. 손맛이 일품인 장모님과 아름다운 아내, 그리고 사장의 마스코트인 강아지 똘이다. 이 넷이 서로 의지하고 사랑하며 살아간다. 간판은 우드 위 지정 스테인으로 마감했다(thk 20mm 내추럴 우드 light+thk 9mm 오렌지/옐로/그린/내추럴 우드 dark).

재호네이불

외동아들의 이름을 걸고 운영하는 이불가게. 간판은 양면우드 내부에 패브릭을 삽입해 이불가게의 이미지를 살렸다.

용인야채는 말 그대로 '용인댁'이라고 불리는 주인을 부각했다. 용인 출신이기 때문에 이렇게 이름을 지은 전형적인 사례다. 대부분의 상점이 이렇게 지어왔기 때문에 차별성은 없다. 재호네이불도 전형적이다. 대개 아들이나 딸의 이름을 상점의 이름으로 내세우기 때문이다. 아들네만두는 4대째 가게를 운영한다거나 다정한 가정을 강조했다. 이러한 점은 가족을 중시하는 한국인에게 공감을 일으킬 수 있고 전통성이 드러난다. 간판도 이를 반영해 나무 느낌을 주었다. 이는 곧 신뢰성을 의미하기 때문에 믿고 상점에 들러보고 싶은 마음을 가질 수 있다. 물론 어떤 스토리가 직접 부각된 것은 아니다. 동성분식은 다정한 네 식구와 식당 메뉴 등과 어떤 연관이 있는지 스토리를 담는 것이 필요했다. 재호네 이블도 그 아들과 이불가게에 관한 스토리가 있어야 했다.

지동수산

인연이 깊은 주인 부부가 운영하는 생선가게로, 행복한 가정을 상징하는 붕어 모양의 간판을 내달았다(275×200mm 2EA 분리형, Thk 2mm 금속 위 지정 도장 마감).

지동튀김

딸 셋, 아들 하나를 낳았는데, 하나같이 인물이 좋다. 맏딸은 스튜어디스가 되었고, 둘째딸은 외환은행에 근무하고, 세 딸 중 가장 공부를 잘했던 막내딸은 숙명여대를 졸업한 후 공무원 시험을 준비 중이다. 딸들이 가끔 아버지 가게에 와서 장사를 하면 손님들이 몰려든다고.

남문뻥튀기

못골시장의 외진 곳에 자리 잡은 뻥튀기집은 작은 쌀알이 돌아가 뻥 하는 소리와 함께 제 몸보다 몇 배나 더 커져 나오는 것처럼 사람들의 희망을 튀겨주는 곳이다.

지동수산은 인연이 깊은 주인 부부를 내세웠는데, 어떤 인연인지 그에 관한 스토리를 덧붙이면 더 좋았을 것이다. 그에 따라 행복한 가정을 상징하는 붕어 모양의 간판이 더 의미를 지닐 것이다. 지동튀김은 자녀가 인물이 좋다는 점을 강조하고 있다. 딸들이 가게에 와서 돕는다는 사실과 사람들이 많이 몰려든다는 것은 스토리텔링 요소가 있다. 여기에 튀김을 팔아서 자녀를 성공적으로 교육시켰다는 점을 강조한 고난 극복의 플롯이 필요하다. 남문뻥튀기가 강조한 것은 희망을 주는 가게라는 점이다. 주인이 그런 마음으로 뻥튀기를 만들고, 그곳에서 사람들도 희망을 얻기 위해 사며, 잘되었다는 사례 정도를 넣으면 스토리텔링이 될 것이다.

전반적으로 스토리텔링이 무엇인지 정확하게 인지하고 접근하지 않는 경우가 많다. 콘셉트와 캐릭터만 있거나 이벤트, 내러티브만 있다. 사실이나 개념을 주장하는 것이 아니라 스토리를 어떻게 텔링해야 하는가를 고민해야 한다. 또한 판매하고 있는 상품이나 물품과의 연관성을 부각해야 소비하고 싶은 마음이 든다. 그에 관한 스토리가 있는 상품을 개발하면 더욱 좋을 것이다.

5) 영감의 공간과 스토리텔링

2010년 한국관광공사는 한국관광 홍보 슬로건을 전면 수정했다. '코리아 스파클링(Korea Sparkling)' 대신 '영감을 주는 나라, 대한민국(Korea, Be inspired)'으로 바꾼 것이다. 이러한 맥락에서 한국관광공사는 창덕궁 달빛을 관광상품으로 선보였다. 독특한 아이디어라고 생각한다. 한국의 차별성을 구가할 수 있는 매우 중요한 콘셉트다. 그 뒤에 많은 사람이 찾는 명품 프로그램이 되었다.

한편으로는 영감의 층위와 영역에서 아쉬움이 있기도 하다. 우리가 내놓을 수 있는 것이 고궁의 달빛밖에 없는지도 생각해보게 한다. 그것은 영감의 본질적인 맥락과도 관련이 있을 것이다. 일단 달빛이 가지는 함의는 중요하고 의미가 있다. 하지만 상징과 정체성이라는 측면에서 난데없어 보이는 이유는 낭만적인 분위기만 존재하기 때문이다. 내력과 연원이 없는 것이 도드라져 보인다. 이러한 점을 생명력 있게 부각시키는 것이 스토리텔링이다.

달빛이라고 해도 약간의 스토리텔링이 필요하지 않을까 싶다. 예컨대, 한글과 달빛은 무슨 관계인가. 세종이 집현전을 돌면서 밤늦게까지 연구하는 학사들을 돌아보며 보았을 달빛, 집현전 학사들이 밤늦게 연구하다가 보았을 달빛, 밤늦게까지 연구하다가 잠든 집현전 학사의 등에 겉옷을 덮어주는 세종의 머리 위에도 달빛이 있었다. 그것이야말로 영감과 관련이 있는 스토리텔링이 아닐까.

흔히 한국을 '고요한 아침의 나라'라고 한다. 이는 대개 부정적인 의미로 사용되는 경우가 빈번하다. 역동적인 에너지가 느껴지지 않고 무기력한 분위기를 상징하기도 한다. 하지만 그것은 본질적인 맥락이 거세된 것이다. 세상은 해가 뜨기 직전에 가장 고요하다. 해가 뜬다는 것은 천지가 새롭게 열리는 것이다. 한국은 바로 찬란하게 해가 뜨기 직전 그 긴장감으로 매우 가슴 벅차게 만드는 순간을 지닌 나라다. 오히려 한국은 이렇게 해가 뜨기 직전의 모습으로 영감을 주는 나라가 아닌가 싶다. 따라서 해가 뜨기 직전의 그 가슴 벅찬 분위기를 관광상품으로 만드는 것도 생각할 수 있다.

여기에 이른 빛에 관한 영감만이 아니라 창조적 혹은 정신적 영감의 세계가 한국에 얼마든지 존재할 것이고, 이것을 적극적으로 발굴해야 했다.

정선의 〈인왕제색도〉를 생각해보면, 이 작품은 그가 그린 진경산수화의 백미를 보여준다. 흔히 맑은 날이나 빛이 많은 날을 선호하는 경향이 있지만, 이 그림의 시공간은 비와 구름과 안개가 혼연일체가 된 바로 그 순간이다. 정선은 영감이 번뜩인 순간에 붓을 들어 순식간에 작품을 그려냈다. 이 순간이야말로 오늘날에도 많은 사람에게 영감을 준다. 정선이 이 그림을 그린 곳이 북촌이라는 지적도 있지만, 대체로 서촌쯤이라고 한다. 서촌은 오늘날 통인동, 효자동, 옥인동 등이다. 세종이 나고 영조가 자란 곳이며 박노수, 이상범, 이중섭과 밀접한 공간이며, 시인 윤동주도 이곳에 머물렀다.

어디 서울뿐일까. 강진의 고려청자는 그 빛깔이 자연 환경을 너무나도 닮았다. 고려청자는 세계 어디에 내놓아도 손색 없는 작품이다. 이러한 작품은 바로 영감을 얻는 공간이 있었기 때문에 가능했다. 바다와 하늘이 만나는 곳에서 영감을 받은 도공들이 작품을 만들어냈다.

관광콘텐츠에서 '영감'을 키워드로 삼는 것은 해볼 만하다. 단순히 화려하고 웅장한 시각적 볼거리가 아니라 마음과 영혼을 울려주고 풍성하게 할 뿐만 아니라 창조적인 활동으로 이어질 수 있는 심리적 동인을 마련해주기 때문이다. 이를 위해서는 전통과 역사, 작품과 스토리텔링이 적극적으로 결합되어야 할 것이다.

6) 영화 〈기생충〉 투어

　　2019년 칸 국제영화제는 물론이고 2020년 아카데미에서 4관왕을 차지하면서 2020년 〈기생충〉 투어 코스가 언급되었다. 서울시 등은 정규 관광코스로 개발하는 방안의 구상을 밝혔다. 〈기생충〉에는 기택의 가족이 폭우 속에 뛰어 내려가던 종로구 자하문 터널 계단은 물론이고 마포구의 돼지쌀슈퍼, 동작구 스카이피자 등 서울의 여러 곳이 중요한 장소로 등장한다. 촬영지는 2019년 12월 서울관광 홈페이지를 통해 소개되면서 6만 뷰를 돌파했다. 국내외 〈기생충〉 팬들에게 '성지순례' 명소로 꼽혔다.

　　공간에 어떤 스토리가 있는지 살펴볼 수 있다. 돼지쌀슈퍼는 〈기생충〉에서 주인공 기정이 친구(박서준)에게서 과외 아르바이트 제안을 받던 곳이다. 영화에서 우리슈퍼로 나왔는데, 실제는 돼지쌀슈퍼다. 영화 개봉 이후 영화 촬영지 순례 장소가 되었다. 폭우를 맞으며 집으로 돌아오는 길의 계단도 있다. 거센 비 때문에 캠핑을 취소하고 돌아온 박 사장 가족을 피해서 기택네 가족이 도망 나와 달려가던 장소다. 이곳은 자하문 터널 계단이다. 계단을 통해 계층의 차이를 표현하려 봉준호 감독이 선택한 장소다. 박 사장 집으로 향하는 계단은 기택의 동네 계단이다. 기정이 복숭아를 들고 박 사장 집으로 가는 장면에 나온다. 우리슈퍼(돼지쌀슈퍼)에서 도보 1분 거리에 있다. 이곳은 동네의 평범한 계단이지만, 영화에 나오면서 우리슈퍼와 함께 영화 팬들의 촬영지 순례 공간이 되었다. 스카이피자(피자시대)는 기택 가족이 돈을 벌기 위해 피자 박스 접는 아르바이트를 하던 곳이다. 실제 가게 이름은 피자시대가 아닌 '스카이피자'다. 2002년부터 시작해 가족이 운영하는 피자집이다. 영화에서 나온 피자 박스 접는 방법을 실제로 이곳 사장님께 배웠다고 한다. 촬영 당시에 쓰인 피자 종이 박스가 그대로 진열되어 있었다. 가게 외부에는 봉준호 감독과 사장님이 함께 찍은 사진이 걸려있고, 내부에는 봉준호 감독의 사인이 있다.

서울시는 〈괴물〉, 〈살인의 추억〉, 〈옥자〉, 〈플란다스의 개〉 등 봉준호 감독의 다른 작품에 등장하는 서울 촬영지들도 묶어서 관광코스로 개발하겠다고 포부를 밝히기도 했다. "영화 〈기생충〉의 서울 내 주요 촬영지는 국내뿐 아니라 외국 팬도 찾는 코스가 됐을 정도로 신드롬이자 한류관광 그 자체"라며 "한류 콘텐츠에 대한 높은 세계적 관심이 현재 어려운 상황에 직면한 관광시장에 새로운 활력을 불어넣는 계기가 될 수 있다는 것이다. 이런 영화 공간의 투어링을 위해서는 영화의 스토리텔링을 현장공간과 잘 연결 짓는 안내 콘텐츠의 역할이 중요하다. 영화는 촬영되는 공간과 영화 속의 공간이 다르며 하나로 연속성을 갖고 자연스럽게 이어지지 않기 때문이다.

다만, 이런 투어 코스는 논란에 휩싸이게 되었다. 유의할 점이 있는 것이다. 특히 아현동이 문제가 되었다. 많은 방문객들이 이곳이 반지하촌이냐고 물었다. 주민들은 가난한 동네로 낙인 찍히는 것에 대해서 우려했다. 영화 〈기생충〉에서는 기택네의 반지하 방을 통해 빈곤의 문제의식을 다루려고 했지만 이는 실제 반지하에 거주하는 이들을 불편함을 갖게 했다. 더구나 아현동에는 반지하 방이 없고 그것은 세트장을 만들어 촬영했을 뿐이다. 빈곤 포르노 방식의 투어 프로그램은 경계를 할 필요가 있었다. 더구나 반지하 방은 엄연하게 누군가는 미래를 꿈꾸며 성실하게 열심히 살아가는 삶의 공간이다. 그곳은 2022년 8월, 홍수에서 반지하 방 거주 시민이 목숨을 잃게 되면서 빈곤이 아니라 안전의 프레임으로 봐야 한다는 점을 알게 했다.

논란은 그것에 그치지 않았다. 대구 지역 정치인은 "대구 남구에서 태어나 세계에 이름을 떨친 봉 감독은 한국의 자랑"이라며 "대구 신청사 앞 두류공원에 봉준호 영화박물관을 건립해 관광 메카로 만들겠다"고 했다. 또 대구 남구도 "봉 감독이 어렸을 때 살던 주택을 중심으로 영상문화사업이나 관광 콘텐츠를 개발하겠다"고 밝혔다. 마침 4·15 총선에 출마하는 예비후보들 사이에서는 '봉준호 카페거리', '봉준호 생가터 조성', '봉준호 동상'에 '기생충 조형물 설치' 공약까지 언급이 되었다. 기택(송강호)의 반지하 집 세트가 조성됐던 경기 고양시는 "세트를 복원해 지역경제 활성화는 물론이고 스토리가 있는 문화관광도시를 만들겠다"고 했다. 이러한 점들은 구체적인 인과성과 현실성이 떨어진다는 평가를 받을 수밖에 없었다. 더구나 어떻게 스토리텔링을 할 수 있는지 그 잠재성도 잘 보이지 않았다. 이러한 논란이 일자 봉준호 감독은 지자체의 움직이나 정치인의 공약에 대해서 거부 입장을 표명했다. 더구나 이런 정치인과 지자체의 계획은 일반 시민들과 연결되지 않는 것이 보통이다. 이른바 1970~1980년대 권위주의 정부 방식이다. 팬들이 자발적으로 만들어내는 스토리텔링이 이런 공간스토리 구성에서 매우 중요하다는 점을 인식할 때가 되었다. 최소한 방탄소년단의 성지 순례 사례에서 알 수 있을 것이다.

3.
적용하기

Q. 공간 스토리텔링이 잘된 사례와 그렇지 않은 사례를 비교해보자.

_____

_____

_____

_____

_____

Q. 스토리가 좋은 공간을 새롭게 발굴하고 구성해보자.

_____

_____

_____

_____

_____

Q. 공간 스토리가 좋은 곳들을 연결하여 관광투어 프로그램으로 만들어
보자.

_____

_____

_____

_____

_____

Cultural contents DNA
Storytelling

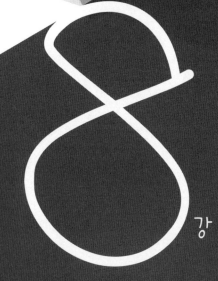

8강

영상 광고
스토리텔링

1.
이해하기

    광고(廣告, Advertisement, Ad)란 사전적인 뜻으로 보면 "대중을 대상으로 한 공개적인 알림 행위의 총칭"이다. '광고'라는 한자어는 축자적으로 '널리 알리다'라는 뜻을 가지고 있다. 나아가 "광고를 접하는 수용자의 태도를 변화시키려고 매체를 통해 일방적으로 의사전달을 하는 행위"를 말하기도 한다. 여기에서 태도를 변화시킨다는 것은 선택하도록 만드는 것이고, 기업주에게는 상품을 소비하게 만드는 것이다. 공익광고의 경우에는 사회 공익 차원에서 인식 개선이나 잘못된 행태를 고치게 하는 것이기도 하다. 예컨대 담배나 술, 마약, 교통사고 개선 광고 등이 여기에 속할 것이다.

    가장 1차원적인 광고는 어떤 주장을 일방적으로 강요하는 것이다. 이는 매스미디어 시대 광고의 대표적인 특징이었다. 즉, 대량 생산과 대량 소비 시대에는 물량공세하듯이 광고를 했다. 그 대표적인 것이 세뇌 효과였다. 많은 사람에게 반복적으로 광고 내용을 노출하면 효과가 있는 것으로 생각되었다. 단순히 메시지나 정보를 전달해서 사람들에게 알리고 판단이나 변화를 주려고 했다. 주로 알고 모르고의 차이에 따라 사람들의 인식이나 행동을 변화시키고자 했다. 상품이나 서비스가 좋다는 점을 알려주면 사람들이 소비할 수 있게 된다는 가정에 따라 광고가 만들어졌다. 고성장기에는 이러한 광고가 효과가 있는 것으로 생각되었다. 사람들은 쉽게 접할 수 있는 상품이나 서비스를 사면 되었다. 또한 상품과 서비스도 그렇게 다양하지 못했으므로 주변에서 쉽게 접할 수 있는 상품이나 서비스를 구매하면 그만이었다.

하지만 이제 저성장기가 되고, 상품이나 서비스도 다양화되어 자주 노출되는 상품은 소비하지 않는다. 여기에 인터넷·모바일 문화가 발달해서 좋은 상품이나 서비스는 따로 구매할 기회가 많아졌다. 따라서 광고 내용이 일방적으로 정보나 사실을 나열하는 것은 적절하지 않게 되었다. 대개 정보 나열 방식의 광고는 이성적인 면을 자극한다. 이런 연장선상에서 호모 이코노미쿠스(homo economicus, 경제적 인간) 관점에 따라 광고가 만들어졌다. 이는 사람들이 경제적인 이익에 따라 움직인다고 보는 것을 말한다. 경제적으로 이익을 강조하는 광고가 성공하리라고 생각한다. 하지만 오로지 경제적 이익만으로 움직이지는 않는다. 더구나 그런 광고는 너무나 많아서 차별화되지도 않는다. 고독하고 외롭고 경쟁에 치열하게 노출된 현대인에게는 오히려 공감과 감성을 통해 판단과 행동을 유도할 수 있는 광고가 필요하다. 일방적으로 상품의 좋은 점이나 장점만 부각하는 광고는 오히려 신뢰를 얻지 못한다. 의도가 너무 들여다보이고 설득을 통해 행동 변화만 강박하는 듯이 보이므로 반동 심리로 거기에서 이탈하고 싶은 심리가 생기게 된다. 더구나 현대인은 과거 어떤 인류보다 자신의 개성과 정체성, 자아실현을 생각하므로 이런 점들을 반영한 광고 기법이 필요하다. 그 가운데 하나가 스토리텔링 방식이라고 할 수 있다. 더구나 디지털 테크놀로지가 발달하고 스마트폰이 보편화되면서 그것이 더욱 가능해지고 필요해졌다. 그런데 스토리텔링을 적용했다고 하는 사례들은 단순히 콘셉트를 강조하거나 파편화된 내러티브만 존재하는 경우가 대부분이다.

특히 요즘 주목받는 것은 콘텐츠형 광고다. 콘텐츠형 광고란 TV 광고나 드라마 PPL(간접광고) 등 전통적인 매체 광고가 아닌, 소셜미디어에 유통할 동영상 콘텐츠를 통해 광고하는 것을 말한다. 이런 현상이 나타나는 것은 미디어 환경이 변했기 때문이다. TV보다 인터넷·모바일을 통해 콘텐츠를 소비하는 사람이 늘어나면서 콘텐츠형 광고 제작에 적극적이 되었다. 문화체육관광부의 '2017년 광고산업통계조사'에 따르면 2016년 온라인 및 모바일 광고 규모는 전체 광고시장의 34.4%를 차지했다. 반면 지상파 TV 광고 비중은 16.9%였다.

여기에서 '콘텐츠 광고'라고 하는 것은 브랜드나 제품보다는 다른 측면을 우선하기 때문인데, 우선 내세우는 것이 콘텐츠다. 본래 콘텐츠는 재미와 감동, 반전과 웃음이 있어야 한다. 이렇게 콘텐츠로 재미와 감동, 반전과 웃음을 주면서 자연스럽게 상품과 광고를 알린다.

2.
사례 분석하기

1) 시네마틱 애드

광고에 스토리텔링을 결합하는 대표적인 방식으로, 영화 같은 광고를 말한다. 대체로 광고 스토리텔링은 콘셉트에 따른 시각적 효과를 의미하는 경우가 빈번하다.

(1) '베네통'과 '앱솔루트' 그리고 공익적 광고

광고미학을 말할 때 베네통을 빼놓지 않는다. 베네통은 대개 충격적인 작품을 많이 내놓았기 때문이다. 예컨대, 보스니아 내전에 참여한 보스니아 병사의 피 묻은 군복(1994)을 광고 포스터에 사용했다. 심장 세 개를 놓고 황인종, 백인종, 흑인종의 심장 모양이 똑같다는 점을 부각시키는 광고도 제작했다. 인종차별에 대한 경각심을 강조한 것이다. 신부와 수녀가 키스하는 장면이나 각국의 지도자들이 키스하는 합성 사진을 광고 포스터에 사용하기도 했다. 이는 평화와 화해라는 주제의식을 표현한 것이라고 볼 수 있다. 이러한 점은 스토리텔링이라기보다는 하이콘셉트를 통해 특정 주제에 대해 사회적 경각심을 이끈 것이다.

영상광고도 마찬가지다. 예를 들어, '여성 폭력 방지를 호소하는 베네통의 광고(Benetton: End Violence Against Women Now)'에서는 많은 남성, 특히 다양한 인종의 남성들이 여성을 둘러싸고 있다. 그들 옆에는 돌이 놓여 있기도 하다. 분위기를 보면 그 여성에게 돌을 던질 것 같다. 정말 그 남자들은 무엇인가 던지기 시작한다. 그런데 그들이 던지는 것은 꽃잎이다. 꽃잎을 그 여성에게 뿌리는 것이다. 그러면서 마지막에 "여성에 대한 폭력을 끝내야 한다"는 문장이 나온다. 이런 광고는 영화 같지만, 스토리텔링이 기반은 아니다. 이벤트 내러티브에 시각적 착각을 주어 흥미를 유발했다.

'앱솔루트 보드카'의 '원나잇(One Night)' 광고 영상은 영화 같다는 평가를 받았다. 140억 년 전 굉음과 함께 등장한 '빅뱅'에서 시작한다. 끝이 보이지 않는 어둠속 '빅뱅', 지구와 인류가 탄생하고 이후 현대사회에 이르기까지 인류의 위대한 순간이 짤막하고도 강렬하게 등장한다. 역사적 순간을 보는 재미도 있다. 문자·전기의 발명, 증기기관의 발명과 산업혁명, 라이트 형제의 비행기, 베를린 장벽이 무너지는 순간 등 역사가 인상적으로 자연스럽게 이어진다. 화려한 영상에 보니엠(Boney M)의 곡 〈써니(Sunny)〉가 흐른다. 경쾌한 사운드는 감성을 자극한다. 세계적인 촬영감독 엠마누엘 루베즈키(Emmanuel Lubezki) 감독의 환상적인 영상미를 만나보는 재미도 더했다. 루베즈키가 인류 탄생 순간부터 현재까지의 역사적인 순간을 담았다. 감각적인 영상미와 유려한 촬영 기법으로 잘 알려져 있다. 영화 〈그래비티〉, 〈버드맨〉, 〈레버넌트〉로 아카데미 시상식 역사상 최초로 3년 연속 촬영상 수상에 빛나는 세계적인 감독이다. 그런데 무엇을 이야기하는 것인가 생각해보면 모든 역사적 순간에는 하나의 '생각(idea)'이 있었다는 점이다. 이에 따라 살아있는 생명처럼 무서운 속도로 성장하는 '단 하나의 생각', 즉 창의력이 줄기차게 새 아이디어를 만들어냈고, 세상을 발전시켜 하나의 역사적인 순간으로 완성됐다는 것이다. 앱솔루트 보드카는 세상을 진전시키는 '창의력의 힘'을 브랜드 핵심가치로 고려했다. '앱솔루트 보드카' 관계자는 "'원나잇(One Night)' 영상은 '앱솔루트' 브랜드만의 핵심가치인 세상을 발전시키는 창의력의 힘과 이를 시작하게 하는 '생각(Idea)'에 대해 더 많은 소비자에게 영감을 불어넣고자 기획됐다."고 했다. 영상이 공개된 지 일주일 만에 45만 뷰 이상의 조회 수를 기록하며 화제를 불러일으켰다. 이는 다큐멘터리 장면에 영화의 시각적 효과가 시각적인 즐거움을 제공했다. 단지 시각적인 연출과 효과 때문에 영화 같다고 평가하는 셈이다. 즉, 다큐멘터리 영화 같은 광고다. 중간에 등장하는 스토리들은 내러티브에 가깝다. 광고가 잘되었어도 스토리텔링형 광고는 아니다.

2015년 12월 독일의 성탄절 광고는 독일 유통업체 에덴카가 만들었는데, 독거노인이 주인공으로 성탄절에 맞게 스토리텔링 되었다. 노인은 성탄절에 자식들이 오지 않을 것을 안다. 그런데 갑자기 자식들에게 부고장이 배달된다. 아버지가 돌아가셨다는 부고장이었다. 모두 슬픔에 잠겨 검은 옷을 입고 아버지 집에 도착했는데, 집안에는 촛불이 환히 밝혀져 있고 아버지는 음식을 준비하고 있었다. 그때서야 자식들은 아버지가 성탄절을 함께 보내고 싶었기 때문이라는 걸 알게 된다.

2015년 뉴질랜드의 과속방지 캠페인이자 교통안전 공익광고[AD STARS 2015 Winner Mistakes (New Zealand)]에서도 스토리텔링이 사용되었다. 캠페인 스토리텔링은 경각심을 주어야 하기 때문에 결과가 긍정적일 수만은 없다는 점도 생각하게 한다. 과속으로 교통사고 직전의 순간, 시간이 정지하면서 사고의 당사자가 된 두 남자가 차에서 내리며 대화가 시작된다. 서로 실수였다고 인정하지만 이미 돌이킬 수 없다.

> A: 정말 죄송합니다. 진입해도 되는 줄 알았어요.
> B: 그렇게 밀고 들어오면 멈출 수 없잖아요.
> A: 아… 제발요. 그저 단순한 실수예요. 아들이 뒷자석에 있어요.
> B: 제 차가 조금만 느렸더라면… 미안해요.

승합차 운전자는 뒷좌석에 아들이 타고 있다며 간곡히 부탁한다. 직진 차량 운전자도 아이를 보는 순간 안타까워하지만, 자신이 과속했기에 어쩔 수 없다며 미안하다고만 말한다. 서로의 실수를 인정하고 사과한 뒤 다시 차량으로 돌아가는 두 사람. 한 사람은 과속했던 사실을 후회하며 속도 계기판을 보고, 다른 한 사람은 안타까운 표정으로 아들을 바라본다. 결국 잔인한 사고 장면이 발생하며 끝난다. 마지막 문구가 인상적이다.

> "다른 사람들이 실수합니다. 속도를 줄이세요."

이러한 스토리텔링은 희망을 말하는 것은 아니지만, 목적상 비극을 통해 설득하고자 한다. 물론 이런 내용은 일반 운전자들이 보고 싶어 하는 내용은 아니다. 어쨌든 중요한 것은 스토리텔링을 통한 광고에서 수용자나 시민이 어떤 마음의 움직임을 얻는가에 따라 달리 적용될 필요는 있다. 보고 싶어 하지 않는 스토리텔링은 경각심을 불러일으킨다.

(2) 태국의 감동 광고 시리즈

태국의 광고는 감성적인 광고로 이름을 얻은 바 있다. 호평이 쏟아진 이유는 스토리텔링을 잘 구현해서 얻어지는 극적인 감동 때문이었다.

광고 '주는 것이 최고의 소통이다(Giving is the best Communication, 태국 통신사 True move H 광고)'에서는 어린 소년이 약국에서 진통제를 훔치다가 주인에게 혼나는 장면으로 시작한다. 이때 옆에서 음식을 만들어 팔던 중년 남성이 주인을 제지한다. 그는 약값을 대신 내주고 채소스프도 준다. 30년 후 그 남성은 자신의 가게에서 쓰러져 병원에 입원해 수술을 받는다. 병원비만 수천만 원. 그의 딸은 절망하며 가게를 내놓는다. 잠시 울다가 잠이 들었는데, 편지가 놓여 있다. 그 안에는 더 이상 병원비를 내지 않아도 된다며 이미 30년 전에 병원비가 지급되었다는 내용이 적혀 있었다. 어떻게 된 일일까. 약을 훔치다가 혼난 소년이 의사가 되어 은혜를 갚은 것이다. "주는 것이 소통"이라는 문장이 나오고 통신사 이름이 등장한다.

청소맨(Garbage Man, 타이생명보험 광고)에서는 '내가 되고 싶은 Super Hero'를 그리는 수업시간이 등장한다. 지루하게 학생들이 쓴 내용을 채점하는 선생님. 그런데 자석맨, 시간을 지배하는 자, 번개맨, 음파맨 등을 원하는 또래 친구들과 달리 '쓰레기 영웅'이 되고 싶다는 학생 작품을 발견하고 그 학생과 대화를 하고 싶어 한다. 그러나 그 학생은 시간이 없었다. 어머니를 도와 쓰레기를 치워야 하기 때문이다. 어머니는 교통사고를 당해서 걷기도 힘든 상황이었다. 선생님은 비로소 기후 조절 헬멧/쓰레기를 잘 보는 스캐너, 눈에 잘 띄는 보호구, 커뮤니케이션 기기, 초고속 청소용 나노 빗자루 등을 갖춘 쓰레기맨, 즉 청소하는 사람을 꿈꾸는 그 학생을 이해하게 된다. 그 히어로의 임무는 거창한 것이 아니라 '엄마를 위험으로부터 보호하라', '안전하게 집으로 모셔오라' 등이었다. 엄마를 생각하는 아이와 영웅 캐릭터를 연관시켜 스토리텔링해서 감동을 주었다.

태국의 유통기업 테스코 로터스의 광고에서는 택시기사가 등장하여 별의별 손님을 다 만나는 모습이 그려진다. 택시비를 떼어먹거나 심지어 토하는 손님도 있다. 압권은 밤에 강도를 만나 폭행까지 당한다. 집에 들어와 어둠속에 웅크리고 있는데, 아들이 불을 켠다. 그의 얼굴은 상처와 피투성이다. 그 순간 택시기사의 말은 여성의 목소리로 흘러나온다. 생계를 위해 머리를 깎고 남자처럼 택시기사를 했던 것이다. 그리고는 마지막에 "여성의 능력을 믿어요."라는 문장이 나온다.

태국 kk 투자사 광고에서는 길에서 개에게 먹을 것을 준 남자가 개에게서 보상을 받는 스토리를 담고 있다. 은혜를 입은 개는 남자가 주차할 때 주차 자리를 봐주거나 호스를 가져다가 세차하는 것을 돕고, 심지어 남자가 마음에 들어 하는 여성의 자동차가 고장 나 곤란해하는 현장에 데려가 인연을 맺어주기도 한다. 마지막 장면에는 주는 것과 투자로 돌려받는 것에 대해 문장으로 표현한다.

'도마뱀의 사랑'(SHERA 천장재)은 동물 캐릭터를 통해 스토리텔링 광고를 하는 것이 인상적이다. 어두운 공간에서 수컷과 암컷이 서로 안고 사랑을 나눈다. 그런데 순간 암컷이 틈 아래로 떨어져 죽는다. 아래에서는 사람들이 장기를 두고 있다. 도마뱀들이 있던 곳은 천장이었다. 암컷이 죽자, 고통스러워하는 수컷도 뛰어내린다. 수컷은 죽어가면서 암컷에게 손을 내민다. 그것을 본 장기를 두는 사람은 왜 천장재를 안 쓰느냐고 화를 내며 울부짖는다. 그들은 그냥 도마뱀이 아니라 사람에 다름 아니다. 감정이입을 불러일으켰기 때문이다. 영상을 보는 이들은 당연히 천장재를 만드는 회사의 광고라는 사실을 알게 된다. 여기에서 천장재를 사라는 홍보 내용은 등장하지 않았다. 이 광고는 2007년 칸 국제 광고제에서 은상을 수상했다.

2) 웹드라마형 광고(콘텐츠 광고)

웹드라마를 광고에 연결시켜 모바일 세대에 맞게 제작이 활발해지고 있는 분야다. 짧고 강하게 드라마 형태로 담기는 경우와 간접광고 식으로 제공되는 광고 형태가 있다.

(1) 웹드라마 〈가성비 높은 피코크 티라미수로 홈파티를 즐겨보라〉

2017년 12월 6일 유튜브와 페이스북 등에 공개된 이 광고는 5일 만에 조회 수 30만 건을 돌파했다. 이 광고는 현실과 환상적인 공간을 넘어서서 스토리텔링을 한다.

"아, 당 떨어져"라며 몇몇 사람이 화면에 연이어 등장한다. 가족 구성원이라고 볼 수 있을 것이다. 그리고 소녀시대 멤버 서현이 냉장고를 열자, 셰프로 분장한 작곡가 김형석이 튀어나오고 벽이 열리면서 근사한 레스토랑이 나타난다. 어느새 빨간 원피스로 갈아입은 서현은 춤을 추기 시작한다. 이어 배우들과 함께 뮤지컬 공연을 펼치며 노래로 대사를 한다.

> "당 떨어질 때, 확 짜증 날 때, 뭔가 허전할 때"
> "(합창) 3980원! 3980원! 맛있게 먹으면 영~영~영~ 칼로리"

그리고 앞서 등장했던 여러 사람이 만족스러운 얼굴로 테이블에 앉아서 케이크를 맛본다. 여기에서 갈등 상황은 당이 떨어지는 사람이 여럿 있고, 그들이 당을 채울 만한 것을 찾는다는 것이다. 그때 냉장고에서 해당 제품을 든 셰프가 등장하고, 그것을 적극적으로 추천하고 권하는 사람들이 등장해 뮤지컬 방식으로 전달하기 시작한다. 이는 엄밀하게 말하면 완벽한 웹드라마는 아니다. 내러티브가 스토리로 확장한 유형이라고 할 수 있는 홍보 성격이 좀 더 강하므로 기존의 광고와 크게 차별화되는 것은 아니다. 특히, 가격이나 상품 정보를 반복해서 강조하는 대목에서는 더욱 그렇다.

(2) 웹드라마 〈나의 소중한 세계〉

2017년 8월 선보인 웹드라마 〈나의 소중한 세계〉는 비슷한 느낌의 웹드라마 주인공을 통해 스토리텔링을 시도했다. 웹드라마의 후광효과를 기대하면서 만드는 방식이라고 할 수 있다. 72초TV의 웹드라마 〈오구실〉의 여주인공 이채은이 직접 등장한다. 이 드라마에서는 혼자 또는 둘이 맥주를 마시는 장면이 종종 등장한다. 여기에 착안해서 마트에서 부부가 드라마를 고를 때 고민하는 모습을 담아내고 있다. 연애이야기가 중심이었던 웹드라마 〈오구실〉과 다르다는 점은 명확하지만 캐릭터의 일관성은 있다.

마트에 같이 간 남편은 자꾸 엉뚱한 물건을 고른다. 고민이 많은 아내는 절제 없는 남편의 선택에 화를 낸다. 그렇게 마음대로 사면 언제 대출금 갚고 좋은 집으로 이사 가고, 아이를 언제 낳을 거냐고 따진다. 그때 엄마가 전화해서 보내준 용돈 고맙다고 말하며 사위, 즉 남편이 "네가 회사에서 무슨 힘든 일이 많은지 보약을 먹여야겠다."고 말한 것을 전한다. 그러자 아내는 기분이 달라진다. 마침 남편은 맥주를 보고 있었고 아내는 맥주 사는 것을 허용한다. 대신 맥주를 하나씩만 사자고 한다. 오랜만에 맥주파티를 하자는 것. 그러자 남편은 좋아하며 맥주를 고르는데, 엄청나게 많은 양을 사온다. 맥주를 종류별로 다 사온 것. 아내는 두 사람이 먹을 맥주 하나씩만 사자는 것이었다. 그러면서 아내가 남편을 때리는 모습을 코믹하게 그린다.

이렇게 감동과 반전의 스토리텔링을 지니고 있다. 마트에서 물건 하나 사는 데도 고민해야 하는 신혼부부의 현실과 400종이 넘는 수입 맥주를 판매하는 유통업체의 전략을 결합했다. 여성의 입장이 주로 반영되고 시점도 여기에 부합한다. 소비층을 의식한 것이다. 드라마가 공개된 8월 7일부터 9월 30일까지 이마트의 수입 맥주 매출이 전년 동기 대비 29.8% 증가하는 효과도 봤다. 반드시 스토리텔링 광고 때문만은 아니겠지만 일정 부분 기여했다고 평가되었다.

(3) 웹드라마 〈전지적 짝사랑 시점〉의 남성복 CF

앞의 사례와 같이 웹드라마 인기 주인공을 내세운 광고 드라마다. 1억 3,000만 건 이상의 조회 수를 기록한 웹드라마 〈전지적 짝사랑 시점(이하 전짝시)〉의 주인공 양혜지가 등장한다. 그런데 눈길을 끄는 것은 최고의 청춘스타인 박보검이 남자 주인공으로 등장한다는 점이다. 이 드라마는 SNS를 통해 오가는 문자 메시지들이 그대로 화면에 나온다. 또한 여주인공의 마음, 생각들이 그대로 내레이션으로 흘러나온다. 이 드라마 형식은 젊은이들의 연애감정을 그린 웹드라마 〈전짝시〉를 그대로 다루었다.

배경 공간은 카페다. 카페 직원인 여성은 1인칭으로 자신의 마음을 이야기하기 시작한다. 오늘도 멋진 남성이 왔음을 말한다. 그때까지 남자의 얼굴은 보이지 않고 오로지 여성만 그려진다. 오늘은 테이크아웃하지 말고, 마시고 가라는 속마음이 그대로 나타나기도 한다. 물론 남자를 더 많이 오래 보고 싶어서 그런 생각을 하고 그 말이 무심코 튀어나온 것이다. 그것을 남자 주인공이 듣는 약간 난처한 상황이 생긴다. 그리고 전화번호를 알려달라고 말하고 싶은데, 입이 떨어지지 않는다. 거꾸로 자신의 전화번호를 알려주고 싶은 마음도 있다. 이렇게 혼잣말을 하다가 어색한 행동을 반복하는 가운데 전화번호를 달라는 말을 하게 되고, 결국 남자도 여자의 마음을 확실하게 알게 된다. 그런 가운데 갑자기 공간이 바뀌고 남자 주인공은 옷을 입는다. 그곳은 남성복 매장이다. 옷을 돌려가며 입는 사이 화면에 문자 내용이 뜬다.

"우리 내일 만나는 거 맞죠?"

이 웹드라마 어디에도 남성복 광고는 없지만, 맨 마지막 장면에서 잠깐 남성복 브랜드가 노출된다. 유튜브에 영상이 공개된 지 2개월 만에 조회 수 140만 건을 돌파했다.

(4) 웹드라마 〈한참은 더 따듯할 우리의 날들〉

11월 1일은 한우데이로 2017년 유통업체(롯데마트)가 한우와 관련한 웹드라마 〈한참은 더 따듯할 우리의 날들〉을 만들었는데, '진심한우'라는 브랜드를 홍보하기 위한 영상이지만 이를 직접 홍보하는 내용은 없다. 심지어 한우를 맛있게 먹는 장면도 없다. 다른 광고들이 일반적으로 맛있게 먹는 장면을 부각해서 소비를 유도하는 것과 달랐다. 그래서 출연자들은 과장된 몸짓과 표정을 지으며 맛있게 먹는 연기를 하지 않아도 되었다. 그저 스토리에 맞는 연기에 충실하면 되었다.

처음 장면은 여성 주인공이 20대 취준생 시절, 투덜거리며 어머니가 해주던 한우요리를 먹는 장면이 등장한다. 하지만 어머니가 갑자기 세상을 떠나면서 아버지와 둘이서만 먹는 장면이 이어진다. 그 뒤에 결혼하고 남편과 같이 집에서 한우고기를 해먹게 되는데, 어느 순간 주방에 있는 남편 모습에 어머니가 겹쳐 보인다. 어머니와 못다 나눈 말과 아쉬움, 연민이 오가면서 주인공은 눈물을 흘린다. 이러한 장면은 가족애, 특히 엄마와 딸의 관계성 속에서 자연스럽게 공감을 이끌어낸다.

이 드라마도 1인칭 관점으로 유지된다. 실제 스토리 같은 느낌을 주기 때문이다. 이 과정에서도 한우 이름이 등장하지만, 소비를 촉진하려는 장면은 없다. 자연스럽게 스토리텔링 과정에서 감정적인 각인 효과가 일어난다. 이처럼 직장인 여성을 등장시킨 이유는 감정이입을 통해 한우 소비를 촉진하려는 의도를 지니고 있지만, 전면에 등장시키지는 않았다. 이 웹드라마는 공개 한 달 만에 조회 수 550만 건, 공유 횟수 3만 건을 넘었다.

(5) 웹드라마 〈엄마의 엄마가 되었습니다〉— 공익광고

웹드라마 광고의 유행은 공익광고에도 영향을 미쳤다. 이 광고는 2018년 1월 31일에 공개되었는데, 기존 공익광고와 확실히 차별화되었다. 공익광고는 대개 다큐멘터리 방식이나 상황극을 중심으로 제작되는 흐름이 있었다. 이 광고에서 주장하는 것은 치매 노인에 대해 국가가 적극적으로 나서겠다는 것이다. 마치 가족이 치매 환자를 돌보는 것과 같이 책임을 분담하겠다는 뜻을 담고 있다. 이러한 광고는 치매에 대한 인식을 개선함과 동시에 국가의 정책 방향이나 내용을 홍보하는 역할을 함께하고 있다. 일단 이러한 정책을 홍보하는 데 일방적으로 정보와 사실을 나열하는 것이 아니라 하나의 스토리텔링 방식으로 시도하고 있다는 것이 특징이다.

어린아이가 엄마의 립스틱을 바르고 노는 모습을 엄마가 흐뭇한 표정으로 보고 있는데, 갑자기 딸아이가 시장에 호떡을 먹으러 가자고 한다. 그런데 시장에 가서 엄마가 다른 물건 값을 물어보는 사이에 아이는 사라지고 만다. 엄마는 아이가 길을 잃어버린 것으로 알고 혼비백산하여 지나가는 사람들에게 핸드폰의 사진을 보여주며 애타게 딸을 찾는다. 아무리 찾아도 딸의 모습이 보이지 않는데, 불현듯 아까 딸아이가 호떡을 먹고 싶다고 했던 것을 떠올린다. 그래서 호떡을 파는 곳에 가보니 그곳에 딸이 앉아 있었다. 엄마는 아이를 혼내며 호떡도 좋아하지 않으면서 왜 이곳에 있냐고 한다. 그러자 딸아이는 "엄마가 좋아하잖아."라고 말한다. 그 순간 딸아이는 엄마의 나이든 엄마로 얼굴이 변한다. 예전에 호떡을 챙겨주던 것은 엄마였는데, 어느새 엄마는 아이처럼 치매 환자가 되어버렸다. 이제 딸은 엄마의 엄마가 되어 엄마를 지켜주어야 한다. 딸아이의 엄마는 스스로 말한다.

"이제 엄마의 엄마가 되었습니다."

이 영상을 만든 주체는 마지막에 단 한마디를 할 뿐이다.

"부담과 책임을 함께 나누겠습니다. '당신 곁에, 치매국가책임제.'"

치매 환자의 현실을 스토리텔링을 통해 잘 보여준 점 때문인지 다른 공익광고와 달리 일주일 만에 조회 수가 10만여 건을 넘었다. 이 드라마도 1인칭 시점으로 사실성을 높였다.

(6) PPL 웹드라마 광고 — 〈까마귀상가〉, 〈FAKE: 나는 없고, 나는 많다〉 등

웹드라마 시리즈가 통째로 광고가 되기도 한다. 2017년 10월에 공개된 9부작 웹드라마 〈FAKE: 나는 없고, 나는 많다〉는 분장 전문가인 주인공이 다른 사람들의 얼굴로 살아가는 이야기다. 다른 사람들의 얼굴로 살아가는 남자와 가릴수록 드러나는 진짜 얼굴에 대한 이야기다. 반전에 반전을 거듭하는 스토리와 전개가 예측 불가라는 평가를 받았다.[1] 분량은 한 편당 10분 내외인데, 2018년 3월까지 327만 건의 조회 수를 기록했다. 다만, KB국민카드의 알파원카드가 간접광고로 등장한다.

이렇게 덜 드러나게 하는 경우도 있지만, 매우 노골적으로 직접 광고 주체를 드러내는 방식도 있다. 〈까마귀상가〉는 11부작 웹드라마인데. '배달의민족' 직원과 '72초TV' 직원들이 까마귀상가에 입주하며 생기는 에피소드를 담은 오피스 시트콤이다. 작품에서도 '배달의민족'이라는 회사명이 등장한다. 배달의민족 특유의 민트 색상이나 광고 포스터도 보인다. 사무실에는 배달의민족을 상징하는 카피 "배고프니까 청춘이다"가 붙어 있다. 이러한 면은 그대로 기업에 대한 광고이므로 감정이입과 동일시를 하지 못하면 보는 이들에게 반감 요소가 있을 수 있다.

(7) 금융광고 '딥 오일(Deep Oil)'

이 광고에서는 배우 신성록이 수학천재로 등장했는데, 4주 만에 광고 조회 수 700만 뷰를 돌파했다. 주인공은 수학천재인 젊은 남성이다. 1인칭 시점으로 마치 자신의 경험담을 말하듯이 펼쳐진다. 사람들은 일단 이 천재 주인공에게 감정이입을 하게 된다. 왜냐하면 뛰어난 능력을 지녔지만 현실에서는 약자이기 때문이다. 마치 스릴러 영화 작품을 보

---

1) "'FAKE: 나는 없고, 나는 많다' 이현욱, 흡입력 만든 하드캐리", 〈헤럴드경제〉, 2017. 10. 30.

는 듯하다. 천재의 시선으로 세상을 보기 때문에 불우한 천재가 위기를 극복하고 진정한 가치를 인정받을 것으로 보인다. 하지만 반전이 있다. 스릴러 콘셉트의 어두운 풍경과 레트로풍의 영상 위에 해를 보다가 시력을 잃는 주인공 이야기가 자신의 입을 통해 나온다. 시력을 잃은 뒤 수학천재로 거듭난 주인공은 마주치는 어떠한 상황에서도 자동으로 수학계산을 하게 된다. 무엇이든 수학으로 표현되는 신성록의 재능은 그에게 축복이지만, 여기에서는 저주로 보인다.

스토리 광고 내용을 보면 주유소에서 일하는 주인공은 수학천재인데, 어느 날 생각보다 복잡한 주유 할인 계산에 일처리를 지체하게 된다. 그런데 뒤늦게 주유를 시작한 옆 손님이 복잡한 계산과정 없이 '딥오일'로 주유액의 10%를 할인받아 순식간에 먼저 떠난다. 심플한 주유 할인 서비스를 반전으로 재치 있게 표현한 콘텐츠형 광고다. 실제 해당 기업은 리터(ℓ)당 할인 서비스가 아닌 주유액 기준 10% 할인을 받을 수 있는 내용을 광고하기 위한 것인데, 그 내용은 맨 마지막에 짧게 등장할 뿐이다. 등장한 손님은 '모트라인의 까만 형'이라 불리는 김범훈 선수로 현재 자동차 레이싱 선수이며, 유명 유튜브 자동차 리뷰 채널의 진행을 맡고 있었다.[2] 제작 관계자는 "디지털 광고 콘텐츠들이 넘쳐나는 시대에 광고 같지 않고, 반전이 있는 고퀄리티 영상을 통해 고객이 거부감 없이 영상을 몰입해서 볼 수 있도록 기획했다."[3]고 했다. 톤이나 분위기, 대사 그리고 캐릭터나 갈등의 플롯은 영화 같은 느낌을 주는 것으로 충분하다. 내용은 반전과 함께 재미 요소가 가미되어 마지막에 가볍

---

2) "신한카드, '딥 오일' 광고 영상 4주 만에 700만뷰 돌파", 〈이데일리〉, 2018. 7. 16.

3) "신한카드 '젊은 수학천재의 슬픔' 편, 4주만에 유튜브 조회수 700만", 〈비즈트리뷴〉, 2018. 7. 16.

게 광고라는 사실이 드러난다.

(8) 온라인게임 '검은 사막'의 신규 캐릭터 콘텐츠형 광고

2017년 12월 2일, 유튜브에 공개된 광고영상은 이날 저녁 실시간 인기 동영상 1위에 올랐다. 공개한 지 두 달이 지난 2월 초순, 조회 수 328만 건을 돌파했다. 걸그룹 멤버가 아니라 여배우가 게임 광고에 출연해서 눈길을 끌었으며, 실제 판매에도 영향을 주었다. 신규 캐릭터 '란' 출시 후 게임 동시접속자 수가 그전과 비교해 40%가량 증가했다 (2017년 12월 기준). 댓글은 1,500여 개로 "역대급 클리셰(Cliche: 진부한 표현이나 상투를 칭하는 비평 용어) 비틀기"라는 등 긍정적이었다. 전체적인 내용은 이렇다.

"스케줄이 갑자기 잡힌 거예요? 어떤 광고인데요?"

배우 오연서가 CF 촬영장에 들어서며 매니저에게 묻는다. 그러자 매니저가 말한다.

"사막에서 피어난 '란'? 무슨 화장품 광고 같던데."

어느새 드레스로 갈아입은 오연서가 푸른색 배경지 앞에 있고, 현장 감독은 상황에 몰입하라고 주문한다. 오연서가 황금빛 갈대숲을 상상하며 앞으로 뛴다. 자연과 잘 어울리는 모습이다. 이때 오연서가 카메라 앵글을 응시하며 우아한 표정으로 말한다.

"거부하지 마요. 촉촉하게 지속되는 마이 브랜드 뉴 에이지(my brand new age). 란, 지금 바로 경험하세요."

화장품 광고에 충실한 연기였다. 감독은 기분 좋게 컷한다. 오연서는 감독에게 잘되었냐고 묻는데, 감독은 아주 잘되어서 기대할 만하다고 말한다. 광고 완성작이 공개되는 날이 되어 기대에 부푼 오연서와 매니저가 TV 앞에 앉아 보기 시작한다. 그런데 배경이 갈대숲의 자연이 아니라 전쟁터였다. 오연서의 눈에 불꽃이 타오른다. 마지막 클로징도, 성우의 내레이션도 이렇다.

"거부하지 마라. '검은 사막'의 새로운 변화를. 신규 캐릭터 '란' 출시."

화장품하고는 아무런 관계가 없다. 마지막으로 전쟁터를 뛰던 오연서가 카메라를 보고 비장한 표정으로 말한다.

"란, 지금 바로 경험하세요."

이 광고를 본 오연서가 충격을 받은 표정으로 매니저를 바라보자 당황한 매니저는 "저 게임 재밌겠네." 하고 일어선다. 매니저는 전화를 받는 척하며 급히 나가버린다. 반전의 스토리텔링이라고 할 수 있다. 예상대로 기분 좋게 흘러가는 줄 알았는데, 갑자기 파국적인 결말을 맺는 형식이다. 잘될 것이라는 기대감은 여지없이 파국으로 끝나버렸다. 물론 보는 이들은 반전에 가벼운 웃음을 짓는다. 깊은 여운은 없다. 그것이 목적이 아니라 게임 광고이기 때문이다.

한편 '15세 관람가 버전'의 광고도 있었는데, 이 광고는 반전으로 주인공이 파국을 맞는 것이 아니라 오히려 입지가 당당해진다. 교생실습을 오게 된 오연서는 담당 은사님이 학생들에게 선배이기도 하며 제자이기도 하다고 소개한다. 그리고 다음으로 수학 수업 장면이 펼쳐지는데, 갑자기 밖에서 한 학생이 튀어 들어오며 우리 반이 모두 당했다면서 빨리 밖으로 나오라고 한다. 그러자 학생들이 각자 병장기를 꺼내 밖으로 나간다. 한 학생이 선생님은 안전한 곳에 있으라고 한다. 오연서는 "안 돼!" 하고 소리친다. 그 순간 갑자기 현실로 돌아온다. 은사님이 자신의 제자라고 소개하는 순간이었다. 그 순간 갑자기 오연서는 자신이 검은 사막에서 레벨이 얼마이고 파워가 어떻게 되는지 말한다. 그리고 많이 이용할 것을 권고한다. 이런 광고는 사실 재미있는 반전이 중요하다. 하나의 웹드라마 형식으로 빠지게 만들고, 마지막 순간에 전혀 예상치 못한 상황으로 몰아넣는다. 게임 상황과 현실 상황을 믹스해서 스토리텔링하는 방식의 대표적인 사례다. 한편, 오연서같이 유명배우가 등장했다는 것은 그만큼 게임 위상이 달라졌음을 의미하기도 한다.

(9) 오히려 길어지는 웹광고

웹광고에서는 제품과 특징을 부각하기보다는 스토리텔링과 독특한 감성을 목표로 광고 영상들이 주목받았다. 흔히 이런 웹광고는 짧은 분량일 것으로 생각되지만 오히려 길다. 이 웹광고들은 '더 짧게'를 연호하는 트렌드와 달리 10분 가까이 된다. 이야기의 기승전결을 뚜렷하게 제작해 보는 이들이 끝까지 보게 만든다.

아모레퍼시픽 라네즈의 광고 영상 'Dark Farm: 검은 농장'은 유튜브 공개 13일 만에 조회수 188만 뷰를 기록했다. 약 7분 분량인데 유행하는 가상 세계관을 적용했다. 이를 통해 신제품의 효능을 담아냈다. 신제품 효능을 스토리텔링 영상으로 보여준다. 피부 속 잡티를 의미하는 '칙칙 열매'를 가꾸는 잡티 농장에서 벌어지는 사건을 블록버스터 같은 영상미로 담아낸다.

배우 김유정이 해결사로 등장하는데, 칙칙한 피부로 고민하는 여성에게 솔루션을 준다. 이 때문에 잡티 농장에서 살고 있는 사람들은 비극적인 결과를 맞게 된다. 이를 재난 블록버스터 장르로 패러디했다. 밝고 톡톡 튀는 화장품 광고에서 벗어난 의외의 전개다. 검은 농장에서 죽음을 맞이한 사람들을 등장시켰기 때문이다. 이들을 애도하는 듯한 김유정의 슬픈 내레이션은 오히려 색다르게 각인되었다.

대세인 '숏 폼' 콘텐츠가 아닌 7분에 이르는 긴 호흡의 영상인데 이런 독특하고 참신한 스토리 전개를 통해 주목받았다. 특히 〈유미의 세포들〉 등으로 가상 세계관에 익숙한 MZ세대에게 인기 콘텐츠로 입에 오르내렸다.

누리꾼들은 "이렇게 긴 광고 영상을 안 끊고 계속 보긴 처음 인 듯", "한 편의 단편 영화처럼 아주 재미있네요. 시즌 2 기대해도 되나요?", "광고를 찾아보긴 처음이다" 등의 댓글 반응을 보였다.

또 하나의 사례가 있다. 2021년 게임 그랑사가는 '연극의 왕' 광고를 선보였는데 게임 광고의 틀을 깨버렸다는 평가를 받았다. '연극의 왕'은 게임 출시에 맞춰 진행된 광고 캠페인이다. 내용은 '어린이의 몸에 연기파 배우의 얼굴을 한 등장인물들이 어린이 연극제에 참여한다'라는 콘셉트를 갖고 있다. 그 콘셉트 아래 유아인, 신구, 박희순, 양동근, 태연 등 초호화 캐스팅에 햄릿, 로미오와 줄리엣, 아더왕 등 고전 명작의 대사들을 패러디했다. 화려한 캐스팅을 자랑하지만 약 10분의 광고 영상 중 9분 동안 게임에 관한 이야기가 없다. 마지막에 가서야 "이거 보여주려고 어그로 끌었다"라며 게임 화면으로 게임을 소개한다. 일반적인 광고라면 이해가 어려운 형식인데 시청자들은 뜨겁게 반응했다.

이 광고는 1,000만 뷰 돌파와 함께 매년 전 세계 유튜브 광고제라 불리는 2021년 11월 '유튜브 웍스 어워즈'에서 대상에 해당하는 그랑프리를 수상했다. '연극의 왕'과 함께 데뷔한 '그랑사가'는 출시 일주일 만에 애플 앱스토어 최고 매출 1위, 구글 플레이 최고 매출 3위를 달성했다.

2022년 하정우를 캐스팅해 KBS 〈인간극장〉 형식으로 광고를 만들었던 사례도 눈여겨볼 만하다. '광고라서 미안해요 정우씨' 영상은 11분 분량으로 공개 5일 만에 조회수 210만 뷰를 기록했다. 이 영상은 KBS1 〈인간극장〉 형식을 차용해 하정우가 '그랑사가'의 게임 모델로 발탁돼 광고 촬영을 하는 모습을 연출했다. 하정우가 실제 배우 하정우 역을 맡았다는 점이 특징이다. 광고 현장에 도착한 모습부터 어처구니없는 광고가 제작되는 과정의 모습이 페이크 다큐멘터리로 그려졌다. "'광고라서 미안해요 정우씨'(feat. 그랑사가)" 영상에서는 '그랑사가' 1주년을 기념한 광고 촬영장이 등장한다. 배우 하정우와 할리우드 출신 CG 전문가가 등장한다. 하지만, CG 전문가가 광고의 메인 모델인 하정우의 존재를 잊어버리게 되면서 다양한 이야기 전개된다. 광고 모델인 하정우라는 존재가 순식간에 불청객 신세로 전락한 상황이 흥미를 끈다. 광고 모델임에도 하정우는 비중이 없어 촬영장 뒤에서 눈물까지 보이는 장면을 구성했다. 초반 거드름을 피우며 촬영장에 등장하는 하정우의 모습과 울고 있는 뒷모습이 비교되어 웃음을 유발한다. 나중에는 목소리마저 변조되는 등 하정우의 수난이 연이어 벌어지게 된다. 광고 영상임에도 끝까지 시청했다면서 광고 아이디어에 감탄하는 댓글이 줄을 이었다.

드라마 스토리텔링을 적용한 사례도 볼 수 있다. 대상㈜의 미원은 김지석을 캐스팅해 청춘드라마 서사로 총 4편의 에피소드를 선보였다. 미원은 음식 어디에나 존재하지만 드러나지 않는 '맛의 조연'인 점에 주목해 제작했다. 음식의 주연일 수는 없지만 '맛의 조연'으로서 65년간 최선을 다해왔다는 점에 착안했다. 그래서 미원을 감칠맛 조연에 빗대어 표현한 것이다. 능청스럽고 맛깔나는 연기와 유쾌한 이미지의 배우 김지석이 직접 미원 패키지를 의상으로 입고 캐릭터를 연기했다. 주인공들의 러브라인을 위해 조연이 희생되는 청춘드라마 서사를 바탕으로 했다. '미원 밀푀유나베', '미원 라면', '미원 소나기', '미원 짜장면' 등 총 4편의 에피소드로 이뤄져 있다.

구체적으로 보면 김지석이 미원을 넣어 맛을 살린 밀푀유나베를 여주인공이 먹고 엉뚱한 남주인공에게 감동받는 등의 상황을 재밌게 연출했다. 극적인 상황에서 김지석이 직접 열창한 일기예보의 '인형의 꿈'을 배경음악으로 삽입해 '한 걸음 뒤엔 항상 내가 있었는데'라는 가사가 상황과 절묘하게 어울리며 웃음을 이끌어낸다. 유튜브 영상이 공개 열흘 만에 조회 수 148만 뷰를 기록했다. 관계자는 "맛의 근원 미원의 속성과 시대가 변해도 늘 한결같이 함께하던 65년 전통의 헤리티지(문화)

자산을 토대로 MZ세대에게 탄탄한 재미를 주기 위해 미원을 의인화해서 서브남 크리에이티브로 위트 있게 표현한 점이 뜨거운 반응을 이끌어낸 것 같다"고 자체 분석했다. 여기에서 의인화가 주효했는데 배우나 캐릭터의 매력을 강화하는 방안이 더욱 모색되어야 한다. 숏폼이 아니면 쉽게 스킵된다며 모든 콘텐츠, 그리고 광고가 짧게, 더 짧게 해야 한다고 할 때, 역으로 스토리를 담아 장초수 광고를 제작해 성공적인 사례를 이끌어낸 곳이 더에스엠씨그룹의 쉐이즈필름이다. 이들이 제작한 SK하이닉스의 테네시티 신드롬 시리즈 광고는 최소 500만 뷰, 최대 1,000만 뷰를 넘기며 순항했다. 2021년 12월 더에스엠씨그룹 쉐이즈필름 성신효 감독, 주혜리 작가는 다음과 같이 말했다.

> "요즘 인기 있는 스토리텔링형 광고들을 보면 대부분 과장된 표현, 연출이 들어가 있고 판타지적 요소가 포함돼 있습니다. 오히려 이런 광고들에는 전형적인 광고의 문법이 섞여 있는 것 같아요. 눈에 확 들어오고 재밌고, 그래서 연계성보다는 시선을 확 끌 수 있어야 한다는 광고의 문법 말이죠. 하지만 저희는 전체적인 완성도나 연계성을 좀 더 중시하고 있습니다. 그래서 오히려 전형적인 광고의 문법을 탈피하죠."

유튜브 광고계 트렌드는 제품을 직접 제공하고 소개하는 단순한 방식을 넘어서 콘텐츠를 만들어 소비자에게 전하고자 하는 메시지를 간접적으로 담아내는 스토리텔링, 즉 웹드라마, 웹예능 등의 형식이 선호되었다. 이유는 거부감 없이 볼 수 있는 '세련된 광고'라는 평가를 받기 때문이었다. 기업들은 '광고'가 아닌 스토리텔링을 담은 '콘텐츠'로 소

통한다. 살펴볼 때, 화장품을 부숴 '달고나'를 만들고 게임 세계관을 확
장해 단편영화를 제작하는 것이 그 예다.

3.
적용하기

Q. 영상 광고 스토리텔링의 다른 분야 성공 사례를 찾아보자.

_____

_____

_____

_____

Q. 영상 광고 스토리텔링의 콘티를 짜보자.

_____

_____

_____

_____

Q. 디지털미디어의 다변화 관점에서 영상광고 스토리텔링을 고민해보자.

_____

_____

_____

_____

_____

9
강

웹픽션

1.
이해하기

웹픽션(Web Fiction)은 웹소설, 웹툰, 웹드라마를 말한다. 이러한 문화 콘텐츠는 주로 웹에서 창작되고 유통되며 소비된다. 무엇보다 이들은 단순히 디지털콘텐츠나 웹콘텐츠라고 할 수 없을 정도로 스마트 모바일이라는 새로운 디지털 환경에서 비롯했고, 그 점에서 여전히 진화하고 있다.

1) 웹소설

웹소설은 인터넷에서 연재되는 소설이다. 웹소설의 강점은 개방성에서 비롯된다. 연령이나 자격에 상관없이 플랫폼에 자신의 창작물을 올리기만 하면 다른 사람들이 볼 수 있으므로 누구나 소설을 쓰고 바로 독자들에게 평가받을 수 있는 것이 웹소설의 특징이다.[1] 말하자면 즉시성이 특징이다. 문학의 위기라고 하는데, 웹소설도 문학이다. 웹소설은 인터넷이나 스마트폰 애플리케이션을 기반으로 서비스되는 문학 콘텐츠를 말한다.[2] 다만, 문턱이 높은 기존 문학 세계에 비해 훨씬 탈권위적이고 모바일 친화적이라는 근본 특성을 가진다.[3] 웹으로 발행하고 웹으로 읽는 소설이며, 웹소설의 시초는 1990년대 유행한 사이버소설, 통신문학으로 보는 견해가 일반적이다.

웹소설은 2008년 스마트폰이 보편화되면서 자리를 잡았다. 말하자면 스마트폰 소설이다. 예전의 사이버 소설은 퍼스널 컴퓨터로 보았기 때문에 매체 접근성이나 디스플레이가 다른 소설이다. 요컨대, 웹소설이란 웹에 접속해서 웹에 업로드 된 소설을 스트리밍 방식으로 실시간으로 볼 수 있는 소설이다. 종이로 된 소설책, 전자책과의 가장 큰 차이점은 양적인 차이다. 종이책과 전자책이 많은 양의 데이터나 내용을 한번에 구입하거나 다운로드 받아 보는 형태를 띤다면, 웹소설은 한 편을 3~5분 정도의 짧은 시간 내에 읽을 수 있는 분량이고 소설을 분절하여 판매하는 방식인데, 현대인의 필수품인 스마트폰에 최적화된 형태[4]의 소설이다.

그렇기 때문에 웹소설은 호흡이 짧고 단숨에 읽을 수 있다. 드라마 〈구르미 그린 달빛〉의 원작 웹소설 작가 윤이수는 "호흡이 다르다. 한

---

1) "문화 : 기술−문화와 기술의 만남, 로맨스·판타지에 '풍덩' 웹소설에 빠지는 시대", 한국콘텐츠진흥원, 2017년 4호.
2) [新직업열전] "독자 반응 즉각 반영해가며 문화 콘텐츠를 만드는 일. …웹소설…", 〈조선비즈〉, 2017. 10. 4.
3) "작가의 꿈을 찾아서… 웹소설 지망생 몰린다", 〈한국일보〉, 2016. 9. 29.
4) 「웹소설 산업 현황 및 실태조사 연구」, 한국콘텐츠진흥원, 2017년 12월, 3쪽.

편 안에 나름의 기승전결과 에피소드가 있어야 한다. 종이 소설책의 경우는 처음부터 끝까지 쭉 읽어나가니까 호흡이 길고 지문도 많이 들어간다."[5]고 말한다. 웹소설 중 드라마와 영화로 제작되어 대중적으로 각인된 작품의 다수는 호흡이 짧다.[6] 이런 방식이 가능할 수 있었던 것은 역시 스마트폰의 디스플레이다. 주로 이동하는 사이에 스마트폰을 위아래로 내리면서 소설을 보기 때문에 단숨에 읽기가 더욱 강화될 수 있었다. 스마트폰 시대의 '웹소설'은 다른데, 기존의 신문연재 방식에서 탈피해 스마트폰에 최적화했다.

모바일 화면에 적합한 화면 구성, 편당 분량과 구성도 모바일에 맞게 바뀌었고, 무엇보다 웹소설의 이야기 전개 방식은 기존 문학과 달리 기승전결 구조가 중요하지 않다. 문체의 중요성, 인물 심리묘사의 중요성도 덜하다. 서술과 묘사는 기존 문학에 비해 적고, 대사가 많은 편이다. 스토리텔링의 전형적인 특징 가운데 하나다. 이러한 특징은 기존 소설보다 영상화하기 용이[7]하다. 또한 독자들이 지루할 틈을 주지 않는 속도감 있는 전개와 전 연령대를 겨냥한 에피소드, 지문(地文)보다 대화 비중을 늘려 생동감을 강조하는 방식, 일일연속극처럼 절정에서 엔딩을 맺는 요령, 작품 이해를 돕는 화려한 삽화와 주인공의 캐리커처 등이 웹소설의 특징이다.[8]

웹소설의 줄거리는 매력적인 캐릭터 창출, 빠른 상황 전개, 인물 간 대화를 중심으로 이어지는데, 무엇보다 캐릭터성이 중요하므로 등장

5) "인기폭발 웹소설, 그렇게 재밌어?", 〈여성조선〉, 2016. 10. 10.

6) "새 시장 개척한 웹소설, 새로운 문학 될까?, 〈시사IN〉, 2017. 3. 3.

7) 위의 글.

8) "'스마트폰으로 소설 읽으세요'… 웹소설 '인기'", 〈뉴시스〉, 2016. 2. 12.

인물의 개성을 극적으로 강화하고, 초기 설정에서 독자의 흥미를 바로 끄는 작품이 환영받는다. 묘사나 상황 중심의 중·단편은 이런 환경에서 선택받기 어렵다.[9] 선호되는 웹소설 유형은 기존의 종이소설에서 다루지 못한 다양한 장르의 대중적인 작품들 위주다. 무협, 판타지, 로맨스, 성인물 등 대중적 관심도가 높은 장르가 중심이다. 웹소설은 인터넷소설, 팬픽, 대중소설, 장르소설 등 순문학 범주 바깥의 모든 소설 형태를 흡수[10]했다. 관련 어문연구 논문은 "국내의 전통적인 문학에서 다뤄지지 못한 다양한 소재, 장르, 모티프 등을 웹소설이 채택했다."[11]고 밝히기도 했다.

웹소설 작가 커뮤니티 등 온라인상에서는 '웹소설 십계명' 등의 지침이 회자되었다. 예컨대 모바일에서 읽기 쉽도록 문장을 최대한 짧게 써라, 서술형 문장보다는 대화를 많이 삽입하라, 다음 편에 대한 궁금증을 유발할 만한 부분에서 한 편을 끝내라, 영화 시나리오와 유사하게 써라, 독자들은 화면을 내렸다가 다시 위로 올리는 것을 귀찮아한다는 것을 명심하라, 스토리는 시간 순으로 전개하고 문장은 이미지가 떠오르게 구성하라, 한 회는 5,500자면 족하다. 단, 한 회 분량 내에서도 기승전결을 갖춰라, 드라마처럼 마지막 부분에서는 다음 회가 궁금하도록 끝내라 등이다.[12]

---

9) "웹소설이 떴다, 장르 소설이 새로운 길?", 〈프레시안〉, 2017. 2. 24.

10) "작가의 꿈을 찾아서… 웹소설 지망생 몰린다", 〈한국일보〉, 2016. 9. 29.

11) "문화 : 기술 – 문화와 기술의 만남, 로맨스·판타지에 '풍덩' 웹소설에 빠지는 시대", 한국콘텐츠진흥원, 2017년 4호.
"로맨스·판타지에 '풍덩' 웹소설에 빠지는 시대", 상상발전소/콘텐츠이슈&인사이트, 한국콘텐츠진흥원 상상발전소 KOCCA, 2017. 8. 2.

12) "웹 소설 잘 쓰는 비법 10가지", 〈ㅍㅍㅅㅅ〉, 2016. 6. 20.
〔新직업열전〕 "독자 반응 즉각 반영해가며 문화 콘텐츠를 만드는 일. …웹소설…", 〈조선비

웹 환경에서 소비하기 적합한 형태일 때, 웹소설로 완성도를 갖추는 데는 독자층도 중요하다. 인터넷서점 예스24의 자체 조사에 따르면 웹소설의 독자층은 다양하지만 가장 두터운 독자층은 30~40대 여성이었고, 이들이 로맨스 웹소설의 열성 독자였다.[13] 따라서 어떤 작품들이 인기를 끌 수 있는지 짐작할 수 있다. 무엇보다 이들은 돈을 내고 웹소설을 구매하는 이들이었다.

웹소설 스토리 구조는 다른 대중문화 장르로 쉽게 옮겨갈 수 있는 '원소스 멀티유스'의 전형적 모범이다. 따라서 많은 작품이 드라마, 영화, 공연 등으로 창작되고 있다. 웹소설은 전자책 시장의 확장에도 기여하고 있다. 웹소설 연재에 익숙해진 독자들은 전자책에 대한 거부감이 없어 연재의 인기가 자연스럽게 전자책까지 이어지고 있다는 것이다.[14] 한편 국내 최대 웹소설 전문 연재 플랫폼 '조아라'는 2000년 출범 후 17년간 15만 명의 작가가 46만 종의 작품을 연재해 하루 30만 명의 독자가 860만 건의 웹소설을 읽는 대형 사이트로 성장했다. 조아라의 매출액은 2014년 72억 원, 2015년 125억 원, 2016년 162억 원을 기록했다. 2017년에는 약 180억 원의 매출을 올렸다. 다른 웹소설 플랫폼인 '북팔'의 매출액은 2016년 약 80억 원, 문피아는 약 190억 원을 기록했다.[15]

즈〉, 2017. 10. 4.

13) "무서운 성장세 웹소설 왜 인기끄나… 한해 2억8천 수익 작가도 등장", 〈뉴스1〉, 2015. 2. 3.

14) "웹 연재 장르소설, 전자책 시장 이끈다", 〈한겨레〉, 2014. 1. 5.

15) 〔新직업열전〕 "독자 반응 즉각 반영해가며 문화 콘텐츠를 만드는 일. …웹소설…", 〈조선비
즈〉, 2017. 10. 4.

2) 웹툰

웹툰은 웹 전용으로 제작된 인터넷 만화라고 일컬어진다. 인터넷을 뜻하는 '웹(web)'과 만화를 뜻하는 '카툰(cartoon)'의 합성어이지만, 인터넷 및 모바일 환경에 게재할 목적으로 제작된 디지털 만화 장르다. 요컨대 웹툰은 온라인 만화 영역에 속하며, 웹/모바일 환경에서 제작하고 향유하는 웹/모바일 만화 장르이다.[16] 웹툰은 창작 방법과 연출 수단, 기법을 적용하면 텍스트, 이미지, 사운드 등의 멀티미디어 효과를 동원해 제작된 모바일 인터넷 만화를 의미한다.[17]

1990년대 후반 인터넷의 활성화와 함께 시작된 웹툰은 개인 홈페이지에 주로 창작·공유되었고, 2003년 포털사이트를 중심으로 부상하기 시작했다. 강풀의 〈순정만화〉 이후에 긴 스토리텔링의 웹툰이 본격적으로 창작되기 시작했는데, 당시에는 누구나 볼 수 있는 무료 콘텐츠였다. 이런 방식에서 벗어나 2015년부터 유료화하기 시작했고, 유료모델도 정착했다. 이는 웹툰만 연재되는 웹툰 전문 플랫폼이 생기면서 가능해진 일이다.

판타지, 로맨스, 무협, SF, 미스터리 등 장르가 다양하다는 점도 웹소설과 비슷하다. 신선한 소재, 무한한 상상력과 대중성이 웹툰의 강점으로 꼽힌다. 웹소설이 등단 제도를 넘어서서 참여의 폭을 자유롭게 넓혔듯이 웹툰도 작가들이 자유롭게 활동할 수 있게 폭을 넓혔다. 웹소설도 그렇듯이 아마추어 작가도 이용자들의 선호에 따라 인기작가가 될 수 있었다.

---

16) 「만화 유통환경 개선 방안 – 웹툰 산업을 중심으로」, 한국콘텐츠진흥원, 2016. 9. 1, 9쪽.
17) 「웹툰 산업 현황 및 실태조사」, 한국콘텐츠진흥원, 2015. 6. 17, 17쪽.

웹툰이 기존 출판만화와 구분되는 점은 작가와 수용자 간의 쌍방향 커뮤니케이션이다. 댓글을 통한 피드백 및 상호 소통이 된다. 이 또한 스마트 모바일이 본격화되면서 가능했다.

세로 스크롤 구독 방식은 읽는 면에서 혁명적이었다. 종이 만화책은 한 장 한 장 옆으로 시선을 옮겨야 했지만, 웹툰은 위에서 아래로 내려가면서 편하게 만화를 볼 수 있다. 웹툰은 세로 스크롤을 기반으로 하는 연출 방식을 확립했다. 대사, 내레이션 등 '글'로 정보를 전달하는 부분에서는 독자의 스크롤 속도가 느려지고, '이미지'만 있는 부분에서는 스크롤 속도가 빨라지는 점을 이용해서 창작에 활용한다.[18] 기존의 종이만화가 무조건 기계적으로 칸 나누기를 하는 데 비해 웹툰은 공간을 훨씬 자유롭게 사용한다. 중요한 것은 읽는 사람들의 몰입을 이끌어내는 것이 매우 다양한 방식으로, 그림 컷이나 글자 등을 분할 배치한다는 점이다. 웹툰 전문 플랫폼에 연재되는 작품들의 경우, 세로 스크롤 형식과 도서뷰어 방식이 혼용되기도 한다.

웹툰은 만화이므로 우선 그림 등을 통해 시각적인 집중을 하도록 하고, 아래 컷에 대한 궁금증을 유발해야 한다. 그 과정에서 컷과 컷의 간격이나 글자의 사용은 자유롭게 구성될 수 있다. 이를 통해 몰입도를 높여준다. 또한 반전 연출이 웹툰의 기본 플롯이고, 긴장이나 이완을 위해 플래시를 활용한 간단한 애니메이션 효과를 넣으며, 극적 재미를 위해 배경음악과 효과음 등을 활용한다. 그 때문에 움직이는 '무빙 툰'이나 음악 등 배경음이 적극적으로 사용되는 '사운드 툰'이라는 용어가 나오게 되었다. 단순한 그림 위주의 시각적 효과에 집중했던 웹툰은 점차

---

18) 「만화 유통환경 개선 방안 – 웹툰 산업을 중심으로」, 한국콘텐츠진흥원, 2016. 9. 1. 9-16쪽.

스마트 기술과 결합하여 다양한 멀티미디어 효과가 융합되고 있다.[19]

웹툰은 댓글 등을 통해 즉각적인 피드백이 가능하므로 다른 장르로 활용되어 어떤 반응을 이끌어낼 수 있을지 그 원천 콘텐츠의 가능성을 위한 테스트베드 역할을 수행한다.[20]

3) 웹드라마

웹드라마는 "기존의 TV 송출형 드라마와 달리 웹에서 제공하기 위해 제작된 온라인 전용 드라마로, 인터넷 사용자의 패턴에 맞춘 새로운 유형의 콘텐츠 서비스"[21]라고 정의한다.

구체적으로 보면 웹드라마는 모바일 기기나 웹을 통해 방영되는 드라마인데, 한 편에 10~15분이 대부분이다. 분량을 봐도 차이가 있는데 TV 드라마는 보통 60분 분량이지만, 웹드라마는 짧으면 3분, 길면 30분이다. 짧은 웹드라마를 모아 통합본으로 제공해도 60분을 넘지 않는 경우가 많다. 좀 더 구체적으로 보면 웹드라마는 기존 방송매체가 아닌 인터넷, 모바일 등 온라인 동영상 스트리밍 서비스를 통해 제공되는 드라마를 지칭하며, '모바일 드라마', 'SNS 드라마' 등으로도 불린다. 웹드라마의 주요 시청자층은 10~20대인데, 선호하는 분야는 연애로맨스, 취업, 직장, 스릴러, 판타지, 좀비, 뱀파이어물 등 장르적 속성이 강

---

19) 「만화 유통환경 개선 방안 – 웹툰 산업을 중심으로」, 한국콘텐츠진흥원, 2016. 9. 1, 9~16쪽.
20) 「웹툰 산업 현황 및 실태조사」, 한국콘텐츠진흥원, 2015. 6. 17, 17쪽.
21) "TV 드라마? 이제는 웹드라마 시대!", 〈스페셜경제〉, 2012. 10. 31.

한 특징을 지니고 있다.[22)]

웹드라마는 모바일 중심으로 변화하는 드라마 소비 환경에서 모바일 이용자의 확대와 함께 진화하고 있다. 웹드라마 이용은 주로 '자투리 시간'(35.3%)이나 '귀가 후 취침 전'(32.5%), '출퇴근 등 이동 시'(19.5%)에 이뤄진다. 소비 방식이나 맥락도 이런 환경에 따라 다양해질 것이라는 전망도 있다.[23)]

웹드라마의 인기 요인으로는 높은 스마트폰 보급률, 언제 어디서든 쉽게 접할 수 있는 간편성, TV 드라마와 달리 제작비가 적고 소재·형식이 자유로운 점[24)] 등이다.

제작사 측면에서 보면 웹드라마는 상대적으로 제작이 쉽고, 짧은 제작 기간과 영상, 저렴한 제작비, 다양한 배급 플랫폼 등으로 기획력과 기본적인 제작 환경만 갖추면 방송국의 편성과 배급에 의존하지 않고 독립적이 될 수 있다. 이에 제작처와 투자처가 다양해졌다.[25)]

2010년 국내 웹드라마가 첫선을 보인 뒤, 2013년 교보생명이 제작·지원한 이후 본래 대기업이나 공적 기관들의 홍보 수단, 나아가 기획사의 신인 연기자 데뷔나 아이돌 마케팅 창구로 활용되면서 대중적으로 회자되기 시작했다. 예컨대 질병관리본부는 장기·인체조직 기증과 이식을 소재로 〈뜻밖의 히어로즈〉를 만들었는데, 이 웹드라마에는 FT아일랜드 최종훈, 비투비 이민혁, 아이오아이 김소혜, 배우 박하나가 출

---

22) 김미라·장윤재(2015), 「웹드라마 콘텐츠의 제작 및 서사 특성에 관한 탐색적 연구」, 『한국언론학보』 59(5), 288-327쪽.

23) 「웹드라마 이용현황 조사」, 한국방송통신전파진흥원, 2014.

24) "'드라마, 내 손 안의 TV로 본다'… 웹드라마 전성시대", 〈중앙일보 조인스〉, 2015. 8. 10.

25) 「텔레비전 드라마와 웹드라마의 진화」, 한국콘텐츠진흥원, 2017, 103쪽.

연했다. 또한 삼성은 기업 홍보를 통해 EXO의 도경수가 출연한 웹드라마 〈긍정이 체질〉을 제작했다.

독자적인 콘텐츠로는 2013년 국내 최초의 웹드라마 〈러브 인 메모리〉가 등장하면서 관심이 높아짐과 동시에 더욱 성장했다. 기존의 전통적인 TV나 영화에 비해 제작비가 적게 들기 때문에 다양한 실험을 할 수 있었다. 뮤직비디오 한 편 제작하는 비용으로 웹드라마 한 편이 완성된다. 점차 단순 홍보 목적 외에도 스토리 완결성이 있는 차별화가 일어나기 시작했으며, 홍보 및 마케팅 채널에서 본격적인 콘텐츠로 확대되었다. 중소 규모의 제작사 외에 거대 연예기획사, KBS, SBS, CJE&M 등이 웹드라마 분야에 진출했다. 기존 방송사는 디지털 공간으로 이동하는 시청자를 겨냥해 웹드라마에 주목했다. 웹드라마 플랫폼도 초기 네이버 외에 다음카카오 스토리볼, Btv 모바일, 카카오TV 등 다양한 플랫폼이 등장하면서 작품 수가 증가하게 되었다. 연예엔터테인먼트 기획사는 소속 연예인을 중국, 미국 등에서 한류 콘텐츠로 창출하고, 스타의 활동 분야를 넓히기 위해 웹드라마 시장에 본격적으로 나섰다.[26]

웹드라마의 흥행 요인 중 하나는 주 시청자층의 관심사에 기반을 둔 스토리 구성인데, 페이스북 웹드라마의 주된 시청자는 10~20대다. 이에 제작진은 대학 캠퍼스, 연애, 취업, 회사생활 등 젊은 세대가 공감할 수 있는 이야기로 에피소드를 꾸린다.[27]

웹툰, 웹소설 등 웹콘텐츠의 '스토리 리부트(story reboot)'가 매우 용이한 점은 모바일 디지털 상호성이 가능한 콘텐츠이기 때문이다. 스토리 자체가 이런 점을 고려해서 창작할 수밖에 없다. 달리 말하면 인터랙

---

26) 「방송영상 웹콘텐츠 현황 및 활성화 방안」, 한국콘텐츠진흥원, 2015, 72쪽.
27) "지금 SNS에선 '웹드라마'가 대세… 10~20대에 폭발적 인기", 〈시빅뉴스〉, 2017. 7. 5.

티브한 스토리텔링이 중요한 콘텐츠들이므로 다른 장르나 콘텐츠로 재창작하거나 리메이크가 가능하다는 것이다. 웹드라마는 스마트 모바일이 계속 동영상 중심으로 이동하면서 더욱 각광을 받을 것이다. 다만 수익모델을 마련하는 것이 필요한데, 광고수익 외에 2차 파생 콘텐츠를 다변화시키는 전략을 추구하고 있다. 초기에는 중화권 시장을 생각해 기획·제작되었지만 쉽지 않은 과정에 있다.

2.
사례 분석하기

1) 웹소설

(1) 〈구르미 그린 달빛〉

〈구르미 그린 달빛〉은 2013년 10월부터 2014년 12월까지 네이버에서 131회로 완결된 작품이다. 2016년 9월 한 달간 유료 보기 매출 5억 원을 돌파했다. 무료 보기가 아닌 돈을 지급하고 볼 만한 콘텐츠라는 점에서 눈길을 끌 수밖에 없었다. 2017년 2월, 〈구르미 그린 달빛〉(윤이수 지음)의 누적 조회 수도 5,400만 건을 돌파했다. 〈구르미 그린 달빛〉은 순조의 아들인 효명세자를 주인공으로 한다. 조선 청춘들의 이야기를 담았는데, 역사가 기록하지 못한 조선시대 청춘들의 성장스토리를 담은 궁중 로맨스물이다. 중요한 것은 캐릭터다. 웹소설 작가 윤이수는 '작가의 말'에서 "2013년 봄날 창덕궁을 찾았다가 차마 못 다한 생이 서러운 효명세자를 기려 쓰기 시작했다."고 했다.

드라마에서 박보검이 맡은 효명세자는 스물한 살이라는 젊은 나이에 세상을 떠났지만, 이름처럼 효성스럽고 명민했다고 전해지는 인물이다. 효명세자는 1809년 조선 23대 왕 순조의 맏아들로 태어나 세 살에 왕세자로 책봉돼 여덟 살에 성균관에 입학하고 열 살에 풍양 조씨(조대비)와 혼인했다. 부왕 순조의 건강 악화로 18세 때부터 아버지를 대신해 국사를 돌보는 대리청정을 했는데, 여러 당파의 인재를 고루 등용하고 안동 김씨의 세도정치를 견제해 왕권을 강화하려고 애썼다. 하지만 뜻을 이루지도, 임금의 자리에 오르지도 못한 채 21세의 이른 나이에 병사했다.

요컨대 짧은 생애였지만 대리청정을 하면서 세도정치를 억제하고 왕정의 영향력을 회복하려고 애썼으나, 뜻을 이루지 못한 비운의 인물이다. 19세기 조선의 부활을 꿈꾼 효명세자이기에 그 못 다 이룬 꿈도 스토리텔링에서는 역설적이고도 매력적으로 작용할 수 있다. 갈등과 플롯 차원에서 당시의 시대적 갈등, 세력 다툼 등도 스토리텔링에 반영된다. 문학과 예술에서도 남다른 업적을 남긴 캐릭터이므로 문화예술적인 감수성을 자극하기도 한다. 여러 문집을 남겼고, 큰 궁중 행사를 직접 관장하면서 상당수의 악장과 가사를 만들었다.

웹소설에서는 여주인공 홍라온이 중심에 있다. 부모도, 돈도, 집도 없는 홍라온은 언제인지 기억나지도 않는 옛날부터 사내로 살아왔다. 운종가에서 '홍삼놈'으로 이름이 알려졌는데, 《논어》나 《맹자》는 몰라도 연서 하나는 기가 막히게 쓰는 재주가 있다. 그래서 당대 연애 전문 카운슬러로 통한다. 그런 홍라온이 우여곡절 끝에 궁궐 내시부에 들어가게 되면서 좌충우돌하다가 왕세자, 즉 효명세자의 마음을 흔드는 연인이 된다. 트렌디한 현대적 해석과 설정이다.

웹소설을 원작으로 한 KBS 드라마 〈구르미 그린 달빛〉은 최고 시청률 23.3%를 기록했다. 드라마 〈응답하라 1988〉의 박보검을 다시금 스타 반열에 올려놓았다.

(2) 〈달의 연인 – 보보경심 려〉

중국 소설 《보보경심(步步驚心)》을 원작으로 한 작품이다. 무엇보다 차별점은 현대에 사는 여성이 청나라로 타임슬립하면서 벌어지는 에피소드를 담은 작품이라는 것이다. 타이슬립은 현재에서 과거로 미끄러지듯 빠져들어가는 설정을 말한다. 현대 중국 여성인 '장효'가 사고로 정신을 잃어 청나라 강희제 시대의 귀족 여성인 '마이태약희'가 되면서 벌어지는 이야기를 다뤘다. 4황자와 8황자 사이에서 삼각관계를 이루는 현대 여성의 이야기다.

그 내용을 구체적으로 보면, 여주인공 장효(류시시)는 타임슬립으로 청나라 시대로 가게 되면서 약희라는 여성으로 눈을 뜨게 되고, 언니 약란의 남편인 8황자 윤사(정가영)와 사랑에 빠진다. 하지만 약희는 황위 욕심을 버리지 못하는 윤사에게 이별을 고하게 된다. 훗날 약희는 4황자 윤진(오기륭/훗날 옹정제)과 사랑하는 사이가 되지만, 왕이 된 옹정제가 자신과 의자매를 맺은 궁녀 옥단을 잔인하게 죽이는 것을 보고 그가 두려워져 유산까지 하게 되고, 결국 출궁을 원하게 된다. 약희를 도와주겠다던 8황자는 옹정제에게 가서 "약희와 나는 예전에 사랑했던 사이"라고 말하고, 이를 안 그는 약희를 멀리하게 된다. 결국 약희는 선왕이 남긴 문서대로 14황자의 측실(두 번째 부인)로 가게 되고, 고문으로 얻은 병 때문에 몸이 약해진 약희는 그의 품에서 세상을 떠난다. 뒤늦게 약희의 죽음을 안 옹정제는 후회의 눈물을 흘린다.

다만, 한국 드라마로 각색하면서 무대를 고려 시대로 옮겼다. 원작 드라마보다 짧은 분량 내에서 너무나 많은 캐릭터의 이야기를 담아내려다 보니 산만해진 측면도 있다.[28] 원작 속 시대적 배경인 청나라 강희제와 옹정제 시기는 중국에서도 숱하게 드라마로 만들어져 익숙한 반면, 고려 초는 한국 시청자에게 다소 생소한 시대[29]로 인식되었다. 이러한 간격을 해소할 수 있는 스토리텔링 장치들이 필요해 보였다.

이 드라마의 해외 판매 가격을 보면, 〈별에서 온 그대〉는 회당 4만 달러(약 4,500만 원)에 중국에 판매됐으나, 2년 뒤 〈달의 연인 – 보보경심 려〉는 그 10배인 회당 무려 40만 달러(약 4억 5,700만 원)를 받으며 중국 판권가 최고치를 경신했다. 〈달의 연인 – 보보경심 려〉는 중국 판매만으로 91억 원을 벌었다.[30]

(3) 〈김비서가 왜 그럴까〉

2018년 7월 26일 종영한 tvN 〈김비서가 왜 그럴까〉는 케이블 텔레비전인데도 8.6%의 시청률로 종영되었다. 그 때문에 인터넷에서 크게 화제가 되었다. 조회 수 5천만 뷰를 기록한 동명의 인기 웹소설을 원작

---

28) "2016 마지막 청춘사극, '구르미' 될까 '달의 연인' 될까", 〈엑스포츠뉴스〉, 2016. 12. 19.

29) 〔종영기획 ①〕"'달의 연인', 보보경심과 고려 사이 맥락은 어디로", 〈티브이데일리〉, 2016. 11. 2.

30) "중국도 한류가 절실해" vs. "예전만 같지는 않을 것", 〈연합뉴스〉, 2017. 11. 4.

으로, 해당 소설 기반의 웹툰 또한 누적 조회 수 2억 뷰와 구독자 488만 명을 돌파하며 큰 인기를 누리고 있다. 2013년 정경윤 작가의 동명 웹소설이 원작인데, 2016년 웹툰으로 만들어져 유료 구독자 수 450만 뷰를 돌파했다. 재벌 2세 이영준과 비서 김미소의 로맨스가 주된 내용이다. 재력, 얼굴, 집안 등 모든 것이 완벽한 남자이지만 까칠한 성격을 가진 재벌 2세 이영준, 그리고 9년간 보좌한 수행비서 김미소가 사직한 후 벌어지는 이야기를 담았다. 드라마에서는 재력, 얼굴, 수완까지 모든 것을 다 갖췄지만 자기애로 똘똘 뭉친 '나르시시스트 부회장' 이영준(박서준 분)과 그를 완벽하게 보좌해온 '비서계 레전드' 김미소(박민영 분)의 퇴사 밀당 로맨스를 내세웠다.

드라마 스토리를 보면, 대기업 부회장 이영준과 영준을 9년째 보필하던 완벽비서 미소의 갑작스런 사직 통보로 이야기가 시작된다. 플롯이 눈길을 확 끌게 배치된 것이다. 또한 갈등구조를 전면에 내세웠다. 그중 영준의 형이자 베스트셀러 작가인 이성현(이태환 분)과 삼각관계를 보여 로맨스 부분이 핵심이다. 이영준의 그 별난 성격을 맞춰가며 9년간 곁을 지킨 이는 바로 비서 김미소(박민영 분)다. 두 사람은 완벽한 파트너라고 생각되었다. 적어도 김미소의 갑작스러운 퇴사 통보 전까지 이영준은 그렇게 생각했다. 비서이기 때문에 전혀 그런 내색을 하지 않고 9년 동안 견뎌온 김미소. 개인적인 삶 없이 살아온 김미소는 '김비서'가 아닌 '김미소'로 살기 위해 회사를 떠나기로 결심하면서 이야기가 시작된다. 김미소는 남들처럼 연애도 하고 결혼도 하려면 24시간 긴장하며 살아야 하는 '이영준 비서' 직을 놓아야 가능하다는 것을 인식하게 되었지만, 이영준은 그렇게 할 수 없다. 김미소는 곁을 내준 몇 안 되는 중요한 인물이기 때문이다. 결국 이영준은 김미소를 잡기 위해 결혼이 하고 싶다면 자신이 해주겠다는 초강수를 둔다.

다른 스토리와 다르게 퇴사 시점에서 새삼스럽게 러브스토리가 시작된다는 점에서 빤한 신데렐라 콤플렉스를 따라가지 않는 스토리텔링이 특징이다. 대개의 신데렐라 콤플렉스 유형의 스토리는 직장생활을 하는 여성에게 어느 날 갑자기 직급이 높은 남성이 나타나 사랑하고, 위기에 처할 때마다 도와줘 연인이 되며, 결국 결혼에 이르는 내용을 포함하기 일쑤다. 그러나 이 드라마는 비서로 근무하다가 새삼스럽게 해방을 선언하는 순간 소중함을 인식하게 되고, 이때부터 사랑의 삼각관계가 벌어지는 것은 직장생활을 하는 여성들이라면 가져볼 수 있는 소망이다. 또 다른 신분상승 유형의 스토리텔링인데 사람에게는 본능적으로 그러한 욕구가 있는 것을 부인할 수 없지만, 그것을 어떻게 천편일률적으로 풀어가지 않는가가 중요할 뿐이다.

(4) 〈나 혼자만 레벨업〉

한국의 현대 판타지·헌터물 웹소설로, 작가는 추공이다. 제목처럼 현실에서 레벨업 시스템을 이용하여 성장하는 주인공이 특징인 작품이다. 연재 당시 카카오페이지 최고의 인기를 자랑하던 작품이었다. 2022년 2월 4일 기준 3,023,659명 이상이 보았다.

마수는 게이트 속 던전에서 출몰하는 괴수들로, 게이트의 등급이 높을수록 강한 마수들이 출현한다. 헌터는 마수들을 사냥하는 이능력자로, 마력량에 따라 E, D, C, B, A, S등급으로 구분된다. 다만 마력량으로 구분되는 등급은 A급까지고, S급은 측정기로 측정이 불가능할 정도로 매우 높은 등급을 말하기 때문에 S급 헌터 개개인의 역량이 많이 차이가 난다. 인기작으로 이름을 날릴 만큼 기본적인 최소한의 스토리 자체의 기승전결, 개연성, 핍진성 등등의 완성도는 갖췄다.

전 세계 누적 142억 뷰를 기록한 웹소설/웹툰 IP 〈나 혼자만 레벨업(이하 나혼렙)〉이 일본에서 애니메이션으로 제작된다. 나혼렙은 2016년 추공 작가가 집필한 웹소설로, 탄탄한 스토리텔링으로 큰 인기를 모았다. 국내만이 아니라 해외에서도 인기 있는 스토리였기 때문에 글로벌 경쟁력은 다른 영상 콘텐츠로 만든다고 해도 충분히 있었다. 이후 2018년 인기 웹소설을 웹툰화하는 카카오엔터테인먼트의 노블코믹스 프로젝트를 통해 웹툰으로도 선보여지며 흥행에 가속을 가했다.

애니메이션화는 이전부터 '나혼렙' 글로벌 팬들이 간절히 바라오던 프로젝트다. 애니메이션 제작은 〈소드 아트 온라인〉, 〈일곱 개의 대죄〉, 〈그날 본 꽃의 이름을 우리는 아직 모른다〉, 〈나만이 없는 거리〉, 〈4월은 너의 거짓말〉 등을 히트시킨 A-1 Pictures와 협업하며, 2023년 공개된다고 밝혔다.

웹소설 원작을 쓴 추공 작가는 "6년 전쯤, '나혼렙'의 도입부 몇 자를 끄적이고 있을 무렵 이 소설이 만화가 된다고 말해줬다면 저는 분명 웃기지 말라고 했을 것이다. 그런데 이제 만화에 이어 애니메이션이 된다는 소식 때문에 두근두근한 나날을 보내고 있다. 성진우와 그 친구들이 살아 움직이는 그날만을 기다린다"고 말했다. 웹소설은 당연히 영상화를 전제로 창작되고 있고, 작가의 계획이자 노정의 출발이다.

(5) 〈데뷔 못 하면 죽는 병 걸림〉

'활자 아이돌 팬덤'을 구축한 웹툰 〈데뷔 못 하면 죽는 병 걸림(이하 데못죽)〉이 자정에 공개되자마자 팬들의 뜨거운 반응을 일으켰다. 웹툰 론칭 소식이 알려지자 웹소설 열람자 수는 두 배가량 급증했다. 각 멤버의 모션 비주얼과 티저 콘텐츠는 트위터 실시간 트렌드에 오르고, 100만 뷰 이상을 기록하는 등 SNS에서 뜨거운 관심을 받았다. 팬들은 작품 속 아이돌 그룹 테스타가 실존한다고 말한다.

이처럼 인기를 확장하며 '슈퍼 팬(Super Fan)' 문화를 만든 작품이 바로 웹소설 '데못죽'이다. 소설 '데못죽'이 연재되자 팬들의 반응은 신드롬 수준이었다. 공식 굿즈 펀딩 모금액은 4억 7천만 원을 넘어섰고, 각종 커뮤니티와 SNS에서 팬들이 선보인 팬아트는 수천 건을 쉽게 넘겼다. 주인공 박문대 생일을 기념해 지하철 2호선 건대입구역 옥외광고 인증샷 이벤트에는 수백 명의 팬들이 온오프라인으로 참여했다. 유튜브 등에는 테스타의 곡을 바탕으로 팬들이 상상력을 덧붙여 만든 2차 창작 콘텐츠들이 화제를 모았다.

주인공 박문대는 게임처럼 그의 능력치를 볼 수 있는 스탯이 존재한다. 그래서 하나씩 단계를 올리는 스탯과 미션이 등장할 때마다 팬들은 박문대의 성장에 주목한다. 아이돌 데뷔 과정을 그리는 능력도 남다르다. 웹소설 속 박문대가 참여하는 아이돌 서바이벌 프로그램인 '아이돌 주식회사(이하 아주사)'는 프로그램의 성공이 절실한 상황이다. '데못죽'은 '아주사'가 진행에 맞춰 실제 프로그램마냥 생생한 비하인드 스토리를 풀어놓는다. 또한 박문대를 비롯한 아이돌 지망생들의 무대 위 모습과 무대 뒤 성장 과정을 생생하게 그려낸다.

아이돌 그룹의 시작부터 최정상까지의 사건 사고와 갈등까지 모든 것을 담고 있는 방대한 작품의 세계관은 누구나 그룹 테스타의 매력에 빠져들게 한다. 더욱이 카카오페이지 공식 SNS 계정 등을 통해 멤버 개개인의 외형을 담은 티저 영상 등과 웹툰 예고 영상 등 다채로운 콘텐츠가 꾸준히 공개되면서, 다양한 팬 활동이 가능해지는 것은 물론 '데못죽' 팬들에게 실제 아이돌 팬덤 문화와 같은 재미를 준다.

캐릭터를 볼 차례다. 테스타 멤버 7인의 각양각색 이야기를 살펴보는 즐거움은 '데못죽'의 특징이다. 공시 4년차 류건우가 어느 날 아이돌 지망생 박문대에 빙의하면서 시작되는 '데못죽'은 모든 능력치가 최저 수준인 박문대가 점차 가창, 댄스, 외모 등 모든 분야의 능력치를 상승시키면서 팬덤이 생기고 팀의 중심이 되어가는 과정이 담긴다. '문댕댕'으로 불릴 만큼 귀여움을 장착한 박문대는 팀내 메인 보컬로 되며, 평범해 보였던 외모가 그룹 테스타 활동과 함께 점차 빛이 난다.

비주얼 센터 선아현은 수려한 외모로 유명하다. 그러나 말을 더듬는 버릇을 가지고 있고, 이에 트라우마를 극복하기 위해 노력한다. 배세진은 아역배우 출신인데, 작품 초반 배세진은 배우와 아이돌의 정체성에 혼란을 느끼며 전 소속사의 공격을 받지만 곧 슬기롭게 극복하고 테스타의 멤버로 자리 잡는다. 편곡과 프로듀싱 담당 김래빈은 그룹 테스타의 상당히 많은 곡을 편곡해 천재성을 발휘한다. 타고난 친화력에 상황판단도 빠르고 처세에도 능한 이세진은 분위기 메이커로서 팀을 이끈다. 재미교포 3세로 팀내 센터이자 댄스 담당을 맡고 있는 차유진도 넘치는 끼와 괴물 같은 실력을 가지고 있다. 마지막으로 테스타의 리더 류청우는 전직 양궁 국가대표로서 팀의 절대적인 지지를 받고 있으며 천상 리더의 모습을 드러낸다.

웹툰은 '데못죽' 팬들이 상상해오던 모습을 담으려 심혈을 기울였다. 작화를 맡은 소흔 작가는 "이미지 구상에 많은 고민을 했다."며 "각 멤버별 성격과 배경, 특징을 살려 최대한 완벽하게 담아내고자 각고의 노력을 기울였다."고 밝혔다. '활자 아이돌'이 '비주얼 아이돌'로 변신한 것이다.

관계자는 "'데못죽'은 크리에이터와 슈퍼 팬이 함께 탄생시킨 작품이라고 해도 과언이 아니다."라며 "작화만이 아니라 이야기의 호흡과 연출 등에서도 뛰어난 웹툰이 되도록 노력을 기울였다. 웹소설에 이어 웹툰 또한 팬들의 커다란 즐거움이 되도록 노력해나가겠다."고 말했다.

언제나 관심의 대상인 아이돌을 소재로 또래의 관점에서 캐릭터들이 구상되고 이미지화되어 감정이입과 동일시를 느낄 수 있는 여지가 많은 스토리텔링이었다.

2) 웹툰

(1) 〈은밀하게 위대하게〉

초기에 웹툰의 영화화가 활발했던 작가는 강풀이다. 강풀의 원작을 영화화한 〈아파트〉(2006)를 시작으로 〈바보〉(2008), 〈순정만화〉(2008), 〈그대를 사랑합니다〉(2010), 〈이웃 사람〉(2012) 등이 웹툰이 원작인 영화다. 이 중 성공한 것은 100만 명 관객을 동원한 〈그대를 사랑합니다〉 정도였다. 그런데 웹툰 〈은밀하게 위대하게〉는 이러한 웹툰의 가능성을 확인해준 작품이고, 흥행성을 보여준 작품이기도 하다. 〈은밀하게 위대하게〉는 2013년 695만 9,083명을 기록하며 흥행에 성공했다. 최정예 북한 스파이의 이야기를 친근하고 따뜻한 정서로 접근한 콘셉트를 갖고 있었다.

영화는 북한 특수부대에서 훈련받은 최정예 요원 원류환(김수현 분)이 남한으로 오게 되면서 벌어지는 이야기로, 북한의 남파특수공작 5446부대 출신이자 20000 : 1의 경쟁률을 뚫은 최고 엘리트인 원류환의 곁에는 최정예 전사들이 있다. 리해랑(박기웅 분), 최연소 남파간첩 리해진(이현우 분)이 그들이다. 조국통일이라는 원대한 염원을 안고 남파된 이들이 맡은 임무는 어처구니없게도 달동네 바보, 가수지망생, 평범한 고등학생이다. 하지만 비밀첩보작전은 감감 무소식이다, 그런데 특별한 임무 없이 일상을 살아가던 그들에게 어느 날 은밀하고 위대한 임무가 내려진다. 그 임무를 수행하면서 그들은 내적인 갈등을 겪게 된다. 이미 간첩이 그다지 필요없어진 시대에 '그들은 무엇을 위해 살아야 할까?'라는 것이 핵심 콘셉트다. 그러면서 오히려 자신들의 정체성을 의심하게 되고, 자신들을 본래 목적이 아니라 다른 목적으로 사용하려는 세력에 맞서 싸워야 하는 상황이 된다. 간첩이 필요 없는 탈냉전 시대가 될수록 오히려 그들이 적으로 삼아야 하는 것은 사적으로 그들을 이용하려는 세력과 개인 권력자들에 맞서 싸움을 벌여야 할지도 모른다는 문제의식을 가지고 스토리텔링했다.

첩보물 같은 경우도 일반적으로 흥미를 자극하는 장르물 가운데 하나인데, 김수현이라는 핫한 배우를 캐스팅해서 많은 여성팬을 극장으로 불러 모았다. 천만 구독자를 보유했던 웹툰부터 700만 관객이 본 영화 〈은밀하게 위대하게〉는 뮤지컬로도 제작되었다. 여기에서도 캐릭터를 잘 살릴 수 있는 배우의 캐스팅이 중요했다. 공짜 웹툰과 달리 자신의 돈을 내고 멀리 공연장까지 팬들을 불러 모으려면 이 점이 더욱더 중요하다.

(2) 〈미생〉

웹툰 〈미생〉은 평범한 직장인의 삶과 그 속의 인간관계를 구체적이고 감동적으로 그려 '샐러리맨의 교과서'라 불리며 큰 인기를 끌었다. '미생(未生)'의 뜻을 보면 바둑에서 "집이나 대마가 아직 완전하게 살아있지 않음. 또는 그런 상태"다. 죽지도 살지도 않은 상태를 말하는데, 이는 고통스런 삶을 살고 있는 현대인의 모습을 은유적으로 표현한 것이다.

스토리를 보면, 바둑이 인생의 모든 것이었던 장그래가 프로입단에 실패한 후 인턴으로 직장생활에 나서면서 일어나는 일들이다. 드라마는 어린 나이에 기원 연구생으로 오로지 프로 바둑기사만을 목표로 살아가던 청년 장그래(임시완 분)가 입단에 실패하고 기업에 들어가 회사 조직이라는 전혀 다른 세계에 들어가 겪는 내용을 기본 줄거리로 삼았다. 공간적 배경은 종합상사 원 인터내셔널. 장그래는 검정고시 출신인데, 인턴으로 들어온 이른바 낙하산이다. 다른 인턴 사원들로부터 "사회배려자 전형 아니냐?"는 모욕을 당하기도 한다. 인턴으로 들어오는 이들의 스펙이 장난 아닌 회사이기 때문이다. 인턴으로 들어온 것 자체에 대해 욕을 먹는 상황. 살아남은 것 자체가 비난을 듣는 것으로 직장

생활을 시작하는 장그래. 장그래는 하루 종일 낯선 이방인의 모습으로 회사에서 버티고 견디어낸다. 처음에는 낯설지만 오 과장을 비롯하여 점차 장그래를 인정하는 이들이 생기고, 인간적인 관계들이 맺어지고 성공과 실패를 거치며, 마침내 회사를 나와 그들끼리 독자적인 길을 가기에 이른다.

이 작품이 스토리텔링을 잘한 부분은 바로 초년생이 회사에 들어가 겪게 되는 일이나 그 때문에 느끼는 심리를 매우 세심하게 포착하고 묘사한 점이라고 할 수 있다. 한국에서 만들어지는 작품들이 이런 점에서 약점으로 지적되었는데 이런 점에서 차별화되었다. 다만 후반부로 갈수록 현실보다는 이상으로 결론이 모아져 정말 판타지 만화같이 되었다. 캐릭터 관점에서 공감을 불러일으킨 점은 누구나 장그래 같은 신입 시절의 경험을 가지고 있다는 것이다. 아울러 드라마로 만들어졌을 때 캐스팅에서 오상식 과장을 비롯해 싱크로율이 높다는 평가를 받았다. 무엇보다 단지 오피스 생활자가 아니라 심각한 비정규직 문제를 다루고 있어 사회적으로도 크게 호응을 받았다.

(3) 〈치즈인더트랩〉과 〈마음의 소리〉

순끼 작가의 〈치인트〉는 회당 조회 수가 약 100만, 누적 조회 수가 11억 뷰를 넘을 정도로 인기를 얻었다. 웹툰이 드라마화되면서 가장 화제성이 높았던 작품이다. 인기가 많다고 해서 섣불리 다른 장르로 제작하면 논란의 대상이 되기 쉽다. 〈치즈인더트랩〉은 기존 팬들이 많았기에 배우 캐스팅부터 시끄러웠다. 〈치즈인더트랩〉은 달콤한 미소 뒤 위험한 본성을 숨긴 '완벽 스펙남'과 유일하게 그의 본모습을 꿰뚫어본 비범한 여대생의 숨 막히는 로맨스 스릴러였다. 캐릭터를 보면 치열하게 살아가는 여대생 홍설, 완벽해 보이지만 속을 알 수 없는 대학 선배 유정, 유정의 어린 시절 친구이자 홍설과 삼각관계를 조성하는 백인호가 주요 캐릭터다. 20대의 대학생활과 그들의 심리를 섬세하게 묘사했다는 평가를 받았다. 여주인공 홍설의 드라마 캐스팅 사실이 발표되자, 원작 캐릭터와 배우와의 '싱크로율'이 떨어진다며 항의하는 만화 팬들이 있었다.[31]

2018년 웹툰을 원작으로 제작한 영화 〈치즈인더트랩〉은 모두의 선망의 대상이지만, 숨겨진 이면이 있는 대학 선배 유정과 그러한 소문 때문에 그를 피하고 싶은 홍설이 자신의 뜻과 달리 점점 가까워지며 본격적으로 로맨스가 펼쳐지는 내용을 담았다. 배우는 드라마처럼 유정 선배에 박해진, 홍설에 오연서가 캐스팅되었는데, 중화권에서는 박해진의 인기에 힘입어 화제를 낳았다.

한편 웹툰 〈마음의 소리〉는 KBS 예능국과 손을 잡으며 드라마화했다. 웹을 통해 이를 선공개하는 파격적인 조치를 했다. 네이버 TV캐스트를 통해 공개된 웹드라마는 누적 조회 수 2,500만 뷰를 넘어섰고, TV 버전은 KBS 금요일 밤 시간에 편성됐는데, 평가도 성공적이었다. 짧은 분량의 웹툰이 시트콤과 잘 맞을 수 있다는 점을 보여주었다. 특히 반전이 있는 코믹 웹툰의 경우에는 시트콤에 더욱 부합할 수 있다는 것이다.

---

31) "웹툰, 드라마와 영화로 각색시 유의할 점", 〈헤럴드경제〉, 2015. 11. 24.

(4) 〈재혼 황후〉

미국이나 프랑스도 그렇지만 만화 강국 일본에서 한국 웹툰의 인기가 이어지고 있다. 2022년 네이버의 일본 내 웹툰 플랫폼 '라인망가'의 상반기 랭킹에 따르면 상위 10개 작품 중 한국 작품이 7개를 차지했다. 독자수, 추천수, 판매수를 모두 종합한 순위다. 1위에 오른 작품은 웹소설을 원작으로 국내에서도 큰 인기를 얻은 〈재혼 황후〉다. 네이버에 따르면 라인망가 내 누적 조회수는 2억 628만 회에 달한다. 〈재혼 황후〉는 네이버웹툰 글로벌 서비스를 통해 일본어, 영어 등 10개 언어로 번역돼 연재 중이다. 2위는 국내에서 일요웹툰 1위를 기록 중인 〈싸움독학〉이다. 이어서 3위 〈내 남편과 결혼해줘〉, 4위 〈입학용병〉, 5위 〈여신강림〉 등 5위까지 모두 한국 웹툰을 번역한 작품이 차지했다. 일본 현지에서 제작한 웹툰은 〈아오아시〉(7위), 〈도쿄 리벤져스〉(9위), 〈주술회전〉(10위) 세 작품에 불과했다. '라인망가'에 이어 카카오의 웹툰·웹소설 플랫폼 '픽코마'까지 성과를 거두며 한국 웹툰의 일본 진출이 가속화되고 있다. 한국콘텐츠진흥원에 따르면 대일 만화 산업 수출액은 2017년 974만 달러에서 매년 증가해 2020년 1,591만 달러까지 올랐다.

〈재혼 황후〉의 줄거리를 간략하게 말하자면, 동대제국의 황후 나비에가 이혼을 하고 다시 재혼하게 되기까지의 이야기를 담은 로맨스 소설이다. 노예와 사랑에 빠진 황제가 황후에게 이혼을 요구하자 옆 나라 황제와 재혼하겠다고 승인을 요구하는 황후 '나비에'의 이야기다. 한국 콘텐츠 특유의 세밀한 감정선, 일련의 사건과 관계가 주는 몰입감에 더하여 시원스러운 전개와 매력적인 작화로 해외에서도 많은 사랑을 받아 국내외 총매출 110억 원을 돌파하는 기록을 세웠다. 국내뿐만 아니라 해외 팬들에게도 사랑을 받아온 〈재혼 황후〉에 대해 국내 및 북미 단행본 발행 관련 러브콜은 꾸준히 있었으며 출판사 '리버스'와의 제휴로 국내 단행본을 발행하고, 북미 1위의 출판 및 서적 유통사 '엔프레스(YenPress)'와의 협업을 통해 〈재혼 황후〉는 글로벌 시장으로 진출했다. 현지 작가들을 발굴하는 웹툰 플랫폼이 각 나라에 진출할수록 우리 웹툰에 대한 관심도 이렇게 선순환될 수 있다.

(5) 웹툰과 세계관 확장

각 웹픽션 콘텐츠로 한정되어 존재하지 않고 서로 연계효과와 시너지 효과를 발휘할 수 있게 확장 세계관이 구축되기도 한다. 웹소설, 웹툰 기획·제작 스튜디오 스토리숲은 작품을 통해 실존 마을을 모티브로 한 '빌리버스(villiverse)' 세계관을 확장했다. '빌리버스'는 village(마을)와 universe(세계관)의 합성어로 실존 마을을 배경 삼아 인물, 사건, 배경을 연결해 웹툰, 웹소설, 메타버스, 영상 등 다양한 미디어로 확장시키는 트랜스미디어 스토리텔링 세계관이다.

또한 '빌리버스'는 안양시 동편마을을 기반으로 제작된 세계관으로 지역명을 '동쪽마을'로 재구성 및 해당 지역에 실제 위치한 카페거리, 주거지, 사무지 등을 3D 언리얼 엔진(unreal engine)으로 제작해 웹툰 배경으로 사용했다. 나아가 해당 배경을 바탕으로 메타버스 플랫폼인 제페토에 '빌리버스' 월드도 구축했다.

'빌리버스' 작품으로는 〈외나무다리에 꽃을 뿌려주세요〉, 〈대국민!

연애 참견 쇼〉가 있으며, '빌리버스'의 첫 웹소설 작품 〈로코 역하렘은 결말 후 피폐 역하렘이 되었다〉도 뒤에 출간했다.

〈외나무다리에 꽃을 뿌려주세요〉는 주인공이 쌍둥이 언니 대신 출근한 회사에서 꿈에 그리던 이상형을 만났지만, 언니의 철천지원수였던 사실을 알게 되면서 진행되는 로맨스 웹툰이다. 〈대국민! 연애 참견 쇼〉는 20여 년 동안 짝사랑 중이던 주인공이 모태 솔로 탈출 예능 프로그램에 출연하면서 일어나는 이야기를 그린 웹툰이다. 〈로코 역하렘은 결말 후 피폐 역하렘이 되었다〉는 로맨스 판타지 소설이 점점 피폐 집착물로 장르가 바뀌면서 본격적으로 이야기가 시작되는 웹소설이다.

해당 작품들은 "사람이 모이는 곳, 어떤 형태로든 사랑이 있다"라는 빌리버스 주제를 바탕으로, 서로 얽히고설키며 인물과 스토리에 영향을 주었다. 특히 〈외나무다리에 꽃을 뿌려주세요〉와 〈대국민! 연애 참견 쇼〉는 짝사랑 중인 두 주인공이 서로 좋은 영향을 주고받아 각자의 사랑에 대한 해답을 얻고, 〈로코 역하렘은 결말 후 피폐 역하렘이 되었다〉는 또 다른 웹소설의 캐릭터를 통해 주인공이 트라우마를 극복해 새 삶을 찾는 내용을 담았다.

스토리숲은 "개별로 봐도 흥미로운 작품들을 한 세계관으로 연결해 재미를 더했다. 제페토에 구축한 빌리버스 월드에서 곧 이벤트도 진행할 예정"이라며 "빌리버스 작품은 매년 새롭게 추가되며 모티브가 된 안양 동편마을에 현실 웹툰 마을도 구축할 수 있도록 기획 중"이라고 전했다.

물론 이러한 기획이나 전략은 기업의 구상이지만 이러한 방향성은 산업 전체에서 지속적으로 시도할 수밖에 없는 트렌드다. 위험 요소를 최소화할 수 있는 전략도 필요하고 현실적인 방안이 구축되는 것이 우선이다. 물론 스토리텔링이 탄탄하게 이뤄져야 하며 무분별하게 사업확장에만 치우친다면 곤란하다.

3) 웹드라마

(1) 〈우리 옆집에 EXO가 산다〉(2015)

글로벌 한류스타 엑소를 내세운 〈우리 옆집에 EXO가 산다〉는 국내는 물론, VOD 플랫폼을 통해 아시아 7개국에 방송돼 누적 조회 수 5,000만 뷰를 기록했다. 웹드라마 〈우리 옆집에 EXO가 산다〉는 모태솔로 홍조녀 연희(문가영 분)의 옆집에 엑소가 이사 오면서 벌어지는 로맨틱 코미디 이야기를 그린 웹드라마다. 방송을 통해 엑소는 실제 엑소의 모습과 연기자 엑소의 모습을 동시에 보여주며 팬심을 자극했다. 옆집에 글로벌 인기 아이돌 엑소가 이사를 왔다는 마치 만화 같은 이야기, 꿈같은 이야기가 될 것이다. 많은 이들이 스타가 자신의 거주지 인근에 살고 있으면 어떨까 상상하는 것이 일반적이다. 이에 망원경으로 옆집에 사는 엑소를 염탐하는 연희의 코믹한 모습이 공감을 얻을 수 있다.

1, 2화에서는 연희와 엑소의 첫 만남이 그려졌는데, 연희가 자신의 옆집에 이사 온 이들이 다름 아닌 엑소라는 사실에 깜짝 놀라는 것은 당연하다. 더구나 연희는 엑소의 집에서 몰래 떡을 먹다가 멤버들과 마주쳤는데, 너무 놀라서 찬열의 얼굴에 물까지 뿜어 버린다. 자신이 좋아

하는 엑소를 집 안에서 보게 되리라고는 상상도 하지 못한 일이다. 이후 연희는 '사생팬'처럼 망원경을 들고 집 안의 엑소 멤버들을 엿본다. 연희가 자신들을 염탐하고 있다는 것을 눈치 챈 엑소 멤버들은 일부러 19금 장난을 치거나 스킨십하는 시늉을 하며 연희를 놀리는 일에 나서게 된다. 그들의 놀림에 홍조증이 있는 연희는 얼굴을 붉히게 되는데, 이러면서 그들의 관계는 친숙해진다. 무엇보다 아이돌 그룹이 전면에 나서서 웹드라마를 촬영했다. 연예기획사에서 홍보용으로 찍기도 했지만, 향후 전문 드라마 제작 사업에 나서기 위해 웹드라마 제작에 적극적이었던 점도 있다. 또한 웹드라마라는 장르 자체를 몰라서 처음에는 유명한 스타들이 캐스팅의 대상이 되기도 했다. 하지만 출연료 때문에 난감했고, 그에 따라 무명의 배우들을 캐스팅해 드라마가 제작되었다. 다만 웹예능은 사회적 공감대와 공공적 가치를 지향할 경우에는 출연료에 관계없이 캐스팅에 응하기도 했다.

(2) 〈후유증〉

2014년 방송된 웹드라마 〈후유증〉은 네이버 TV캐스트를 통해 처음으로 공개된 이후 4주 만에 재생수 350만을 돌파하며 웹드라마로 뜨거운 반응을 이끌어냈다. 미국, 일본, 중국에 콘텐츠를 수출했고, 중국에서는 오픈 두 달 만에 조회 수 6천만 건을 기록하기도 했다.

〈후유증〉은 브라운관을 넘어 새롭게 시도되는 하이틴 판타지 스릴러임을 내세웠다. 고등학생 안대용(김동준)이 추락사를 경험한 뒤 신비한 능력을 얻게 되면서 벌어지는 이야기가 중심이다. 죽을 사람은 빨간 눈으로, 누군가를 죽일 사람은 파란 눈으로 보이는 신비한 능력을 갖게 되면서 이러한 능력을 둘러싸고 학교 안팎에서 벌어지는 에피소드를 스토리텔링 했다. 신비한 능력을 갖게 된다는 설정은 항상 관심을 불러일으키는데, 특히 이 드라마는 상대방의 의도와 욕망을 사전에 알아낼 수 있는 능력을 소재로 삼아 스토리텔링했다. 많은 설화나 우화에서는 뜻하지 않는 계기로 초능력을 갖게 되는 설정이 애용되었다. 그만큼 사람들에게 만고불변의 관심사라고 볼 수 있다.

〈후유증〉은 미주지역 온라인에서 최대 콘텐츠 포트폴리오를 가지고 있는 '드라마피버'에 웹툰을 대상으로 한 웹드라마로는 최초로 독점 선판매되기도 했다. 김동준, 선주아 주연의 판타지 스릴러 〈후유증〉은 총 11회로 '시즌 1: 사고 후 찾아온 또 하나의 감각', '시즌 2: 욕망이 적을수록 인생은 행복하다'로 나뉘어 제작됐다.

(3) 〈전지적 짝사랑 시점(전짝시)〉

2016년 시작한 웹드라마 〈전지적 짝사랑 시점(이하 전짝시)〉은 웹드라마 최초로 1억 뷰를 찍은 콘텐츠다. 이후 〈전짝시〉는 시즌 1, 2, 3에 이어 시즌 3.5 격의 특별판까지 제작되어 1억 3,000만 뷰를 돌파한 웹드라마이기도 하다.

〈전짝시〉은 짝사랑의 관점에서 로맨스를 그린 웹드라마로, 짝사랑하는 젊은 남녀들이 어떤 생각을 가지고 고민하는지에 대해 그려냈다. 사랑보다 더 짜릿한 짝사랑에 관한 이야기다. 그간 많은 연애 콘텐츠가 로맨스 자체에만 초점을 맞춘 것과는 다르다. 짝사랑에 빠진 이의 속마음을 1인칭 화법으로 스토리를 전개한다. 대학생 등 20대 초반 남녀가 한 공간에서 같은 일을 겪으면서도 각자 가진 속마음을 전지적 작가 시점에서 바라보는 식이다. 웹드라마 성격에 맞게 매회 3~4분 분량으로 구성되었고, 시즌마다 약 20부작으로 창작이 이뤄졌다.

아울러 방영된 에피소드와 유명 가수의 신곡을 뮤직비디오 형태로 제작했으며, 에세이 형식의 책을 출간하여 부가가치를 다르게 창출하기도 했다. 또한 해당 제작사의 다른 웹드라마와 〈전짝시〉가 가치관을 공유해 서로 다른 시리즈 속의 캐릭터들이 다시 만나 스핀오프 에피소드를 만들어가도록 했다. 특히 20대 시청자에게 선풍적인 인기를 끌며 연애 웹드라마의 정점을 찍었다고[32] 할 수 있다. MBC 예능 〈전지적 참견 시점〉은 이 드라마의 인기에 힘 입어 이름을 모방한 것이다.

〈전짝시〉의 관점은 스토리텔링에서 시점이 얼마나 중요하고 몰입감을 증대시킬 수 있는지 잘 보여주었다. 특히 1인칭 시점은 더욱 자신의 이야기로 만들어 감정이입을 통해 몰입할 수 있는데, 무엇보다 또래의 이야기들일 때 더욱 그렇다. 마치 정말 자신이 실제로 경험한 것과 같고, 드라마 같은 상황에서 나는 어떻게 해야 할지 궁금증을 불러일으켜 해법을 공유하려는 심리가 더 강해진다.

(4) 〈연애플레이리스트(연플리)〉

〈연애플레이리스트(이하 연플리)〉는 대학생들의 청춘 공감 멜로 스토

---

32) 〔뉴미디어 히치하이킹 ①〕 "'온 힘을 다해서, 그리고 대충하자' 와이낫 미디어", 〈헤럴드경제〉, 2018. 5. 4, 26면 TOP.

리다. 톱스타도, 스타 작가나 감독도 없는 이 드라마는 채널 구독자 수
만 1만 명이 넘었고, 글로벌 조회 수 3억 뷰를 넘었다. 대학생들에게 취
업만큼이나 생활의 매우 큰 부분을 차지하고 있는 것이 바로 사랑과 연
애인데, 이 때문인지 캠퍼스를 배경으로 한 청춘 로맨스물은 늘 젊은 시
청자층의 애정을 받았고 이 점에서 웹드라마의 단골소재다. 특히나 〈연
플리〉는 지상파의 어떤 청춘 로맨스 드라마보다 현실적이고 솔직하게
그려내 많은 공감을 얻었다. 짝사랑부터 남사친, 여사친 등 흔한 소재,
취중 고백과 기념일에 대한 남녀의 생각 등 현실의 대학생들이 실제로
나눌법한 대화들을 드라마로 그려내 큰 호응을 이끌어냈다.

　〈연플리〉에 출연한 배우들은 대부분 포털사이트에 프로필조차 등
록되지 않은 신인들이 대부분이다. 하지만 이는 시청자가 〈연플리〉에
더 몰입하게 만든 결정적인 비결이다. 풋풋한 또래 신인 배우들이 펼치
는 연애사가 실제 대학생들이 벌이는 실제 같은 스토리라는 생각이 들
게 했기 때문이다. 또한 인기 요인으로 청춘 남녀의 미묘한 감정을 섬세
하게 담아낸 점이 꼽힌다. 내레이션을 통해 표현된 남녀 주인공의 속마
음은 '폭풍 공감'을 일으켰다. 아울러 동아리, MT 등과 같은 대학생 문
화를 현실적으로 녹여낸 점도 인기 요인이었다. 동영상으로 메시지를
주고받는 콘셉트도 신세대의 문화를 잘 반영하여 재미를 더했다. 극중
인물들은 '스노(SNOW)'를 통해 스티커가 가미된 동영상으로 더욱 귀엽
고 생생하게 메시지를 주고받는[33] 등 스마트 모바일 환경 속에서 어떻
게 커뮤니케이션을 하는지를 잘 보여주었다. 이런 구성과 연출도 현재
대학생들의 삶을 잘 스토리텔링하는 장치들이라고 할 수 있다. 테크놀

---

33)　"'연플리', 공감으로 일으킨 반응… 시즌2 제작한다", 〈OSEN〉, 2017. 4. 6.

로지의 발달과 이를 통한 묘사와 형상화는 스토리텔링을 효과적으로 하는 데 필수적이 되어가고 있다.

(5) 시즌 웹드라마 〈신병〉

〈신병〉은 금수저보다 센 '군수저' 신병이 들어오면서 벌어지는 군대 이야기다. 부대에 새로 온 신병이 사단장의 아들이다. 원작 〈신병〉은 누적 조회 수가 2억 5,000만 뷰를 기록한 인기작이다. 드라마는 2011년의 군대를 배경으로 한다. 원작자 장삐쭈가 입대했던 시기다. 신병 박민석(김민호)이 신화부대 1분대에 배정받으면서 이야기는 시작된다. 민석이 있는 1생활관의 핵심 인물은 상병 최일구(남태우)다. 병장 심진우(차영남)가 있으나 전역을 앞둔 말년 병장으로 아무런 의욕 없이 누워만 있다. 민석을 받은 일구는 자신이 맞선임인 것처럼 속인다. 그렇게 호된 신병 신고식을 선사한다. 하지만 반전이 있었다. 민석이 '군수저'였다. 아버지, 작은아버지가 군 고위간부였다. 이를 알고 선임들은 안절부절못하며 잘해주기 시작한다. 3생활관 상병 강찬석(이정현)은 빌런이다. 후임을 폭행하고 돈을 빼앗는 등 온갖 악행을 저지른다. 이 외에 다양한 캐릭터가 있다. 의욕만 앞선 신임 소대장 오석진(이상진), 호랑이 같은 행보관 등 다양한 캐릭터가 등장한다. 이전 콘텐츠와 다른 점들은 있었다. 넷플릭스 시리즈 〈D.P.〉가 군대 내의 심각한 문제들에 집중했다면, 〈신병〉은 일상적인 디테일을 더 강화했다. 부대원들은 비 오는 날 전투복을 갖춰 입으라는 명령에 비가 더 오길 바라거나 호빵을 먹으려고 주말에 교회에 간다. TV로 레슬링 경기를 보던 일구는 후임들을 상대로 레슬링 기술을 연습한다. 군대의 일상을 현실감 있게 고증했다는 평가가 있었다.

분위기는 시트콤 같다. 대중성을 확보하기 위한 스토리텔링 전략이다. 강찬석을 통해 군내 부조리한 가혹 행위도 다뤘지만, 너무 무겁거나 어둡지 않다. 적절하게 코믹 요소를 배치했다. 팬들은 원작의 특징과 묘미를 잘 살렸다며 평가가 많았다. 놀라운 싱크로율은 원작 캐릭터를 그대로 반영한 캐스팅에 가능했다. 메가폰을 잡은 민진기 감독은 군대 소재 드라마 〈푸른거탑〉을 연출했고 그는 400명이 넘는 배우들을 직접 만나며 원작과 어울리는 실력파 배우들을 뽑았다.

〈신병〉처럼 유튜브 콘텐츠가 OTT나 방송사 드라마가 되는 경우가 많아지고 있다. 유튜버 빠니보틀의 인기 웹드라마 〈좋좋소〉는 시즌 4부터 왓챠에서 제작되어 방영했다. 유튜버와 합작한 콘텐츠도 연이어 있다. 예컨대, 유튜브 인기 웹예능 〈머니게임〉의 진용진은 MBC 서바이벌 예능 〈피의 게임〉 기획에 참여했다.

3.
적용하기

Q. 웹픽션 콘텐츠와 수용자 간 인터랙션 유형에 대해 분석해보자.

_____

_____

_____

_____

_____

Q. 웹픽션 콘텐츠의 각 장르를 수용자에 맞게 기획해보자.

_____

_____

_____

_____

_____

Q. 웹픽션 콘텐츠 원작을 바탕으로 다른 장르에 맞는 재창작 방안에 대해
구상해보자.

_____

_____

_____

_____

_____

Cultural contents DNA
Storytelling

10강

드라마
스토리텔링

I.
이해하기

　'막장드라마'라는 말은 텔레비전 드라마를 규정하는 대표적인 수사법(修辭法) 표현이다. 드라마를 부정적으로 평가할 때 이러한 단어를 쓴다. 이러한 관점으로 평가할수록 과제 비평도 좋은 점수를 받던 시절이 있었다. 관련 전문가나 교수들도 드라마에 대해 이런 용어를 쓰면서 빈번하게 비난한다. 마치 텔레비전 드라마에는 그런 드라마밖에 없는 듯이 말이다. 그런데 막장드라마는 신문이나 잡지에 나오는 용어일 뿐 텔레비전에는 잘 등장하지 않는다. 막장드라마라는 용어는 주로 신문이 텔레비전 드라마를 공격할 때 쓴다.

　막장드라마는 또 다른 말로 '대중통속극'이라고 할 수 있는데, 이런 용어가 사용된 것은 1950~1960년대 광고시장을 둘러싼 다툼 때문이었다.[1] 라디오 드라마는 물론이고 텔레비전 드라마도 신문이나 잡지 차원에서는 경쟁자다. 드라마는 많은 사람의 이목을 집중시키므로 광고주 입장에서는 광고를 내고 싶게 한다. 이 때문에 신문이나 잡지의 신

---

[1]　김환표, 『드라마 한국을 말하다』, 인물과사상사, 2012 참조.

포도 전략이 나온다. 신문은 사람들이 많이 보는 드라마를 '신포도'라고 한다. 《이솝 우화》에서 여우가 자신이 차지할 수 없는 포도에 대해 '신포도'라면서 침을 뱉어버리는 것이다. 즉, '막장드라마'라는 가치 절하의 딱지를 붙인다. 드라마 볼 시간에 신문이나 책을 보라는 것이다. 결국 막장드라마를 보는 시청자에 대해 텔레비전 드라마는 뭔가 수준이 낮고 하지 말아야 할 짓을 한 것 같은 느낌을 준다. 물론 전혀 근거가 없는 것은 아니다. 시청률을 많이 올려야 하는 드라마 제작진은 자극적인 장면을 연출하게 되고, 어떤 때는 도덕적·윤리적 측면에 벗어나 패륜적인 장면이 나오게 된다. 사실 성적인 장면이나 사회규범을 어기는 일탈적인 내용은 사람들 사이에서 화제가 될 수 있으므로 사용될 수 있었다. 그러나 이런 내용이 드라마 전체에 들어 있는 것이 아니므로 막장드라마라고 할 수 있는지는 알 수 없다. 특히 인터넷 시대가 도래하여 미국 드라마, 일본 드라마가 국내에 본격적으로 유입되기 시작하면서 한국 드라마에 대한 평가는 양쪽에서 공격을 받기에 이른다. 더구나 이들은 드라마 마니아들이었다.

그러나 2002년 KBS 2TV에서 방영된 〈겨울연가〉가 일본에서 폭발적인 인기를 끌면서 드라마에 대한 인식은 완전히 바뀌게 된다. 이어서 MBC 〈대장금〉이 세계적으로 크게 성공을 거두고 전 세계 200여 나라에 진출하면서 드라마 한류가 본격화되기 시작한다. 국내에서는 막장이고 수준이 낮다는 드라마가 한류 콘텐츠의 대표주자로 떠오르게 되었다. 예컨대 막장드라마라고 불린 〈아내의 유혹〉은 몽골에서도 엄청난 인기를 끌었다. 근래 드라마는 예전 드라마와 달리 스토리텔링이 더욱 강화되었다. 예전 같은 단순한 스토리도 아니고 장르도 매우 다양화되었다. 넷플릭스에 진출해서 해외 190개국에 동시에 방영된 〈미스터 션

샤인〉이 탄생하기도 했다. 디지털 문화가 적극적으로 개입하여 적용된 것도 있고, 드라마를 시청하는 이들이 적극적으로 변화하여 세대교체가 이뤄지고 있는 점도 생각할 수 있다.

영화와 마찬가지로 웹툰이나 웹소설 등의 원작을 드라마로 옮기는 경우가 많아졌다. 물론 아무리 웹상에서 인기가 있어도 드라마로 옮겼을 경우 반드시 흥행하는 것은 아니다. 당연히 드라마에 맞게 재창작되어야 한다. 무엇보다 스릴러나 로맨틱 코미디, 팩션, 퓨전 사극 등이 등장했기 때문이다. 즉, 드라마가 장르성이 매우 다양해진 것은 바로 스토리텔링이 그에 부합하게 만들어졌기 때문이다. 과거의 드라마는 연극이나 영화의 잔영(殘影)에서 벗어나지 못했다. 그러나 지금은 그러한 잔영에서 벗어나 드라마만의 스토리텔링에 나서고 있는 모양새다. 물론 그것을 완벽하게 인식하고 재생산하고 있는지는 좀 따져봐야 한다. 어쨌든 스토리텔링의 기본 원칙이 적절하게 적용되어 창작될 때, 시대에 맞게 변화된 드라마의 본질에 맞게 된다.

2.
사례 분석하기

1) 로맨스 드라마

로맨스 드라마가 대중적으로 인기를 끌 수 있을 때, 어떤 스토리텔링이 설득력 있고 공감을 얻을 수 있는지는 작가 김은숙의 작품들을 보면 알 수 있을 정도다. 처음에는 찬반이 엇갈렸다. 김은숙 작가의 작품 〈파리의 연인〉(2004, SBS), 〈시크릿 가든〉(2010~2011, SBS) 〈상속자들〉(2013, SBS)은 모두 평범한 여성을 사랑하는 이야기를 다뤘다. 이 때문에 재벌가 남성이 신데렐라 콤플렉스 혹은 신데렐라 판타지를 자극한다는 비판도 많이 들었다. 그러나 반드시 그러한 점만 있었던 것은 아니다. 예컨대 재벌가 남성들의 상처와 고통을 드러내기도 했다. 한편, 〈파리의 연인〉은 여주인공의 상상이라는 엔딩으로 충격을 주기도 했다. 신분상승은 하나의 상상에 불과했으며, 현실에서는 불가능한 일이라는 점을 드러냈다. 〈시크릿 가든〉은 길라임의 아버지가 소방관이었고, 화재가 난 건물의 엘리베이터에서 주원을 구한 사람이라는 점을 연결고리로 삼고 있다. 이를 통해 단순히 신분상승 욕망만을 자극하는 것은 아니라고 말한다. 〈상속자들〉은 결국 현실적으로 돈과 지위가 우선하지만, 진정한 사랑을 찾고자 하는 스토리를 보여주려 한다.

중요한 것은 대중적인 욕구가 무엇인지 그것에 바탕을 두고 로맨스 스토리텔링을 해야지 대중문화를 스토리텔링하는 수용자를 훈계하는 방식은 스토리텔링의 원칙과는 거리가 있다. 다만, 차별성이 필요하다. 다른 드라마와 대동소이하면 애써 드라마를 볼 필요가 없기 때문이다. 거꾸로 신분상승 로맨스를 격려하거나 그것을 찬양하는 방식도 당연히 곤란할 수밖에 없다. 문화적 가치를 통해 이상적인 내용을 보여주어야지 현실영합주의나 현실무기력증에 빠지도록 하면 안 되기 때문이다. 그것이 문화콘텐츠의 기본적인 본질이다.

이후 단순한 신분 차이에 따른 로맨스는 변화한다. 〈도깨비〉(2016~2017)와 〈태양의 후예〉(2016)는 김은숙 드라마가 본격적으로 한류 열풍을 크게 일으킨 드라마로, 전작들과는 다른 가치를 지니는 것이었다. 중국 SNS 웨이보에서 '태후' 조회 수는 75억 건을 기록했고, 2016년 3월 28일 영국의 BBC는 "군인이 연애하는 드라마가 아시아를 뒤흔들고 있다."라고 보도했다. 그런데 처음에 이 드라마는 김은숙 드라마를 자주 제작·방영하던 SBS에서 거부당했다. 군인이 주인공으로 등장하는 드라마는 맞지 않는다고 본 것이다. 한국에서는 군부독재의 부정적인 인식 때문에 군인을 멋지게 묘사하는 캐릭터 드라마는 좋은 평가를 받지 못했다. 전문가나 지식인도 그러한 경향성을 갖고 있었다.

이때 공영방송사 KBS가 이 드라마를 제작한다. 당시 정치적 환경 속에서 보수적인 특징을 가진 의사결정자들이 있었기에 오히려 안보를 강조할 수 있는 이 드라마를 수용한다. 군인 자체가 공적인 캐릭터이므로 희생과 헌신을 할 수 있어 공공성과 공익성을 가질 수 있었고, 이는 단지 사적인 이익만을 취하는 캐릭터와 달리 멋지게 그려낼 수 있었다. 군인과 의사가 나누는 사랑이야기는 다른 드라마에서 볼 수 없는 차별성을 갖기에 이르렀고, 높은 시청률을 기록했다. 특히 중화권에서도 높은 인기를 얻어 송중기를 한류 스타로 만들었고, 심지어 극중의 주인공이던 송중기와 송혜교는 결혼하기에 이른다. 이른바 '송송 커플'의 탄생으로 전세계적으로도 화제가 되었다. 스토리는 멜로 요소를 갖고 있다. 특수부대 요원인 남자 주인공은 여성 주인공을 사랑함에도 작전명령 때문에 떠나거나 약속을 지키지 못하는 일이 빈번해지고, 사랑하지만 사랑을 이어가기에 상황이 원만하지 않다. 이러한 상황은 그 개인들이 선택할 수 있는 것이 아니다. 특히 남자 주인공은 직업이 군인이어서 사적인 판단을 할 수 없다는 것이 이런 멜로드라마의 속성을 강화했다. 애달픈 사랑이야기가 되는 이유는 어쩔 수 없는 상황, 특히 전투지역으로 가야 하기 때문이다. 이 가운데 오락 액션 요소가 가미되면서 남성 시청자도 끌어들였다.

드라마 〈도깨비〉는 〈태양의 후예〉보다 먼저 기획되었지만, 제작비 등으로 〈태양의 후예〉보다 이후에 제작·방송되기에 이른다. 케이블 텔레비전 사상 처음으로 시청률이 20%를 넘어 가히 '신드롬'이라고 불릴 만했다. 〈도깨비〉는 본격적으로 시대적인 트렌드에 맞게 판타지 캐릭터와 설정이 등장했다. 도깨비와 저승사자, 삼신할매 같은 캐릭터가 대표적이다. 이 캐릭터는 전통적이면서도 보편적이어서 세대를 아우르기 용이했다. 스토리를 보면, 김신(공유)은 고려의 장군으로 선왕의 부탁, 즉 자신의 이복동생인 지금의 왕을 지켜달라는 선왕의 명령을 받았지만, 박중헌의 모략으로 그 약속을 지키지 못하고 가족들과 함께 목숨을 잃고 만다. 그는 몸에 큰 칼을 관통한 채 죽음을 맞게 된다. 10년 후 그의 충복이 찾아와 눈물로 소망하게 되면서 하늘의 감동이 있었는지 도깨비로 환생한다. 탄생 스토리를 위해 이 드라마에서는 사람의 땀이나 피가 묻은 물건에 간절한 소망이 전해지면 도깨비로 환생한다는 설정을 했다. 김신의 칼에 충복의 간절한 소망이 닿아서 환생한 것이다. 그리고 칼을 빼야 무(無)의 세계로 돌아갈 수 있다는 숙제를 받게 된다. 그런데 그 칼은 신부(新婦)를 만나야 뽑을 수 있다. 김신은 900년 동안 그 신부를 찾기 위해 도깨비로 살아간다. 칼이 몸에 박힌 채로 말이다. 칼이 박혀 있는 상황에서 그는 상처와 아픈 기억에 시달린다. 신부가 누구인지, 정말 신부인지 확인하는 과정이 스토리텔링의 중심에 놓인다. 신부(김고은)와 벌이는 로맨스는 당연하고, 주변 인물들의 로맨스도 같이 전개하는 스토리텔링 방식을 통해 다채로운 사랑이야기 구조를 선보이기도 했다. 여기에 초능력을 자유자재로 사용하고 비현실적인 상황 전개는 이제 시청자의 눈높이가 많이 달라졌음을 말해주었다. 신부 지은탁(김고은)은 뛰어난 외모를 지닌 캐릭터는 아니며 불우한 환경 속에서 생활고를 헤쳐나가야 하는 인물로 나온다. 이전의 작품들처럼 재벌가 남자와 로맨스를 벌이는 캐릭터와는 달랐다. 그런 면에서도 차별화된 캐릭터에 따른 스토리텔링이 가능했다. 물론 도깨비가 현실을 벗어나 서민이 아닌 생활을 하기 때문에 신분을 넘어선 사랑의 대리충족 요소는 있었다.

이 드라마는 동아시아적인 보편적 소재 때문에 대만, 홍콩 등 중화권에서도 큰 인기를 끌었다. 다만, 중국 대륙에서는 영혼과 도깨비 그리고 때마침 발동된 한한령 때문에 〈태양의 후예〉와 달리 정식으로 수입되지 못했다. 그럼에도 인터넷을 통해 이 드라마를 본 이들은 열광했다.

미국 넷플릭스의 투자가 이뤄져 400억 원의 제작비가 투입된 〈미스터 션샤인〉은 190여 개 국가에 인터넷 스트리밍으로 동시에 공개되어 화제를 모았다. 노비 자식으로 미군 장교가 되어 돌아온 유진 초이 (이병헌), 그리고 숨어서 의병 활동을 하는 여주인공(김태리), 여기에 그녀를 짝사랑하는 일본 낭인(유연석)의 삼각관계를 배경으로 조선 말의 정치 역학관계를 소재로 삼았다. 소재의 외연을 갈수록 확장하는 점을 볼 수 있는데, 이러한 점은 과연 풍부한 스토리텔링을 펼치는가가 관건이라는 점을 알 수 있다. 그런데 판타지 코드가 적은 리얼리티 드라마가 과연 얼마나 성공할 수 있을지는 제작비와 견주어봤을 때 의문이었다. 영화 같은 드라마라는 공헌을 남기기는 했다. 그 대신 스릴러와 러브스토리 방식을 결합하여 호흡을 유지해 주목을 받았다.

2) 퓨전 & 판타지 사극

드라마 〈다모〉(2003)는 퓨전사극의 효시였다. 퓨전사극은 정통사극과는 여러모로 달랐다. 정통사극에 비해 캐릭터가 제한된 수에 머물렀으며, 그들의 관계는 매우 밀접하게 연결되어 있었다. 정통사극이 대개 정치권력이나 권력 암투, 궁중 스토리에 머문 데 비해 퓨전사극은 다양한 소재에 러브스토리도 멜로 수준으로 강화되었다. 정통사극보다는 역사 고증에서 자유로우면서도 특수효과를 좀 더 많이 투입했다.

이 드라마는 본래 방학기의 만화 원작을 바탕으로 '조선 여형사 다모'라는 특이한 캐릭터를 부각했다. 더구나 드라마를 주로 보는 층이 여성이라는 점에서 진일보했다. 사극의 주인공이 대개 남자인 것과도 달랐다. 조선시대에도 여성의 적극적인 역할이 있을 수 있다는 점이 크게 평가받기도 했다.

캐릭터를 보면, 좌포청 다모 채옥과 종사관 황보윤, 역모세력의 행동대장인 장성백이 주요 등장인물이었다. 이 세 사람은 삼각관계를 이루기도 하지만, 남매라는 출신성분 때문에 사랑을 맺을 수 없는 비극적 운명임을 나중에 확인하게 된다. 결국 적과 아군으로 편을 갈라야 하는 상황이 된다. 서사 전개는 매우 빨랐고, 그들이 펼치는 스토리는 시청자의 기대감을 낳고 만족감을 줄 수 있도록 스토리텔링 되었다. 장편사극과 달리 14부작으로 완결성을 가지고 있었다. 기존 체제에 저항하여 민중세상을 바라는 장성백, 그리고 그를 잡아야 하는 종사관 황보윤, 여기에 사랑하지만 적이기에 잡아야 하는 운명을 지닌 채옥이 펼치는 스토리는 충분히 몰입할 수도 있도록 잘 짜여 있었다. 텔레비전 드라마임에도 영화 조명과 와이어를 이용한 무협영화 액션 연출도 적용하여 눈길을 끌었고, 다양한 장르의 음악이 배경음악으로 사용되었다. 이러한 요인 때문에 당시 열광하여 마니아층이 형성되었는데, 이들을 가리켜 '다모폐인'이라고 했다. 당시 경찰들도 이 드라마의 열혈 시청자였다. 당시 〈겨울연가〉, 〈가을동화〉의 인기에 힘입어 SBS 〈여름향기〉도 인기가 있었고, 여기에 시청률이 높았던 〈야인시대〉 때문에 고전을 면치 못했다. 더구나 조선사극이라는 약점이 있었는데도 시간이 갈수록 엄청난 열혈 시청자를 낳아 마침내 20% 가까운 시청률에 육박했다. 작은 영화 두 편 정도 출연했던 하지원, 히트작이 없던 이서진, 김민준은 당대 최고 스타로 떠올랐다. 다만, 이 드라마는 결말이 비극적이어서 긍정의 결말을 원하는 시청자에게는 흡입력이 떨어진 점이 있다.

MBC 〈다모〉에 이어 KBS에서 방영된 〈해신〉(2004~2005)도 정통사극과 달랐기 때문에 퓨전사극이라고 불렸다. 최인호의 같은 소설을 원작으로 한 드라마인데, 당나라를 오갔던 통일신라시대의 보물선이라고 불린 장보고의 일대기를 다룬 작품이었다. 〈다모〉보다는 훨씬 긴 51부작이었지만, 퓨전사극의 특징을 고루 갖추고 있었다. 〈용의 눈물〉, 〈대조영〉, 〈왕건〉처럼 복잡하거나 많은 인물이 나오지 않고 집중된 캐릭터에 서사구조는 단일했다. 세 번째로 제작된 HD 드라마여서 영화 같은 화면이 화제였다.

주인공 장보고 역에 최수종, 그의 라이벌 염문 역에 송일국, 그들이 사랑한 정화(수애)가 등장했다. 스토리를 보면, 장보고와 염문은 친구 관계였지만, 정화를 둘러싸고 갈라서서 대립하게 된다. 나중에 염문은 해적이 되고, 장보고는 해적을 소탕하는 직위에 앉게 되며, 정화는 그들 사이에서 갈등한다. 특히 정화를 깊이 사랑한 염문은 결정적일 때마다 한발 물러나며 불리한 위치에 처하게 된다. 그들이 검투사 노예로 끌려가 갖은 고생을 한 뒤에 금의환향하는 내용은 나중에 많은 드라마에서 반복되기에 이른다. 해외 로케, 특히 중국 대륙에서 초반부와 결말부분을 촬영해 호평을 받았는데, 이 드라마도 무협 연출방식이 많이 사용되었고, 연이은 무술과 액션 장면에 끊임없이 위기와 갈등이 등장해 눈을 뗄 사이도 없이 드라마를 보게 했다.

또한 극중 패션은 고증에서 자유롭게 만들어져 착용되었다. 극중 인물에게 주어진 테마송은 국악부터 록, 발라드, 힙합에 이르기까지 다양했다. 더구나 이 드라마에서는 캐릭터의 입지가 상대적으로 달라졌다. 즉, 염문이라는 인물은 악역이지만 절대 악인이 아니었다. 왜 악한 인물이 되어가는가를 보여주었고, 이 때문에 그 캐릭터에 동정표가 몰리기도 했다. 그래서인지 악역을 맡았던 배우였음에도 송일국은 〈주몽〉과 〈바람의 나라〉에 주인공으로 캐스팅된다. 드라마 〈해신〉은 닐슨미디어리서치

평균 시청률이 28.5%였고, 마지막회 시청률은 30.0%를 기록한 인기 드라마였다.

2003~2004년에 방영된 〈대장금(大長今)〉은 중종 시대의 실존 인물 장금의 생애를 창작한 드라마였다. 당시에 유행한 '팩션 드라마'라고 불리기도 했는데, 이는 개념 정리가 필요하다.

드라마 〈대장금〉은 주인공 서장금(徐長今, 이영애)이 폐비 윤씨의 폐위 사건 당시 궁중 암투에 휘말려 부모를 잃고 어머니가 부탁한 과제를 해결하기 위해 수라간 궁녀로 궁궐에 들어가 고군분투하면서 중종의 주치의인 최초 어의녀(御醫女)가 되기까지의 과정을 그렸는데, 무엇보다 장금의 성공과 사랑을 중심에 두고 있다. 서장금이 수라간 나인 장금에서 의녀 장금으로, 다시 수라간 최고상궁, 다시 어의녀(대장금)로 성공하는 과정을 스토리에 담았다. 스토리텔링을 위해 최금영(崔今英, 홍리나)을 중심으로 한 적대적인 세력을 만들어냈고, 장금을 보호해주는 내금위 종사관 민정호(閔政浩, 지진희)와 나누는 러브스토리도 넣었다.

이때 '팩션 드라마'라는 용어가 나온 것은 '장금(長今)'이라는 이름이 《조선왕조실록》 가운데 〈중종실록〉에 10회가량 등장하는데, 더 이상 자세한 정보는 없었기 때문이다. 장금이라는 의녀가 있었고 왕의 신임을 받았다는 정도만 기록되어 있으며, 본명이나 출신 등도 알지 못한다. 그러나 팩션 드라마는 아니고 역사적 사실에 기반을 둔 드라마로 기존의 위인이나 왕 중심의 사극이 아니어서 신선한 느낌을 주었다. 역사적 사실에 상상력을 가미했으므로 팩션 드라마라는 분석이 많았으나 이는 오류다. 팩션 개념은 뒤에서 다시 설명한다. 이 드라마가 인기를 끈 것은 게임의 요소가 가미된 게임 스토리텔링이라는 지적도 있었다. 장금이 어머니의 부탁을 마음에 새기고 한을 푸는 미션을 수행하기 위해 온갖 어려움을 극복하는 데는 진한 가족주의가 작용하고 있었다. 여기에 목표를 달성하는 과정에서 겪는 고난을 슬기롭게 극복해가고 마침내 문제를 해결한다. 더구나 그 과정에서 다른 사람들은 절대 세울 수 없는 공적을 세우고 인정을 받아 지위와 명예도 갖게 된다. 내적으로나 외적으로나 여러모로 성공을 거두게 된다. 그 과정에서 다양한 도전과제와 대결, 방해, 갈등이 있었지만 이를 현명하게 잘 극복하고, 이과정에서 장금을 돕는 조력자들의 활약도 사람사는 정을 느끼게 해주었다. 무엇보다 트렌디한 요소를 살펴보면 당시 웰빙 라이프가 유행하여 음식과 의학에 관심이 많았기 때문에 '의식동원(醫食同原)'이라는 점을 적극적으로 받아들여 세간의 이목을 끌었다. 음식으로 사람의 몸을 치료할 수 있다는 점과 수라간을 중심으로 한 갖가지 요리대결은 흥미로움을 더했다.

2003년 9월 15일 첫 방송돼 54부작으로 막을 내린 〈대장금〉은 최고 시청률 55.5%를 기록했고, 이후 전 세계 91개국에 수출했다.[2] 시청률은 홍콩 47%, 이란 90%라는 경이적인 기록을 낳았다. 인도에서는 자살을 시도한 죄 때문에 감옥에 갇힌 청년이 한국에 감사의 편지를 보내 화제가 되기도 했다. 편지를 쓴 이유는 장금의 고난 극복 과정을 보고 힘을 얻었다는 것이다.

박소희의 만화 원작을 바탕으로 한 MBC 〈궁(宮)〉(2006)은 독특하게도 미래형 사극을 표방했다. 대한민국이 1945년(광화 원년)에 입헌군주국 체제를 채택하여 현재 황제가 존재한다는 설정을 배경으로 했기 때문이다. 제작진은 "아날로그와 디지털 세계의 만남이 만들어낸, 클래식과

---

2) "드라마 '대장금', 11년간 드라마 부문 최고 시청률 기록", 〈스포츠경향〉, 2011. 7. 4.

모던이 크로스오버된 퓨전적 이야기"라는 기획을 내세웠다. '19세기와 21세기의 만남에 관한 이야기', '사랑이야기', '대한민국의 잃어버린 표상, 노블리스 오블리주를 찾아낸다'는 3가지 주제를 다루었다. 등장인물들의 패션은 어디에서도 볼 수 없었던 복장들로 채웠다. 〈궁〉 OST로 사용된 곡들 중에는 크로스오버 계열의 좋은 연주곡들이 많다.

스토리를 보면, 2006년 어느 예술고등학교에 다니는 지극히 평범한 여고생 신채경(윤은혜 분)은 성조와 채경의 조부 간에 맺은 약속으로 어쩔 수 없이 이미 민효린(송지효 분)과 사귀고 있던 황태자 이신(주지훈 분)과 결혼(정략결혼)하여 황태자비가 된다. 그러다가 황제(박찬환 분)의 건강(뇌졸중 전조증상)이 나빠지고, 이 때문에 계승자에 문제가 생기기 시작한다. 그때 영국에서 14년간 망명생활을 하던 혜정궁 서화영(심혜진 분)과 계승서열 2위인 의성군 이율(김정훈 분)이 차기 황위를 노리고 돌아온다. 그런데 의성군이 신채경에게 연모의 감정을 느끼게 된다. 그러자 점차 궁중은 혼란의 소용돌이에 휩싸이게 된다. 만약 과거에 황제 이현의 동복형인 효열태자(김상중)가 교통사고로 죽지 않았다면 의성군 이율은 이미 황태자가 되어 있어 신채경과 결혼해 차기 황제에 즉위하는 데 아무런 문제가 없었다. 즉, 의성군은 아버지 효열태자가 교통사고로 죽어 황위계승권도 뺏기고 원래 의성군의 정혼자이던 신채경도 사촌 이신에게 빼앗긴 것이다. 이런 상황에서 신채경을 둘러싸고 사랑과 권력 투쟁이 벌어지게 된다.

이 드라마에서 높은 평가를 받았던 것은 세트장이나 패션 그리고 화면 연출이었는데, 무엇보다 미래 가상형 사극이라는 점에서 트렌디한 점이 눈길을 끌 만했다. 로맨틱 코미디물을 역사적 설정에 접목했기 때문에 기존 사극이나 퓨전사극과도 분위기가 많이 달랐다. 하지만 여자

주인공 캐스팅에 대해 설왕설래한 점이 있다. 하지만 만화 원작을 사랑한 팬들이 이렇게 이의를 제기하는 일은 흔하다.

해외 방영은 베트남(HTV7. 2006), 칠레(ETC. 2016~2017), 터키(TRT 1. 2008), 필리핀(ABS-CBN. 2006), 중국(CETV. 2006) 등에서 이뤄졌다. 〈궁S〉는 속편으로 2007년 초에 방영되었다.

미래형 사극으로 2012년에는 〈더킹 투하츠〉가 방영되었는데, 기존 작품들이 북한의 존재를 배제한 채 이야기를 이끌어나갔다면, 이 드라마에서는 북한의 존재를 인정하고 남북한의 대립과 화해라는 이야기 구조를 설정했다.

드라마 〈해품달〉(2012)은 정은궐의 원작 소설을 바탕으로 했다. 정은궐은 《성균관 유생들의 나날》의 작가이고 이 작품은 드라마 〈성균관 스캔들〉로 만들어졌다. 드라마 〈해품달〉은 이제는 사라진 시청률이 40% 넘는 드라마로 불렸다. 물론 2017년 〈황금빛 내 인생〉이 무려 47%를 기록하면서 깨질 때까지 상당 기간 시청률이 높은 드라마로 불렸다. 또한 주중 드라마 중에서는 여전히 높았다. 〈황금빛 내 인생〉은 주말드라마였다.

〈해품달〉은 표면적으로는 사극인데, 실제로는 조선 중종 연간대의 가상의 왕 성조와 그의 후계자인 이훤을 내세운 가상극이다. 스토리를 보면, 조선시대 가상의 젊은 왕(태양) 이훤은 피부병이 생겨 내의원의 권고에 따라 온천 치료를 간다. 달과 비가 어우러진 어느 날 밤, 호위무사를 대동하고 온양행궁에서 돌아오는 길에 우연히 마주친 신비로운 한 여인에게 홀린 것처럼 넋을 빼앗긴다. 신비로운 이 여인은 이름조차 말해주지 않고 사라진다. 훤은 그런 그녀에게 '월(月)'이라는 이름을 지어준다. 하지만 무녀(달)와 왕(태양)은 절대 인연이 될 수 없는 관계. 그렇게 조선시대 가상의 왕 이훤과 액받이 무녀의 비극적인 사랑이 시작된다.

캐릭터들의 이름에는 의미가 숨겨져 있다. 조선의 왕인 훤(暄)과 진짜 왕비 월(月)은 각각 해와 달로 비유되고, 운(雲)은 왕(해)을 보좌하는 구름으로, 염(炎)과 설(雪)은 불꽃과 눈으로 비유되어 가까워질 수 없는 운명임을 암시한다. 중전 윤보경(尹寶鏡)은 '달을 꿈꾸는 거울'이라는 뜻으로 가짜 중전이라는 뜻이다. 양명(陽明)의 경우에는 '해에 가려진 슬픈 빛'이라는 뜻으로 왕에게 가려질 수밖에 없는 운명을 상징하는 이름이었다.

원작에 비해 주인공들의 어린 시절에 상당히 많은 분량을 할애했다. 1화에서 18%, 2화에서 22%의 시청률을 넘어 수목극 1위를 달성한 것은 아역들의 활약 때문이었다. 총 20부작이고 그중 6화까지는 아역들이 연기한다. 이후 한가인과 김수현이 등장한다. 이때 싱크로율 때문에 한가인이 연기력 논란에 휩싸이기도 한다. 한편 원작을 드라마로 만들면서 극적인 조치를 한다. 원작에서는 허연우와 이훤이 어린 시절에 직접 만나서 여러 에피소드를 만들지 않는다. 좀 더 극적으로 서찰을 주고받으면서 연을 쌓다가 혼인을 맺기로 결정한다. 허연우와 이훤이 직접 만난 적은 없다. 원작에서 허연우는 기억을 잃지 않는다. 대신 자신이 무당 팔자라고 생각해서 훤에게 자기 정체를 드러내는 일을 주저한다. 원작에서 악인은 윤대형 혼자서 전담하는데 드라마에서는 윤대형, 대왕대비 윤씨, 윤보경으로 세분화되었다. 특히 원작에서는 다소 어설펐던 대왕대비 윤씨의 기세가 드라마에선 강화된다. 이는 악역의 힘을 키워 극적인 재미와 몰입도를 높이기 위한 것이다. 마지막회 시청률 42%로 화려하게 종영했는데, 평균 시청률이 무려 33.02%였다. 수목극에서 평균 시청률 20%를 넘긴 것도 〈뉴하트〉(24.6%) 이후 4년 만의 일이었

다. 하지만 〈해품달〉 종영 후 후속 드라마들이 평균 시청률 20%를 넘지
못했고, 현재 월화수목극은 높아도 평균 10% 안팎의 시청률에 머문다.
어쨌든 젊은 세대는 주로 인터넷을 통해 드라마를 소비하기 때문이다.

3) 팩션

초창기에는 팩션(faction)을 정의할 때 "역사적 사실에 허구적 상상력
을 더한 드라마"라고 하는 경우가 있었다. 팩션의 초기 작품으로는 움
베르트 에코의 《장미의 이름》, 그리고 대중적 히트작으로 댄 브라운의
《다빈치 코드》를 언급한다. 그런데 이 작품들은 그냥 역사적 사실에 작
가적 상상력을 적용한 작품들이 아니다. 한국에서 '팩션 작가'로 불린
이정명은 팩션에 대해 명확하게 정의한다. "추리가 있어야 한다."는 것
이다. 생각해보면 역사에 허구적 상상력을 가미한 작품은 이미 너무나
많고, 사극도 대부분 그러하므로 새삼 말할 것이 못되는 것임을 곧 알
수 있다.

〈바람의 화원〉(2008)은 이정명의 같은 소설을 드라마로 만든 작품이
다. 이 드라마는 조선시대 화가 신윤복을 주인공으로 삼고 있다. 하이
콘셉트는 신윤복이 남자가 아니라 여자였다는 것.

스토리를 보면, 정조시대 도화서 생도청에 여인을 그린 그림이 발
견되어 도화서가 발칵 뒤집힌다. 그림을 그린 자를 색출하고 보니 신윤
복. 김홍도는 그의 재능에 놀라워한다. 정조는 이때 10년 전 강수항의
죽음에 대해 다시 조사하라는 명령을 은밀하게 내린다. 그는 김홍도의

스승이기도 하다. 김홍도는 의문의 흔적들을 조사해나가기 시작하다가 얼굴 없는 초상화를 발견한다. 그러는 가운데 신윤복은 그림 실력으로 세상을 놀라게 하고 도화서에서 일하면서 김홍도와 가까워진다. 그러던 중 신윤복은 김조년의 수하로 들어가 김홍도와 실력을 겨루는 내기에 비기면서 김조년을 몰락시킨다. 그 가운데 김홍도는 신윤복이 여자라는 것을 알게 되면서 사랑하게 되지만, 신윤복은 여성으로서는 제도권에서 화가로 살 수 없다는 데 절망하고 〈미인도〉를 남기고 사라진다. 그리고 김홍도를 그리워한다.

대개 그림을 소재로 한 작품들은 실패하는 경우가 많은데, 이 작품은 그래도 선방했다. 김명민 주연의 흥행 드라마 〈베토벤 바이러스〉와 2년 전 주몽으로 크게 인기를 얻은 송일국 주연의 〈바람의 나라〉가 경쟁작이었다. 하지만 팩션 추리 방식에다가 그림에 대한 꼼꼼한 분석과 스토리텔링에 치밀한 반영과 형상화가 잘 어우러져 선방하게 되었다. 그런데 정작 이 드라마는 결론이 이미 정해져 있어 흥미가 떨어졌다. 시청자는 신윤복과 김홍도가 같이 살지 않았고 결혼도 하지 않았다는 것을 이미 알고 있었기에 해피엔딩이 아니었다. 어쨌든 신윤복의 그림이 남성이 아니라 여성의 정체성을 바탕으로 그린 그림이라고 하는 생각에서 출발한 작품 콘셉트가 추리코드와 연결되어 작품화되었고, 많은 마니아층을 만들기도 했다.

이정명 작가를 한국형 팩션 작가로 만들어준 작품은 〈뿌리 깊은 나무〉(2006)였다. 〈바람의 화원〉보다 먼저 나온 작품이지만, 드라마는 나중에 2011년 SBS에서 24부작 대기획 드라마로 만들어졌다. 김영현, 박상연 작가가 〈선덕여왕〉에 이어 공동집필했다. 조선 세종시대 훈민정음 반포 전 7일간 경복궁에서 벌어지는 집현전 학사 연쇄살인사건을 소재로 했다. 제목인 〈뿌리 깊은 나무〉는 《용비어천가》 2장 첫 구절인 "불휘 기픈남간"에서 가져왔다. 한글 창제를 대표하는 말이다. 내용 중에 등장하는 조직인 밀본의 '재상이 뿌리가 되는 국가(나무)'라는 이념에도 연관된다. 전체적인 스토리는 한글 창제를 추진하는 세종의 세력과 이를 반대하는 세력이 대결을 벌이는 것이다. 형식은 흔적과 단서들을 퍼즐 맞추듯이 짜 맞추는 것인데, 결국 세계관의 대결이 일어난다. 한글을 반대하는 것은 정도전을 잇는다는 밀본 세력이다. 이들의 세계관은 사대부가 조선의 뿌리이며, 한글은 그러한 뿌리를 흔든다는 것이다. 그러나 세종은 백성이 중심이라고 본다. 훈민정음으로 백성의 말과 소리를 누구나 서로에게 전할 수 있다면 백성이 진정한 조선의 뿌리가 될 수 있다는 세계관을 내세운다. 사실상 밀본 세력이 곳곳에 있으면서 비밀리에 한글 창제에 관련된 이들을 살해한다는 내용을 담고 있다. 결론은 별것 아닐 수도 있지만, 전개하는 과정은 하나의 단서라도 함부로 할 수 없기에 궁금증을 유발하고 추리하여 예측할 수 있도록 스토리텔링을 했다. 선악의 대결은 명확하지만 실체가 누구인지 드러날 수 없는 것. 그러한 방식이 역사적 사실과 상황에 적용되었고, 그것이 전형적인 팩션이었다.

〈육룡이 나르샤〉(2015~2016)도 이러한 팩션 계열을 이어받는데, 좀 더 복합적인 시도를 하기에 이른다. 일단 〈육룡이 나르샤〉라는 드라마 제목은 《용비어천가》 1장 첫 구절인 "해동 육룡이 나르샤 일마다 천복이시니 고성이 동부하시니(海東六龍飛 莫非天所扶 古聖同符)"에서 따왔다. 이방원의 어린 시절부터 왕이 되기까지의 전개에 조선 건국을 욕망하는 여섯 인물의 이야기를 다뤘다. 이성계, 정도전, 이방지에게는 성공적인 결말이 아니었다. 집권에 성공한 이방원의 관점이 투영되었기 때문이다.

즉 태종의 성공스토리인데, 태종을 중심으로만 사건이 전개되지 않아서 인지 정통사극 같은 인물과 서사로 전개되었다. 그러나 중간에 추리코 드도 들어가 있고 판타지 설정도 있어 그동안 나온 모든 장르의 사극 설정이 복합적으로 결합되어 있는 드라마였다. 초반에는 여섯 인물이 누구인지 잘 드러나지 않고, 그들을 등장시키는 것 자체가 궁금증을 유발한다. 그러나 역사적 사실의 맥락을 따라가기보다는 각 캐릭터를 통해 조선의 건국 과정에 초점을 맞추게 된다. 김영현, 박상연 작가가 공동집필했는데 그들은 〈선덕여왕〉, 〈뿌리 깊은 나무〉에 이어서 익히 알려진 승자의 역사를 주된 드라마 소재로 삼았다. 투입된 제작비에 비하면 높은 시청률이 나오지 않았고, 최고 시청률이 17%였다. 결말로 갈수록 시청률이 높아지기는 했지만, 18%를 넘은 적이 없었다. 대부분 14~16%였다. 원래 300억 원의 제작비가 들었다고 알려졌으나 실제로는 270억 원이라 했다. 50부작이므로 회당 5억이 조금 넘는 정도였다. 어쨌든 낮은 주중 드라마 시청률 가운데 높은 편에 속했으나 가성비는 떨어진 셈이다.

4) 스릴러 드라마

드라마 장르는 텍스트의 내용에 따라 멜로, 홈, 로맨스, 역사, 수사, 액션 등으로 구분되고, 여기서 범위를 좁혀 의학, 범죄수사, 정치, 사회 부조리 등 특정 주제에 집중하는 드라마를 일컬어 '장르 드라마'라 통칭한다. 장르 드라마가 등장한 것은 2000년에 방영을 시작한 미국 드라마 〈CSI: 과학수사대〉(미국 CBS)부터라고 볼 수 있다. 범죄수사물인 〈CSI〉는 범죄에 관련된 증거물을 분석하는 법의학자들의 이야기다.[3] 스릴러 드라마는 본래 한국 드라마에서 잘 볼 수 없었지만, 장르 드라마가 많아진 것은 아무래도 주중 드라마의 경우 드라마 시청자층의 변동이 일어났기 때문일 것이다. 더구나 텔레비전 드라마의 본방을 사수하는 것이 아니라 인터넷으로 보기 때문에 화제성 면에서는 이러한 스릴러 드라마 등 장르 드라마가 눈길을 많이 끌게 되었다. 미국 드라마 〈CSI: 과학수사대〉, 〈로스트(Lost)〉 등이 영향을 미친 것도 사실이다. 그러나 미국 드라마 방식으로 만든 드라마들은 시청자가 선호하지 않았다. 국내 정서에 맞는 드라마 스토리텔링이 필요했다.

〈나인〉(2013)은 tvN에서 방송된 전 20부작 드라마로, 오리지널 웰메이드 드라마 역사를 열었다는 평가를 받았다. 흔치 않은 소재인 근과거로 빠지는 타임슬립을 다룬 드라마였다. 멜로를 주된 스토리 라인으로 하여 스릴러 및 호러적인 요소를 가미했다. 유사한 타임슬립을 소재로 한 드라마 〈인현왕후의 남자〉 제작진인 김병수 PD와 송재정 작가가 제작한 드라마로, 전작에서 축적한 내공을 토대로 한 치밀하며 탄탄한 구조의 스토리가 특징이라는 평가가 있었다. 〈나인〉은 기욤 뮈소(Guillaume Musso)의 〈당신 거기 있어줄래요(Seras-tu là?)〉(2006)를 모티프로 가져왔다. 이 소설에서 주인공은 30년 전으로 20분씩 돌아갈 수 있는 알약 10개를 얻고 이를 써서 과거를 오가며 과거를 바꾼 대가로 나비효과의 고통을 감내한다. 방송사 CBM의 기자이자 간판 앵커인 박선우는 자신이 교모세포종 4기로 길어야 1년 정도 더 살 수 있을 것이라는 선고를 받

---

3) "공희정, 장르 드라마, 20년 뒤는 어떻습니까?", BROADCASTING TREND & INSIGHT, 2016. 04+05, VOL. 05, 한국콘텐츠진흥원, 33-34쪽.

는다. 수명이 남아 있는 동안 그가 해야 할 일은 두 가지였다. 하나는 자신의 집안을 망쳐놓은 아버지의 친구 최진철 회장에게 복수하는 것, 또 하나는 직장 선후배라는 틀에 갇혀 진심으로 대하지 못한 후배 기자 주민영에게 마음을 고백하고 남은 시간 동안만이라도 아낌없이 사랑하는 것. 선우는 그동안 모아온 증거를 토대로 자신이 진행 중인 9시 뉴스에서 최진철의 비리를 폭로한다. 이 때문에 곧 최진철은 수사를 받게 된다. 그리고 민영에게 자신의 처지를 고백하고 네팔에서 마지막으로 즐거운 한때를 보낸다. 그러던 어느 날, 선우는 자신의 형인 정우가 히말라야의 어느 고산에서 동사했다는 연락을 받는다. 시신을 수습하러 갔다가 인수한 형의 유품 속에서 싸구려 향 한 개와 알 수 없는 글귀들로 가득한 다이어리를 발견한다. 그리고 선우는 향이 타고 있는 30분 남짓한 시간 동안 20년 전의 과거로 돌아갈 수 있는 일종의 타임머신이라는 사실을 알게 된다. 20년 전으로 돌아가 아버지를 살려내고 형의 죽음을 막고 자신의 병을 예방한다면 모두가 행복해질 수 있을 것이라고 굳게 믿은 선우는 형의 다이어리에 적힌 장소에서 아홉 개의 향이 든 향통을 찾아낸다. 이로써 자신의 인생은 행복해질 것이라고 믿었지만, 20년 전의 진실은 그가 알던 것과는 너무나 다르다는 것을 알게 되면서 본격적인 갈등과 이를 해결하는 과정이 펼쳐진다.

스릴러 드라마의 특징은 반전에 반전을 거듭한다는 것이다. 사람들의 기대치를 충족시키면서도 전복해야 하는 이중적인 과제를 안고 있다. 과거와 현재를 오가는 타임슬립 형식은 한동안 많이 유행했다. 특히 보편적으로 지나간 과거의 일을 바로잡는 것이 우리의 욕망이기도 하기 때문이다. 특히 사랑하는 사람을 살려내고 싶은 소망은 누구라도 강렬하기 마련이다. 이 드라마는 미국 ABC 방송사에서 리메이크를 검토하기도 했다. 물론 이런 드라마는 높은 시청률보다는 강력한 입소문이 핵심이다.

〈신의 선물 – 14일〉(2014)은 스릴러 드라마이지만 안방극장에 맞게 스토리텔링한 전형적인 사례였다. 과거로 돌아가 2주 동안 딸을 해친 범인을 추적하는 추리 수사물이다. 인권변호사 출신의 남편 한지훈(김태우)과 딸 한샛별(김유빈)을 둔 김수현(이보영)은 단란하고 행복하다. 그런데 이 가정에 불행이 닥친다. 사랑스러운 딸 샛별이 유괴되어 죽게 되는 것. 크나큰 슬픔으로 모든 것을 포기하려 죽을 결심을 하지만 '신의 선물'처럼 샛별의 유괴사건 2주 전으로 돌아가게 된다. 딸이 납치되어 목숨을 잃자 절망하던 엄마가 물속으로 몸을 던졌는데, 깨어보니 시간은 다시 2주 전으로 돌아와 있었다. 정확히는 사건이 발생하기 2주 전으로 약 한 달여의 시간을 뛰어넘었기 때문에 타임워프라고 봐야 한다. 딸이 아직 살아있기 때문에 딸의 죽음을 막기 위해, 딸을 지키기 위해 수현은 목숨을 걸고 사투를 펼치게 된다. 처음에는 돈 때문에 이보영을 돕기 시작한 전직 형사/흥신소 사장 기동찬(조승우)의 도움을 받게 되면서 자신의 남편(김태우)과 주변인물의 비밀을 하나씩 알아내기 시작한다. 관심은 과연 범인이 누구인가인데, 이 드라마에서는 초반에 많은 인물을 나열하며 범인으로 추정하게 만든다. 그래서 시청자는 더욱 궁금증을 갖고 보게 되는데, 범인이 결국 기동찬(조승우)라는 사실이 밝혀지면서 비난이 일기도 했다. 제목은 '신의 선물'이지만 밍숭맹숭한 '신의 맹물'이라며 최악의 결말 드라마라고 비판한 네티즌도 있었다. 내적 완결성을 추구하다가 시청자의 소망을 저버린 결과였다. 기동찬이 끝까지 착한 인물이기를 바란 시청자도 많았다.

구성면에서 볼때, 강성진 · 오태경 등 초반에 유력한 용의자로 몰린 캐릭터들과 조승우의 관계에 뭔가 있을 것 같았지만 없었고, 김태우·정겨운 등 이보영 주변인들이 범죄자로도 생각되었는데 막판에는 아예 보이지도 않았다. 시청자에게 불필요한 혼동만 준 셈이다. 또한 후반으로 갈수록 편집이나 촬영 등이 조잡하다는 의견에 스토리가 엉뚱한 곳으로 흐른다는 의견이 나오면서 드라마가 점점 산으로 가더니 엄청난 스케일에 비해 용두사미라는 평가를 받았다.[4]

이런 결말은 스릴러물이 자칫 잘못하면 겪게 되는 일이다. 앞에서 잔뜩 뭔가 있는 것처럼 스토리를 전개하지만, 정작 결말은 허무한 상황에 이르게 될 수 있다. 또한 당시 동시간대 드라마였던 하지원 주연의 〈기황후〉의 선전으로 만족스러운 시청률도 나오지 않았다. 하지만 이 드라마는 나중에 대만에서 크게 인기를 끌었다. 〈신의 선물 - 14일〉은 국내 드라마로는 최초로 미국 4대 지상파로 불리는 ABC가 리메이크를 제안하고 제작한 작품이 되었다. 미국에서는 〈Somewhere Between〉이라는 제목으로 2017년에 리메이크 됐다. 미국 리메이크작의 연출은 조셉 브로이도와 이반 피칸이 담당했으며, 〈캡틴 아메리카〉, 〈썸머랜드〉 등 다수의 흥행 드라마와 영화를 집필한 작가 스테판 톨킨이 대본을 맡았다. 배우 이보영의 캐릭터는 〈미션 임파서블: 고스트 프로토콜〉로 국내에도 알려진 폴라 패튼이 맡았고, 배우 조승우의 캐릭터는 〈데스티네이션〉, 〈더 파이터〉 등에 출연한 데본 사와가 맡았다.

한동안 타임루프나 타임슬립이 유행했는데, 〈시그널〉(2016)은 시간과 공간의 제약을 받지 않고 이야기를 전개하는 타임슬립(time slip) 혹은 타임루프(time loop) 스타일을 취한 스릴러 장르였다. 범인을 잡기 위해

---

4)　〔리뷰IS〕"'신의 선물' 결말만 놓고 보면 '신의 맹물'", 〈일간스포츠〉. 2014. 4. 23.

30년의 시간을 넘나들며 무전기 하나로 연결된 현재의 형사 차수현(김혜수 분) 및 프로파일러 박해영(이제훈 분), 과거의 형사 이재한(조진웅 분)의 고군분투를 담았다. 화성연쇄살인사건 등 사회적으로 큰 충격을 준 다양한 실제 사건을 모티프로 삼아 스토리를 만들어 주목을 받았다. 2018년 일본판 리메이크가 발표되었고, 일본의 인기 배우들을 캐스팅해 〈시그널 장기 미제 사건 수사반〉이라는 이름으로 제작·방영되었다. 어쨌든 무전기로 과거의 사람과 현재의 사람이 어떻게 연결될 수 있는지는 묻지 않는다. 다만 사람들이 바라는 것은 과거와 현재를 넘나들며 장기 미제 사건들을 꼭 해결해주고, 그 해결하는 과정에서 분투하는 사람들에게 감정이입을 하고 공감을 느끼는 것이다.

〈비밀의 숲〉(2017)은 감정을 느끼지 못하는 무감각한 외톨이 검사 황시목(조승우)이 정의롭고 인간적인 형사 한여진(배두나)과 함께 검찰 스폰서 살인사건과 숨겨진 진실을 파헤치는 내부 비밀 추적 스토리였다. "설계된 진실, 모두가 동기를 가진 용의자다."라는 말을 내세웠는데, 이에 맞추어 주요 인물들 모두 동기를 가질 만한 용의자로 느끼도록 이야기를 구성했다. 한 사건에서 시작된 일이 갈수록 새로운 사건이 파생되고, 용의자의 수가 늘어나며, 주요 인물들 대부분 각자의 비밀을 갖고 있어 용의자로 의심하게 만들고, 인물 간 관계 구도도 서로 얽히게 했다. 너무 얽혀서 진짜 범인이 누구인지 생각할 수 없게 혼란스러웠고, 이런 이유 때문인지 '비밀의 숲'이라 할 만했다.

하지만 잘 짜인 드라마여서 중간에 시청하게 되면 이해되지 않는다. 모든 드라마를 정주행해서 봐야 이해되는데, 스릴러 방식의 드라마는 이것이 한계다. 이 드라마는 나름대로 그러한 점을 극복하기 위해 다른 연속극처럼 회상과 요약 장면을 많이 넣어 이해를 도우려 했다. 미국

일간지 뉴욕타임스(NYT) 평론가는 〈비밀의 숲〉을 올해 우수 드라마로 꼽았다.[5]

5) OTT 드라마 〈오징어 게임〉, 〈이상한 변호사 우영우〉, 〈파친코〉

(1) 〈오징어 게임〉

찰스 애프런(Charles Affron)은 《영화와 정서(Cinema and sentiment)》에서 영화에서 얼마나 정서가 중요한지 언급한다. 그는 'emotion'이 아니라 'sentiment'라는 단어를 쓰면서 영화에서 관객에게 감성과 감정이 얼마나 중요한지 말한다. 대중콘텐츠에서 특히 드라마와 영화에서 남용되는 용어가 있는데 '신파(新派)'라는 개념이다. 별로 좋지 않은 의미로 사용되는데, 본래 일본에서는 가부키의 과장된 표현이나 연출을 의미했다. 이는 반대로 극예술이 절제와 은근함을 강조하는 예술 미학에 근거한다. 하지만 이러한 극예술은 합리적 도식을 강조하기 때문에 지루하고 재미가 없다. 상당한 수준(?)에 다다른 사람들이 즐기는 문화예술 영역이라고 자부할지는 모르지만, 이미 구조 얼개에 침잠해 있을 뿐이다. 지식인 예술가들은 이렇게 정서를 배격한 작품들을 선호하면서 이를 예

---

5)　"뉴욕타임스 평론가, '비밀의 숲' 올해 우수드라마로 꼽아", 〈한겨레〉, 2017. 12. 8.

술의 수준이라고 말하지만 결국 세상을 움직이는 것은 바로 정서에 바탕을 둔 작품들이다. 영화 〈모가디슈〉는 신파가 없어서 좋다라는 평가가 있었다. 하지만 이는 전문가들의 이야기일 뿐이다. 오히려 신파가 있었다면 더욱더 흥행을 했을 것이다. 신파는 나쁜 것이 아니라 그것을 제때 적절한 시점에 사용하지 못했을 때 돋보이지 못할 뿐이다. 자연스러운 감정의 흐름을 억지로 배제하는 것이 과연 적절한지 오히려 의문이다. 일반 관객들은 감정을 공유하고 느끼기 위해 대중 콘텐츠를 향유하기 때문이다. 이는 국내에만 한정되는 요소가 아니게 되었다.

넷플릭스에서 흥행에 성공한 작품들은 대개 이런 신파적인 요소가 있다. 물론 대개 케이팝이든 드라마든 보편적인 포맷에 새로운 요소를 차별화시켰다는 장점이 언급된다. 우선 케이팝은 세계 젊은이들의 선호도가 높은 힙합에 우리 아이돌 특유의 다이내믹함을 입혔다. 〈스위트홈〉은 크리처물이지만 식탐 괴물, 연근 괴물 등 색다른 캐릭터가 등장한다. 〈D.P.〉는 수사물인데 D.P.라는 군무이탈자 체포조가 등장해서 이채롭다. 〈킹덤〉에서 좀비는 좀비인데 생사초를 통한 좀비의 발생이 신선하다.

세계적으로 화제가 된 〈오징어 게임〉도 마찬가지다. 외국인들에게 더 익숙한 생존 게임 포맷에 '무궁화 꽃이 피었습니다', '달고나 뽑기', '구슬치기', '줄다리기', '오징어 놀이'가 색다른 관심을 불러일으킨다. 물론 이러한 점도 형식에 관한 것이다.

〈스위트홈〉에서는 정말 가슴 아픈 저마다의 사연이 나온다. 〈D.P.〉는 탈영병들의 아픔이 더욱 아리다. 〈킹덤〉에서는 애절한 민중들의 사연이 담겨 있다. 〈오징어 게임〉에는 특히 빚에 몰린 서민들이 하나같이 절박하게 마음을 울린다. 형제애, 우정, 연민, 배려, 연대 같은 끈

끈한 정과 인간애가 농축돼 있다. 이를 일부 사람들은 신파라고 비아냥거리기도 한다. 오히려 그러한 요소를 제거한다면 작품성을 낮게 한다고 한다. 물론 그러한 지적은 수준 높은 이들의 고퀄의 지적이다. 대부분의 시청자들은 오히려 대중적 감정선에 따라서 이 드라마를 통해 삶과 세상을 반추하게 된다. 오히려 국내보다는 해외에서 이러한 점 때문에 각광받고 있다. 오히려 객관과 절제의 구조적 미학을 소비시키는 콘텐츠가 대부분인 현실에서는 오히려 신파 콘텐츠가 차별화되는 셈이다. 방탄소년단이 청년들의 희망과 용기를, 정서적 격려를 말했을 때 뻔한 말이라고 했지만 오히려 세계 청춘들은 열광했다.

감정과 정서를 제거한 장르물은 이미 할리우드가 장악하고 있다. 그런 콘텐츠는 오히려 좁은 소구력을 가질 뿐이다. 블룸버그가 〈오징어게임〉 인기 소식을 전하며 할리우드 콘텐츠를 K-콘텐츠가 위협하고 있다고 언급했다. 센티멘털한 정서적 K-콘텐츠가 세계적으로 인기 있는 배경을 생각하면 블룸버그의 진단이 지나치지 않을 것이다. 데카르트의 후예들은 형식이나 구조, 기술적 테크닉이 콘텐츠의 흥행을 좌우한다고 생각하지만 최한기의 기철학을 계승한 이들이 보기에는 활동운화하며 움직이는 가운데 끊임없는 정서적 교감이 결국 세상을 움직여간다. 그것이 신파가 비난에도 계속 진화하는 이유고, K-콘텐츠의 미래다.

(2) 〈이상한 변호사 우영우〉

2000년대 초반만 해도 장애인은 드라마에 등장하지 않았다. 모습을 보여도 특집극에 등장했다. 2004년 SBS TV 성탄특집극 〈아주 소중한 친구〉 같은 드라마를 예로 들 수 있다. 그나마 이 드라마에서 시각장애인 역할에 배우 하희라가 나서서 화제를 불러 모았다. 이것이 바탕이 되었는지 2012년 주말 드라마 〈바보 엄마〉에서는 하희라가 지적장애인 역에 나섰다.

평소 사회복지학을 전공하는 등 장애인의 현실에 관심이 있던 하희라 개인의 이력이 있었기 때문이었지, 배우나 스타들은 더욱 보통은 관심조차 없었다. 다만, 장애 관점에서 한계도 있었다. 예컨대 〈바보 엄마〉에서는 장애인이 원톱 주인공도 아니었고, 지적장애인 선영(하희라)을 바보라고 했다.

대중적으로 장애인 캐릭터를 알린 작품은 2005년 영화 〈말아톤〉이었다. 자폐 스펙트럼이 있는 배형진 씨 사례에 토대를 둔 이 작품은 상업적으로 크게 성공했다. 장애인 캐릭터는 시혜를 베풀듯이 장애인의 달이나 연말, 명절 때나 간혹 다루는 복지적인 차원의 소재에 불과했지만, 영화 〈말아톤〉 뒤부터 장애인 영화에 관해 관심을 두기 시작했다.

2002년 〈오아시스〉의 문소리가 연기한 뇌병변 장애 캐릭터 사례에서 드러났듯이 저널리즘과 관련 단체는 여전히 장애인의 현실 모습과 얼마나 리얼하게 닮았는지 비교할 뿐이었다. 〈말아톤〉이 성공할 수 있었던 이유는 모성과 가족주의, 자녀 교육의 코드가 작용했지만, 캐릭터 면에서 초원이가 다른 장애인 캐릭터와 달리 매력을 담고 있기 때문이다. 문화적인 진전이었다. 이 때문에 초원이의 대사 "초원이의 다리는 백만 불짜리"와 같은 표현이 많이 패러디되기도 했다.

하지만, 초원이(조승우) 캐릭터는 오히려 이후에 나온 많은 영화의 발목을 잡고 만다. 초원이는 원톱 주인공이 아니었다. 엄마와 함께해야 했다. 또한, 유아적이고 코믹한 면이 주목받았다. 초원이는 보살핌이 필요하고 때로는 갈등을 일으키는 존재다. 사회적 존재가 아니며 자신의 직업 활동이 없다.

단지 치유의 관점에서 마라톤을 하는 처지다. 무엇보다 초원이의 가치관과 생각은 직접 표현되지 않고 맥락적으로 때로는 상징과 은유를 통해 전달될 뿐이다. 이런 맥락에서 2006년 〈맨발의 기봉이〉와 같은 영화는 순수하면서도 코믹한 면만 부각하여 모처럼 좋은 기회들을 희화화시킨 셈이 되었다.

이런 가운데 혁신적인 드라마는 2013년 〈굿닥터〉였다. 자폐 스펙트럼 장애가 있는 주인공이 종합병원에서 자신의 능력을 발휘하며 마침내 많은 아이의 목숨을 구하는 내용이 감동적이었다. 이런 성공은 미국의 리메이크로 이어져 시즌 6까지 제작되면서 폭발적인 인기를 끌게 된다. 이런 상황에서 방송 환경은 크게 나아지지 않았다. 여성 버전이자 법조 드라마로 〈이상한 변호사 우영우〉가 기획되지만, 한국 지상파 방송사에서는 문전박대를 당한다.

결국, 신생 케이블 채널, 그것도 하나의 채널로 고정되어 있지도 않은 방송 편성에서 방영을 시작한다. 비록 신생 매체로 첫 시청률이 0.9%에 불과했지만, 국내는 물론이고 글로벌 탑의 위치에 서게 된다. 매체 파워가 없으므로 좋은 콘텐츠가 빛을 못 본다는 말은 더 이상 통하지 않게 되었다. 가장 불리하다는 장애인 캐릭터와 서사를 가지고 〈이상한 변호사 우영우〉가 멋진 사례를 보여주었기 때문이다.

앞에서 소략이지만, 장애 관련 영화와 드라마를 열거한 이유는 〈이상한 변호사 우영우〉(이하 우영우)의 성공이 어느 날 갑자기 이뤄진 것이 결코 아니기 때문이다. 이제 장애인 캐릭터도 충분히 국내뿐만 아니라 해외, 글로벌 경쟁력을 가질 수 있다. 그동안 조금씩 진화를 해왔다. 동일한 작가가 집필한 영화 〈증인〉(2019)보다 더 진화했다.

　우영우와 같은 캐릭터와 스토리텔링을 위해서는 몇 가지 조건이 필요하다. 우선, 우영우는 캐릭터가 매력적이다. 리얼리즘 강박에서 벗어나 맥락을 통해 수용성을 높였다. 하나의 밝은 시트콤을 보는 듯하지만, 현실의 메시지를 담아 여운이 남게 한다. 장애인 우영우는 직업이 있고 '트러블 메이커'로 남지 않는다. 자신의 삶에 대한 확신과 가치와 세계관을 당당하게 밝힌다. 자신이 지닌 장애를 밝히고 공정한 경쟁에 나서는 소신 있는 모습이 오히려 존경심을 갖게 한다. 자폐 행동은 하나의 그 사람이 가진 특성으로 묘사할 뿐이다.

　그렇기에 분위기는 우울하거나 동정적이지 않으며 억지로 감동을 자아내어 정서적 피로감을 누적시키지 않는다. 나아가 장애와 비장애를 넘어서 보편적인 캐릭터와 서사구조를 만들고 동일시와 감정이입을 하게 했다. 누구나 관심을 가질 수 있는 약자의 정서와 이를 바탕으로 격려와 응원의 정서를 끌어냈다. 성공보다는 성장의 서사를 끌어내 각 전문 직업을 이뤘어도 진정한 삶의 만족을 위한 노정을 멈추지 않았다. 혼자 성공하기 위해 분투하는 행위를 정당화하기보다는 모든 이들이 같이 살 수 있는 상생과 선순환을 모색한다.

　이러한 측면에서 천재적인 능력, 아스퍼거 증후군이나 서번트 신드롬의 천재적인 역량으로 문제를 해결하기보다는 사람의 관계성 속에서 대안을 찾고 긍정의 결말을 구현했다. 이는 드라마 〈굿닥터〉의 한계를 넘어서는 것이었다. 현실의 모순과 딜레마 상황을 놓치지 않기 위해 노력을 했다. 좋은 스토리텔링은 창작의 자유를 보장할 때 가능하다. 이를 위해 간접광고(PPL)를 사용하지 않았다. 따라서 작품의 완성도를 높일 수 있었다.

다만, 우영우와 같은 실제 변호사는 미국 플로리다 헤일리 모스가 있지만, 여전히 힘든 것이 사실이다. 많은 자폐 스펙트럼인들이 제대로 취직조차 안 된다. 드라마에서 우영우조차 그러했다. 하지만, 문화콘텐츠의 역할은 이상적인 상황을 현실감 있게 보여주고 이를 위해 사회 구성원이 함께 모색할 수 있는 계기를 주는 것으로 충분하다. 나머지 몫은 제도와 시스템을 문화적으로 어떻게 바꿔가는가에 달려 있다. 자폐 장애인에 대한 다양한 문제 제기와 담론이 나올 수 있던 것도 드라마의 대중적 성공이 있었기 때문이다. 많은 이들이 볼 수 있도록 대중화하고 이에 대해 다양한 논의가 이뤄질 수 있는 모바일 환경도 있다.

문화콘텐츠는 금기에 도전하고 가능성을 현실감 있게 구성해야 한다. 이상과 현실을 놓치지 않으면서 매력적인 캐릭터로 이를 설득하고 변화를 끌어낼 때 비즈니스 모델과도 연결된다. 우영우는 이렇게 도도한 흐름 속에서 문화콘텐츠가 어떤 태도로 제작될 때 소비자들이 반응하는지 잘 알 수 있는 사례다. 이러한 흐름을 읽지 못할 때 결국 킬러 콘텐츠가 알아서 굴러 들어와도 발로 차버리게 된다는 의미다.

(3) 〈파친코〉

BBC를 포함해 유수의 세계 언론이 극찬 일색이었다. 관련 전문 평점 사이트는 전 세계 화제작 〈오징어 게임〉보다 높게 점수를 매겼다. 애플TV+의 오리지널 드라마 〈파친코〉가 호평을 받은 이유는 간단하다. 개별성을 통해 보편성에 이르렀기 때문이다. 사실 말은 쉬워도 이를 구현하기는 보통 일이 아니다. 결국 그 속에 우리의 길도 있다. 개별성

차원에서 보자면, 1915년부터 1989년에 이르기까지 한국, 일본, 미국에 오가며 한국인 4세대 이야기를 다루고 있다. 한국인 이야기가 글로벌 동영상 플랫폼에 등장하니 당황하는 것은 오히려 한국인들이다. 이런 이야기가 애플TV＋에 등장하다니 하고 국내 시청자들이 오히려 놀라워했다. 색감, 카메라 워킹, 화면 구성 등에서 미드 스타일의 콘텐츠에 한국말 수준이 한국산 외국 현지 촬영 드라마 같다. 그야말로 한국말의 작렬이고 향연이다.

반대로 늘 다루던 소재가 아니기 때문에 서양인들에게는 낯설 수 있다. 하지만, 곧 익숙한 스토리다. 그들에게 디아스포라는 삶이자 역사이기 때문이다. 서양의 역사가 바로 이주민의 역사다. 세계의 금융은 물론 학술 그리고 영상 산업까지 좌지우지하는 유대인들의 역사도 마찬가지다. 더구나 일제강점기 한국인들처럼 강제로 자기 땅에서 떠나야 했던 아픈 상처와 고통의 이주민 역사는 더욱 그러하다. 이런 점이 오히려 세계 유수의 언론들에서 극찬을 불러일으켰다.

또 하나의 개별성을 통한 보편성 코드도 있다. 그것은 바로 여성 서사다. 마을 사람들이 평생 혼자 살 거라던 장애인 남편(훈이)을 선택한 어머니(양진)의 강단이 있었기 때문에 훈은 행복했고 선자(김민하)도 버텨낼 수 있었다. 유부남 한수의 아이를 밴 선자의 용단은 어려운 시기에 보편적 가치를 지키며 여성들이 어떻게 끈질기게 살아남을 수 있었는지 잘 보여준다.

미국 월가에서 일하는 손자 솔로몬 백(진하)이 일본 재개발 사업에 난관에 부딪힌 것도 결국, 재일 교포 한인 노인 여성의 한국적 가치관 때문이었는데 이조차 선자의 역할이 컸다. 미국의 쟁쟁한 전문 금융 종사자들도 이루지 못한 일이었다. 그 특유의 한국적 정서의 보편적 교감은 이미 영화 〈미나리〉를 통해서 잘 알려진 바가 있다.

그 작품을 만든 것은 한국계 미국인이었고, 이번 파친코도 한국계 미국인들이 만들어 가교 구실을 제대로 했다. 그것은 외연의 확장이며 한국의 콘텐츠가 미국을 중심으로 한 콘텐츠 산업 주류영역으로 진입하는 데 수월성을 높인다. 애플이 그 가능성을 봤다는 것은 콘텐츠 인사이트를 제공한다.

사실 이런 〈파친코〉 유형의 소재와 스토리라인은 넷플릭스 콘텐츠 특징과도 결이 다르다. 마니아틱한 열혈 팬들의 장르를 롱테일 전략 방식으로 추구하고 있기 때문이다. 애플TV+는 70여 편, 넷플릭스는 어느새 4천여 편의 원 콘텐츠를 확보하고 있다. 점유율 5% 대 25%의 싸움에서 애플TV+가 선택한 것은 고퀄의 콘텐츠였다. 그 고퀄의 콘텐츠는 열혈 마니아를 넘어서서 좀 더 대중적이면서도 예술성을 추구하고 있다.

무엇보다 차이점은 현실을 대하는 태도다. 리얼리즘에 함몰되는 넷플릭스 콘텐츠는 장르적 속성 때문에 희망보다는 우울, 디스토피아의 현실에 더 초점을 맞춘다. 만약 넷플릭스에서 드라마 〈파친코〉가 만들어졌다면, 더 어둡고 우울했을지 모른다. 애플이 론칭했고, 오스카상을 거머쥔 영화 〈코다〉도 장애인 가정의 차별과 아픈 현실을 넘어 희망과 대안을 말한다.

〈파친코〉에서도 나라를 빼앗긴 현실에서 유부남과의 관계로 임신을 한 절망적 상황에서 고향마저 떠나야 했던 여성 주인공이 낯선 나라에서 삶을 영위해가야 하는 현실 그 속에서 살아남은 이야기는 시대를 넘어서도 지금도 보편적일 수밖에 없다. 아픈 현실을 일반 사람들이 더 뼈아프게 겪고 있는 나날이다.

현실에 대한 계몽보다는 위안과 격려가 필요하다. 절망의 현실을 강조하기보다는 그 어려운 시기를 감내하고 돌파해낸 사람들의 이야기가 더 소구력 있게 다가오는 이유일 것이다. 우리 K-콘텐츠는 어느 곳을 지향해야 할까. 장르적 콘텐츠와 보편적 콘텐츠, 그 둘을 포괄할 수 있는 유일무이한 나라라는 사실을 이제 더욱 확인할 수 있을 것이다. 다만 그간 기회와 여건이 형성되지 않았을 뿐이다.

3.
적용하기

Q. 정통사극과 퓨전사극의 스토리텔링은 어떻게 다른지 사례를 들어 정리해보자.

_____

_____

_____

_____

_____

Q. 드라마들이 스토리텔링에 어떻게 적용될 수 있는지 각 장르별로 기획해보자.

_____

_____

_____

_____

_____

Q. 좀 더 잘할 수 있었으면 좋았을 드라마 스토리텔링 사례를 선별하고
   보완해보자.

_____

_____

_____

_____

_____

11
강

영화
스토리텔링

).
이해하기

　　예전에는 해외는 물론이고 국내 영화제에서 수상한 작품들을 찾아서 보는 경우가 많았다. 칸, 베를린, 베니스 영화제는 세계 3대 영화제로 불리고 이곳에서 수상하면 명성뿐만 아니라 대중적인 주목도 낳았다. 미국의 아카데미의 경우에는 영화를 개봉하게 되면 '아카데미 효과'라는 말도 있었다. 할리우드 영화는 좀 더 대중성이 있기 때문에 더욱 그런 현상이 일어날 수 있었다. 그 가운데에서 영화 전문가들의 역할이 매우 컸다. 특히 영화 잡지나 신문 매체를 통해 영화에 대한 정보를 얻던 시절에는 이러한 매체를 통해 활동하는 이들의 평가나 분석에 따라 영화를 선택하고 소비했다. 그렇지만 만족을 느끼는 경우는 많지 않고, 오히려 영화가 어렵다거나 지루하다는 생각을 하게 되었다. 하지만 그러한 평가는 공식적으로 하지 못했다. 제작자들은 영화라는 장르를 예술의 반열에 올리려 했고, 대중이 예술 영화를 많이 봐야 한다는 의무감, 나아가 책임감마저 지웠다. 예술은 대중의 수준에 맞춰지는 것이 아니라 대중에게 일방적으로 강요하는 상황이었다.

　　하지만 디지털 인터넷 문화가 발달하면서 이러한 지식권력은 깨지기 시작했다. 더 이상 영화제 수상 작품들은 대중적 흥행을 하지 못하게 되었고, 관객은 더 이상 이런 전문가들의 추천이나 평가, 분석을 중요하게 생각하지 않게 되었다. 스스로 자료나 정보를 찾아보고 판단이나 선택을 하기에 이르렀다. 전문가들이 권하는 작품보다는 주변 사람들이 추천하는 영화를 선호하게 되었다. 포털사이트에 들어가서 영화 관람 후기나 평점을 체크할 때 주로 전문 기자나 평론가가 아니라 네티즌, 즉 일반 관객의 반응을 중요하게 참조한다.

이제 관객은 눈치를 보는 것이 아니라 스스로 욕망에 떳떳해졌다. 영화를 보는 목적은 갈수록 확실해지고 있다. 작품성이나 예술성이 없다고 해도 극적이거나 재미있고 몰입할 수 있는 영화가 좋다고 당당하게 말한다. 이는 지식이 많고 적거나 학력 수준, 직업과도 관계가 없다. 영화관에 가는 이유는 스토리텔러를 만나러 가는 것과 같다. 마음을 움직여주는 영화를 보러 가는 것이다. 모든 사람이 일상에서 벗어나 무엇을 원할지는 당연히 짐작할 수 있다. 공부하듯이, 고민하듯이 영화를 보려 한다면 인터넷에는 그런 콘텐츠가 정말 많이 쌓여 있다. 관객은 대부분 물 흐르듯이 몰입할 수 있는 영화, 즉 적절하게 스토리텔링이 되어 있는 영화를 원한다. 그 외 실험적인 영화나 아방가르드 영화는 다양성 영화나 독립 영화로 접할 수 있다. 스토리텔링이 강하게 요구되는 곳은 바로 일반 사람들에게 말하듯이 영화를 만들 필요가 있는 영역이 될 것이다. 그렇기 때문에 이제 상업영화나 대중영화가 아니라 '스토리텔링 영화'라고 해야 한다. 즉, '스토리텔링 시네마'라고 불러야 할지도 모른다. 다만 영화는 다른 영상 콘텐츠에 비해 제작비나 작품의 스케일, 제작 기간이 많이 들기 때문에 다른 어떤 콘텐츠보다 시각적으로나 심적인 공감과 설득을 더 많이 할 수 있다. 그렇다고 해서 한없이 재미있고 가벼운 영화들만 스토리텔링에 적합하다고 볼 수는 없다. 일정한 주제 의식도 가지고 있어야 한다. 할리우드는 그러한 점을 '90 대 10 법칙'으로 구현하려 한다. 핵심적이고 진지한 주제는 10%다. 여기에 스토리, 인물, 에피소드, 시각적 특수효과 등으로 90%가 채워진다. 앞서 언급했듯이 스토리텔링에 적합한 영화를 '하이 콘셉트 영화(high concept films)'라고 한다. 하이 콘셉트 영화는 할리우드에서 1970년대에 등장했고, 실패가 적은 영화로 많은 수익을 올렸다. 주로 할리우드의 블록버스터 영화에 등장한다.[1] 하나의 콘셉트로 사람들이 이해하기 쉽고 흥미를 유발할 수 있는 콘셉트를 바탕으로 스토리텔링을 하는 것이 바로 하이 콘셉트 영화다. 대부분의 영화는 하이 콘셉트가 명확하지 않아 실패한다.[2]

새로운 작품으로 재창작하거나 연관 시리즈를 만들 수 있는 것은 콘셉트를 통해 확실히 이해하고 기대할 수 있기 때문이다. 대표적인 작품으로 〈죠스〉(1975), 〈백 투 더 퓨처〉(1985, 1989), 〈인디애나 존스〉(1981: 1984: 1989), 〈쥬라기 공원〉(1993), 〈트랜스포머〉(2007) 등을 꼽는다.[3]

하이 터치 요소는 구체적인 연출이 담당한다. 예술 영화에서는 감정을 자극하는 내용은 신파라고 금기시하고 낮게 평가하는 경향이 있는데, 그것은 매우 이상적인 가치를 강조할 뿐이고 인간은 본질적으로 감정의 동물이자 비이성적·비합리적 동물이다. 대다수의 관객은 머리가 아니라 마음으로 영화의 스토리텔링을 느끼려고 한다.

영화 〈옥자〉(감독: 봉준호)의 사례를 통해 이제 영화관에서 먼저 개봉

---

1)   Ben Avilla Nico Maestu, High Concept | Filmmaking | Cinema Of The United States – Scribd-Contemporary American Film November 20, 2009.

2)   Danny Manus, *What the Hell is High Concept?*, January 26, 2015.

3)   The Blockbuster Era and High Concept – WordPress.com

하는 것도 아니므로 IPTV에 맞는 영화 스토리텔링을 구현해야 한다. 즉, 웹소설이나 웹툰을 원작으로 해서 영화 시나리오를 만들어야 한다. 그러므로 어떻게 영화에 적합하게 스토리텔링을 해야 할지 고민해야 한다. 나아가 스마트폰은 세로로 영화로 보기 때문에 이를 반영해야 하며, 4D나 LED시네마 등 갈수록 기존의 영화관과는 다른 감상 환경을 제공하고 있기 때문에 이 점에 맞추어서 스토리텔링을 해야 한다. 디지털미디어 기술은 영화의 수용환경을 변화시키고 있고, 스토리텔링도 이에 부합해야 한다.

2.
사례 분석하기

1) 〈죠스〉 등

〈죠스(Jaws)〉는 피터 벤츨리가 쓴 같은 이름의 소설 《죠스》를 원작으로 스티븐 스필버그가 감독한 1975년 작 스릴러 영화다. 영화사상 처음으로 흥행 수익 1억 달러를 돌파하며 '블록버스터'라는 신조어를 탄생시켰다. 스티븐 스필버그를 일약 스타 감독으로 만든 영화다. 영어로 '턱'을 뜻하는 'Jaws'는 영화에서 상어를 뜻한다. 주제음악만 들어도 많은 사람에게 공포감을 일으켰다. 음악 자체가 스토리를 연상하게 만든 것이다. 이른바 테마 OST의 탄생이었다. 영화의 내용은 이렇다. 평화로운 해변에 식인 상어가 나타난다. 아무도 눈치 채지 못하고 오로지 주인공만 이를 안다. 그러나 사람들은 믿지 않는다. 거대한 백상어인데도 말이다. 주인공이 상어라고 지적했는데 아닌 경우도 발생해서 사람들은 그를 더욱 믿지 못한다. 결국 상어가 맞았고 상어와 고군분투가 이어지는데, 진짜 상어는 따로 있었다. 주인공은 자신의 제안에 동의한 사람들과 상어를 처치하기 위해 나선다. 이야기 구조는 단순하지만, 명확하게 기대감을 갖고 볼 수밖에 없는 스토리텔링이다. 사람들은 안전한 레저 생활을 즐기고 싶지만, 항상 자연 존재에 대한 공포와 위협감을 지니고 있기 때문이다. 진화심리학에서는 이를 '투쟁과 도피 반응(Fight and flight response)'으로 설명하기도 한다. 이러한 형식과 내용의 스토리텔링 영화 제작은 이후에도 계속 이어진다.

영화 〈인디애나 존스(Indiana Jones)〉는 스티븐 스필버그가 1981년에 처음 제작한 이래 여러 편이 제작되었고, 2019년까지 제작된다. 어느새 주인공역의 해리슨 포드는 76세가 되었다. '인디애나 존스'는 영화의 제목인 동시에 주인공 이름이다. 가공의 인물인 고고학자 인디애나 존스가 숨겨진 보물을 둘러싸고 벌이는 모험 활극이다. 보물찾기는 아이나 어른이나 관심을 가질 만한 보편적인 흥미로운 소재다. 잘 알려진 보물이 아니라 잘 알려지지 않은 보물을 발견해나가는 것 자체가 궁금증과 기대감, 호기심을 불러일으킨다. 보물은 그 자체가 아름답고 소중하기도 하지만 부와 명예가 달려 있으므로 선호와 갈등, 투쟁이라는 스토리텔링 요소가 자연스럽게 구성된다.

〈E. T.(the Extra‑Terrestrial)〉는 1982년에 만들어진 작품으로 캐릭터가 외계인이다. 이 외계인은 〈에일리언〉 시리즈처럼 흉측한 것이 아니라 귀여운 이미지였다. 외계인의 이미지를 완전히 달리 설정하면서 대중이 선호할 수 있는 스토리텔링이 가능했다. 서사 내용도 단순하다. 외계에서 온 'E. T.'가 지구에서 조사활동을 벌이다가 낙오하게 되고, 아이들이 그를 발견해 보호하다가 어른들의 추격을 따돌리고 고향집으로 돌려보내주는 이야기다. 직업이 과학자라는 설정도 외계인에 대한 인식을 전환시켜주었다. 특히, 동물채집이 아니라 식물채집을 한다는 내용도 캐릭터의 이미지를 더욱 부드럽게 해주었다. 제임스 캐머런의 영화 〈터

미네이터〉의 경우 1편에서는 악당이었던 로봇 캐릭터를 2편에서는 선한 캐릭터로 탈바꿈시키는 획기적인 전환으로 엄청난 성공을 거두었다. 같으면서도 반전이 있는 후속편일수록 하이 콘셉트가 있는 것이고, 재미난 스토리텔링을 제공해 공감을 얻는다.

스필버그의 또 다른 성공작 〈쥬라기 공원(Jurassic Park)〉은 1993년 개봉한 미국의 SF 모험 영화로, 마이클 크라이튼의 소설 《쥬라기 공원》을 바탕으로 하고 있다. 영화의 하이 콘셉트는 백악기 쥬라기 시대의 공룡들을 복원하여 공원을 만든다는 아이디어다. 물론 갈등 상황이 있어야 하므로 공원의 시스템이 불완전하여 문제가 발생하도록 설정했다. 즉, 복원 공룡이 탈출했다. 특히 티라노사우루스 캐릭터는 가공할 만했다. 아울러 함부로 생명복제기술을 적용하는 것은 주의가 필요하다는 경각심도 일깨운다. 즉, 오락 영화임에도 교훈적이다. 생명공학기술에 대한 대중적인 우려감을 반영하기도 했다. 무엇보다 이 영화에서 핵심은 캐릭터였는데, 공룡은 어린아이들이 참 좋아하는 매력적인 동물 캐릭터라는 점이 흥행요인이었다.

이런 영화에서는 캐릭터가 우선이라는 점을 생각할 수 있다. 할리우드에서는 해외 작품을 재창작할 때도 캐릭터를 우선한다. 〈트랜스포머스〉 시리즈의 원래 캐릭터는 일본 다카라(현 다카라토미)사의 완구가 시초였다. 이를 실사 캐릭터처럼 초생명 로봇으로 등장시킨 〈트랜스포머〉는 로봇이 오히려 사람답게 묘사된다. 2018년 〈범블비 스핀오프〉에 이어 〈트랜스포머 6〉도 2019년에 예정되어 있을 만큼 선풍적인 인기를 끈 것은 사람들이 좋아하는 로봇에 스스로 생각하고 행동하고 변신하면서 위기에 대응하는 스토리텔링이 시각적 효과와 함께 연출되었기 때문이다.

2) 〈어벤져스〉시리즈

　〈어벤져스(The Avengers)〉는 마블스튜디오가 제작하고 월트 디즈니 픽처스가 배급하는 영화인데, 처음에는 이 영화가 이렇게 흥행할 줄 예상하지 못했다. 원래 마블사는 만화, 즉 코믹스 전문업체였기 때문에 아무리 자신들의 만화 캐릭터를 영화화한다고는 하지만 성공을 보장할 수는 없었다. 익히 알려져 있듯이 어벤져스는 마블코믹스의 슈퍼히어로 팀 이름이다. 영웅 캐릭터들의 집단인 셈이다. 2005년 4월 마블스튜디오가 메릴린치에서 대출을 받아 기획이 시작되었는데, 그 첫 작품은 〈어벤져스〉가 아니라 단일한 캐릭터를 다룬 작품이었다. 바로 어벤져스 캐릭터의 하나인 〈아이언맨〉이었다. 2008년 5월 영화 〈아이언맨〉이 성공을 거두면서 본격적으로 〈어벤져스〉가 기획된다. 아무래도 위험 부담이 있었기 때문에 이런 방식으로 창작한 것이다. 〈아이언맨〉은 반응이 좋았고, 마블의 캐릭터들을 몰랐던 이들에게도 대중적으로 알리는 계기가 되었다. 〈어벤져스〉 제작은 2011년 기획안이 발표되었고, 2012년 4월 11일 캘리포니아 할리우드의 엘 캐피탄 극장에서 개봉되었다. 평론가들의 높은 평가는 물론 흥행에서도 역대 최고의 북미 오프닝, 사상 최고 속도로 전 세계 흥행 수입 10억 달러를 돌파했으며 속편은 2015년에 공개되었다. 성공요인은 캐릭터에 따른 스토리텔링의 변주였다.

　슈퍼히어로 팀에는 캡틴 아메리카, 아이언맨, 토르, 헐크, 호크아이, 블랙 위도, 앤트맨, S.H.I.E.L.D.의 국장 닉 퓨리 등이 있고, 이들이 로키와 치타우리 종족으로부터 지구를 지킨다. 그런데 이러한 영웅 캐릭터들은 이전의 히어로 영웅물과는 달랐다. 슈퍼맨이나 원더우먼 그리고 배트맨, 스파이더맨 등은 혼자 지구를 지켰는데 어벤져스는 개별적으로 혼자 지구를 지키는 것이 아니라 각자 강점을 바탕으로 집단적 팀워크를 발휘해 지구를 지킨다는 차별화된 하이 콘셉트였다. 이러한 점은 이미 〈반지의 원정대〉나 〈해리 포터〉 시리즈에서도 검증된 측면이 있다. 이런 문화콘텐츠에서는 각각의 천재적인 역량을 지닌 캐릭터들이 등장하는데, 이들이 자칫 분산될 수 있는 역량을 잘 관리하고 갈등을 해결하여 지구의 위기를 극복한다는 서사구조를 갖고 있다. 독자나 관객 관점에서는 자신이 좋아하는 캐릭터를 마치 아이돌 캐릭터를 선택하여 향유하듯이 만족할 수 있게 된다.

무엇보다 마블 영화의 특징은 이렇게 집단 영웅 중심의 어벤져스만이 아니라 각 개별 영웅 캐릭터들이 등장하는 작품들을 지속적으로 제작한다는 것이다. 예컨대, 캡틴 아메리카는 그대로, 아이언맨과 앤트맨 등은 그 나름대로 활동하는 모습을 개별 영화에서 보여준다. 〈트랜스포머〉 시리즈에 나오는 하나의 캐릭터를 주인공으로 삼은 〈범블비 스핀오프〉는 이러한 어벤져스의 영향 때문이라고도 볼 수 있다.

이러한 점은 현대인의 취향이나 기호와도 맞물려 있다. 각자 개인의 사생활이나 활동은 보장해주고 특정 상황이 벌어질 때 뭉치거나 집단적으로 힘을 발휘하는 활동을 원한다. 아무리 지구를 지키는 일이라고 해도 영웅들이 집단적인 행동을 하다 보면 개인의 삶 자체가 나쁜 영향을 받을 수도 있기 때문이다. 이때 스토리텔러들은 각자의 개성 있는 캐릭터도 살아있으면서 그것이 전체 이야기에서 생명력을 잃지 않고 나름의 기여를 할 수 있을지에 대해 항상 생각해야 한다. 이런 캐릭터, 더 나아가 여러 다양한 캐릭터가 등장하고 그 캐릭터에 상응하여 사람들이 기대하는 스토리가 연상되므로 이에 맞추어 스토리텔링을 해야 하는데, 항상 반전과 전환이 필요하다. 이런 유형의 영화들은 캐릭터와 콘셉트, 내러티브를 활용하여 융복합을 자유자재로 할 수 있다는 점이 특징이다. 그것이 가능한 이유 중 하나는 이미 많은 사람을 캐릭터의 매력에 빠지게 하여 팬으로 만들었으므로 캐릭터가 일종의 스타인 셈이고, 많은 이들은 그 스타의 스토리를 보고자 한다. 비록 허구일지라도 능히 그것에 몰입해서 보고자 하는 적극적인 행태 앞에서 진짜나 가짜는 별로 의미가 없게 된다.

3) 〈도둑들〉, 〈국가대표〉 등

영화 〈도둑들〉은 2012년 7월 개봉한 영화로, 도둑들의 이야기로 천만 관객을 동원한 독특한 케이스였다. 당시 이 영화가 천만 관객을 동원한 이유에 대해 설왕설래했다. 뚜렷한 이유를 발견하지 못했던 것이다. 사회적 교훈도 별로 보이지 않고 그저 보석을 훔치는 이야기이기 때문이다. 대체적인 결론으로 이제 관객은 가치와 의미보다는 재미를 추구하는 장르를 선호한다는 것이었다. 그런데 이 영화는 하이 콘셉트에 맞는, 스토리텔링이 잘된 영화 가운데 하나였다.

일단 다양한 캐릭터가 등장하는데 예니콜, 잠파노, 씹던껌, 뽀빠이, 마카오 박 등이고 여기에 중국의 캐릭터까지 합치면 무려 10명의 도둑이 등장한다. 도둑 캐릭터의 축제 현장인 셈이다. 김윤석, 김혜수, 이정재, 전지현, 김수현, 김해숙, 오달수 등 내로라하는 한국 배우와 임달화, 이심결, 증국상 등 중화권 배우들도 출연했다. 물론 1960년 동명 영화를 리메이크한 〈오션스 일레븐(Ocean's Eleven)〉(2001)의 영향을 받았다는 지적도 있다. 주목해야 할 점은 도둑 캐릭터를 받아들일 수용자의 기호가 한국에도 형성되어 있었다. 중요한 것은 관객이 원하는 것이 무엇이고 그것에 맞춰서 스토리텔링을 했는가다. 이 영화는 홍콩에 있는 매우 희귀하고 비싼 보석을 누가 차지하는가를 두고 경쟁을 벌이는 내용이다. 당연히 그 가운데 치밀한 두뇌 싸움과 반전이 기다리고 있으리라고 누구나 기대할 것이다. 여기서 캐릭터들이 악인이어서는 곤란하다. 분명히 도둑은 권장하거나 추천할 만한 직업군을 가진 인물들은 아니기 때문에 비록 도둑질은 하지만 나름대로 사연이 있거나 인격이 있는 캐릭터들로 등장시켜야 한다. 그렇게 해야 보는 이들이 매력을 느끼고 영화에 몰입할 수 있으며 영화에 대해 긍정적으로 평가하면서 입소문을 낼 수 있다.

이 영화는 성공에 대한 영화이기도 하다. 사람들은 무엇이든 자신이 원하는 것을 성취하고 그것을 통해 만족을 얻을 수 있기를 바란다. 그런 심리가 도둑에게 투영되고 있지만, 그것은 하나의 도구에 불과하다. 실제 현실에서 많은 사람은 성공보다는 실패를 많이 한다. 성공을 많이 한 사람이 애써 성공한 이야기를 보려 하지는 않을 것이다. 그들은 미래보다 자신의 현재 입지를 유지하고 관리하는 데 더 관심이 많을 것이다.

영화 〈국가대표〉(2009)는 루저들의 성공기를 다루고 있는 작품이다. 주인공들은 일반 사회에서도 별로 주목받지 못하는 사람들인데, 어느 날 국가대표팀에 소속된다. 한 나라를 대표한다는 것은 개인에게는 자부심을 줄 수도 있다. 그러나 비인기 종목인 점프스키였다. 사람들의 차가운 시선, 그리고 자체 지원도 요식행위에 불과한 상황이지만 그들은 열심히 훈련에 임한다. 물론 중간에 우여곡절과 갈등이 있지만, 이를 극복하고 대회에 진출한다. 대회에 진출해서도 평탄한 경기를 할 리 없지만 끝내 시합을 완수한다. 해당 분량에서는 완전한 성공이 아니지만 자막을 통해 이후 그들이 어떻게 성공해갔는지를 설명해주었다. 이것도 스토리텔링 차원에서 중요한 작업일 것이다. 그리고 이 영화에서는 러브 홀릭스의 노래 〈버터플라이〉가 영화의 내용과 잘 부합했다. 특히 번데기가 껍질을 뚫고 나비가 되어 하늘로 비상하는 과정을 노래에 담았기 때문에 점프스키 관련 영화에는 잘 맞는다고 보겠다. 영화의 주인공들이 점프스키를 통해 번데기에서 나비가 되는 것과 유사했기 때문이다.

이 영화를 만든 김용화 감독은 2017년 〈신과 함께〉를 제작하여 개봉한다. 이 영화는 같은 이름의 주호민의 웹툰을 영화화했는데, 무려 1,400만 명 이상의 관객 동원에 성공한다. 이전의 웹툰 작품들이 그렇게 크게 성공하지 못한 것과 대비된다. 대만에서 역대 아시아영화 흥행 1위, 홍콩에서도 역대 한국영화 흥행 2위라는 기록을 세웠다. 특이하게도 연작 시리즈로 제작, 바로 이듬해인 2018년에 후속편을 개봉해 흥행몰이에 나섰다. 이 영화는 원래 웹툰이지만, 그 내용 가운데 관객이 흥미 있어 할 만한 에피소드를 골라내어 다시 스토리텔링했다는 것이 특징이다. 즉, 원작 그대로 영화로 스토리텔링한 것이 아니라 독자적으로 스토리를 재구성했다. 영화 〈신과 함께 1〉은 저승에 온 망자 김자홍이 그를 안내하는 저승 삼차사 강림, 덕춘, 해원맥과 함께 49일 동안 7개의 지옥에서 재판을 받는 이야기를 담았다.

이를 위해 캐릭터의 변화가 있었다. 웹툰에서는 저승차사들이 망자의 호위만 담당하고 진기한 변호사가 지옥 재판 과정에서 망자를 변호했는데, 영화에서는 진기한 캐릭터를 없애고 저승차사 중 한 명인 강림(하정우)에게 망자의 호위와 변호를 함께 맡게 했다. 이로써 캐릭터의 매력과 역할을 강화하고 스토리텔링은 단순하면서도 집중화하는 역할을 하게 되었다. 또한 김자홍의 직업은 회사원에서 소방관으로 바꾸었다. 소방관은 다른 사람을 구하는 사람이기 때문에 더 선한 캐릭터이기도 하면서 많은 사람을 구했음에도 잘못을 저지른 면이 드러나면서 갈등과 곤경이 발생하는 반전 스토리텔링이 가능한 캐릭터였다. 김용화 감독은 "원작의 매력과 감정선을 해치지 않는 선에서 방대한 이야기를 2시간여 러닝타임 안에 녹이기 위해 원작에서 두 명이었던 인물을 한 명으로 압축해 캐릭터의 집중도를 높였다."고 말했다.[4]

이 작품은 저승편, 이승편, 신화편으로 구성되었는데, 결말은 자홍이 과연 자신의 선한 행동들을 인정받아 다시 환생할 수 있었는가다. 그것은 일종의 성공 목표였고, 자홍이나 삼차사는 이를 위해 원혼을 쫓고 어머니에 얽힌 이야기를 적극적으로 부각하는 등 각고의 노력을 다한다. 여기에서 가족주의를 부각한다. 가족주의뿐만 아니라 환생이라든지 저승의 심판 등은 동아시아에서 보편적인 내용이기 때문에 공감할 만한 요소가 있었다. 특히, 대만이나 홍콩은 대륙의 유물론주의 사관과 달리 이러한 영혼의 세계를 허용하기 때문에 호응이 컸다. 물론 중국의 일반 시민도 관심을 가질 만한 내용이지만 중국은 수입을 허용하지 않았다. 2편 〈인과 연〉은 2018년 8월 2일에 개봉했다. 김자홍의 동생 김수홍의 심판과정과 삼차사의 이야기를 융합하여 보여졌는데, 긍정적인 결말이 감동을 배가했다.

---

4) "웹툰과 영화의 만남… '반드시…' '강철비' '신과 함께'", 〈연합뉴스〉. 2017. 11. 20.

4) 〈분노의 질주〉, 〈매드 맥스〉

〈분노의 질주(The Fast and the Furious)〉(2001)는 스트리트 레이싱을 소재로 한 자동차 액션 영화 시리즈다. 이전만 해도 자동차 액션은 영화의 한 시퀀스에 불과했다. 특히 카 체이스는 더욱더 그러했는데, 자동차 추격전을 전면에 내세웠다. 〈본 시리즈〉에서도 자동차 추격전은 많은 화제를 낳았고, 수많은 영상 콘텐츠에서 모방할 정도로 흥미를 자아내고 높은 평가를 받았지만, 그 장면들은 결국 하나의 시퀀스에 불과했다. 〈분노의 질주〉 9편은 2019년, 10편은 2021년에 개봉될 예정인데, 8~10편은 3부작 형태로 제작된다. 이 영화는 물론 자동차회사의 협찬을 받을 수 있는 장점이 있기 때문에 제작될 수 있는지 모른다. 각종 다양한 자동차가 등장하고, 액션장면에서 편당 200~300대의 자동차가 파손될 정도다. 자율주행 자동차, 전기 자동차, 수소 자동차가 나온다고 해도 지구는 자동차 문명이라는 점에서 여전할 것이다. 무엇보다 자동차에는 기본적인 매력이 있기 때문에 이 영화가 여러 편 시리즈로 나올수 있다. 자동차는 기본적으로 도로를 빠르게 달리며, 인간을 옮겨주는 교통수단인 동시에 오락성이라는 재미요소를 가지고 있다. 또한 자신의 손 운전으로 여러 가지 다양한 상황을 극복할 수 있는 것이 자동차 주행이라고 할 수 있다. 또한 자동차가 움직이는 것을 보는 것만으로도 매력적이다. 실제로 우리는 영화 속 자동차처럼 도로 위를 달릴 수 없다. 때로 교통법규를 위반하는 일이 다반사인데, 이를 넘나드는 모습은 대리만족을 준다. 정신없이 빠져들다 보면 시간이 금방 가고 고민도 잠시 잊을 수 있는 장점이 있다. 이러한 점은 멍때림이나 색칠 관련 책이 힐링 수단으로 각광받는 것과 같은 맥락이다. 가만히 앉아 명상만 한다고 스트레스나 고민이 완전히 사라지지 않는다.

이러한 맥락을 지닌 영화가 〈매드 맥스(Mad Max)〉다. 〈매드 맥스〉는 1979년 제작된 오스트레일리아 영화인데, 2015년 리메이크되었다. 조지 밀러가 30년 만에 연출을 맡았고, 멜 깁슨이 맡았던 맥스 역할에는 톰 하디가 캐스팅되었다, 샤를리즈 테론, 니콜라스 홀트, 로지 헌팅, 턴 휘틀리 등 유명 배우들이 출연했는데 악역을 맡은 휴 키스번은 36년 뒤인 2015년 〈매드 맥스: 분노의 도로〉에도 출연했다.

스토리는 이렇다. 시타델에서 얼마 남지 않은 물과 식량을 독차지한 독재자 임모탄 조(휴 키스번)는 자신의 전사들인 워보이를 신인류라고 규정하고 그들을 통해 간신히 살아남은 사람들을 지배한다. 한편, 아내와 아들을 잃고 오직 살아남기 위해 사막을 떠돌던 맥스(톰 하디)는 임모탄 조의 부하들에게 납치되어 시타델로 끌려오게 되는데, 마침 임모탄 조의 철권통치와 폭정에 반발한 사령관 퓨리오사(샤를리즈 테론)는 임모탄 조의 여성들을 데리고 도망가기 시작한다. 그들은 모두 임모탄 조에게 씨받이로 이용되고 있던 여성들이었다. 퓨리오사는 여성들을 해방시켜 새로운 신천지의 땅으로 탈출하게 하려는 것이었다. 임모탄 일파는 퓨리오사의 뒤를 쫓는다. 이 과정에서 맥스는 피가 필요한 추격군에게 수혈을 당하는 수단으로 차에 실려 자신의 뜻과 관계없이 추격전에 동참하게 된다. 이 과정에서 퓨리오사와 맥스는 한편이 된다. 마침내 그들은 새로운 땅이 없다는 것을 알게 되고, 임모탄 조가 없는 시타델을 역으로 공격하기 위해 나선다.

이 영화는 서사구조가 단순하다. 악인에게서 탈출해 새로운 세상을 향해 질주하는 내용이고, 그들을 쫓는 추격대와 각축전을 벌인다. 당연히 연이어 위기 상황이 닥친다. 주인공들에게 바라는 것은 성공이다.

모두 살아남아서 새로운 세상을 누리기 바란다. 영화는 파랑새가 집에 있었다는 결말을 향해 치닫고, 그것이 반전이었으며, 원하는 결말로 이어진다. 이 과정에서 다양한 추격과 자동차 레이싱이 등장하여 장쾌함과 몰입감을 일으킨다. 결론은 해피엔딩이다. 이런 긍정적인 결말 때문에 이 영화를 보고 나면 기분이 좋아진다. 영화는 교훈적이기도 하다. 임모탄 조는 가부장제의 지배자로 여성들을 노예화하는 인물이다. 따라서 여성 해방 관점에서 그는 무너뜨려야 할 악의 대상이다. 여기에 퓨리오사는 적극적인 여성 캐릭터로 그 역할을 충분히 한다. 영화의 제목은 〈매드 맥스〉이지만 그 안에서는 이런 여성 해방적인 요소가 있기 때문에 작품성에서도 오락성과 아울러 좋게 평가할 만하다. 특히, 액션 오락 영화에 흥미가 없는 여성이라고 해도 이런 여성 해방적인 요인 때문에 좋게 평가할 수 있다.

대중 영화의 스토리텔링은 외연을 계속 확장해야 한다. 사극에 연애와 판타지를 입히는 것도 마찬가지다. 어쨌든 이렇게 오락성과 작품성을 같이 추구하는 것이 할리우드 스토리텔링 시네마의 특징이다.

5) 〈해무〉, 〈대호〉, 〈칼의 기억〉 — 대중성과 예술성의 스토리텔링

잘 알려지지 않은 사실이 있는데, 전 세계적인 흥행작인 〈스타워즈 시리즈〉는 한국에서는 그다지 흥행하지는 못했다. 열렬한 마니아층이 있을 뿐이다. 그 이유 가운데 하나는 이 영화가 아들이 아버지를 해치는 서사구조를 갖고 있기 때문이다. 서양에는 아버지가 아들에게 당하는 서사가 뿌리 깊다. 소포클레스의 《콜로노스의 오이디푸스》는 그가 사망한 해인 기원전 406년에 완성됐는데, 기원전 401년 아테네 비극 경연인 디오니시아 축제에서 초연되었다. 일단 이 작품은 비극을 담았을 뿐만 아니라 오이디푸스가 자신의 아버지를 해치는 이른바 근친살인이라는 패륜 행위를 다루고 있다. 예술은 금기를 넘어서는 것이지만, 아버지를 해치는 내용은 그렇게 좋은 것은 아니기 때문이다. 특히, 동아시아 문화에서는 바람직한 문화적 가치가 아니다. 따라서 입에 올리기도 부정적이다. 물론 그 내용이 패륜이지만 비극공연을 무대에 올릴 때 자주 사용되는 서사작품이다. 예술적으로는 금기를 넘어 아무리 높은 평가를 받는다고 해도 적극적으로 대중화되기 어렵다. 작품의 우수함과는 별개로 정서가 작용하기 때문이다. 특히, 스토리텔링은 대중의 보편적인 정서와 상식, 가치관에 부합해야 한다. 잔혹동화가 대중화되기 어려운 이유도 이 때문이다. 또한 앞에 앉은 사람에게 말로 이야기를 들려주는데, 가치관과 세계관에 대해 논리적·철학적·합리적으로 설득하는 작업을 할 수는 없는 노릇이다. 듣는 사람이 잘 이해할 수 있는 배경지식에 바탕을 두고 이야기를 들려주어야 한다. 설령 변화한다고 해도 시간이 필요하므로 당장에 성과를 낼 수는 없고, 작품을 통해 지속적으로 조금씩 변화를 이끌어내는 방법이 중요할 것이다.

2015년 영화 〈협녀, 칼의 기억〉은 100억 원 이상의 제작비와 이병헌, 전도연, 김고은이 출연하여 화제를 모았던 작품이다. 그런데 흥행은 참패했다. 물론 전문가들의 평가도 좋았다. 하지만 아버지를 죽이는 내용이었다. 이런 작품은 내적으로 훌륭해도 추천할 수 없다. 결론도 비극적일 수밖에 없다. 프로이트의 오이디푸스 콤플렉스는 전문가들 사이에서는 많이 회자되지만, 정작 한국사람들은 선호하지 않는다. 그럼에도 극작에서는 학생들에게 강조된다. 그 학생들은 예술적인 작품을 만든다며 이런 설정을 곧잘 대중문화에 등장시킨다.

더구나 휴가철에 이런 비극적인 패륜 코드의 영화를 즐겨 볼 수는 없는 노릇이다. 2014년 〈해적〉과 경쟁한 〈해무〉의 경우 제작진의 역량과 작품성에서 높은 평가를 받았지만, 흥행에 참패하고 〈해적〉이 성공했다. 특히 〈살인의 추억〉 각본에 참여했던 심성보가 연출을 맡고, 영화 〈괴물〉의 봉준호가 기획·각본·제작에 참여한 작품이라고 해서 화제가 되었지만, 흥행에는 영향을 주지 못했다. 스토리는 어려움에 처한 선장이 수익을 위해 밀항자 운송 일을 하게 되는데, 잘못하여 밀항자들이 선내 창고에서 대부분 사망하면서 겪게 되는 실화를 바탕으로 했다. 〈해무〉에 진지한 주제의식이 있었다고 해도 선원들이 잔인했고 결말도 비극적이었다. 그들이 탔던 배는 선장과 함께 침몰하고, 살아남은 주인공도 우울한 상황에 처한다. 따라서 그들에게 감정을 몰입할 수 없었다. 영화 〈해적〉은 작품성보다는 오히려 재미와 해피엔딩으로 사람들의 입소문에 올랐다. 여름 휴가철에 사람들이 원하는 영화는 명확했다. 당시 세월호 사건 때문에 바다에 관한 영화는 흥행하지 못할 것이라는 예측이 있었는데, 〈해적〉과 〈명량〉은 많은 사람이 봤다. 특히, 〈명량〉은 진지한 내용임에도 이순신이 '명량'에서 어떻게 이겼을까 궁금해하던 관객에게 통쾌한 시각적인 볼거리를 제공해 이에 부합하게 스토리텔링하여 1,700만 명의 관객을 동원해 역대 1위 기록을 아직도 놓지 않고 있다. 전 국민이 알고 선호하는 이순신이라는 캐릭터를 기대에 부응하게 그려냈기 때문에 관객몰이를 한 것이다. 당연히 역사에서 이미 완전한 승리를 거두었기 때문에 이를 기대할 수 있었고 기분 좋게 관람할 수 있었다. 하지만 이순신의 승리 스토리에 별 관심이 없는 관객에게는 빤한 이야기가 되었다.

2015년 12월에 개봉한 영화 〈대호〉는 100억 원 이상 들어간 작품이었다. 1925년 조선 최고의 명포수로 이름을 떨치던 '천만덕'과 조선 호랑이를 다룬 작품으로 눈길을 끌었지만, 흥행에 참패했다. 조선의 마지막 명포수, 마지막 조선 호랑이라는 좋은 캐릭터를 활용한 스토리텔링이었지만 결론이 비극이었다. 명포수도 죽고, 호랑이와 그 새끼까지도 죽는다. 아마도 비극적인 결말을 통해 극적인 감정을 이끌어내고자 한 것으로 보이는데 결과는 실패였다. 조선 호랑이는 최소한 살아서 만주 벌판으로 뛰어갔어야 한다. 이런 영화를 연말에 관객이 볼지 의문이었다. 2016년 영화 〈베테랑〉과 〈암살〉은 결론이 해피엔딩이었지만 내용도 기대에 부응했다.

2017년 영화 〈택시운전사〉나 〈1987〉은 모두 진지하고 무거운 주제이지만 결말은 해피엔딩이다. 택시기사는 고민이 있었지만 광주의 진실을 외부에 알렸고, 영화 〈1987〉은 반독재 투쟁과 달리 시민의 승리로 끝났다. 그러므로 고문과정만 그린 영화 〈남영동 1985〉처럼 되지는 않았다. 물론 관객이 많이 보았다고 해서 반드시 훌륭한 작품이라고 할 수는 없다. 중요한 것은 어떻게 많은 이들에게 스토리텔링의 본질을 공유하게 했는가다. 영화 스토리텔링에 부합하는 원래의 스토리나 내러티브가 있다. 그것을 분별하여 작품화하는 것도 필요하다.

그러나 반드시 행복한 결말이 성공을 보장하지는 않는다. 2017년 영화 〈군함도〉는 사실의 왜곡이라는 의혹을 받으며 예상 흥행을 밑돌았다. 오히려 해외에서는 그러한 맥락이 상관없으므로 좋은 평가를 받았다. 누가 그 스토리텔링을 받아들이는가를 고려하는 것이 중요하다. 그에 따라 평가는 얼마든지 달라질 수 있다. 무엇보다 〈군함도〉는 온 가족이 여름철에 함께 보기에는 스토리가 너무 무겁고 모순적이었다. 흥행코드의 기계적 조합이 아쉬운 영화였다. 차라리 진정성을 우선하는 스토리텔링이 사람들의 마음을 먼저 사로잡았어야 한다.

6) 시리즈 동시 제작

영화 〈신과 함께: 죄와 벌〉은 주호민 작가의 웹툰 '신과 함께'를 원작으로 한 2부작 영화 시리즈인데 1, 2부가 동시에 제작되었다. 웹툰이 완결된 뒤 계속 영화화가 언급되었는데 웹툰을 기반으로 한 영화 중에서는 가장 흥행에 성공한 영화다. 하지만 가장 원작과 내용이 다른 영화이기도 하다. 스토리텔링을 완전히 다르게 한 것이다.

제작 과정이 많이 순탄치 않았던 점이 영향을 미친 것으로 보인다. 6년 동안 시나리오 탈고만 30번이 넘게 됐다. 그만큼 영화에서는 스토리텔링이 많이 각색 수정된다는 것을 알 수가 있다. 연출은 김용화 감독에게 처음 제의가 갔지만, 김용화 감독이 고사한 이후 〈만추〉의 김태용 감독에게 가 화제가 되었다. 하지만 김태용 감독이 각본을 쓴 〈신과 함께〉는 원작의 등장인물들이 단 한 명도 등장하지 않을 정도로 원작과 매우 차이가 있었다. 다시 2014년 5월, 감독이 김용화 감독으로 바뀌었다. 이때 김용화 감독은 전작 〈미스터 고〉가 참패한 뒤에 교훈을 얻어 〈신과 함께〉를 기술적으로 어떻게 풀어나가야 할지 자신감이 생겨 연출을 맡게 됐다. 그 이후 이전 각본 중에서는 원작과 완전히 똑같이 만들었던 각본도 있었지만 결국에는 몇 년에 걸쳐 현 각본으로 만들어졌다. 지옥도 7개의 지옥을 형상화하기 위한 비주얼 콘셉트가 100장이 넘었고 스케치한 그림만 1,000장이 넘었다. 원작의 저승 편, 이승 편, 신화 편의 요소들을 살려 2016년 4월 촬영을 시작해 두 편을 동시에 촬영했다. 김용화 감독은 〈국가대표〉와 〈미녀는 괴로워〉로 크게 성공한 감독이다. 비록 〈미스터 고〉로 실패했지만 〈국가대표〉와 〈미녀는 괴로워〉에 흐르고 있는 대중적 정서를 극대화하여 〈신과 함께〉를 성공시켰다. 특히, 어머니의 장애 등 가족주의적 요소를 강화해 신파영화라는 조롱을 당하기도 했지만, 대중적으로 크게 성공했다.

2022년 7월 27일 개봉한 액션 대작 〈한산〉은 누적 관객수 1,761만 명, 대한민국 역대 박스오피스 1위라는 대기록을 수립한 〈명량〉에 이은 '이순신 3부작 프로젝트' 중 두 번째 작품이었다. 명량해전 5년 전, 평양으로 향하는 왜군을 상대로 필사의 최고 전략을 펼쳐 대응하는 이순신 장군과 조선 수군의 '한산도 대첩'을 다뤘다. 김한민 감독은 이순신 프로젝트를 기획한 배경에 대해 "처음에는 역사 3부작으로 기획했다." 고 말했다. 그는 "〈최종병기 활〉, 〈봉오동 전투〉, 이순신 〈명량〉이었다." 며 "〈최종병기 활〉이 잘되면서 〈명량〉을 만들자는 생각이 들었다."고 했다. 이어 〈명량〉을 기획하다 보니 이순신 장군의 이야기를 과연 한편으로 그릴 수 있을까 싶더라. 적어도 3부작으로 만들어야겠다고 생각이 들어 〈명량〉, 〈한산〉, 〈노량〉으로 만들게 됐다. (역사적) 순서로는 〈한산〉, 〈명량〉, 〈노량〉이지만 뜨거움을 먼저 느낄 수 있는 〈명량〉을 먼저 하게 됐다"고 언급했다. 이는 방탄소년단이 스토리텔링형 앨범 '러브 유어셀프' 시리즈의 전 티어(LOVE YOURSELF 轉 Tear)를 먼저 발매한 것과 같은 방식이다. 즉 플롯 구성이 기존의 순차적인 스토리텔링과 다른 것이다.

중요한 것은 또 캐릭터다. 각 편마다 주인공이 다르다. 대개 한 배우가 분장을 달리해 연령대별로 다른 연기를 하던 것과 차별화되었다.

〈명량〉에서는 최민식, 〈한산〉에서는 박해일이 이순신 장군으로 낙점되었는데 의외라는 평가가 많았다. 박해일은 이와 관련하여 인터뷰를 한 적이 있다.

"시나리오를 보니 제가 해볼 수 있는 지점을 발견했다. 〈명량〉에서 최민식 선배님이 용맹스러운 모습을 보였다면, 〈한산〉에서 저는 지장과 덕장으로서, 더불어 선비다운 모습까지 제가 가진 기질을 최대한 활용해 이번 작품을 완벽하게 끝냈다."고 했다. 이어 "저 다음으로 김윤석 선배님께서 〈노량〉을 준비 중이다. 최민식, 김윤석 선배님 사이에서 관객분들이 이 3부작을 몰아 보실 때 〈한산〉을 제일 먼저 보실 것 같았다. 이순신 장군님이란 캐릭터를 저라는 배우가 잘 해내야 한다는 명제를 안고 출항했다."며 "선비다운 올곧음에 좀 더 집중하며 전투의 긴장감을 유지하려고 애썼다."고 했다.

박해일을 캐스팅한 것은 유성룡이 그의 저서 《징비록》에서 언급한 선비 같은 풍모를 캐릭터로 연출하기 위해서였다. 김윤석은 노량 해전에 캐스팅이 되었는데 죽음과 삶 속에서 운명 같은 결정을 해야 하는 캐릭터를 소화해야 한다. 최민식이나 박해일과는 결이 다른데 노련함과 비장함을 함께 내보여야 한다. 연출 스타일에 관한 찬성 여부에 상관없이 감독이 누더기처럼 캐릭터와 스토리를 구현하는 것이 아니기에 완결성과 일관성이 기대될 수 있다.

이러한 연작 영화시리즈의 동시 제작은 위험 부담을 안고 있는 것이 사실이다.

2022년 7월 개봉한 영화 〈외계+인〉은 고려 말 소문 속의 신검을 차지하려는 도사들과 2022년 인간의 몸 속에 수감된 외계인 죄수를 쫓는 이들 사이에 시간의 문이 열리며 펼쳐지는 이야기를 담고 있다. 〈신과 함께〉에 이어 한국 영화로는 두 번째로 1~2부 동시 촬영이었다. 총제작비 700억 원, 프로덕션 기간 13개월, 촬영 회차가 무려 250회였다. 〈외계＋인〉 1부는 330억 원이 들어 손익분기점이 700만 명이었다. 〈외계＋인〉 2부는 370억 원 이상이 들어 손익 분기점이 800만 명 이상으로 추정되었다. 결국, 흥행은 참패했다. 고려 사람과 한국 사람, 외계인과 로봇이 한데 섞여 등장한다. 도사와 신선까지 등장해 검술과 장풍 같은 무협 액션과 초능력 등을 활용한 SF 액션이 동시에 등장하여 장르적 속성이 매우 강했다. 입맛은 보수적이고 콘텐츠를 선택하는 기호도 마찬가지다. 어디에서도 보지 못한 새로운 시도였는데 이런 장르의 스토리텔링은 사람들에게 익숙해질 시간이 필요하다. 연작 시리즈를 동시에 수행하여 성공까지 하기에는 시간적인 적응기가 너무 짧았다. 이러한 점은 스토리텔링의 완성도와 관계없이 음식에 숙성이 필요한 것과 같다. 대중과 콘텐츠는 이러한 관점을 계속 유지해야 한다. 〈외계＋인〉은 1부에서 제작비를 줄이고 많은 매체를 통해 상당 기간 노출하고 이후에 팬이 형성되고 입소문을 돌린 뒤에 시간적 숙성에 따라 만들어졌어야 한다.

3.
적용하기

Q. 전문가들과 대중 관객이 영화를 평가하는 기준이 어떻게 다른지 정리해
   보자.

_____

_____

_____

_____

_____

Q. 하이 콘셉트 시네마 원리에 따라 스토리를 구성해보자.

_____

_____

_____

_____

_____

Q. 개봉 영화 가운데 스토리텔링을 보완했으면 좋을 아까운 작품을 선별
해보자.

Cultural contents DNA
Storytelling

12강

예능(라디오, 텔레비전)
스토리텔링

).
이해하기

라디오와 텔레비전을 막론하고 방송콘텐츠에는 그간 스토리텔링 방식의 토크쇼가 진화해왔다. 이러한 프로그램들은 현재 디지털 환경 속에서 여전히 많은 이야기를 들려주면서도 그 매체적 속성에 맞게 듣는 이들의 참여를 능동적으로 이끌어내고 있다. 누군가의 이야기를 대리 텔링하는 고전적 유형의 스토리텔링 콘서트가 있는가 하면 일정한 출연자들이 삶과 세상에 대한 이야기를 텔링하면서도 일반 시청자의 텔링을 이끌어내기도 한다. 또한 스토리텔링과 그에 대한 즉응적인 반응들을 신속하게 방송콘텐츠에 활용하면서 다시금 시너지 효과를 누리고 있어 매체가 가지고 있는 매개적 간접성으로 인해 발생하는 한계들을 극복해가고 있다.

사실 예능·오락 프로그램들의 형식과 내용은 본질적으로 스토리텔링을 벗어날 수 없다. 일정한 무대-세트가 마련되고, 출연자들이 그 위에서 자연스럽게 일상의 이야기들을 들려주는 포맷에는 변함이 없다. 그간 한국에서는 이렇게 텔레비전과 라디오를 중심으로 한 대중미디어를 통한 간접 스토리텔링 공연을 구가해왔다. 실제로 평일이든 주말이든 TV를 켜면 연예인들이 토크 프로그램에 나와 온갖 개인 스토리를 늘어놓고 있다. 연예인들이 점령한 토크쇼가 넘쳐난다는 점에서 이러한 쏠림 현상은 당연히 잘못된 것이지만, 사실 이야기를 들어보면 누구나 채널을 쉽게 돌리지 못한다. 우습게 여기며 보다가도 순간순간 재미와 감동을 느끼기도 한다. 일단 연예인들의 토크쇼에 담긴 의미만을 추적한다면, 이 역시 수시로 스토리텔링 콘서트를 펼치고 있다. 예를 들어, 강호동이 사회자로 출연해 "연예 활동 중에 가장 아찔했던 순간이 있었다는데 무엇이지요?"라고 묻는다. 물론 이미 그 '순간'에 대한 이야기를 준비해왔음에 틀림없다. 그 연예인은 3~4분 정도의 시간에 가장 아찔했던 순간을 이야기한다. 통상 연예인도 자신이 할 수 있는 이야기 중에 가장 흥행성 있는 것을 선택하고, 가장 짧은 언어로 재미있게 전달하려고 준비하기 때문에 재미도 있고 찡하는 울림도 있게 마련이다. 어느 프로그램에서는 그것을 서바이벌식으로 대결하게 한다. 어느 이야기가 더욱 재미있고 울림이 있었는가를 평가하는 것이다. 다소 부정적으로 연예인이 점령한 온갖 토크쇼의 난무를 표현했지만, 이처럼 그 속에는 매우 짧은 스토리텔링 공연이 벌어지기 때문에 시청자가 재미있어하는 것이다. 통상 한 프로그램당 10~20명가량의 연예인이 등장하므로 1시간 정도 공연에 10~20개 정도의 스토리텔링 콘서트가 벌어진다고 할 수 있다. 리얼버라이어티 프로그램, 관찰예능도 야외공간일 뿐 토크는 반드시 들어간다. 물론 이러한 연예인 쏠림 현상의 토크쇼가 지나치게 많은 것은 시정되어야겠지만, 이러한 프로그램이 먹히는 것은 남의 이야기를 듣고자 하는 사회적 욕구가 그만큼 크다는 것을 말해주는 것이라고 할 수 있다.

이러한 토크쇼도 잘 들여다보면 약간씩 차이가 있다. 어떤 것은 몇 몇 출연자 위주의 스토리텔링 토크, 어떤 것은 다수 출연자가 저마다의 주제를 늘어놓는 스토리텔링 토크, 어떤 것은 일정한 주제를 던져주고 그에 대해 말하게 하는 것, 어떤 것은 경연 방식을 통해 진행하는 것 등 다양한 방식이 있다. 모두 기본적으로는 이야기만으로 승부한다는 공통점이 있다. 물론 각 프로그램은 중간중간에 출연자의 노래와 춤을 넣는 방식을 취하기도 한다. 그런데 이런 토크쇼의 주인공이 반드시 연예인만은 아니다. 일반 출연자들도 등장한다. 대표적인 것이 KBS1TV 〈아침마당〉이라고 할 수 있다. 또한 KBS2TV 〈대국민 토크쇼 여러분 안녕하세요〉는 온전히 일반인의 사연과 직접 스토리텔링을 통해 구연한다. 또한 라디오에서는 연예인의 수다와 개인사만이 아니라 청취자의 다양한 실제 이야기를 들려준다. 이런 것도 토크쇼임에 분명하다. 이런 방송 콘텐츠들은 아날로그 시대에서 출발하여 오늘날 디지털 시대에도 맞게 나름의 진화 궤적을 그려왔다.

2.
사례 분석하기

1) 라디오 프로그램의 스토리텔링

〈양희은 서경석의 여성시대〉, 〈행복한 아침 왕영은 이상우입니다〉, 〈강석 김혜영의 싱글벙글쇼〉, 〈지금은 라디오시대〉 등이 대표적인 청취자 스토리텔링 프로그램이다. 청취자의 이야기를 진행자가 텔링하는 형식의 프로그램으로 장기간 큰 인기를 끌어오고 있다.

MBC 〈여성시대〉는 40년간 청취자의 편지 사연을 소개하는 편지쇼 형식을 고수하는 정통 라디오 방송 프로그램이다. 〈여성시대〉는 여성들의 삶의 이야기를 구연자를 통해 들려주는 대표적인 인기 프로그램이다. 직접 스토리텔링이 아니라 간접 스토리텔링의 전형적인 형식이다. 우리나라 주부 청취자로부터 절대적 지지를 받아온 〈여성시대〉는 1975년 10월 〈임국희의 여성살롱〉이라는 이름으로 첫 방송된 이래 '서울특별시 여의도우체국 사서함 400호 여성시대' 앞으로 온 편지는 '신춘편지쇼' 등 각종 특집 방송까지 포함해 무려 300만여 통. 사연이 소개된 청취자만 해도 8만 7,600명이나 된다. 〈여성시대〉의 장수 비결은 이런 기록에 앞서 청취자의 눈시울을 뜨겁게 만드는 보통 사람들의 감동 어린 사연에 있다. 청취자는 남의 일 같지 않은 사연들이 소개될 때마다 〈여성시대〉 홈페이지 게시판에 올리는 따뜻한 위로의 글과 성원으로 이들 이웃의 삶의 의지를 되살려내고 있다.[1] 2004년 3월, 송승환은 〈여성시대〉 진행을 했던 경험에서 "〈여성시대〉 청취자의 사연을 읽고 배달하면서 함께 웃고 함께 슬퍼하면서 많이 느끼고 배울 수 있었습니다."라고 했다.[2] 양희은은 "그동안 〈여성시대〉를 통해 인생이라는 거대한 학교에서 자세를 낮추는 학생의 자세를 배웠다. 갱년기를 〈여성시대〉와 함께 넘었다. 비슷한 처지의 사연이 주는 연대와 공감의 힘을 믿는다."고 했다.[3]

양희은은 "여성시대에 배달되는 편지들은 그 자체가 한 편의 인생 드라마로도 손색이 없는 이야기들을 담고 있다."라고 했다.[4] 또 "오랜 연기생활과 다양한 경험으로 다져진 송승환이 그 이야기들을 잘 이해하고 소화하여 배달할 수 있을 것"[5]이라고 말했다. 배우의 경험이 사연을 전달하는 데 효과적이라는 지적이다. 2009년 6월 중순, '브론즈 마우스'를 수상하고 나서 "1971년 가을부터 방송을 시작했는데, 〈여성시대〉는 제 인생의 거대한 학교였다. 〈여성시대〉는 겸손하게 자세를 낮추

---

1) 〔TV마당〕 "MBC라디오 '여성시대' 1975-2005년 대장정", 〈한국일보〉, 2005. 12. 11.

2) "MBC라디오 '여성시대' 진행맡은 송승환 '애틋한 사연 오롯이 배달할게요.'", 〈파이낸셜뉴스〉, 2004. 3. 11.

3) "'여성시대' 양희은, '인생이라는 거대한 학교에서 학생의 자세를 배워'", 〈경향신문〉, 2009. 6. 10.

4) "MBC라디오 '여성시대' 진행맡은 송승환 '애틋한 사연 오롯이 배달할게요.'", 〈파이낸셜뉴스〉, 2004. 3. 11.

5) 위의 글.

고 인생을 배울 수 있었던 곳"[6]이라고 말했다. 이러한 발언은 스토리텔링을 통해 인생의 교육장을 마련할 수 있음을 내비친 것이라고 볼 수 있다.

2008년 12월 26~27일, 김지선이 진행자로 캐스팅되었는데, 평소 방송에서 자신의 이야기를 솔직하게 털어놓는 것이 라디오 매체의 특성과 잘 맞는다고 판단한 제작진이 임시 진행자로 적극적으로 섭외했다.[7] 여기에서 눈에 띄는 것은 자신의 이야기를 솔직하게 털어놓는다는 점이다. 2007년 3월 5일부터 진행을 맡은 강석우는 "청취자의 다양한 삶을 진솔하게 전해주는 라디오 진행은 '제2의 연기'라고 생각해요."라고 말했다. 그리고 스스로를 '박수무당'이라고 칭했다.[8] 진행자는 사람들의 이야기를 진솔하게 전달하는 샤먼과도 같다. 주부층이라는 한정된 청취 계층을 겨냥했던 〈여성시대〉의 장수 비결로 '보통 사람'인 서민의 사연을 전하며, 고달픈 일상에 따뜻한 벗이 됐기 때문이고 우리 일상의 진솔한 이야기로 기쁨과 안타까움, 꿈과 희망, 감동을 전달하며 절대적인 지지를 받아왔다[9]는 지적이 있다. 사연을 글로, 입으로 진지하게 곱씹으면 확실히 세상을 좀 더 넓게 사는 듯한 느낌을 갖게 된다.[10]

2010년 5월, LG전자 휘센은 방송 청취자의 스토리를 매개체로 〈여성시대〉와 공동 마케팅을 진행했다. '사랑이 불어오는 5월'은 〈여성시

---

6) MBC 라디오는 1996년 '골든·브론즈 상'을 제정했고, 이후 20년 이상 진행한 사람에게는 '골든 마우스'를, 10년 이상에게는 '브론즈 마우스'를 수여해왔다. "라디오 진행 10년! 브론즈 마우스 수상한 양희은·노사연", 〈레이디경향〉, 2009년 7월호.

7) "박지선 '여성시대' 일일 MC됐다", 〈헤럴드 생생뉴스〉, 2008. 12. 19.

8) "'매번 송승환이 대타지만 그때마다 히트쳤어요'… '여성시대' 새 MC 강석우씨", 〈국민일보〉, 2007. 3. 9.

9) "'여성시대' 서른 잔칫상 풍성", 〈서울신문〉, 2005. 12. 14.

10) "라디오, 그 황홀한 수양의 공간", 〈신동아〉, 2007년 5월호.

대〉 청취자의 부모님, 스승, 남편, 자식 등 사랑하고 존경하는 이들에게
평소 표현하지 못했던 사랑의 마음을 담은 사연을 공모해 방송했다. 누
구나 참여할 수 있었으며, 〈여성시대〉 홈페이지 이벤트 공간에 사연을
응모하게 했다. 채택된 사연은 5월 한 달간 수요일 〈여성시대〉 3, 4부에
방송되었다.

> "서울은 나로 하여금 시골에 계신 생선장사 아버지를 잊게 했다.
> 내가 만나는 하루하루는 그저 새롭고 즐겁기만 했다. 그러던 어느 날,
> 자췻집 주인아주머니가 낯익은 편지봉투 한 장을 건넸다. 내 글씨였
> 다. 나는 그제야 내 고향을 생각했고, 그곳에 계신 아버지를 생각했
> 다. 봉투를 여는 손끝이 떨려왔다. 글씨를 모르는 아버지가 과연 어떻
> 게 글씨를 쓰셨을까?"(〈생선장수 아버지의 동그라미 그림편지〉 중)[11]

KBS2라디오(해피FM 106.1MHz) 〈안녕하세요 노주현 왕영은입니다〉
의 연출자 조휴정 PD는 "아무리 세월이 바뀌어도 진실한 사람들의 소
박한 사는 얘기는 감동을 주는 것 같다."고 말했다.[12] 〈안녕하세요 정한
용 왕영은입니다〉의 주간 코너 '부모님 전상서'에서는 그동안 들려줬던
편지 중 감동적이었던 내용과 저명인사나 연예인들의 편지를 소개하기
도 했다. KBS2라디오의 〈행복한 아침 왕영은 이상우입니다〉는 청취자
의 사연을 읽고, 공감하고, 나누는 데 많은 시간을 할애하는 프로였다.[13]

---

11) MBC라디오 여성시대 제작팀 엮음, 『그리움: 나에게 부치는 아름답고 슬픈 이야기』, MBC
    프로덕션, 2009.
12) "라디오 전쟁선포 '아침시간 주부들을 잡아라'", 〈스포츠서울〉, 2004. 3. 19.
13) "진정한 '라디오 스타' 왕영은 · 이상우 콤비의 매력", 〈헤럴드경제〉, 2009. 6. 15.

MBC 〈지금은 라디오 시대〉에서도 웃음이 묻어나는 편지 사연을 두 개 소개한다. 수많은 사연 가운데 1차적으로 고른 사연들을 PD 둘과 작가들이 모여서 읽고 그중에서 사연을 골라낸다. 하나의 사연을 소개하는 데 10분이 넘어가기 때문에 재미있게 구성한다고 한다.

"이곳저곳에서 재밌는 사연을 읽어주는 프로그램도 많고, 우리 프로그램의 주력 코너이다 보니 여간 공을 들이는 게 아니다. 그리고 하나의 사연 소개시간도 10분을 넘어가다 보니 날마다 총 없는 전쟁터다! 어떻게든 사연을 재밌게 고쳐보려고 다들 정신이 없다. 그리고 매일매일 청취자에게 던져줄 세상사는 이야기의 주제까지 잡고 회의를 마치면 어느새 11시를 넘기게 된다. 그때부터 후배 작가 둘은 점심식사 전까지 사연을 하나씩 고치기 시작한다."[14]

정작 프로그램을 만드는 사람들조차 이야기의 주인공들을 통해 삶을 배운다는 지적이 많다. 다음은 한 작가의 내면고백이다.

"가끔은 집에서 조용히 원고를 넘기는 작가들이 부럽기도 하고, 하루도 쉴 틈이 없이 빡빡하게 돌아가는 일정에 힘이 들기도 하지만, 이상하게도 그전에 내가 했던 어떤 프로그램보다 스트레스가 없다. 날마다 뭔가 얻어가는 느낌이 든다. 어느 책에서도 배우지 못한 진짜 삶을 청취자에게 배우고 있다. 가끔은 상품을 노리는 전문 꾼 청취자가 우리를 골머리 썩게 하기도 하지만, 언제나 최고의 사연과 최상의 반

---

14) 류미나, 「프로그램 집필기 ─ "울렸다가 웃겼다가" 〈지금은 라디오 시대〉」, 『월간 방송작가』 통권 45호, 2009년 12월, 48쪽.

응을 보여주는 대한민국 최강의 청취자는 우리의 가장 큰 힘이다. 화물차를 운전하면서 늘 함께했다는 남자, 공장에서 옷을 만들며 같이 울고 같이 웃는다는 공장식구들, 노점에서 붕어빵을 만들며 듣는다는 부부, 먼저 떠난 아내에게 미안한 것이 많아 훌쩍거리는 50대 가장, '엄마, 엄마…' 이렇게 두 번 부르고는 목이 메어 아무 말 못하고 우리 모두를 흐느끼게 만든 고3 수험생 딸. 그들의 힘으로 우리는 오늘도 열심히 그들에게 삶을 배우고 있다."[15]

SBS라디오 〈손숙 - 김범수의 아름다운 세상〉의 '파블로프의 늑대들'은 남녀 패널 4명이 부부생활과 세상사에서 소재를 골라 통렬하게 수다를 주고받으며 폭소를 끌어냈는데, 때로 성적인 소재도 과감하게 건들면서 성인들이 드러내놓고 말하기 힘든 것들을 속 시원하게 풀어내 인기를 끌었다. '부부 일기장'이라는 제목으로 남편과 아내가 서로 몰래 써놓은 일기장을 공개하는 일요일 코너도 인기를 끌었다.[16] 손숙이 SBS 라디오 〈아름다운 세상〉에서 부부를 포함한 서민의 사연을 그토록 구수하고 절절하게 청취자에게 전달할 수 있는 것도 결코 녹록지 않은 자신의 삶의 경험에서 우러나온 것[17]이라는 지적도 있었다. 한 라디오 PD는 이런 스토리텔링 성격의 프로그램의 기능에 대해 다음과 같이 말한 바 있다.

---

15) 류미나, 「프로그램 집필기 — "울렸다가 웃겼다가" 〈지금은 라디오 시대〉」, 『월간 방송작가』 통권 45호, 2009년 12월, 49쪽.

16) "라디오 전쟁선포 '아침시간 주부들을 잡아라'", 〈스포츠서울〉, 2004. 3. 19.

17) "연극인 손숙", 〈주간경향〉, 2004. 1. 15.

"청취자의 사연이 방송의 재료가 되고 청취자의 전화연결이 전파를 탄다. 최근에는 휴대전화를 통한 문자와 인터넷 라디오로 청취자의 방송 참여가 훨씬 더 쉽고 즉각적으로 변했다. 많은 프로그램들이 최근 어려운 경제상황에 고통 받는 청취자의 힘을 북돋아주는 코너들을 진행하고 있다. 특정 코너 외에 방송에 소개되는 일반 사연들도 각박한 현실을 그대로 반영하는 경우가 많다. 진행자들이 그런 사연을 듣고 위로의 말을 건네고 다른 청취자와 함께 공감할 때 사연을 보낸 청취자는 위로를 얻고 고맙다는 사연을 다시 올린다."[18]

라디오 프로그램은 직접적인 대면성의 성격이 적고 간접적인 대면성을 본질적인 성격으로 하는 것처럼 보인다. 하지만 반드시 그런 것만은 아니라는 점을 SBS 〈두시탈출 컬투쇼〉에서 잘 보여주었다. 이른바 공개적으로 스토리텔링을 무대공연에 올리는 것 같았다. 이를 설명한 담당 작가의 글은 다음과 같다.

"하루는 한강이 내다보이는 SBS 여의도 전망대 스튜디오에서 분주히 들어오는 팩스 사연을 정리하고 있는데, 물끄러미 마포대교를 내려다보고 있던 그가 마이크에 대고 불쑥 이렇게 외쳤다.
'지금 마포대교를 건너고 있는 분들은 헤드라이트를 켜세요!!' 멘트와 동시에 창밖엔 놀라운 광경이 펼쳐졌다. 정체된 마포대교 위에 서행하고 있던 차량이 일제히 헤드라이트를 켜고 일렬로 지나가고 있었던 것이다. 오징어 배 위에 매달린 전구처럼 주루룩 켜 있는 불빛을

---

18) 이재익, 「희망은 라디오를 타고」, 『월간 방송작가』 통권 36호, 2009년 2월, 30-31쪽.

본 순간, 온몸에 전율이 느껴졌다. 그건 마치 병 속에 띄워 보낸 편지에 답장을 받은 듯한 기분이랄까, 기대하지 않았던 프러포즈에 대답을 들은 느낌이랄까. 막연하고 실체 없던 존재를 눈앞에서 확인하는 순간이었다. 매일 수십 통의 사연을 읽고 전하면서도 실감하지 못했던 존재들. 컬투쇼를 공개쇼로 만들고 싶다는 생각은 거기서부터 시작했다. 물론 오랜 시간 무대에서 공연을 해온 컬투가 제일 잘할 수 있는 것이 무엇인가를 고민하던 끝에 나온 아이디어이기도 했지만, 어디선가 듣고 있을 그 누군가와 얼굴을 마주하고 눈앞에서 교감을 나누고 싶었다. 사람들은 그게 가능하냐고 했다. 매일 청취자를 스튜디오로 부르는 일은 쉽지 않거니와 매일 그렇게 먼 길을 와줄 사람이 있겠느냐는 것이었다. 그러나 그들은 와주었다. … 매일 하루도 빠짐없이 적게는 30명에서 많게는 50명까지 2년 10개월 동안 2만 5천 명이 넘는 청취자가 컬투쇼를 다녀갔다. 포항에서 직접 말린 과메기를 박스째 들고 오는 아저씨도 있었고, 멀리 이라크 파병 나갔다가 눈 맞아 돌아온 군인 커플도 있었다. 동네 미용실에서 단체 파마한 아주머니들부터, 소풍날 몰래 도망쳐온 여고생들까지, 시낭송 대회에서 1등한 초등학생 아들 자랑하러 온 엄마도, 모두 매일 오후 2시면 라디오를 켜는 사람들이었다. 한동안 컬투쇼가 신혼여행을 떠나기 전 코스가 되기도 했다."[19]

SBS 〈두시탈출 컬투쇼〉는 시청자의 재미난 사연을 받아 두 사람이 성대모사를 하면서 읽는다. 개그맨이 읽기 때문에 코믹하다. 인터넷

---

19) 김주리, 「프로그램 집필기 ― 사람을 만나는 그곳 두시탈출 컬투쇼」, 『월간 방송작가』 통권 36호, 2009년 3월, 43쪽.

SNS에 그 콘텐츠들이 만들어져 젊은 세대들에게 확산했고, 다시 이는 청취율 증가로 이어져 몇 년 동안 1위를 차지했다. 간접형 스토리텔링 라디오 방송이 인터넷과 어떻게 맞물려 변화할 수 있는지를 보여준 프로그램이다. 특히 젊은 세대들에게 통하는 스토리텔링을 확인할 수 있다.

2) TV 프로그램의 스토리텔링

(1) 교양

KBS1TV 간판 아침 토크쇼 〈아침마당〉(오전 8시 20분)이 2011년 5월 20일 20주년을 맞았다. 6,130회로, 분으로 환산하면 36만 7,800분에 달한다. 1991년 5월 20일 〈이계진의 아침마당〉으로 출발한 이래 200명의 PD와 3만 6,780명의 출연자가 거쳐 간 〈아침마당〉은 KBS 국제방송인 KBS월드를 통해 전 세계 54개국에 생방송된다. 6~8%의 시청률을 오르내리지만, 1990년대만 해도 〈아침마당〉의 시청률은 20%를 넘나들었다. 최고 시청률은 1998년 12월 3일 코미디언 송해가 출연했던 때로, 27%를 기록했다. 1995년부터 3년간 KBS2, MBC, SBS 등 다른 채널에서 화려한 드라마나 연예인 토크쇼가 방송되었지만 평범한 사람들만으로 꾸려지던 〈아침마당〉은 평균 시청률 18%, 점유율 40%라는 놀라운 기록을 세웠다. 2000년대 초반까지는 14~15%의 시청률을 꾸준히 유지했다. 그 후에도 10%대를 유지하며 전체 시청률 순위 상위권에 항상 랭크되어 있다. KBS 〈아침마당〉은 텔레비전 프로그램 가운데 시청자의 삶의 이야기에 관한 스토리텔링 요소가 가장 다분한 프로그램으로 장수하고 있다.

"평범한 사람들의 거짓 없는 삶을 통해 즐겁고 건강한 아침을 열어주겠다"는 기획의도에 맞게 아침마다 다양한 사람들을 초대해 다양한 이야기를 펼쳐놓는다. "사연을 가진 분들의 신청을 받습니다"라는 공지를 한 프로그램은 〈아침마당〉이 최초다.[20] 시청자 참여를 위해 마련한 여섯 대의 전화(02-781-3521~6)는 아침부터 쉴 새 없이 울린다. "나도 할 말 있다"는 사람들에게 널찍한 공간을 제공했다. 1991년에는 현재의 '마당기획'처럼 출연자가 자신의 문제를 털어놓는 내용이 1주일 내내 방송되었다. 그러다가 다양한 형식으로 실험을 거듭하여 1995년부터 요일별 구성으로 정착되었다. 담당 메인 작가는 "아무리 돈 많고 유명한 사람이라도 〈아침마당〉에 나와 속내를 드러내면 결국 사람 사는 모습은 다 똑같다는 것을 느끼게 한다. 그게 바로 우리 프로그램의 힘이다."라고 말했다. 또한 "보통 사람들에게 포커스를 맞추며 그들이 서로에게 희망을 얻고 위로를 받는 장을 마련했다."며 "패널들도 모범 답안을 이야기하는 것이 아니라 자신이 겪은 불행이나 경험 등을 솔직하게 이야기하며 시청자에게 편하게 다가갔다."고 했다.[21] 유명인의 신변잡기보다 우리 주변 소소한 생활사나 일반인의 살아가는 이야기에 초점을 맞춰 잔잔한 감동을 이끌어온 것이 〈아침마당〉의 장수비결이라는 지적

---

20) 1992년부터 8년여간 책임프로듀서였던 김성웅 씨 인터뷰 내용, 〔방송〕 "'아침마당' 10년", 〈한국일보〉, 2001. 5. 20.

21) "서민의 진솔한 이야기가 장수 비결이죠", 〈연합뉴스〉, 2011. 5. 18.

이 나올 만했다.[22]

초창기에는 부부 이야기에 초점을 맞췄다면 2000년대에 들어와서는 가족 이야기로 화제를 넓혔다. 부부가 사는 모습에서 나아가 가족이 사는 모습을 이야기하기 시작했고, 그 과정에서 세대 간 소통의 장을 마련했다. 특히 고부간에 터놓고 이야기하는 시간이 큰 반향을 불러일으켰다. 최근에는 다문화가정을 비중 있게 조명하며 더불어 사는 사회의 모습을 보여주고 있다. 생방송인 데다 솔직한 이야기의 장을 마련하기 때문에 돌발사고도 많았는데, 예컨대 이야기 도중 감정이 격해져서 나가버리는 등의 사고도 많았다. 그럴 때 MC와 패널의 내공이 중요하게 작용한다. 따라서 진행자의 역할이 매우 중요함을 알 수 있다. 사실 이 또한 스토리텔링의 당연한 현상이기도 하다.

좋아하지만 사랑하기 어려운 가족 관계, 그리고 소소하지만 우리를 살게 하는 일상의 행복, 마음대로는 안 되지만 재밌는 인생이야기가 공통된 주제다.[23] 제작진은 "누구나 내 이야기처럼 속내를 털어놓게 만드는 편안한 마당, 서로를 이해하게 만드는 공감의 마당이 장수의 비결"이라고 했다. 이런 이야기들은 연예인이나 스타라고 해서 다를 바 없다.

2007년 5,000회를 맞은 〈아침마당〉의 진행자 이금희는 프로그램의 인기 요인을 일상적이면서도 공감 가는 내용에서 찾았다. "연예인들이 나와서 하는 이야기들이라도 그 안에는 꼭 내 이야기 같은 일들이 많아요."라고 했다. 다른 토크쇼에서는 특별한 이야기들을 한다면, 〈아침

---

22) "KBS '아침마당' 21일로 4000회 맞는다", 〈문화일보〉, 2004. 5. 17.

23) 김기정, 「프로그램 집필기 — 밥 한 그릇의 따뜻함 같은 〈아침마당〉」, 『월간 방송작가』 통권 39호, 2009년 6월호, 50쪽.

마당〉에서는 우리 누구에게나 있을 수 있는 이야기를 한다는 것이다. 그 이야기들 속에서 공감하고, 그것을 통해 위안받고, 깨달음을 얻는다는 지적이다.[24] 누군가에게 상처를 주거나 비난하는 일이 없고, 서로 그저 격려하고 돕고 함께 아우르는 삶을 지향하기에 언제나 훈훈하며, 무엇보다 화려한 연예인의 삶 같은 건 철저히 지양된다는 점. 혹시 연예인이 초대되더라도 인생의 깊은 굴곡을 감내한, 마치 내 가족이나 내 이웃 같은 이들이 대부분[25]이라는 지적도 있다. 작가는 이렇게 밝히기도 했다.

> "진솔한 이야기 속에 뭉클함이 있어야 하며, 나도 저런 사람이 되고 싶다는 시청자의 감정이입까지 끌어내야 하는 구성. 그 구성은 단순함에서 통했다. 쓸데없는 장치 떼어내고 구차하게 토 달지 말고 첫 질문은 짜릿하게 그다음부터는 단순하게 감정 물결 따라 구성하는 일. 그것이 〈아침마당〉에서 작가로 버틸 수 있는 내공이다."[26]

이러한 점은 스토리텔링의 가장 핵심적인 특징 중 하나를 지적한 것이다. 무엇보다 시청자의 참여가 스토리텔링의 효과를 강화한다. 4,000회를 맞아 이루어진 인터뷰에서 이금희는 "시청자의 참여가 없으면 절대 만들 수 없어요. 시청자가 적극적으로 나서주시니 진행자가 할 일이 별로 없어요."라고 말했다.[27] 손범수는 "방청객과 시청자 또한 프로그램에 큰 역할을 한다."고 했다. 방청객의 반응과 표정 등이 없으면

---

24) "5000회 맞은 '아침마당', MC가 밝히는 인기비결", 〈마이데일리〉, 2007. 8. 31.

25) 〔TV를 보라〕 "세상의 '다른' 아침", 〈매거진t〉, 2007. 1. 9.

26) 김기정, 「프로그램 집필기 — 밥한 그릇의 따뜻함 같은 〈아침마당〉」, 『월간 방송작가』 통권 39호, 2009년 6월호, 50쪽.

27) 〔방송〕 "4,000회 맞는 '아침마당' 이금희", 〈한국일보〉, 2004. 5. 12.

진행 또한 힘들다는 것이다. "그분들은 시청자를 대표해서 오신 분들이에요. 그분들과 주고받고 하는 것이 프로그램에 큰 역할을 해요."라고 말했다.[28] 이는 무대 위에서 자신의 이야기를 하는 사람들에게 반응을 주고 다시 텔러가 그 반응에 반응을 보이는 것이 커다란 감흥을 일으킨다는 말이다. 이러한 점은 스토리텔링의 직접 소통성의 원리를 잘 말해주는 것이다. 그렇기 때문에 좋은 방청객이 되기 위해 반드시 익혀야 할 기술 하나, "아~" 소리 잘 내기. 방청객이 녹화 도중 반복해서 내뱉는 "아~"는 이 프로그램이 지금 무언가 새롭고 유익한 정보를 전달하고 있다는 사실에 대한 동의를 구하는 역할을 한다.[29] 물론 반응을 자연스럽게 이끌어내야 하고, 이를 위해 감정이입하여 그들과 동일시할 수 있는 실제 스토리여야 한다. 오랫동안 프로그램을 계속해온 이경화 작가는 "우리네 옆에서 살아가고 있는 이웃들의 진솔한 삶에 있다."고 장수 이유를 밝혔다. 이때 제작진은 "우리 이웃들의 삶 이야기, 그리고 출연진들의 소탈함이 프로그램을 이끌어가는 원동력이다."[30]라고 말했다. 손범수 아나운서는 "출연자들이 떨지 않고 속 시원히 할 말을 다하도록 추임새를 넣어주는 게 내 역할"[31]이라고 말했다. 이는 진행자가 스토리텔러들의 이야기를 유도할 수 있는지 그 역할에 대한 지적이다.

요컨대, 아침 프로그램이 연예인들의 신변잡기 등에 치중하며 연성화되는 가운데 〈아침마당〉은 보통 사람들의 진솔한 이야기를 많이 담으며 주부들의 인기를 얻었는데, 우리 주위 사람들의 이야기를 통해 자신

28) "5000회 맞은 '아침마당', MC가 밝히는 인기비결", 〈마이데일리〉, 2007. 8. 31.

29) [TV를 보라] "세상의 '다른' 아침", 〈매거진t〉, 2007. 1. 9.

30) "'아침마당', 14년 장수비결은 '우리네 삶 자체'", 〈마이데일리〉, 2005. 8. 21.

31) "KBS '아침마당' 4천회 맞아 LA 현지 생방송", 〈매일경제〉, 2004. 5. 18.

을 돌아볼 수 있게 만드는 코너가 많은 것이 〈아침마당〉의 장점이다.[32]

주로 주부들이 이 프로그램을 시청하고 많은 마니아를 확보하고 있는 프로그램이다. 그래서 "수많은 주부는 이 프로그램을 통해 이웃 부부들의 삶을 이해하고 그들의 사연과 호소에 공감어린 정서를 드러냈다. 같은 시간대 타 방송사에서는 주로 아침 드라마가 성행했지만 이 프로그램은 주부 토크쇼로서의 심지를 꿋꿋이 이어왔다."는 지적이다.

1992년부터 8년여간 이 프로그램의 책임프로듀서를 맡았던 김성웅은 "보통사람들의 발언권이 확대되는 시대적 조류를 잘 포착한 것이 성공비결"이라고 했다. 2004년 5월 11일 KBS 방송문화연구소가 〈아침마당〉 시청자 1,000명을 대상으로 실시한 설문조사에서도 '부부탐구'가 33.5%(334명)의 지지를 얻어 최고 인기 코너로 꼽혔다. 이는 방송에 직접 출연한 부부들이 대화와 상담을 통해 갈등을 풀어가는 코너다.[33]

특히, 최근에 만든 '전국 이야기대회'는 역경을 이겨낸 감동스토리부터 가슴속에 묻어둔 상처와 묵은 갈등, 살아가면서 깨친 노하우 등 시청자의 이야기 경연대회로 진행되어왔다. 예컨대 2017년 3월 최성봉은 다섯 명의 손님 중 세 번째 손님으로 출연해 껌팔이 생활부터 〈넬라판타지아〉라는 곡으로 준우승하기까지의 사연을 말했다.

최성봉은 자신이 몇 살이고, 이름조차 모르던 어린 시절 부당한 대우에 반발하여 고아원에서 도망쳐 나왔다. 배가 고파 쓰러져 있던 최성봉에게 다가온 한 형이 자장면을 사주며 껌 파는 방법을 알려줬고, 그 이후로 어른들에게 껌을 팔며 노숙과 다름없는 삶을 보냈다고. 그 과정에서 구타를 당하거나 술 권유를 받고 어린 나이에 술과 마약 중독에 빠

---

32) "5000회 맞는 '아침마당'의 장수비결", 〈헤럴드경제〉, 2007. 8. 30.

33) "KBS '아침마당' 4천회 맞아 LA 현지 생방송", 〈매일경제〉, 2004. 5. 18.

지기도 했다. 그런 그가 당시 대학생이던 박정소를 우연히 만나 성악을 배우게 됐다. 박정소는 최성봉을 교회로 인도했고, 최성봉은 검정고시를 준비해 대전예술고등학교에 진학했다. 하지만 초등학교조차 다닌 적 없던 그는 학교생활에 어려움이 있었고, 여전히 제대로 된 거처 하나 없이 밤낮으로 아르바이트를 해야 했다. 대학도 합격했지만 등록금이 없어 포기했다. 이후 수소문 끝에 어머니를 만났지만 "왜 왔냐"는 말뿐이었다. 최성봉은 더 이상 세상에 대한 미련 없이 자살하려고 생각하던 중 자신에게 성악을 가르쳐준 박정소의 연락으로 〈코리아 갓 탤런트〉에 출연하게 됐다.[34] 그는 다음과 같이 말했다.

> "그럼에도 죽지 않고 살아있는 나 자신에게 이렇게 말한다. 얼어죽지 않고 맞아죽지 않고 파묻어죽지 않고 굶어죽지 않고 살아줘서 정말 고맙다고 이야기한다. 예전에는 나의 이야기를 들어주는 사람이 한 명도 없었는데, 지금은 많은 분들이 내 이야기를 들어준다."

한국에서보다 해외에서 크게 이슈가 된 최성봉의 이야기는 ABC, CNN, CBS, 뉴욕타임스, 타임, 아사히신문, 로이터통신, 슈피겔 등 65개국 주요 언론사에 보도되었고, 월드CNN뉴스에서는 '금주의 바이럴 영상'으로 선정되기도 했다.

---

34) "'아침마당' 최성봉 '지금은 많은 분들이 제 이야기를 들어준다'", 〈크리스천투데이〉, 2017. 3. 16.

(2) 토크쇼

1989년 3월 8일, 재미동포 출신 자니 윤(75)은 KBS2TV 〈자니 윤 쇼〉를 진행했다. 그가 담당한 〈자니 윤 쇼〉는 국내 방송 사상 최초로 진행자의 이름을 내건 심야 토크쇼였다. 자니 윤은 1년 동안 〈자니 윤 쇼〉를 진행한 뒤 SBS로 자리를 옮겨 〈자니 윤 이야기쇼〉를 진행했다. 〈자니 윤 쇼〉의 성공에 힘입어 국내파 개그맨 주병진은 1993년 1월 초 SBS 〈주병진쇼〉를 맡았다. 주말 심야 시간대에 방송된다는 핸디캡에도 그의 쇼는 평균 시청률 23%를 기록했다. 그는 1995년 MBC 〈주병진 나이트 쇼〉를 1년간 진행했고, 1998년에는 SBS 〈주병진의 데이트라인〉을 맡았다. 연예인이 아니라 평소에 잘 볼 수 없는 인물, 예컨대 공수도 무예인 최배달, 노숙자 출신의 사회운동가 김춘삼, 현대그룹의 창업주 정주영 명예회장 등이 출연하여 자신의 인생 이야기를 들려주었다. 이러한 점은 시사토크와 결합했기 때문에 가능했다.

1인 게스트 토크쇼가 시들해지고 집단 토크쇼의 싹이 움튼 것은 바로 〈서세원쇼〉다. 이때부터 진행자와 출연자가 일대일로 이뤄지던 토크쇼는 다수의 진행자와 소수의 출연자, 진행자와 출연자가 혼재돼 집단 토크를 나누는 형식으로 변모하기 시작했다.[35] 1995년 KBS2TV 〈서세원의 화요 스페셜〉이라는 이름으로 시작해 1998년 〈서세원쇼〉로 이름을 바꾼 뒤 더욱 승승장구했다. 2001년 7월 종영하기 전까지 다양한 분야의 톱스타들이 등장했다.

특히 〈서세원쇼〉가 높은 인기를 끈 이유는 '토크박스' 코너 덕분이

---

35) "토크쇼 변천사… '면담형식'서 '입담배틀'로", 〈한국일보〉, 2008. 12. 12.

었다. MBC 예능국의 한 PD는 "인터넷도 없던 시절 이들 코너는 이슈의 창고였다. '토크박스'에서 나온 즐거운 이야기는 다음 날 인구에 회자되며 즐거움을 줬다."고 말했다.[36] 이야기 주제가 적힌 주사위를 돌린 뒤 해당 타이틀에 맞는 자신의 실제 경험담 대결을 펼쳐 큰 인기를 끌었다. 집단 토크쇼의 효시라고도 할 수 있는 '토크박스'는 다수의 연예인이 한 주제를 가지고 재밌는 에피소드를 이야기하는 방식으로 가장 재밌는 이야기는 '토크왕'으로 뽑혔다.[37] 무려 50%에 달하는 시청률을 기록하기도 했다. 특히 '국민 MC' 유재석은 이 코너를 통해 인기가 급상승했고, 긴 무명생활을 끝내고 이후 톱스타로 승승장구한다. 대표적인 그의 경험담 '주유소 1,000원 기름 충전', '용변 후 화장실 휴지를 엉덩이에 붙이고 나온 일화', '여고생에게 무릎 꿇은 사연' 등은 여전히 네티즌 사이에서 회자되고 있다. 강호동이 진행하는 〈강심장〉의 모태는 〈서세원쇼〉다.[38] 하지만 시간이 지날수록 반복되는 비슷비슷한 신변잡기적인 이야기와 출연자들의 썰렁한 개인기로 인해 식상감을 주어 폐지되었다.[39]

2000년대는 진행자의 이름을 건 토크쇼가 아닌 집단 토크쇼가 인기를 끌었다. 그 선두에는 SBS 〈야심만만 만명에게 물었습니다〉가 대표적이다. 2003년 2월 28일부터 2008년 1월 14일 종영되기까지 화려한 게스트들이 대거 등장해 깜짝 놀랄 만한 이야기를 솔직하게 고백하는 등 숱한 이슈를 만들어냈다. 〈야심만만〉은 차트를 이용한 토크쇼로 엄

---

36) "토크쇼 변천사… '면담형식'서 '입담배틀'로", 〈한국일보〉, 2008. 12. 12.
37) "'20주년' 유재석, 무명의 세월이 반이었다 ①", 〈스타뉴스〉, 2010. 8. 16.
38) [Asia 매거진 ②] "서세원 '토크박스'를 보면 '강심장'과 '1박2일'이 보이죠"(인터뷰), 〈아시아경제〉, 2010. 4. 11.
39) "KBS '서세원쇼-토크박스' 폐지", 〈매일경제〉, 2001. 7. 4.

청난 인기를 모았다.

브라운관 속 토크쇼가 다양한 시도와 장르 간 접목을 통해 진화하고 있다. 최근 토크쇼는 콩트 형식과 자막 효과로 예능감을 유지하면서도 게스트의 개성과 사연이 담긴 '스토리텔링(storytelling)' 방식의 토크쇼로 시청자의 공감을 이끌어냈다.[40]

MBC 〈유재석 김원희의 놀러와〉는 2003년 시작해 장수한 토크쇼였다. '토크 홈런왕', '숫자토크 점점 작게', '회전토크 넘어야 산다' 등 다채로운 이야기 코너도 선보였다. 게스트 역시 특정 주제에 맞는 많은 인원이 등장해 단체로 입담을 과시했고 이 때문에 토크 내용도 풍성하고 다양했다. 〈무릎팍도사〉만 한 출연자를 매주 섭외하는 것이 현실적으로 불가능하고, 〈라디오스타〉만큼 자극적이기도 어려운 상황에서 제작진들은 '기획 섭외'와 '골방 토크'라는 소스를 만들어냈다. 언뜻 보면 억지스러워 보이는 '왕 특집', '텔가맨 특집' 등이 대표적이다.[41] 〈놀러와〉는 다른 프로그램과 달리 출연자들이 자연스럽게 자신의 이야기를 풀어놓을 수 있도록 독특한 실내공간을 구성했다. 이는 처음에 다른 프로그램과 같은 독특성이 없다는 한계를 넘어버렸다.

"점차 〈놀러와〉 출연만 고집하는 연예인이 늘어가는 것이 아닌가! 한결같이 말하는 자발적 출연 이유는 〈놀러와〉만큼은 사람들이 좋고 편안해서였다. 바로 그거였다. 통째로 바꿀 수 없다면 〈놀러와〉의 최대 강점인 편안함을 더욱 부각시키는 것만이 살 길이었다! 곰곰이 돌

---

40) "파란만장 B급 스타, 토크쇼 적신다. 장르 간 경계를 넘나드는 토크쇼 변천사", 〈PD저널〉, 2011. 7. 5.

41) 토크쇼의 세계 | "스타와 토크쇼, 전략적 M&A", 〈10 아시아〉, 2009. 7. 16.

이켜보았다. 사람들이 나를 가장 편안하게 여겼던 때가 언제였지? 문득 15년 전 보증금 500에 월세 20만 원을 내고 살았던 나의 옥탑방이 스쳐지나갔다. 좁고 누추하기 짝이 없는 골방. 그러나 일단 들어서면 누구라도 술 먹게 되고, 고백하게 되고, 노래 부르고, 위로받았던 곳. 소박한 곳일수록 그런 힘이 있었다. 곧장 내가 살았던 골방을 세트화시켰다. 최대한 세트가 아닌 진짜 골방 같은 느낌이 나도록 하는 데 총력을 기울였다. 예상했던 대로 골방에만 들어서면 게스트들이 자신의 어렵던 시절이나 민감한 얘기를 주저 없이 늘어놨다."[42]

1960~1970년대 서울 명동에 위치했던 대한민국 최초의 음악감상실 '세시봉' 멤버인 조영남, 송창식, 윤형주, 김세환이 함께 출연해 센세이션을 일으킨 '세시봉 특집'을 비롯, 친분관계가 있거나 공통점이 있는 게스트들을 모은 기획 섭외식 토크쇼는 깊은 이야기를 끌어냈고, 친하거나 관심사가 같은 사람들끼리 나오면 더 재밌어져 자극적인 폭로성 에피소드 없이도 얼마든지 재밌는 토크쇼가 만들어질 수 있다는 것을 보여줬다.[43] 방송에서 세시봉 친구들은 시청자의 특별한 사연을 공개하고, 직접 인터뷰를 진행하며, 과거 세시봉과 멤버들의 인기에 대한 비하인드 스토리를 털어놔 훈훈함을 더했다.[44] 명곡에 얽힌 비하인드 스토리, 당시의 인기담 등 다양한 에피소드를 들려줬다. 이들의 음악과 당시

---

42) 김명정, 「프로그램 집필기 — 〈놀러와〉 그 참을 수 없는 가벼움, 편안함, 무시무시한 생명력」, 『월간 방송작가』 통권 41호, 2009. 4월호, 44쪽.

43) 〈놀러와〉 신정수 PD "토크쇼는 인생을 듣는 것", 〈10 아시아〉, 2010. 12. 15.

44) "앙코르 세시봉콘서트 시청자 울렸다 '올 겨울 추위도 행복했다'", 〈뉴스엔〉, 2011. 2. 1.

의 이야기들은 시청자에게 아련한 향수를 자극하며 감동을 선사했다.[45] 40년 지기 친구들의 우정과 스토리가 큰 화제를 몰고 왔다. 이들의 이야기는 전 세대를 아우르는 공감을 얻었고 〈세시봉 친구들〉이라는 콘서트에 3,000여 명의 관객을 불러 모았다.[46]

담당PD는 "게스트에게 가장 방점을 두는 토크쇼라고 생각한다. 그래서 들어야 하고, 들을 때 단지 웃음과 눈물만이 아니라 우리가 몰랐던 그들의 전문적인 고민이나 일상도 듣게 된다. MC와 패널뿐만 아니라 같이 나온 다른 사람들도 들어줄 수 있는 분위기가 중요하다. 이야기를 많이 풀어놓고, 그걸 다른 게스트가 받아서 더 많이 풀어놓는다. 그래서 어떻게 하면 이 사람들의 이야기를 더 많이 하게 할 수 있을까 고민한다."라고 했다.

〈놀러와〉가 편안한 분위기를 조성하는 데 탁월한데, 이러한 점은 스토리텔링에 필수적으로 요구되는 것이기도 하다. MBC 〈황금어장〉도 마찬가지였다. MBC 〈황금어장〉의 '무릎팍도사'는 점술집을 공간화하여 유명인의 전체적인 인생 내력과 스토리를 풀어내도록 해서 호평을 받았다. 단편적인 이야기가 아니라 한 사람의 잘 드러나지 않던 전체적인 삶의 스토리를 들려주는 것이 장점이다. 게스트가 카메라가 아닌 MC를 바라보며 이야기를 나눈다는 점은 '무릎팍도사'가 이룬 획기적 변화 가운데 하나였다.[47] MBC 〈황금어장〉의 '무릎팍도사'는 게스트의 부담을 최소화하고 이야기를 진지하게 들어주는 것이 바로 인기 비결이

---

45) "박칼린 · 세시봉 · 슈스케 · 나비효과… 2010 예능 히트 아이템", 〈조이뉴스24〉, 2010. 12. 28.

46) 〔세설(世說)〕 "삶의 질을 높이는 금맥", 〈중앙일보〉, 2011. 2. 25, 33면 3단.

47) "'무릎팍도사' 非연예인이 더 재미있는 까닭?", 〈스타뉴스〉, 2008. 9. 18.

다.[48] 출연자들의 고민해결을 주제로 이야기를 시작한다. 여기서 고민은 '무릎팍도사'라는 설정에 맞춘 테마일 뿐 이야기의 주제는 자유자재로 분야를 넘나들었다. 〈황금어장〉 '무릎팍도사'의 게스트들은 자신의 굴곡진 인생사도 허심탄회하게 털어놓고 각종 루머에 대한 해명에 가치관까지 농도 깊은 이야기를 진솔하게 풀어낸다. 톱스타 혹은 사회 명사들이 어디에서도 털어놓은 적 없는 이야기들은 엄청난 반향을 불러일으켰다.[49]

출연자가 결정되면 그 출연자의 모든 것을 수집하고 자신의 이야기를 하도록 유도한다. 사전 조사를 통해 준비한 갖가지 이야깃거리는 2시간 넘는 녹화 내내 대화가 끊기지 않게 한다.[50] 제작진은 다음과 같이 말했다.

"섭외가 확정되면 '무릎팍' 작가군단이 그 사람과 관련한 모든 자료를 수집한다. 이 과정에서 자료만 A4용지로 100여 장이 나온다. 이뿐만 아니라 관련서적, 방송자료 등을 죄다 살핀다."[51]

초창기에는 연예인들을 주로 게스트로 초대해 기존 방송에서 쉽게 다루지 못했던 어두운 이력이나 사건을 집중적으로 다뤘다. 하지만 2008년부터 '무릎팍도사'는 연예인뿐 아니라 사회 각계 유명 인사들의 섭외 비중을 높임으로써 게스트의 어두운 면을 들추어내기보다 인간적

---

48) "'무릎팍 도사'만 나오면 인생사 술술 털어놓는 이유는…", 〈OSEN〉, 2010. 2. 3.

49) 위의 글.

50) "'무릎팍도사' 非연예인이 더 재미있는 까닭?", 〈스타뉴스〉, 2008. 9. 18.

51) "'대본만 A4 100여장' PD가 공개한 무릎팍도사 모든 것", 〈뉴스엔〉, 2008. 7. 16.

인 면을 진솔하게 말하도록 이끌어내는 방식으로 바꾸어 성공했다. 스타들뿐 아니라 예능에 한 번도 모습을 드러내지 않았던 배우 및 스포츠 선수, 기업인, 성우, 아나운서, 음악인, 영화감독 등 다양한 직업을 가진 이들이 출연한 게 특징이다. 대한민국 각계각층에서 활약 중인 출연자들은 예능 프로그램에서는 이른바 '산삼보다 보기 어려운' 얼굴들이었다. 그러나 어떻게 된 일인지 '무릎팍도사' 앞에서는 얌전히 무릎을 꿇고서 막힌 둑이 터진 듯 속내를 시원하게 쏟아냈다.[52]

출연자들은 자신에 관한 민감한 질문에도 스스럼없이 답하는 등 솔직하고 인간적인 모습을 보여줬다. 때때로 감동적인 인생철학을 이야기해 시청자를 울리기도 했다.[53] 섭외가 힘든 각계각층의 게스트들을 초대해 그들의 이야기를 듣는데, 유명 연예인 외에 사회 각층의 저명인사들을 초대해 감동과 눈물 그리고 웃음을 뽑아냈다.[54] 연출을 담당한 여운혁 PD는 "'무릎팍도사'는 연예인들의 신변잡기보다 '그 사람 자체'에 대해 탐구해보고자 하는 코너로 적어도 출연자가 서른 이상은 돼야 인생의 굴곡을 알지 않을까 싶어 30세 이상의 출연자를 섭외했다."고 밝혔다.[55]

이 프로그램의 특징은 이야기를 들어주는 사람의 피드백이 매우 중요하다. 도사와 손님 간의 스토리 나누기, 공유와 상호성이 중요하게 작용하기 때문이다. '무릎팍도사' 관계자는 "누군가에게 내 고민을 털어놓을 때 상대방이 얼마나 잘 들어주느냐가 중요하다. 그 역할을 강호

52) "'무릎팍 도사' 거침없는 섭외력의 비결은?", 〈스포츠서울〉, 2008. 3. 31.

53) "'무릎팍 도사', '롱런'의 힘은?", 〈OSEN〉, 2010. 7. 15.

54) "선전하는 '무릎팍 도사'의 인기 비결은?", 〈스포츠서울〉, 2009. 7. 1.

55) "요즘 뜨는 '무릎팍도사' 인기비결 4가지", 〈마이데일리〉, 2007. 2. 22.

동이 굉장히 잘해주고 있다. 실제로 게스트들의 이야기에 굉장히 몰입하기 때문에 상대방도 이야기하고 싶은 마음이 드는 것"이라고 했다.[56] 스타들이 '무릎팍도사'에만 출연하면 인생사를 술술 털어놓는 이유도 마찬가지다. 연출을 맡고 있는 박정규 PD는 "제대로 멍석을 깔아놓기 때문"이라고 설명했다. 게스트가 이야기를 하고, 제작진은 그 이야기를 들을 준비가 완벽하게 돼 있기 때문이라는 것이다.[57]

점집이라는 분위기도 한몫한다. 점집은 남편의 치정에서부터 내 자식의 '저렴한' 성적까지 남들에게 밝히지 못하는 모든 치부가 드러나는 곳이다. 사람들은 일상에서는 쉽게 꺼내지 못하는 사적인 고민들을 이런 점집의 도사나 무속인 앞에서는 어떤 망설임도 없이 무의식적으로 털어놓곤 한다. 이런 분위기에서 나오는 스타의 사적인 고백과 정제되지 않은 발언들은 시청자에게 다른 토크쇼에서는 듣지 못한 신선함을 가져다줄 수 있다.[58]

KBS2TV 〈해피투게더 3〉는 사우나에서 MC들과 게스트들이 대화를 나누는 형식이다. 여러 시즌이 만들어지고 2018년에도 여전히 방송이 이뤄지고 있는 KBS 〈해피투게더〉는 공간을 목욕탕 찜질방으로 삼아서 서민 대중적인 콘셉트로 삶의 이야기를 풀어내도록 한다. 인간적이고 소탈한 모습을 드러내는 데 초점이 있다. 무엇보다 찜질복을 입은 채 편하게 대화를 나눈다. 사우나 안에서 펼쳐지는 이들 코너는 게

56) "'무릎팍 도사', '롱런'의 힘은?", 〈OSEN〉, 2010. 7. 15.

57) "'무릎팍 도사'만 나오면 인생사 술술 털어놓는 이유는…", 〈OSEN〉, 2010. 2. 3.

58) 〔무릎팍도사 1년 ①〕 "'B급 코드'로 승부수! '무릎팍 세트' 속에 흥행비결 있다", 〈이데일리〉, 2008. 1. 31.

스트들의 진솔한 토크와 오락성이 잘 어우러졌다.[59] 〈해피투게더〉는 2001년부터 2005년까지 '쟁반노래방'과 '쟁반극장'으로 전성기를 누린 후 2005년부터 2년간 스타의 친구를 찾는 '해피투게더 프렌즈'로 전파를 탔다. 이후 2007년 7월부터 시즌3로 개편되면서 '사우나 토크'라는 소재 아래 4년여간 방송되고 있다. 향수를 자극하는 학창시절 콘셉트를 완전히 버리고 사우나에서 수다를 떠는 아주머니 콘셉트로 또 한 번 과감한 변화를 시도했다.[60]

〈해피투게더 시즌3〉는 목욕탕 로비에서 시작해 사우나에서 끝난다. 프로그램 촬영 장소는 서울 신길동에 위치한 오래되고 허름한 대중목욕탕이다. 제작진은 이 목욕탕에 장소 섭외비를 내고 24시간가량 대여한다. 제작비를 절감할 수 있는 방법을 외면하고 허름한 목욕탕을 고집하는 이유는 하나다. 편안하고 자연스러운 느낌을 만들기에는 손때 묻은 지금의 목욕탕이 제격이다. 새로 오픈한 스파, 사우나 등이 홍보 효과를 위해 러브콜을 보냈지만 너무 현대적인 느낌이 프로그램 이미지와 맞지 않다는 판단에 모두 거절했다. 보기에는 '평범한' 목욕탕이지만 제작진은 이 '평범한' 느낌을 위해 많은 발품을 팔았다. "사우나에서 편안하게 토크하는 콘셉트를 잡고 장소를 물색했지만, 우리가 원하는 느낌의 목욕탕이 흔치 않았다. 또 영업을 하고 있는 곳을 빌리기란 쉬운 일이 아니었다."고 했다.[61]

김광수 PD는 "대부분의 토크쇼는 화려하고 잘 갖춰진 세트가 배경이고 출연자들도 잘 차려입고 나오는 데 반해 사우나는 편하게 수다를

59) "'해피투게더 시즌3' 승승장구, 인기비결은?", 〈조이뉴스〉, 2008. 1. 18.
60) "KBS '해피투게더'↑ '상플'↓ 엇갈린 운명… 왜?", 〈매일경제〉, 2010. 1. 16.
61) "'해피투게더', 인기 오르자 '돈 줄 테니 우리 목욕탕 올래?'", 〈OSEN〉, 2008. 5. 23.

떠는 곳"이라며 "서울에서 찾아보기 힘든 곳을 일부러 설정했다."고 말했다. 동네 아줌마들이 탈의실에 앉아서 도란도란 수다를 떠는 설정이다 보니 출연자들 사이의 물리적 거리가 가깝다. 그래서 심리적 거리를 좁히는 효과까지 낸다. 탁자를 사이에 두고 한껏 멋을 낸 차림으로 하는 대화와 '생얼'로 사우나 가운 하나만 입고 나누는 대화는 질이 다르다. 김 PD는 "복장도 편하고 가까이 앉아서 이야기하다 보니 게스트들도 안 할 이야기도 잘 하고 굉장히 서로 부담 없이 대한다."고 말했다.[62]

KBS2TV 〈승승장구〉는 배우 김승우를 진행자로 매주 한 명씩 게스트를 초대해 그들의 이야기를 듣고 공감하며 감동과 웃음을 자아냈다. 게스트들의 지인인 몰래온 손님까지 가미해 재미를 더했다. '몰래온 손님', '우리 지금 만나' 같은 코너로 게스트가 인맥을 끌어들이고 시청자와 직접 만나는 등의 재미를 주었다.[63] 이들은 MC들이 할 수 없는 폭탄 질문을 던지고 측근으로 지켜본 게스트에 대한 솔직한 감정 등을 전함으로써 다소 지루해질 수 있는 토크쇼를 신선하게 만든다. 〈승승장구〉는 '스타들의 진솔한 삶의 희로애락' 이야기를 좀 더 가까이, 깊숙히 들어보는 차선책을 택했다. 그 때문에 이 프로그램을 통해 자극적이거나 충격적인 내용들을 기대하기란 어렵다. '충격고백'이라는 단어보다는 '심경고백'이라는 단어가 더 어울리는 것도 이 때문이다.[64] 2011년 9월 13일, 소프라노 조수미의 진솔한 이야기는 '예능신' 붐의 컴백을 전면에 내세운 〈강심장〉, 추석특집 MBC 〈가수와 연습생〉보다 더 많은 시청자의 선택을 받았다. 같은 시간대 경쟁프로 SBS 〈강심장〉은 MC 강호

---

62) "'해피투게더'… 대중문화 속 목욕탕", 〈헤럴드경제〉, 2008. 3. 4.

63) "'무릎팍' '승승장구', 부활한 정통 토크쇼의 성공 요소는?", 〈TV리포트〉, 2010. 6. 30.

64) "'승승장구' 인기비결은 무엇? '틈새시장을 공략하라!'", 〈뉴스엔〉, 2010. 4. 7.

동과 이승기를 앞세워 톱스타 20여 명을 한자리에 모았다. 20명의 초호
화 게스트들이 출연해 토크 배틀을 벌이는 집단 토크쇼였다. 〈세바퀴〉
가 퀴즈와 토크의 접목이라면 〈강심장〉은 게스트의 토크에 주력했다.
동일한 주제로 입담 대결을 펼치는 형식으로 과거 '토크왕' 개념인 '강
심장'을 매주 선정했다. KBS 〈서세원쇼〉-'토크박스'를 연상케 하는 콘
셉트로 식상함을 느끼게 하나 가장 강력한 이야기를 한 게스트를 뽑아
최고의 강심장이라는 타이틀을 주는 점이 다르다.[65] 담당 작가는 〈강심
장〉을 이렇게 설명한다.

　　"〈강심장〉은 끝까지 살아남은 가장 강한 이야기가 강심장이 되는
　　심플한 형식의 프로그램이다. 나이가 많든 적든 똑같은 토크 기회가
　　주어지고 그 기회를 가장 잘 살린 게스트가 최후의 승자가 된다. 그래
　　서인지 본인에게 주어지는 토크의 기회를 살리기 위해 출연자들은 상
　　당한 부담을 갖고 이야기를 준비해온다. '제가 〈강심장〉에서 하고 싶
　　은 이야기는요~ 이런 얘기는 어떨까요?' 인터뷰할 때 이렇게 먼저
　　이야기를 꺼내는 연예인들이 적지 않은 것을 보면 어느 정도 부담감
　　을 갖고 있다는 짐작이 가고도 남는다. 게스트들이 〈강심장〉에서 하
　　려고 준비한 이야기들은 〈강심장〉의 가장 큰 장점이라고 생각한다.
　　다른 토크쇼에서는 들을 수 없는 이야기이기 때문이다. 사실 녹화 때
　　마다 놀라서 입이 딱 벌어질 때가 한두 번이 아니다. '어머머머, 웬일
　　이니!', '헉', '저런 이야기를?' 프로그램 제목이 〈강심장〉이다 보니
　　출연자들에게 이 정도 얘기는 해줘야 '강심장'이지 하는 마음이 자연

65)　〔방송가 총결산②〕 "리얼예능과 집단토크의 양면성", 〈TV리포트〉, 2009. 12. 11.

스럽게 생기게 된 건지도 모르겠다. 지금 생각해보면 프로그램 제목 하나는 잘 지었다는 생각이 든다. 〈강심장〉에 나오는 이야기는 그야말로 방대하다. 사랑, 실연, 성공, 실패, 부모님, 배신, 우정, 꿈, 프러포즈, 결혼발표…. 이렇게 다양한 이야기가 있다는 것이 믿어지지 않을 만큼 지난 1년 동안 수백 명의 게스트들이 어느 곳에서도 하지 않았던 이야기를 〈강심장〉에서 쏟아냈다. 누군가가 이야기를 시작하면 다른 게스트들과 방청객, 수십 명의 스태프까지 오직 그 사람에게만 집중하다 보니 사전 인터뷰 때보다 더 깊은 이야기를 털어놓게 되는 것 같다. 쑥스러운 이야기이지만, 녹화를 하다 보면 미친 듯이 배꼽을 잡으며 웃을 때도 많고, 주책없게 눈물을 흘릴 때도 많다. 조혜련의 아버지 이야기와 오정해의 스승 이야기는 MC, 게스트, 방청객, 제작진 할 것 없이 온 스튜디오가 눈물바다가 됐던 잊지 못할 순간이었다. 〈강심장〉에 나와서 솔직하게 본인의 이야기를 시작하는 순간 그 사람은 이미 '강심장'이다.

'그들도 사람이더라'는 개그맨 양세형이 말풍선에 썼던 제목인데, 〈강심장〉을 하면서 자주 느끼는 점이다. 여느 토크쇼가 그렇듯 〈강심장〉도 게스트들과 사전 인터뷰를 하는데, 인터뷰를 하다 보면 믿기 힘든 인생사를 들을 때가 있다. 인터뷰 도중 눈물을 흘리는 건 물론이고 원래 인터뷰 시간을 훌쩍 넘겨 세 시간 네 시간, 어떨 땐 더 길게 밥도 먹고 술도 한잔하면서 연예인 대 작가가 아니라 오래된 친구처럼 속 얘기까지 나누게 되는 경우가 있다."[66]

66) 김윤영, 「프로그램 집필기 ─ 당신은 〈강심장〉을 보면서 심장이 두근거린 적이 있나요?」, 『월간 방송작가』 2010년 11월호, 43쪽.

공간 설정이 스토리텔링을 좌우하는 점을 간과할 수 없다. 밀착된 공간에서 압착돼 나오는 토크의 밀도를 확실하게 보여주는 프로그램은 SBS 〈강심장〉이었다. 여러 명의 출연자가 스튜디오에 층층이 앉아 MC(강호동, 이승기)의 진행에 따라 이야기를 주고받는 외형은 여느 토크쇼와 다를 것이 없지만, 토크가 시작되면 〈강심장〉의 차별성이 드러난다. 한 출연자가 이야기를 시작하면 카메라는 시종 그 출연자가 앉은 0.1평도 안 되는 공간만 클로즈업하는 무지막지한 몰입도를 보여준다. MBC '무릎팍도사'(《황금어장》의 코너)와 '골방밀착토크'(《유재석 김원희의 놀러와》의 코너), KBS 〈해피투게더〉 등은 외부와는 단절된 공간에서 가능한 친밀감의 깊이를 보여준다. 출연자와 MC, 또는 출연자들끼리의 심리적 거리를 제로에 가깝게 만듦으로써 농도 높은 토크를 펼치는 프로그램들이다.

'무릎팍도사'는 독특한 공간 설정이 자아내는 내밀한 분위기가 특징이다. 카메라의 초점은 좌식 탁자를 가운데 두고 네 사람(보조 MC 2명 포함)이 차포마상으로 둘러앉은 1평 남짓한 공간에 고정돼 있는데 영락없이 점집 풍경이다. 이 공간적·심리적 밀도는 '저런 얘기를 방송에서 해도 되나' 싶은 소재까지 별 무리 없이 소화할 수 있는 전제가 된다.

'골방밀착토크'와 〈해피투게더〉에서는 각각 다락방과 사우나라는 공간이 주는 친밀감이 토크의 진솔함을 증폭하는 효과를 준다. 친한 친구끼리나 두런두런 나눌 수 있는 이야기를 토크쇼를 통해 들을 수 있게 한다. 〈해피투게더 3〉를 기획한 김광수 PD는 "처음엔 시청률 부진에 고민을 많이 했는데, 공간을 목욕탕으로 바꾼 뒤 출연자들이 훨씬 편하게 이야기를 하게 됐다."고 말했다.[67]

---

67) "토크쇼는 물리학이다·토크쇼는 심리학이다", 〈한국일보〉, 2010. 8. 23, 31면.

MBC 〈세바퀴〉는 '세상을 바꾸는 퀴즈'로 새로운 토크쇼의 형태였다. '세상을 바꾸는 퀴즈'를 연출한 박현석 PD는 "출연자 조합에 따라 다양한 소재의 이야기가 나오게 된다. 출연자가 많은 터라 평소 보기 힘든 유명인이나 연령이 많은 연예인 등을 섭외해 삶의 경험이 묻어나는 색다른 이야기를 들을 수 있다. 게다가 출연자가 많으면 게스트 입장에서도 출연에 대한 부담이 적어 섭외도 용이하다."고 설명했다. 작가는 다음과 같이 〈세바퀴〉의 성격을 말했다.

Q: 제3의 성(性)인 아줌마들을 전면배치하여 '줌마테이너'라는 신조어까지 만들어내며 성공을 거두었는데, 처음 프로그램의 기획은 어떻게 이루어졌나요?

A: 우선 〈패밀리가 떴다〉나 〈1박2일〉 등 리얼을 표방한 경쟁 프로와의 차별화가 최우선 과제였고, 그러다 보니 스튜디오 구성이면서 파워가 있는 포맷을 고민하게 되었습니다. 그런 고민의 결과로 나온 것이 바로 아줌마들이 펼치는 집단토크쇼! 지금의 〈세바퀴〉가 된 것이죠.

Q: 집단 토크쇼의 생명은 개개인이 만들어내는 캐릭터보다는 조합이 만들어내는 분위기가 중요한데, 어떻게 해서 중년 아줌마들을 중심으로 내세우게 된 건지요?

A: 개인적으로 예전부터 여자들로만 이뤄진 여자 집단 토크쇼를 꼭 해보고 싶었는데, 무엇보다 출연자 조합이 중요했습니다. 어떤 조합을 해야 새롭고 파괴력이 생길까 고민하던 차에 이경실, 박미선 등의 아줌마 조합이 떠올랐죠. 주요 출연자를 아줌마로

정한 건 예전에 토크쇼를 할 때 보면 유명한 배우들이 게스트로 나온 주보다 이경실, 박미선 등의 아줌마 게스트가 나왔을 때 시청률이 더 잘 나온 것을 경험했기 때문입니다. 공감 있는 우리 주변의 얘기를 토크로 푸는 장점이 있는 아줌마 연예인들이 야말로 예능에서 전면적으로 보여지지 않은 새로운 카드이고, 승부를 걸어볼 만하다 싶었죠.[68]

아줌마들의 인생 스토리 스토리텔링을 통해 시청자의 눈을 잡은 대표적인 성공사례다. 〈스타부부쇼 자기야〉는 스타 부부들만 출연하는 그야말로 부부 중심 토크쇼다. 부부가 나와서 둘만이 아는 진실을 허심탄회하게 털어놓는다. 매주 부부 6~7쌍 총 12명 이상 출연하여 주제에 맞게 적절하고 새롭고 구체적인 사연을 이야기해야 하고, 무엇보다 솔직한 부부 이야기를 털어놓도록 했다. 연예인들이 결혼하게 되면 일상적으로 묻는 "어떻게 만나고 프러포즈를 했으며, 결혼하니 어떤 기분이 드느냐?" 식의 질문을 하는 것이 아니라 결혼 후 가장 이해할 수 없는 남편의 행동이나 아내의 행동에 대한 구체적인 사연이 있어야 하고, 여기에 기존에 우리에게 보여준 스타 부부들의 이미지에서 벗어나는 이야기까지 해야 하는 프로그램이었다.[69]

부부 사이의 갈등과 원망, 성적인 문제까지 적나라하게 밝히며 스타 부부들의 신변잡기를 보여주는 다른 프로그램과 달리 현실 문제를

---

68) 「작가인 작가 ― 인생 세바퀴는 굴려야 맛이 난다 ― 김성원 작가」, 『월간 방송작가』 통권 39호, 2009년 6월, 10~11쪽.

69) 김정희, 「프로그램 집필기 ― 결국… 사람이다.」 〈스타 부부쇼 자기야〉, 『월간 방송작가』 통권 53호, 2010년 8월, 38~39쪽.

깊숙이 파고들어간다. 담당PD는 "대중은 재밌는 얘기를 해주는 사람을 좋아하지 목에 힘주는 사람을 사랑하지 않는다."라고 했다. 솔직한 이야기에 대중이 열렬히 반응하기 때문에 이런 상황을 오히려 즐기는 측면도 있다. 〈자기야〉에 나왔던 출연자들은 예전보다 자신의 인기가 더욱 높아졌다고 한다.[70] 또한 기존 아침 프로그램이 잔잔하게 다뤘다면 〈자기야〉는 서로에게 불만을 표출하는 최근의 토크 경향과 맞물려 신선한 포맷으로 태어난 것"이라는 지적도 했다.[71]

　〈자기야〉는 결혼 1개월차 신혼부부부터 30년차 중년부부까지 다양한 연령대의 스타 부부가 출연해 결혼에 대한 솔직한 이야기를 나누는 토크쇼로 젊은 시청자뿐만 아니라 중년 시청자를 TV 앞으로 끌어들이는 데 성공했다. 시청자는 시청자 게시판에 "스타 부부들이 겪는 에피소드는 부부라면 누구나 겪는 일반적인 경험이다.", "스타들의 진솔한 모습이 감동적이다.", "100% 공감한다." 등의 의견을 쏟아냈다.[72] 특히 오랜 결혼생활에 활력을 불어넣기 위해 고군분투했던 솔직한 이야기는 우리네 중년 부부들의 공감을 이끌어내기 충분했다.[73] 오랜 연예계 경력과 삶에서 묻어나오는 그들의 말과 에피소드들이 시청자와 공감대를 형성하고 있다.[74] 여성 20~50대에서 점유율 30% 이상의 열렬한 지지를 받았다.[75]

---

70) "'스타 부부쇼 자기야' 왜 인기 있나", 〈경향신문〉, 2010. 10. 3, 22면 2단.

71) "부부 버라이어티, 예능프로 단골로 떴다… 시청자들 공감대 높고 끈끈한 가족애에 훈훈", 〈국민일보〉, 2009. 11. 22.

72) "스타 부부 솔직함에 폭소 · 감동", 〈포커스신문사〉, 2009. 8. 17.

73) "'자기야', 'VJ특공대' 누르고 어떻게 금야 1위됐나?", 〈스타뉴스〉, 2009. 8. 15.

74) "진화하는 예능, '짝짓기' 가고 '중년' 왔다", 〈스포츠경향〉, 2009. 8. 31.

75) "SBS, 6월 프로그램 개편 성공 거두나?", 〈노컷뉴스〉, 2009. 6. 22.

과거에는 토크쇼가 연예인 위주였지만, 최근에는 일반인을 적극적으로 카메라 앞에 앉힌다는 점이 특징이다.[76] KBS2TV〈대국민 토크쇼 안녕하세요〉(이하 안녕하세요)는 차별화를 선언하여 '시청자 참여'라는 기획의도 아래 토크 콘서트를 추구하고 있다.[77] 〈안녕하세요〉는 일반인의 고민을 스타들이 토크를 통해 풀어나가는 과정을 그린다. 인기 토크쇼 주인공들은 대부분 스타들이다. 그래서 관심이 가기도 하지만 식상한 것도 사실이다. SBS에서 했던 얘기를 KBS, MBC에서 재탕하는 일도 많다. 새로운 얘기를 꺼내려다 보니 점점 자신의 사생활 깊은 곳을 스스로 까발리기도 한다. 〈안녕하세요〉는 평범한 사람들의 특별한 고민을 다루는, 그야말로 국민 토크쇼다.[78]

일반 시청자의 고민을 소개하고 사연의 주인공을 스튜디오로 초대해 이야기를 나누는 형식의 토크쇼인데, 시청자를 주인공으로 하는 만큼 〈안녕하세요〉에서 주인공은 시청자이며, MC들과 게스트들은 거드는 역할을 할 뿐이다. 스타들의 화려한 이야기 없이도 〈안녕하세요〉가 안녕하다. 〈안녕하세요〉의 묘미는 역시 시청자 사연에 있다. 범상치 않은 성격의 소유자부터 독특한 스타일을 추구하는 시청자까지 다양한 인물이 등장한다. 이들은 독특한 사연과 함께 독특한 입담까지 가지고 있다. 걸러지지 않고 나오는 날것 그대로의 토크가 의외로 큰 웃음을 준다.

MC 신동엽, 컬투, 이영자와 그날의 게스트는 '전국 고민 자랑'이라는 코너를 통해 시청자가 보낸 사연을 소개하고 토크를 풀어나간다.

---

76) "카메라 앞에서 이야기할래요", 〈연합뉴스〉, 2007. 7. 16.

77) [KBS 예능리포트 ①] "'안녕하세요' 시청률 굴욕? 천만에 우린 차별화로 간다", 〈TV리포트〉, 2011. 4. 8.

78) [Chart-TV, 가요, 팝] "우리가 진짜 주인공이다… 대국민 토크쇼 안녕하세요", 〈매일경제〉, 2011. 7. 5.

예컨대 온몸에 털이 무성한 남편에 대한 아내의 하소연, '뜰 일만 남은' 무명밴드 '백수와 조씨'의 고민, 자나 깨나 낚시 생각뿐인 아버지와 아들의 '어장관리법' 등 소소한 일상의 사연들이 소개됐다. 〈안녕하세요〉에서 MC와 게스트는 화자가 아닌 '청자'에 가깝다. 시청자의 고민과 사연을 진심을 다해 들어준다. 서로 이야기를 주고받느라 시끌벅적한 여느 토크쇼와는 좀 다르다. 입담이라면 어디에서도 빠지지 않는 신동엽, 이영자, 컬투 역시 입보다 귀를 더 열심히 사용한다. 그 때문에 이들의 모습을 보고 있노라면 안방극장의 시청자도 덩달아 화자가 된 것 같은 느낌을 받는다. 그리고 이것은 '공감'과 '교감'으로 이어진다.[79]

> "라디오에서는 사연을 읽고, 주인공과 전화통화를 하고 스튜디오에 초대한다. 하지만 지상파 TV에서는 처음이다. 그만큼 우리는 사연을 선별하는 데 더 집중하고, 그들을 초대하기 위해 애를 쓴다. 다른 연예인 토크쇼에서 연예인 섭외에 공을 들인다면, 우리는 일반인 섭외에 목숨 걸고 있다."[80]

사연의 주인공이 시청자이다 보니 게스트로 출연하는 스타의 토크 또한 시청자에게 맞춰진다. 게스트들은 시청자의 고민 사연을 주제로 그에 대한 견해를 전하기도 하고 비슷한 고민을 털어놓기도 한다. 함께 출연한 게스트의 비밀을 폭로하기도 하며 이와 관련된 에피소드를 밝힌다. MC들 또한 시청자의 고민 사연을 업그레이드하기 위해 자

---

79) "'안녕하세요', 말하기보다 '듣기'가 돋보이는 겸손한 토크쇼", 〈스포츠서울〉, 2011. 8. 9.
80) [KBS 예능리포트 ①] "'안녕하세요' 시청률 굴욕? 천만에 우린 차별화로 간다", 〈TV리포트〉, 2011. 4. 8.

신을 희생한다. 신동엽은 스타일이 다른 형에 대한 고민을 토로한 시청자의 사연을 듣고 자신의 형과 관련된 에피소드를 털어놨다. 신동엽은 테니스 선수 출신 형에게 테니스 라켓으로 맞았다는 웃지 못할 굴욕 이야기를 고백했다. 가족 이야기가 나오면 가족 이야기를 공개하고, 더러운 이야기가 나오면 자신의 치부도 서슴지 않고 드러낸다. 이 같은 MC들과 게스트들의 솔직한 사연은 시청자에게 더 친근감을 주며 웃음까지 얻는다.

> "이것이 바로 진정한 쌍방향 토크"다. 〈안녕하세요〉가 무엇보다 중시하는 것은 사연의 주인공 및 시청자와의 소통이다. 맛깔나게 시청자 사연을 소개한 후 직접 시청자 고민을 체험해보기도 한다.[81] 무엇보다 〈안녕하세요〉의 구성 포인트는 진실성과 보편성이다. 경험을 바탕으로 이뤄진 사연은 보는 이들로 하여금 공감대를 형성하게 한다. SBS 〈놀라운 대회 스타킹〉이 장기를 갖고 등장한다면, 〈안녕하세요〉는 한번쯤 겪었을 이야기로 풀어간다. 누구나 쉽게 접근할 수 있고, 고개를 끄덕이게 한다. 때로는 진심으로 격려의 박수를 보내고, 때로는 감동에 젖어 눈물짓게 한다.[82]

현재도 리얼 토크쇼가 대세를 이루고 있다. 리얼 토크쇼는 출연자가 자신의 일상과 사실, 감정에 대해 솔직하게 말하는 것이다. 이러한 리얼 토크쇼가 일어난 것은 시청자의 입김이 세지면서 그 시청자를 등

---

81) "'안녕하세요'가 안녕한 3가지 이유", 〈뉴스엔〉, 2011. 8. 23.
82) [KBS 예능리포트 ①] "'안녕하세요' 시청률 굴욕? 천만에 우린 차별화로 간다", 〈TV리포트〉, 2011. 4. 8.

에 업은 호스트가 게스트를 압도하면서 생겨난 것이라는 지적이 있다. 그런데 여기에서 압도한다는 것은 진행자가 자신이 원하는 것을 무조건 물어본다는 의미는 아니다. 즉, 게스트가 하고 싶은 이야기를 하기보다는 시청자를 대신하는 호스트가 원하는 이야기를 게스트가 하게 된 것이 리얼 토크쇼가 등장한 배경이다. 여기에 출연자의 신비주의 콘셉트가 무너지면서 오히려 솔직한 모습이 인기를 끌게 되자, 게스트들의 솔직한 이야기가 자발적인 모습을 띠게 되었다는 것이다.[83]

이러한 이야기에서 중요한 것은 아무래도 진정성일 것이다. '무릎팍도사'의 담당PD는 다음과 같이 말했다.

> "토크쇼는 다양한 사람의 인생을 보는 것이라고 생각한다. 그렇기 때문에 게스트가 연예인이든, 비연예인이든 큰 차이는 없다. 이야기가 재미있고 진정성만 있으면 된다. 오히려 다 아는 얘기보다는 궁금증을 유발할 수 있는 내용이 더욱 사랑받는 것 같다."

비연예인 게스트가 가장 많이 하는 걱정이 "시청률 안 나오면 어떡하냐", "웃겨야 하는 데 자신 없다" 등 시청률과 웃음에 대한 부담감이지만, 제작진은 이들에게 이렇게 말한다고 한다. "방송 내내 한 번도 안 웃겨도 된다. 우리는 그런 걸 원하는 게 아니다. 웃음은 MC들과 제작진의 몫이다. 그저 진지하고 진정성 있게 이야기를 해달라."고 말한다. 이런 말을 들으면 일단 게스트는 부담감을 덜게 된다고 한다.[84]

---

83) "지금 토크쇼, 무엇을 토크하고 있나", 〈OSEN〉, 2009. 9. 6.
84) "'무릎팍 도사'만 나오면 인생사 술술 털어놓는 이유는…", 〈OSEN〉, 2010. 2. 3.

(3) 리얼버라이어티 예능

반드시 토크쇼에만 스토리텔링이 들어가는 것은 아니다. 시청자는 '이야기'가 있는 예능 프로그램에 몰렸다. 일회성 개그보다 드라마가 덧입혀진 재미에 열광했다.[85] 또한 그 스토리텔링은 리얼 버라이어티에서 콘서트가 된다. MBC 〈무한도전〉, KBS2TV 〈해피선데이 - 1박2일〉 '남자의 자격' 합창단이 대표적이다. MBC 〈무한도전〉의 김태호 PD는 다음과 같이 말했다.

> "다른 프로그램에 비해 더 주는 것도 없으면서 많은 희생만 요구하지만, 우리가 〈무한도전〉에 매달리는 이유는 바로 〈무한도전〉이기 때문이다. 그렇다면 〈무한도전〉스럽다는 건 어떤 걸 의미할까?
> 랠프 왈도 에머슨(Ralph Waldo Emerson)의 에세이 《세상의 중심에 너 혼자 서라(Self-Reliance)》 첫 페이지의 한 구절이 우리를 응원한다.
> '당신 자신의 생각을 믿는 것. 당신 자신의 마음속에서 진실이라고 믿는 것은 곧 다른 사람에게도 진실이다. 이것이 재능이다.'
> 우리는 지금까지 남의 이야기가 아닌 우리의 생각을 이야기해왔다. 우리의 이야기를 기존의 예능의 틀을 벗어난 새로운 소통 방식으로 전달하려 노력했다. 앞으로 1년, 5년, 10년… 〈무한도전〉의 마지막회까지 어떤 이야기를 드려야 할지 걱정도 되지만, 가슴 두근거리는 설렘이 더 앞선다. 가슴 안에서는 어떤 걸 먼저 선보일지 갈등이 인다.

---

85) "'남격' PD '진짜로 하니 드라마가 되더라'"(인터뷰 ①), 〈이데일리〉, 2010. 12. 1.

〈무한도전〉은 할 말이, 할 일이 많다. 세상 사람들이 생각하는 것이 아닌 우리 자신의 이야기를 말할 것이다. 그것이 우리에게 주어진 재능이다."[86)

MBC 〈무한도전〉은 '남자들의 수다'를 들을 수 있는 대표 프로그램이다. 유재석, 박명수 등 여섯 남자가 매주 새로운 콘셉트의 방송에 도전하면서 벌어지는 에피소드에는 출연자들의 수다가 필수적이다. 〈무한도전〉 멤버들만으로 프로그램이 진행되다 보니 멤버들은 진행자인 동시에 패널이자 초대손님의 역할을 수행하면서 끊임없이 수다를 떨어야 한다. 멤버들 스스로 "오프닝만 하다 끝난다."고 할 정도로 이들의 수다는 끝이 없다.[87)

"사실 〈무한도전〉은 그동안 다양한 장기 프로젝트를 통해 스토리텔링의 면모를 보여왔다. 동계스포츠 변방국의 설움을 몸소 실천한 '봅슬레이 편'만 해도 좌충우돌하던 멤버들이 끝내 봅슬레이를 실현하고 감격에 차오르는 모습을 비추며 안방의 시청자에게 뜨거운 감동을 전달했다. 리얼 프로그램이 갖는 극적 요소, 드라마 같은 전개가 시청자에게 이 같은 반향을 불러일으킨 것이다.

스토리가 있는 웃음은 어찌 보면 뻔하다. 하지만 구성원들이 우여곡절 속에 한 가지 목표에 도달하는 모습을 담은 최근의 예능 프로그램은 시청자에게 명작 드라마 못지않은 진한 감흥을 선사할 수도 있

---

86) 김태호, 「연출노트 ― 200번의 상상 그리고 도발, 〈무한도전〉은 이제 서막이다」, 『월간 방송작가』 통권 51호, 2010년 6월, 39쪽.
87) "여자들도 못말리는 '남자들의 수다'", 〈헤럴드경제〉, 2007. 9. 7.

음을 분명히 보여주고 있다."[88]

요약하면, 〈패밀리가 떴다〉는 스토리텔링이 부족하여 실패했다. KBS 〈1박2일〉은 여행을 스토리텔링으로 만들어 시청률이 40%에 육박하는 기염을 토하기도 했다. 스토리텔링을 어떻게 했을지는 다음 분석을 보면 알 수 있다.

> "무엇보다 〈1박2일〉의 여행지에 대한 주제의식의 부각과 함께 스토리화해 시청자에게 강렬한 인상과 의미, 감동을 남기는 놀라움을 발휘하고 있다. 여행지의 단순한 풍광이나 장소를 보여주는 것이 아니라 여행지를 스토리텔링화해 시청자가 보다 강렬하고 흥미 있게 흡입하도록 돕는다. 1970년대의 추억을 되살리는 복고여행 등 끊임없이 여행지에 대한 주제를 바꾸며 그 주제에 부합하는 이야기를 멤버들이 직간접적으로 드러내 반응이 상승하고 있다."[89]

KBS 〈1박2일〉과 SBS 〈패밀리가 떴다〉는 전국 각지를 돌며 각각 6명과 8명의 고정 멤버가 다양한 게임을 벌이는 리얼버라이어티 프로그램으로 기본 포맷은 비슷하다. 하지만 〈패밀리가 떴다〉는 중간에 폐지되었다. 그 차이는 스토리텔링에서 판가름 났다. 여행지나 멤버들에 대한 스토리텔링화가 거의 없거나 약해 시청자의 흥미지수가 추락했다는 것이다.[90]

---

88) "'남격 합창단', '무도 레슬링'… 예능도 '스토리텔링' 시대", 〈TV리포트〉, 2010. 9. 3.

89) "'1박2일', 15주 연속 30%돌파 원동력?", 〈마이데일리〉, 2009. 12. 15.

90) "강호동의 '1박2일'↑VS 유재석의 '패떴'↓ 왜?", 〈마이데일리〉, 2009. 10. 22.

"〈1박2일〉은 강호동 · 이승기 · 이수근 · 김C · MC몽 · 은지원 · 김종민 등 연예인들이 자유롭고 편안하게 여행하면서 마주치는 돌발상황을 가감 없이 보여주는 내용이다. 시청자는 바쁜 일상에서 놓쳤던 여행에 대한 환상을 대리만족한다. 극본 없이 펼쳐지는 돌발상황에서 당황해하는 멤버들의 대처 방식에서도 흥미와 웃음거리를 찾는다. 매회 여행에서 나름대로 주제를 갖고 뭉클한 이야기를 만들어내는 게 힘으로 분석된다. 이명한 PD는 '무엇보다 휴먼스토리야말로 인기의 핵심 요인'이라고 말했다. 〈1박2일〉은 여행지에 대한 스토리텔링화를 잘 구현해 시청자에게 감동과 의미를 전달했지만, 〈패떴〉은 멤버들의 개인기에 너무 의존해 식상함을 빨리 불러왔다. 후발주자가 살아남기 위해서는 차별화된 이야기가 필요한데, 그게 부족했다는 게 방송가의 분석이다."[91]

"요즘 예능의 대세인 스토리텔링화에도 실패했다. 〈1박2일〉이나 〈무한도전〉이 아이템이나 여행지에 대한 스토리테링화를 잘 구현해 시청자에게 때로는 의미를 때로는 감동을 때로는 재미를 주었지만 〈패밀리가 떴다〉는 스토리텔링이 부족한데다 파편화된 멤버들의 개인기에 너무 의존해 식상함을 불러왔다."[92]

요약하면, 스토리텔링이 부족해 〈패밀리가 떴다〉는 실패했다. KBS 〈해피선데이 – 남자의 자격〉(이하 '남격') 합창단 프로젝트도 스토리텔링을 통해 성공한 사례다. 평균 연령 39.2세의 평범한 남자들의 도전기와 그

---

91) "승승장구 '1박2일' · 저무는 '패떴'… 리얼스토리가 갈랐다", 〈한국경제〉, 2010. 1. 8.
92) "1월말 막내리는 '패떴'이 남긴것?", 〈마이데일리〉, 2010. 1. 6.

안에서 보여주는 성장 스토리는 시청자에게 아날로그 감동을 생생하게 전달하는 데 성공했다. 그들은 한 가지 목표를 향해 달려갔다. '남격'은 최고의 합창단을 구성하는 것. 목표에 도달하는 과정 속에 자연스런 이야기(스토리)를 녹여내는 것은 두말할 나위도 없다. 60일 동안 합창단 구성부터 합창대회까지 벌어지는 다양한 에피소드를 담고 있는데, 시청자의 반응이 기대 이상으로 뜨거웠다. 합창단이 갖춰지는 과정에서 소설이나 드라마에서 봄직한 일정 부분의 '갈등' 요소를 버무렸다는 점이 눈에 띈다. 소프라노 솔로 파트를 차지하기 위한 배다해와 선우의 불꽃 튀는 대결 장면이나 음악감독 박칼린의 부드러운 카리스마가 합창단원에게 긴장감을 부여한 것이 그렇다. '남격'은 이처럼 드라마적인 요소가 시청자에게 잔잔한 파문을 일으키며 호평을 받았다.[93] 〈해피선데이〉 이명한 PD는 인터뷰에서 예능의 미래를 이렇게 말했다.

Q: 앞으로 예능의 대세는 어떻게 움직일 것이라고 예상하나?

A: 화두는 스토리텔링이다. 리얼버라이어티의 성공도 스토리텔링의 도입에서 찾을 수 있다. 예전에도 힌트는 있었다. 〈이경규의 몰래카메라〉와 〈god의 육아일기〉 등이 그것이다. 스토리텔링이 리얼 버라이어티라는 껍데기에 효과적으로 결합되면서 시너지 효과를 거둔 것이다. 리얼버라이어티의 힘이 사라지더라도 스토리텔링을 기반으로 하는 프로그램이 앞으로도 인기가 많을 것이라는 확신을 가지고 있다. 스토리텔링을 어디에 접목시켜 나갈지를 생각해내는 것이 예능 PD의 숙제라고 할 수 있다.[94]

---

93) "'남격 합창단', '무도 레슬링'… 예능도 '스토리텔링' 시대", 〈TV리포트〉, 2010. 9. 3.
94) "예능의 화두는 스토리텔링이다", 〈시사저널〉, 2009. 7. 23.

이런 차원에서 예능은 진짜를 보여주는 다큐멘터리와 스토리를 보여주는 드라마의 접점에 있는 장르[95]로 사람들에게 사실적인 이야기를 선사한다.

(4) 음악 프로그램 등

스토리와 음악이 결합한 프로그램은 꾸준히 명맥을 이어오고 있다. 1992년 방송된 〈노영심의 작은 음악회〉에서 1995년 〈이문세쇼〉로 바뀌었고, 1996년 〈이소라의 프로포즈〉, 2002년 〈윤도현의 러브레터〉, 2008년 〈이하나의 페퍼민트〉로 이어졌다. 2009년 4월 첫 방송된 〈유희열의 스케치북〉은 이러한 계보를 아직 잇고 있다. MBC 〈라라라〉, SBS 〈김정은의 초콜릿〉 등 지상파 음악 프로그램의 잇단 폐지가 있었다. 2011년 6월 100회 특집을 맞아 진행자 유희열은 "나오는 분들이 한번이라도 더 웃을 수 있게 만들고 이야기를 잘 전달해주는 게 내가 해야 하는 일"이라고 했다.[96]

KBS 관계자는 2010년 4월 27일 "〈유희열의 스케치북〉은 해군 천안함 침몰 참사로 인해 한 달여 결방됐지만, 30일 정상적으로 방송한다."고 했는데 이렇게 배려한 것은 이 프로의 성격 때문이었다. 즉, "화려한 쇼무대가 아닌 뮤지션들의 음악 이야기와 음악이 어우러진 무대라

---

95) 신원호, 「연출노트 — 리얼 하려는 모든 것을 하지 마라」, 『월간 방송작가』 통권 43호, 2009년 10월, 41쪽.

96) "'유희열의 스케치북' 100회, 기쁘면서 불안한 까닭", 〈뉴시스〉, 2011. 6. 1.

무리가 없을 것으로 판단해 방영을 결정했다."고 밝혔다.[97] 유희열은 타고난 입담과 유머 감각으로 음악 그 이상의 이야기를 이끌어내며 지난 2년간 MC 자리를 지켜왔다. 유희열은 또한 음악이라는 기본적인 바탕 위에서 출연자들이 한 번이라도 더 이야기를 하고, 그 이야기가 관객과 시청자에게 더 잘 전달됐으면 하는 마음으로 코믹한 연출을 시도[98]했다고 한다. 오랫동안 라디오 프로그램의 DJ로 발군의 실력을 발휘해온 유희열은 뮤지션으로서 음악 프로그램 게스트와의 친화력에서 그 누구보다 독보적인 위치에 서 있고, 이로 인해 〈유희열의 스케치북〉은 그동안의 심야 음악 프로그램들과 비교해 토크의 비중이 다소 높아진 측면이 있다는 지적을 낳기도 했다.[99]

"그의 토크 스타일은 게스트와의 적절한 대결구도를 통해 웃음을 유발하는 것이다. 따라서 다분히 도발적인 이야기들이 상대방을 자극하지만, 이상하게도 그것이 그렇게 불편하게 느껴지질 않는다. 아마도 그것은 게스트들과의 친밀한 유대가 토크 속에 묻어나기 때문일 것이다. 때론 형처럼 때론 누나처럼 친하기 때문에 어린아이처럼 마음껏 장난을 쳐도 그것이 오히려 친밀감의 표현으로 느껴진다. 프로그램은 이전 프로그램들에 비해 토크가 늘었고 게스트의 수가 줄었다."[100]

유희열은 과거 10년 이상 라디오 DJ로 활약하며 청취자와 소통했

97) "'유희열의 스케치북' 한달 만에 돌아온다!", 〈한국경제〉, 2010. 4. 27.
98) "유희열의 치명적인 매력 탐구", 〈레이디경향〉, 2011년 6월호.
99) "'유희열의 스케치북'은 토크쇼 프로그램?", 〈조이뉴스〉, 2009. 6. 10.
100) "'유희열의 스케치북', 웃음을 갖고 돌아오다", 〈OSEN〉, 2009. 4. 25.

다. 마음을 움직이는 재치와 위트, 현실을 절묘하게 꿰뚫는 속 시원한 풍자, 때로는 코믹한 농담까지 라디오 세계에서는 이미 절대적인 존재로 통할 만큼 고정 팬들도 많다.[101] 음악 프로그램이 폐지된 이유에 대해 다음과 같은 지적도 있다.

> "MBC 〈음악여행 라라라〉나 SBS 〈김정은의 초콜릿〉 등 음악 자체만을 듣는 프로그램이 없어진 이유도 시청률이 저조했기 때문이다. 시청률이 저조하다는 건 사람들이 보지 않는다는 것이다. 이는 예능적 스토리텔링이 없었기 때문이 아닐까 한다. 앞으로 종합편성채널이 생기면 이런 현상은 더 두드러질 것으로 보인다. 쉽게 제작할 수 있고, 거기에 방송사의 잇속도 차릴 수 있기 때문이다."[102]

종편체제에서는 더욱 강화될 것이라는 전망이 있었고, jtbc 〈히든싱어〉, 〈투유 프로젝트 슈가맨〉 등이 대표적이었다. 가요 프로그램에서 스토리텔링이 콘서트화되는 것을 확인하는 것도 충분히 확인할 수 있다. 편안한 이야기를 나누는 수준의 스토리텔링은 주춤해 있었다. 특히 서바이벌 오디션 프로그램의 등장은 이러한 점을 말해주었다.

> "어떤 사람은 서바이벌에 주목했지만 또 다른 사람들은 이야기에 주목했습니다. 허각에게는 환풍기 수리공의 기적 같은 성공스토리가 있었고, 연변총각 백청강에게는 아홉 살부터 부모와 떨어져 살아야 했던 가슴 절절한 성장스토리가 있습니다. 〈세시봉 친구들〉은 1960,

---

101) "유희열의 치명적인 매력 탐구", 〈레이디경향〉, 2011년 6월호.
102) "예능프로 스토리텔링이 답이다", 〈주간한국〉, 2011. 4. 30.

70년대 낭만 가득했던 우리 가요사와 청년문화를 풀어놓았습니다. 한 달 만에 돌아온 〈나가수〉에서 임재범이 1위로 올라설 수 있었던 이유는 오직 그의 독보적인 노래 실력 때문만일까요? 혹 암투병 중인 부인의 이야기도 일정 역할을 하지 않았을까요? 임재범은 이전에도 똑같이 노래를 잘했습니다만. … 엄정한 서바이벌 프로그램인 〈위대한 탄생〉이 시간이 갈수록 실력과 무관한 인기투표 프로그램처럼 느껴지는 것은 문자투표를 하는 시청자들이 노래실력이 아닌 후보자들의 이야기에 더 주목하기 때문입니다. 가수들이 연예오락 프로그램에 출연해야 하는 이유도 아마 그 때문일 것입니다. 노랫말은 기본적으로 스토리입니다. 하지만 이제 그것만으로는 부족한 시대가 됐습니다. 가창력과 좋은 음악은 기본으로 두고, 가수도 스토리텔링을 해야 더 큰 감동을 줍니다. 그 노래가 더 사랑을 받습니다."[103]

현재 서바이벌 오디션 프로그램들은 인간극장 분위기로 흘렀다. 무엇보다 스토리가 중시된다. "오디션에서 우승하려면 실력만이 아니라 눈물 나는 사연도 하나쯤 만들어놔야 한다."는 우스갯소리가 우습지 않게 들린다. 간혹 사연 조작 논란이 불거지는 것도 이 때문이다.[104] 〈슈퍼스타K〉는 스토리를 극대화하는 편집으로 명성이 높다. 보면 빠져들게 된다.[105] 도전자의 개인사나 비하인드 스토리 등에 집중하고, 내러티브를 도입한 것도 다른 프로그램과의 큰 차별점이자 〈슈퍼스타K〉만의 강점이다. 연예인 가족, 〈슈퍼스타K〉 출신 지인, 어려운 형편 속에서도

---

103) 「가수도 스토리텔링하라」, 『월간 방송작가』 통권 62호, 2011. 5월, 72쪽.
104) [연예 최종분석] "휴먼스토리 집착… 눈물파는 오디션프로", 〈스포츠경향〉, 2011. 7. 24.
105) "슈퍼스타K의 '맛좀봐라' 편집, 위험하다", 〈미디어스〉, 2011. 9. 16.

꿈을 잃지 않는 도전자, 그 속에서의 로맨스 등 수많은 이야깃거리로 노래 외에 다양한 볼거리를 전한다.[106] 물론 스토리텔링을 너무 상업화한다는 비판도 있었다.

시청자 자신과 별반 다를 게 없는 일반인들의 꿈을 향한 도전도 시청자를 TV 앞으로 이끄는 요인이다. 그들의 도전과 성취가 왠지 시청자 자신이 도전하고 성취를 이루는 듯한 묘한 쾌감을 불러일으키기 때문이다. 여기에 참가자 각자의 개별 스토리가 부각되면서 오디션 프로그램 '스토리'를 입으며 드라마 못지않은 '석세스 스토리'를 안방에 전달했다.[107] 우승자 허각은 "'가수 허각' 이야기는 이제 시작"이라며 앨범 제목을 '퍼스트 스토리(First Story)'라고 지었다. 오디션 프로그램은 원석을 발굴하여 성장시키는 과정을 담고 있다. 그 자체가 하나의 스토리텔링이며, 스토리텔링 콘서트가 된다.

MBC 〈우리들의 일밤〉의 〈나는 가수다〉는 그동안 아이돌 가수들이 자기의 스토리를 적극적으로 만들어 대중에게 보여준 것과 달리 실력 있는 중진들이 자신들의 이야기를 만들 수 없는 상황을 타개하는 데 큰 역할을 했다.[108] 임재범처럼 감동을 주는 이야기가 없어도, 우승하지 못해도, 떨어져도 그 자체가 하나의 스토리가 되어 사람들의 마음을 끌어당긴다. 대표적인 예가 김연우였다. 이른바 한국형 오디션이 성공하기 위해서는 '꿈'과 '스토리'를 '진정성'이라는 양념으로 잘 버무리는 작업이 중요해 보인다는 지적이 나오기도 한다.[109] 여하간 스토리텔링은 예

---

106) "'슈퍼스타K'는 왜 '전설'이 되었나", 〈OSEN〉, 2011. 9. 2.
107) "봇물 터진 TV 오디션 프로그램, 명과 암 ②", 〈스타뉴스〉, 2011. 2. 14.
108) [클릭 TV] "가수들의 스토리 만들기", 〈주간경향〉, 2011. 3. 17.
109) [오디션2.0시대 ③] "한국형 오디션 예능 제대로 가고 있나", 〈헤럴드경제〉, 2011. 5. 18.

능에서 하나의 대안이 되어버렸다. 다음은 이를 지적한 글이다.

"TV에서 나오는 스토리텔링은 대중으로 하여금 음악을 더 쉽게 들을 수 있는 장치를 마련했다. 〈나는 가수다〉는 실력파 가수들의 경쟁을 보이면서 이슈를 만들었다. 경쟁을 통해 이야기가 형성됐고, 대중은 더 진정한 음악을 감상할 수 있게 됐다. 결국 예능의 스토리텔링 안에 대중음악이 들어와 있는 형국이다.

더 이상 대중은 2분 30초(노래 한 곡 시간)를 참지 못한다. 스토리텔링이라는 예능 코드가 있을 때 그 참을성을 더 연장시킬 수 있다. MBC 〈음악여행 라라라〉나 SBS 〈김정은의 초콜릿〉 등 음악 자체만을 듣는 프로그램이 없어진 이유도 시청률이 저조했기 때문이다.

시청률이 저조하다는 건 사람들이 보지 않는다는 것이다. 이는 예능적 스토리텔링이 없었기 때문이 아닐까 한다. 〈음악여행 라라라〉나 〈김정은의 초콜릿〉은 밤 시간대에 편성돼 성인들만이 볼 수 있었다. 그만큼 시청률도 낮았다. KBS 〈뮤직뱅크〉, MBC 〈쇼! 음악중심〉, SBS 〈인기가요〉 등 가요 프로그램들도 광고가 별로 없는 시간대에 편성되거나 10대 위주의 시청자층을 위한 방송을 한다. 어쩔 수 없이 제작돼 운영되는 프로그램들이다. 방송사 내에서도 뜨거운 감자다.

그런데 〈슈퍼스타K〉와 〈위대한 탄생〉, 〈나는 가수다〉는 이런 논리를 뒤집었다. 스토리(사연)와 서바이벌이라는 볼거리가 더해진다면 대중음악이 승산 있는 게임이 될 수도 있다. 이제 가수들이 나와 평상적인 이야기를 늘어놓는 음악 프로그램은 성공할 수 없다는 걸 여실히 보여준 사례다."[110]

새삼 로커들이 방송에서 크게 인기를 끌고 있는 현상도 그들이 가지고 있는 스토리텔링이 강한 대중적 흡입력을 지녔기 때문이다.

"로커들이 예능 프로그램을 통해 주목받는 이유는 뭘까. MBC 〈황금어장〉을 연출하고 있는 박정규 PD는 '예능 프로그램이 스토리텔링 중심으로 흘러가면서 굴곡진 사연을 가진 로커가 게스트로 출연하면 큰 반향을 불러일으키는 경우가 많았다.'고 설명한다. 최근 20여 년간 한국 록음악이 보낸 암흑기는 로커들에게도 고통스러운 나날이었기 때문이다. 예능 프로그램에 등장한 로커들은 가장으로서 느껴야 했던 고통과 가족에 대한 미안함 등을 털어놓으며 시청자의 공감을 샀다."[111]

지금도 방영되고 있는 SBS 〈TV 동물농장〉은 비록 인간의 이야기는 아니지만 동물을 통해 사람의 스토리를 말한다. "동물 이야기를 풀면서 섭외하고 캐릭터를 잡으면서 그 안에서 인간사 같은 고민이 이루어지고 있음을 찾아내는 작가적 시각, 유쾌하게 웃으면서 보고 난 시청자가 그 안에서 진정성을 만나길 소망"[112]하는 것이 반영된다. 다른 작가는 또한 이 프로그램의 이야기성에 대해 다음과 같이 말하기도 했다.

---

110) "예능프로 스토리텔링이 답이다", 〈주간한국〉, 2011. 4. 30.
111) "로커의 부활… 예능프로서 '굴곡진 과거' 시청자들 공감 끌어내", 〈경향신문〉 2011. 7. 28, 23면 2단.
112) "작가 인 작가 — 〈TV동물농장〉 400회의 주인공 박진아 작가", 『월간 방송작가』 통권 36호, 2009년 3월.

"특별한 재주가 있거나 기구한 사연이 있는 것도 아니었지만, 평범한 그들의 '살아가는 이야기'를 듣기 위해 사람들은 매주 TV 앞에 모이고 있었다. 황혼기에 접어든 할머니 개의 쓸쓸한 오후, 주인의 사랑을 독차지하려는 개들의 신경전, 새끼를 잃은 어미개의 모정 등 인간의 삶이나 다를 바 없는 동물들의 삶, 동물들의 이야기에 사람들은 조금씩 귀를 기울여주기 시작한 것이다. … 10년이나 된 묵은 프로그램에서 더 이상 새로운 소재가 있겠냐고 묻는 이들도 있다. 하지만 사람이 사는 곳에서 이야기가 끊이지 않듯이 동물들이 사는 그곳에서도 어제와 다른 오늘의 이야기는 매일 새롭게 계속된다. 인간사와 같은 희로애락, 생로병사가 녹아 있는 동물들의 삶 속에서 이야깃거리는 무궁무진하다."[113)

그렇다면 방송에서 스토리텔링은 어떤 것이어야 하는가? 다음과 같은 어느 PD의 글은 경청할 가치가 있다.

"시청자가 아무 이야기에나 귀를 기울이는 건 아니다. 영악한 시청자는 들을 만한 가치가 있는 이야기만 골라 듣는다. '왜 내가 이걸 들어야 하지?'라는 물음에 답할 수 있는 이야기여야 한다. … 시청자가 요즘 집중하는 이야기의 주제는 '고진감래(苦盡甘來)'다. 취업난에 불황에 세상 살기가 팍팍해져서인지 출연자들의 고생한 이야기에는 마음을 열고 푹 빠져서 듣는다. 모든 역경을 헤치고 우뚝 섰을 때 큰 감동을 받는다. 최고스타의 그렇고 그런 뻔한 사생활 이야기보다 도전

---

113) 조정운, 「프로그램 집필기 ― 동물프로그램 10년을 말하다」, 『월간 방송작가』 통권 61호, 2011년 4월, 46쪽.

(고난) - 분투(노력) - 해결(극복)로 이어지는 무명배우의 파란만장한 고생담에 더 감정을 이입하고 위로를 받는다. 이름 없는 조연배우에서 갑자기 예능계의 총아로 떠오른 김정태나 안내상이 좋은 예다. 그들은 가난했던 유년기와 청소년기의 방황, 그리고 배우로서 재기한 사연이라는 공통점을 갖고 있다.

스토리텔링을 자신에게 적용해봐도 큰 도움이 된다. 실제로 필자는 프로그램을 연출하다가 길을 잃었을 때 나에 대한 스토리텔링을 해보곤 한다. 마치 취직을 위해 자기소개서를 작문하듯 내 이야기를 써본다. 이 이야기에서 이런저런 경력이나 스펙은 중요하지 않다. 가장 중요한 것은 메시지다. 내가 이야기하고자 하는 것이 있는지, 있다면 무엇인지, 그리고 그것을 프로그램에서 어떻게 구현할 것인지를 가상의 시청자에게 선명하게 알려줘야 한다. 내 이야기가 잘 풀려서 시청자의 마음을 움직이고 새로운 도전을 던져줄 수 있다면 연출가로서 더없이 행복할 것이다."[114]

(5) 〈궁금한 이야기 Y〉 등 재연 다큐, 페이크 다큐 등

스토리텔링 방식으로 잘 구성하는 프로그램 중에는 재연 다큐가 있다. 여기에는 실제사건을 바탕으로 한 방식과 허구인데 진짜인 것처럼 구성하는 페이크 다큐가 있다.

2017년 한 해 동안 방송된 〈궁금한 이야기 Y〉의 평균 시청률은

---

114) "권석(MBC PD), 흥행 키워드 스토리텔링", 〈조선일보〉, 2011. 8. 20.

10%(닐슨코리아, 수도권 기준)로, 동시간대 타 지상파 방송 프로그램의 평균 시청률을 합친 것보다 높았다. 8년간 비교적 높은 시청률로 장수 프로그램 입지를 구축했다. 현실에서 나타나는 영화 같은 사건들을 조명하고, 그 이면을 정확하게 전달하며, 근본적인 문제를 파헤쳐 사회적인 메시지를 전달하려는 기획의도를 갖고 있다. 사건사고들의 근본적인 원인을 들여다보고, 이를 바탕으로 시청자에게 생각해볼 만한 사회적 메시지를 전달하기 때문에 꾸준한 시청률을 낳고 있다[115]는 것이다. 이 프로그램에는 아예 스토리텔러라는 이름의 진행자가 등장한다. 해당 스토리를 소개하고 내레이션을 하는 역할을 담당한다.

MBN 〈기막힌 이야기 실제상황〉은 사건사고 뒤에 숨겨진 인생 리얼리티 재연 드라마다. 기획의도는 감탄과 탄식, 경악을 자아내는 생생한 실제 이야기를 리얼리티하게 다루는 프로그램을 만드는 것이다. 명백한 실화지만, 극적 재미를 위해 일정 부분을 각색한다. 사건 전개는 보통 시청자의 궁금증을 자극하는 행동들을 계속 나열하다가 마지막에 "이야기는 ~개월 전으로 거슬러 올라갑니다." 같은 내레이션을 하며 사건의 전말을 밝히는 형태다. 한 에피소드 안에서 착한 줄 알았더니 악역이고, 악역인 줄 알았더니 아무 관련이 없는 사람인 등 반전이 굉장히 심해 한 에피소드를 끝까지 다 보기 전까지는 피해자와 가해자를 파악하기 힘들다. 이러한 점은 전복이 연이어 이어지는 플롯이다.

채널A 〈싸인〉은 모큐드라마인데, 모큐란 '가짜'라는 뜻의 영어 단어 mock와 다큐멘터리의 합성어로 다큐 형식을 빌린 드라마다. "등장인물, 장소, 상황은 모두 가상이며 실제 사건과 관련이 없습니다."라고

---

115) "'궁금한 이야기 Y' 독보적인 시청률 1위… 성공비결 '눈길'", 〈SBS fun E〉, 2017. 12. 7.

공지한다. 방송 도중에도 8번 정도 자막 고지가 더 나간다. 〈싸인〉의 인기 비결 중 하나는 진짜 같은 재연이다. 이를 위해 제작사인 콘텐츠하우스는 시사 프로와 다큐 제작 경험이 있는 이들로 제작진을 꾸렸다. 촬영현장도 시사 프로나 다큐 제작과 같다. 배우들은 "대본에 세세한 대사가 적혀 있지 않아 상황에 어울리는 연기를 즉석에서 끄집어내야 한다. 내 얼굴을 모자이크로 가려주니 마음껏 연기할 수 있다."고 했다. 또한 제작진은 시청자가 재연배우를 알아보면 실제라는 믿음이 깨지기 때문에 모자이크를 하더라도 배우를 계속 교체한다.[116]

채널A 〈천일야사〉는 역사 속의 이야기를 드라마 형태로 재연했다. 보통 사람들이 좋아할 만한 권력과 치정, 부와 명예 등 세속적인 욕망을 둘러싼 다양한 실제 인물과 그들의 숨겨진 이야기들을 적극적으로 스토리텔링했다. 갈등과 플롯, 반전이 교차하는 측면에서 가장 대중적인 스토리텔링을 적용한 사례였다. 소재의 사회성과 완성도를 좀 더 높일 필요는 있었다.

이러한 유형의 스토리텔링형 다큐드라마들은 대개 실제 사건에 기반을 두고 있다. 정말 실제 사건일 수도 있고 일부만 진짜일 수도 있다. 그런데 대부분 범죄에 관한 것이므로 시청자의 주목을 받기는 좋다. 하지만 패륜 내용이 많아서 사회적 평가를 낮게 받기도 한다. 문화콘텐츠라면 긍정적이고 밝고 희망적인 주제나 내용을 더 많이 담아야 좋은 평가를 받는 것은 사실이기도 하다.

몇 년 전부터 특정 공간에서 사람들을 관찰하는 예능 방식이 유행

---

116) "진짜보다 더 리얼한 가짜", 〈동아일보〉, 2014. 3. 18.

하고 있다. 또한 관찰된 영상을 보며 스튜디오에서 토크를 나누는 액자식 이중구성의 〈미운우리새끼〉 같은 예능 프로그램이 인기를 얻어왔다. 어찌되었든 그 안의 원리는 여전히 스토리텔링을 어떠한 방식으로 하는가라는 점에서 공통적이다.

(6) 〈꼬리에 꼬리를 무는 그날 이야기〉 — 사건 스토리텔러

SBS 〈꼬리에 꼬리를 무는 그날 이야기〉(이하 꼬꼬무)는 본격 스토리텔러형 예능 프로그램의 포문을 연 프로그램이다. 세 명의 '이야기꾼'이 스스로 공부하며 느낀 바를 각자의 '이야기 친구'(가장 가까운 지인)에게, 가장 일상적인 공간에서 1:1로 전달하는 형식의 프로그램이다. 알려지지 않았던 사건을 친구와 대화하는 방식으로 사건의 의미를 재조명한다. 세세하게 알려주며 우리가 알지 못했던 사실을 전달한다. "내 얘기 한번 들어볼래?" 하며 별다른 장치 없이 오로지 이야기를 무기 삼는 예능 포맷은 친구와 함께 수다를 떠는 것 같은 친근함과 족집게 강사가 요점을 정리해주는 듯해 결국 몰입감을 제공한다. 스토리텔링 예능의 묘미는 정서적인 공감대를 형성하면서 그 안에 집중력을 바짝 조여내는 데 있다.

'꼬꼬무'는 2020년 3월 'SBS 스페셜' 코너 형식으로 시작했다. 6월 파일럿 3회, 시즌 1 10회, 시즌 2 21회를 모두 마무리했다. '꼬꼬무'는 시즌 2를 마무리하고 2021년 3월부터 7월까지 시즌 2를 진행했다. 그리고 휴식기를 가진 뒤 2021년 10월 정규로 돌아와 2022년까지 진행되었다.

'꼬꼬무'는 기존의 범죄를 다루는 프로그램과 확연한 차이가 존재한다. 특히 같은 방송사의 장수 프로그램인 〈그것이 알고 싶다〉와 비교하면 '꼬꼬무'만의 특성을 쉽게 이해할 수 있다.

〈그것이 알고 싶다(이하 그알)〉는 1992년 최초로 제작되어 현재까지 방영되고 있는 사회, 종교, 미제사건 등 다양한 분야를 취재 탐사하는 저널리즘 장수 프로그램이다. '그알'은 대중적으로 신뢰성 있는 이미지를 가진 배우 '김상중이' 특정 사건을 '전지적 관점'에서 자세히 소개하는 방식이다. 시청자들은 한 명의 진행자가 전하는 사건을 보고 듣지만, '일방향적 소통' 방식으로 프로그램을 시청한다. 다른 견해도 곁들이지만 관점과 시선은 하나로 흐르고 일관성을 갖는다.

그러나 '꼬꼬무'는 3명의 '이야기꾼'이 사건을 전달하는 스토리텔러이자 진행자로 나선다. 구체적으로 보면, 이야기꾼은 '장트리오(장도연, 장성규, 장현성)'가 맡아 각자 지닌 재치와 입담으로 사건을 다채롭게 전했다. 또한 3명의 이야기꾼은 각기 다른 3명의 '이야기 친구들'에게 '1:1 대화방식'을 통해 자신들이 준비한 사건에 관한 이야기를 소개한다. 유혜승 PD는 "술자리에서 얘기하다 아이디어를 얻었다"고 했다. 실제로 대화하는 듯한 느낌을 주기 위해 교차편집 기법을 활용했다. 3명의 화자를 번갈아서 보여주는 방식이라 '꼬리에 꼬리를 무는'이라는 말이 붙었다.

이야기를 듣는 친구들은 고정 출연자가 아니다. 유명 아이돌, 배우, 개그맨 등 다양한 인물들이 등장한다. 그래서 반응은 다양할 수밖에 없다. 사건을 들으며 즉각적으로 나오는 이들의 각양각색 비언어적 표현들은 무엇보다 시청자들이 사건에 더욱 공감할 수 있게 작동한다. 이들의 리액션이 시청자의 공감에 큰 요소로 작용하는 것을 연출은 염두하고 있었다. 이러한 반응들은 즉각적으로 스토리텔러들에게 영향을 미칠 수밖에 없다.

또한, 사건을 전달하는 장소는 카페, 와인바 등 일상적인 공간이면서도 비일상적이기도 하다. '가까운 지인에게 이런 공간에서 1:1로 전달하는 방식'은 개인적이면서 공적인 공간성을 통해서 감정과 이성을 절묘하게 결합해낸다. 무엇보다 출연진들은 서로 '반말'을 사용하여 소통한다. 공적이고 때로는 역사적인 사건을 반말로 듣게 되는 것은 결국 개인과 사회는 분리될 수 없다는 것을 내재한다. 이를 통해 시청자들은 무게감 있는 사건을 조금은 가볍게 보고 들으며 사건에 더욱 '공감'하게 되는데, 그것은 사회적이면서 공적인 공감과 이해다. 이렇게 방송의 형식상 서프라이즈'(MBC) 같기도 하고, '그알'(SBS) 같기도 하지만 '꼬꼬무'의 심리적 장벽이 더 낮은 이유는 친구에게 알려주듯 이어가기 때문이고 모든 대화는 반말이기 때문이다.

특히, 다양한 스토리텔링 프로그램 가운데서도 '꼬꼬무'는 회차별로 하나의 사건 스토리를 다양한 방법으로 설명하는 게 특징이다. 주로 다루는 내용은 근현대사나 '그알'이 다뤘던 사건들이다. 이들 가운데 하나를 깊이 있게 다루는 것이 특징이다. 시청자와 우리 사회가 미처 몰랐던 사실과 숨겨진 이야기가 있어야 소재로 선택된다. 특히 '그날'의 이야기를 생생하게 다루려고 해서 눈길을 끌었다.

스토리텔러는 반말로 친근한 어투를 사용한다. 친한 친구가 설명해주듯 차근차근 풀어서 이야기를 하는데 자신이 새롭게 안 사실을 들려주기 때문에 생생한 감정이 묻어난다. 오래전부터 그 사건의 이야기를 알고 있고 많이 이야기를 들려준 느낌이 아니기 때문에 진정성과 열정이 느껴진다. 마치 이 이야기를 꼭 들려주어야겠다는 분위기가 보인다.

스토리텔러의 설명이 이뤄지는 가운데 텔레비전 미디어의 장점을 살려 중간중간 사건의 당사자나 관련 인물의 증언을 넣는다. 이런 구성을 통해서 더욱 쉽게 접할 수 없는 자료를 시각적으로 활용한다. 이렇게 함으로써 시청자에게 더욱 사건 이야기에 몰입할 수 있게 한다. 플롯을 사용하는 것은 어쩌면 당연해 보였다. 몇 가지 에피소드를 보자.

1회 '1987 인간 청소' 편에서는 어느 날 사라져버린 아이들이 40년 후 중년이 되어 나타났다는 설정부터 시작한다. '형제복지원 사건'을 다뤘는데 그 사건을 개인의 입장에서 들려준다.

8회 마지막 '여름캠프 씨랜드 화재 참사'는 여름캠프를 떠난 아이들이 참사로 죽게 되었지만, 마음속에 아이를 묻어두고 있는 부모들의 이야기로 듣는다. 부모의 이야기를 통해 참사의 원인에 대해 파고든다.

섬에서 이뤄지는 인권 유린 사건과 같이 사회적 뉴스도 있지만 근현대사의 역사적 사건들 같은 소재 사건의 힘도 크다. 시즌 1에서는 '지존파'의 엽기적인 연쇄살인 사건, 지구 종말론, 오대양의 신도들의 집단 자살 사건 등, 시즌 2에서는 삼풍백화점 붕괴 사고, 실미도 684부대의 오소리 작전 등을 대표적으로 꼽을 수 있다 .

무엇보다 알고 있지만 알고 있지 못하는 사실들을 더해주기 때문에 주목을 받는 것이다. '꼬꼬무'의 연출을 맡은 유혜승 PD는 언론 인터뷰에서 "중장년층 시청자의 경우에는 어렴풋이 알고 있는 사건들을 보면서 과거의 기억을 상기시키고 몰랐던 지점까지 알게 되는 재미가 있고, 젊은 시청자들은 자신이 겪지 못했던 사건을 새롭게 알아가는 것 같다"고 평했다. 잘 몰랐던 이들에게는 신선한 자극과 충격을 주고 아는 이들에게는 업그레이드 된 정보를 제공하기 때문에 전 세대의 이목을 집중시킬 수 있다.

유혜승 피디는 "저희 프로그램을 보면서 가족 간에 잃어버렸던 대화가 생겨났다거나, 몰랐던 부모님의 과거에 대해 알게 됐다거나 하는 반응을 보면서 보람을 느꼈다"고 밝혔다. 텔레비전이 가족과 같이 볼 수 있다면 좋은 프로그램을 배치해야 그 역할과 기능을 할 수 있다는 점에서 이 프로그램이 주목을 받는 이유를 알 수 있다.

시청자와 지속적인 소통도 한다. '꼬꼬무'는 '꼬물이'라는 시청자 애칭이 있을 만큼 캐릭터성을 갖고 소통한다. 심요환 작가는 방송에서 소개된 사건의 배경과 잘 알려지지 않은 사건과 관련한 사실 등을 소개하는 '꼬꼬멘터리'라는 추가 영상을 제작하여 SBS 공식 유튜브 채널 '달리'에 올려왔다. 시청자와의 지속적인 소통과 이를 반영하는 방송 제작 운영방식이 이 프로그램의 강점으로 생명력을 더하게 했던 것이다.

또한 현실에서 꼬꼬무의 영향력이 발휘되기도 하는 점은 고무적이다. '꼬꼬무'의 방영 뒤 억울한 누명을 쓴 피해자들을 위해 시청자들이 발 벗고 나서며 감춰졌던 사건에 관한 진실을 파헤치려는 노력이 배가되었다.

2021년 12월 25일 방영된 '우범곤 의령 총기난사 사건'의 피해자를 위해 시청자들이 '위령비 건립을 위한 청와대 청원'을 신청했다. 또한 영화 〈7번방의 선물〉의 모티브였던 사건을 다룬 2021년 4월 29일 방영된 "조작된 살인의 밤, 연필 그리고 야간비행" 방송 이후 청와대 국민청원 게시판에는 "조작된 살인의 밤 피해자 정xx 씨에 관심을 가져주세요"라는 청와대 청원글이 올라왔다. 현실에서도 프로그램의 영향력이 발휘되는 것은 그만큼 공감을 많이 샀기 때문이다.

(7) 범죄 스토리텔러 예능 ─ 〈알아두면 쓸데있는 범죄 잡학 사전〉 등

〈알아두면 쓸데있는 범죄 잡학사전(이하 알쓸범잡)〉은 여러 관점을 적용하는 것이 특징이다. 다른 프로그램과 달리 하나의 범죄 사건에 대해 여러 분야의 전문가가 다양한 시각에서 원인과 문제를 분석한다. 즉 법, 과학, 범죄, 사회 등 다양한 분야의 전문가들이 여러 '범죄'에 관한 이야기를 풀어보는 프로그램이다.

시즌 1에서는 특정 지역에서 발발한 범죄 사건을 중심으로 이야기를 풀었다. 2022년 시즌 2에서는 지역에 연관된 사건이나 한 주제에 관련된 여러 사건을 동시에 이야기하는 방식으로 진행했다.

특히 우리 사회가 변화해야 될 부분 등을 짚고 사회의 인식을 바꾸는 메세지를 주려고 한다. 다양한 전문가의 시각으로 범죄 이야기를 전하면서 예방을 위한 정보들을 얻을 수 있게 한다.

7화는 '보성'에서 풀어내는 다양한 범죄 이야기였다. 그 가운에서도 눈에 띄는 내용은 '노인범죄'였다. 고령이라는 이유로 처벌도, 보호도 약한 현실. 노인을 둘러싼 개선되어어 할 관점을 제시한다.

9화는 '경기 남부'에서 벌어진 다양한 범죄 이야기를 풀어냈는데, 특히 유괴범죄에 초점을 맞추고 있다. 시대에 따라 지능화된 유괴방식에 초점을 두고 있다. 'SNS 때문에 아이들이 위험하다?'라는 점은 디지털 모바일시대에 진화하는 유괴범죄에 대해 알게 한다.

14화에서는 지역을 벗어난 교제범죄를 초점에 두었다. 2021년 신상이 공개된 피의자만 10명이고 그 가운데 절반 이상을 차지한 것이 스토킹과 이별 범죄자들이라는 점을 통해 헤어지자는 연인을 향해 칼을 휘두르는 '교제살인'의 심각성도 분석했다. 다만 이러한 포맷은 스토리텔링에 완전히 초점을 맞추지 않기 때문에 전문가적 분석이 우세하다.

이런 포맷으로 KBS 2TV의 〈표리부동〉이 있다. 전 프로파일러 표창원, 경기대 범죄심리학과 이수정 교수가 하나의 사건을 다룬다. 특징은 서로 다른 공간에서 들려주는 방식을 보여주는 것이다. '꼬꼬무'와 여전히 비교할 수 있다. 이런 프로그램의 대부분이 전문가를 화자로 내세우는데, '꼬꼬무'는 시청자들과 동등한 입장에서 이야기를 재미있게 풀어나갈 수 있는 이들을 화자로 내세운다. 전문가를 중심으로 하는 경우 교양 정보를 내세우는 경향이 강할수록 이런 포맷이 두드러진다. '범죄'를 소재로 한 콘텐츠가 많아졌다. 〈악의 마음을 읽는 자들〉(SBS), 〈알쓸범잡〉(tvN) 등이 있다.

(8) 음로론 괴담 스토리텔링 〈당신이 혹하는 사이〉 등

〈당신이 혹하는 사이(이하 당혹사)〉는 우리가 한 번쯤은 들어봤을 세상의 여러 '음모론'을 파헤치는 프로그램이다. '그알'을 만들었던 배정훈 PD가, 윤종신의 집에 모인 7인의 친구들이 새로 수집한 이야기를 들려주는 방식으로 취한다. 주제는 예컨대 '빌게이츠가 코로나19를 퍼뜨렸다' 같은 음모론이다. 앞서 두 프로그램(꼬꼬무, 알쓸범잡)과 달리 '음모론'을 소재로 선택했다는 점에서 차별성이 있다. 음모론을 다룬다고 해서 다른 유튜브 콘텐츠와 같이 이른바 단순한 '썰'만을 풀어내는 것은 아니다. 우선 사건 이야기를 실감나게 설명한다. 시청자들이 그 음모론을 사실인 것처럼 믿도록 하는 것이 필요하다. 그 뒤에 출연 패널들이 진짜 그런 것인지 관련된 사실을 검토한다. 이른바 팩트 체크다. 시청자들도 함께 사실인지, 혹은 음모론에 불과한지를 가려내게 된다. 너무 몰입해 시청하다 보면 프로그램의 이름처럼 '혹하는 사이' 엉터리 음모나 허황된 루머에 현혹되고 있는 자신을 인식하게 된다.

3회에서는 '김정은이 사실은 여러명이다?'를 통해 공식석상에서 좀처럼 말을 하지 않거나 어딘가 달라진 얼굴이라며 여러 명의 대역을 쓰고 있다는 그 의혹이 일어난 루머를 밝힌다. 4회 '우리가 맞은 코로나 백신 안에 미확인 생명체가 있다?'에서는 우리의 생명과 직결된 백신 안에 미확인 생명체가 있다는 루머의 본질을 밝힌다. 6회 '천재 물리학자 이휘소가 죽은 것은 대한민국 핵보유를 막기 위한 미국의 음모다?'에서는 죽음의 의혹에 있는 대한민국 천재 물리학자 이휘소를 살폈다.

SBS '당혹사'는 스토리텔링 예능의 방향성을 제시하지만 주의할 점도 있다. 이 프로그램은 이달의 PD상을 수상했는데 당시 심사위원단은 "올바른 정보 전달이라는 교양 본연의 정체성을 예능적인 코드에 버무린 프로그램"이라며 "음모론의 실체와 배후, 확산 메커니즘을 추적하면서도 확대·재생산을 경계했다"고 평가했다.

MBC 〈심야괴담회〉는 더 적극적으로 시청자를 끌어들이려 한다. 이 프로그램은 시청자가 전달한 괴담을 소개한다. 귀신을 소환하는 분신사바, 물귀신, 고속도로 괴담, 페루 학교서 벌어진 단체 발작 등 과학적으로 증명할 수 없는 소재들을 다룬다.

이런 스토리텔링 예능에는 온라인 문화가 영향을 받았다. 임 PD는 "유튜버나 VJ 등 크리에이터가 혼자 수다를 떠는 콘텐츠의 수요가 높다는 걸 보고 이야기를 들려주듯 풀어내는 콘텐츠가 지닌 힘이 있겠구나 싶었다"고 말했다. 인기가 확장한 배경에도 온라인 문화가 있는데

한 개의 이야기만 떼어내 짧은 영상으로 가공하기 수월한 포맷이기 때문이다.

이런 스토리텔링 예능은 주의할 점도 있다. 한 방송 제작 관계자는 "감성과 웃음을 자극하는 예능·드라마보다는 불안 심리를 조일 수 있는 충격적인 콘텐츠를 갈구하는 경향이 있다"고 말했다.

꼬꼬무도 지나치게 자극적이라는 지적을 받았다. 유 PD는 "비판을 알고 있지만 그럼에도 왜 우리가 이런 사건을 기억해야 하는지 그 의미를 생각해주면 좋겠다"고 했다. 〈심야괴담회〉의 경우 과학적으로 증명되지 않는 미신 등을 다루는 탓에 세심한 주의가 필요하다. 임 PD는 "괴담의 주인공은 주로 여성, 아이, 노인 등 사회적 약자가 많다"며 "특정 집단이나 계층에 대한 혐오를 배제하기 위해 노력하고 있다"고 말했다. 시청률을 의식해야 하는 제작진에게 이러한 주의할 점들은 아마 유혹으로 항상 다가올 것임은 분명하다.

3.
적용하기

Q. 라디오 스토리텔링과 텔레비전 스토리텔링은 어떻게 다른지 정리해 보자.

_____

_____

_____

_____

_____

Q. 예능 스토리텔링의 포맷(형식)이 어떻게 진화할지 논의해보자.

_____

_____

_____

_____

_____

Q. 스마트 모바일에 맞는 스토리텔링 방송 프로그램을 기획해보자.

_____

_____

_____

_____

_____

Cultural contents
DNA
Storytelling

13강

무대(공연, 콘서트)
스토리텔링

1.
이해하기

　　무대의 스토리텔링을 생각하면 대개 연극이나 뮤지컬, 오페라를 생각할 수 있다. 여기에서 살필 것은 무대 스토리텔링이 반드시 그러한 공연양식에만 한정되는 것은 아니라는 점이다. 앞에서 기존의 극서사양식이나 서사 전개와 다른 것이 스토리텔링이라고 하면서 구조보다는 그 전달 과정에 초점을 맞춰야 하기 때문에 많은 정보와 구조의 치밀한 구성은 변해야 한다고 여러 차례 언급했다. 물론 이렇게 대표적인 무대공연 양식에도 스토리텔링 중심으로 극서사를 창작하는 것이 필요할 것이다. 과거처럼 예술가의 입장이나 창작자들의 가치관 또는 세계관을 일방적으로 작품화하여 관객이 오로지 인내하며 관람하는 시대는 지났기 때문이다. 창작자도 자신이 하고자 하는 말이나 주장을 스토리로 만들고 그것을 효과적인 '텔링' 수단으로 전달해야 하는 책무와 역할이 있다. 또한 그것을 잘했을 때 인정과 지지를 받으며 경제적으로 보상받는 결과를 낳게 된다. 사건 구조는 좀 더 단순하고 캐릭터는 집중화된 형태로 구성되어야 한다. 앞서 장르물이 공연양식에 적극적으로 접목되는 것도 이러한 스토리텔링의 매력 때문이라고 할 수 있다. 또한 공연무대에 아이돌 스타가 등장하는 것도 스타의 시대라기보다는 캐릭터의 시대이기 때문일 것이다. 뮤지컬의 주인공을 다양한 인물로 교체하여 공연되는 것도 이러한 연장선상에서 이해할 수 있다.

연극보다 뮤지컬이 좀 더 각광을 받는 이유 가운데 하나는 메시지의 전달 방식이 음악과 안무로 다변화되었기 때문이다. 여기에 시각적 효과도 다변화되고 있다. 연극은 배우들의 행위와 대사, 그리고 무대 배경만이 작용하게 했다. 텔링의 수단이 좀 정형화된 느낌이 있다. 그 점을 뮤지컬이 좀 더 확장하여 연출·구성하기 때문에 각광을 받을 수 있었다. 뮤지컬은 단지 음악으로 전달하는 것이 아니라 다양한 볼거리의 연출을 통해 관객에게 자신들의 메시지를 효과적으로 전달하기 때문에 감동의 결이 다를 수 있다. 그 과정에서 마치 말하는 사람들이 다양한 몸짓이나 효과를 내는 것과 같다고 생각할 수 있다. 텔링은 사람들이 지식과 정보의 배경 수준이 아니라 즉시적으로 이해하고 신념이나 판단에 영향을 주며 나아가 행동에도 변화를 줄 수 있는 공감적 변화의 과정을 위한 것이기 때문이다. 그래서 무대 스토리텔링은 단순히 스토리 자체를 잘 전달해주는 것만이 아니라 다양한 수단을 통해 공감각적으로 창조하고 전달하는 목표가 필요하다.

다시 돌아와 언급하면, 무대공연 양식이라고 하면 반드시 연극이나 뮤지컬, 오페라를 생각하지 않고 다양한 방식으로 적용될 수도 있다. 왜냐하면 공연양식이 다양화되고 있기 때문이다. 여기에서는 음악 콘서트 공연도 스토리텔링을 적용할 수 있다. 또한 스토리텔링 이야기가 전면에 반드시 나와야 하는 것도 공연에서는 아닐 수 있다는 것을 실경공연이나 넌버벌 공연에서 말할 수도 있다. 무엇보다 스토리는 콘서트가 되고 하나의 무대 공연이 될 수 있다는 점도 생각해야 할 것이다. 이러한 점은 시민과 관객의 참여라는 점에서 21세기 문화민주주의 정신 실현과도 맞물리는 과제라고 생각할 수 있다. 스토리텔링을 적용하는 방식도 부분적으로 영상과 음악 외에 파트별로 스토리를 등장시키는가, 즉 노래하고 나서 관련 이야기를 조금 하는지 아니면 전체적으로 공연이나 퍼포먼스가 기승전결의 일관된 플롯이 구성되어 완결성을 갖는 것인지 구분해 생각할 수 있다. 또한 스토리만 가지고 공연이나 퍼포먼스를 진행하는 방식도 계속될 것이다.

2.
사례 분석하기

1) 음악 콘서트

대부분의 음악 콘서트나 공연에서는 스토리가 부분적으로 등장했다. 즉, 음악을 한 곡 부르거나 듣고 관련 스토리를 들려주는 형식이었다. 이는 라디오 방송에서도 많이 등장하는 스타일이라고 할 수 있겠다. 영상을 중심으로 하는 콘서트에서는 영상, 특히 뮤직비디오에 스토리텔링을 적용하여 무대 화면에 상영하기도 했다. 아직도 그런 포맷은 많이 유지되고 있다.

아이돌이 콘셉트를 강조하면서 스토리텔링이 부각되었다. '콘셉트돌'이라는 말이 유행[1]하기도 했는데, '콘셉트돌'이란 음반, 안무, 패션에 좀비, 지킬 앤 하이드, 블랙스완 같은 콘셉트를 부여하는 아이돌을 일컫는 말이다.

콘셉트의 중요성은 이미 아이돌 그룹 시대의 초창기에도 강조된

---

1) "아이돌 콘셉트의 진화, 아티스트 스토리텔링", 상상발전소/음악 패션 공연, 한국콘텐츠진흥원 상상발전소 KOCCA, 2015. 4. 20.

바 있었다. 1990년대 말 H.O.T. 등 1세대 아이돌이 태동했을 때부터 있어왔다. 멤버들은 빨강·주황·노랑·초록·파랑이라는 고유의 색을 갖거나 운동선수처럼 토니안 07, 강타 27 같은 백넘버가 있었다. 동방신기는 유노윤호, 시아준수 등 이름부터 신화적 존재라는 느낌을 줬다. SM엔터테인먼트는 아티스트별로 콘셉트를 정하는 것뿐만 아니라, 소속 가수들이 총출동한 콘서트에서 가상국가 '뮤직 네이션 SM타운'을 선포하기도 했다.[2]

다만, 아이돌 콘셉트만 있고 스토리텔링은 없는 경우가 많았다. 콘셉트를 활동 전반에 걸쳐 일관적으로 유지하고 앨범마다 그 스토리를 진화시키는 아티스트들이 스토리텔링을 제대로 구사하는 쪽에 가깝게 된다. 남성 아이돌 그룹의 트렌드는 스토리텔링 퍼포먼스로 엑소, 빅스, 방탄소년단 등은 단순 군무가 아니라 노래 속에 담긴 스토리를 춤으로 구현하는 퍼포먼스를 보여주려 했다.[3] 여기에서 우선 살펴볼 수 있는 것이 엑소다. EXO는 2012년에 데뷔한 남자 아이돌 그룹으로 독특한 콘셉트를 가지고 있는데, EXO의 멤버들은 'EXO 플래닛'이라는 우주에서 온 생명체로 각 멤버는 공간이동, 치유, 결빙 등 고유의 초능력을 지니고 있다. 각자 나름의 독자적인 캐릭터라고 할 수 있다.

엑소의 데뷔곡 〈MAMA〉 뮤직비디오에서도 멤버들이 초능력을 사용하는 등 외계에서 온 스토리임을 알 수 있다. 전반에는 기억도 초능력도 잃은 채 지구에 오게 되어 외계인이 힘을 되찾고 적을 물리치는 스토리를 말하고자 한다. 물론 엑소의 이러한 스토리도 처음부터 호평받지

---

2) "부채 든 꽃도령, 초능력 소녀 … 아이돌 음악은 스토리다:, 〈중앙일보〉, 2017. 6. 7.

3) 〔H.O.T부터 엑소까지〕 "무대서 '텀블링' 하던 아이돌, 이젠 '스토리텔링'을 논한다", 〈스포츠동아〉, 2014. 3. 25.

는 못했다.⁴⁾ 물론 실제로 초능력을 사용하지는 않는데, 사용한다고 허구적으로 말하는 것을 친숙하게 생각하지는 않을 수 있지만, 그 차별성은 분명하게 각인되었다.

하지만 정규 1집 타이틀 곡 〈늑대와 미녀〉를 통해 한 편의 뮤지컬을 옮겨놓은 듯한 무대는 엑소를 확실히 자리매김하게 했다. 노래와 안무로 '늑대소년'이라는 콘셉트를 노골적으로 드러내며 늑대 울음소리로 시작되는 노래 가사를 통해 늑대의 고뇌를 보여주는데, 보통 때 먹잇감으로 생각하던 인간 여자를 사랑하게 됐다는 내용이다.⁵⁾ 특히 멤버 각자의 탄생 설화를 담은 '나무 퍼포먼스'는 엑소 무대의 최고로 꼽힌다는 지적도 있었다.

무대 공연을 할 때도 엑소는 이러한 외계인, 초능력에 초점을 맞추었다. 엑소는 전체적인 구성과 노래들을 통해 데뷔 콘셉트인 '초능력자'를 펼쳐 보였다. 오프닝 영상과 엔딩 영상으로 맞물리는 하나의 이야기는 각 멤버가 가진 초능력을 십분 발휘하여 이해할 수 있도록 했다.⁶⁾ 당연하게도 트렌드는 미지의 존재, 신비화된 존재의 아이돌 문화는 점차 인기가 시들해지고 있다는 점을 고려해야 한다.

2012년 그룹 '샤이니'는 3월 발매 미니앨범 〈셜록(Sherlock)〉을 통해 스토리텔링을 보여줬다. 앨범 〈셜록〉의 콘셉트는 탐정이었고, 주제는 샤이니의 자아정체성에 있었다. 탐정 셜록을 찾아가는 콘셉트와 스토리로 자신의 정체성을 찾는 시도를 한 것이다. 그러므로 〈셜록〉의 가사 중 '너'를 '나'로 해석해야 〈셜록〉 가사가 완성되는 셈이다. 무대 위 〈셜록〉

4)   [Opinion] "아이돌, 스토리를 만나다" 〈아트인사이드〉, 2015. 5. 5.

5)   "남자아이돌, 좀비 · 악마 · 늑대소년… '판타지에 빠지다'", 〈MBN〉, 2013. 6. 3.

6)   "엑소, 초능력자 스토리텔링까지 완벽한 콘서트(리뷰)", 〈부산일보〉, 2016. 7. 25.

의 안무에서 샤이니 멤버들은 하나로 뭉쳤다가 펼쳐지는, 서로를 따라하는 안무 등이 있었다. 이는 멤버들이 자아의 혼란은 있지만 함께 자아정체성을 확립하는 것을 의미했다.

샤이니의 정규 3집 〈드림걸(Dream Girl)〉에서 전체 콘셉트는 '오해'와 '드림'이다. 모든 아이돌에 대한 오해를 해소시키려 한다. 드림은 꿈과 이상이다. 샤이니는 아이돌의 꿈과 이상세계를 이야기하려 했다는데, 뮤직비디오를 통해 색채가 가득한 현실과 무채색으로 둘러싼 꿈을 오가며 보여주었다. 이는 콘셉트와 내러티브를 시각적 효과로 보여주는 것이다. 스토리텔링의 효과를 극대화하기 위해서는 스토리텔링의 요건들을 좀 더 반영할 필요가 있다. 2014년 멤버 종현이 작사한 〈줄리엣(Juliette)〉을 토대로 앨범 전체 콘셉트를 로미오&줄리엣으로 잡은 샤이니는 독특한 패션과 무대로 눈길을 끌었다. 무엇보다 만남부터 재회에 이르기까지 로미오와 줄리엣의 콘셉트로 진행되는 기승전결이 잘 구성된 스토리는 팬들의 호기심을 자극했다. 한 편의 이야기를 녹여낸 영상과 무대는 팬들에게 다양한 볼거리를 주었다. 이후 〈링딩동〉, 〈루시퍼〉 등 앨범 내에 하나의 이야기를 담아 주목을 받았다.

어쨌든 아이돌 가수에게는 하이 '콘셉트'가 필요하고 여기에 음악과 퍼포먼스, 영화 같은 스토리가 결합된, 모두를 아우르는 종합 콘텐츠가 되어야 한다는 지적은 많다. 작사, 작곡, 의상, 안무, 뮤직비디오 등 프로덕션이 일관성을 갖추면서도 세밀하게 조합된 스토리를 전달하는 게 무엇보다 중요한 시대가 됐다고도 말한다.[7]

노래만 듣는 시대는 이제 과거가 됐으며, 이제는 무대를 통해 하나

---

7) 〔SC초점〕 "퍼포먼스 → 스토리텔링… K팝 '4.0 시대' 열렸다", 〈스포츠조선〉, 2017. 4. 3.

의 '이야기'를 전할 수 있는 이들이 필요해졌다. 아이돌들의 무대는 단순한 춤과 노래만을 선보이는 것이 아닌 '이야기'를 전달하려는 움직임이 큰 흐름이 되어왔다. 콘셉트, 비주얼, 안무 등 하나의 스토리 속에 펼쳐지는 촘촘한 구성으로 무대 공연에서 어떠한 이야기를 들려주려는지 알게 하려 한다.[8]

앞에서 살펴본 '방탄소년단'의 경우는 콘셉트와 스토리텔링을 통해 성공한 사례다. 물론 콘셉트에 스토리텔링이 성공하기는 쉽지 않다. 전반에 이러한 스토리텔링을 녹인다는 것은 결코 쉬운 일은 아님이 분명한데, 이유는 3~4분 남짓한 한 곡에 전달하고자 하는 메시지, 퍼포먼스, 그리고 이목을 집중시킬 수 있는 멜로디 라인 등을 모두 구현해야 하기 때문이다. 실제로 드림캐쳐 측은 "스토리텔링이 곡 선정부터 의상, 전체적인 톤 앤 매너를 정할 때도 몇 배의 노력이 필요한 것은 사실"이라고 밝혔다.[9] 한편으로 그것은 팬과 대등하고 수평적인 관계성이 맺어져야 가능한 것이기 때문이다. 그들과 함께 공감할 수 있는 모두의 스토리텔링이어야 한다.

마마무 문별이 단독 콘서트를 스토리텔링을 통해 치렀다. 문별은 2022년 3월 5~6일간 서울 용산구 블루스퀘어 마스터카드홀에서 온·오프라인으로 진행된 두 번째 미니 콘서트 'Director's Cut: 6equence'(디렉터스 컷: 시퀀스)를 마무리했다. 지난 2020년 열린 첫 단독 콘서트 '門OON' 이후 약 1년 10개월 만에 팬들과 직접 대면한 문별은 걸크러시한 매력과 따뜻한 감성을 오가는 총 13곡의 풍성한 셋리

---

8) 〔이슈기획〕"'스토리텔링에 빠진 남자 아이돌들'", 〈헤럴드경제〉, 2014. 3. 7.

9) 〔SE★기획 ②〕"아이돌의 '스토리텔링', '팀 정체성＋대중성' 잡는 성공 아이템", 〈서울경제〉, 2017. 7. 7.

스트를 라이브로 들려주며 팬들과 뜨겁게 호흡했다. 'Director's Cut: 6equence'라는 콘서트 타이틀처럼 문별은 감독이자 주인공으로 다양한 신(scene)과 탄탄한 스토리텔링이 돋보이는 무대를 펼쳐내며 한 편의 로맨틱 영화 같은 환상적인 시간을 연출했다.

2022년 8월 가수 강다니엘이 솔로 데뷔 3년 만에 첫 단독 콘서트를 진행했다. 2019년 7월 솔로 선언 이후 3년 만에 열리는 단독 콘서트 'FIRST PARADE'는 '다니티'(팬덤명)의 탄생 3주년과 맞닿는다. 8월 12~13일 장충체육관에서 2회 공연 동안 총 8천 명을 동원했다.

'FIRST PARADE'는 첫 시작을 여는 축제를 의미한다. 'PARA-DE'는 발매된 정규앨범의 수록곡으로, 미국의 대표 토크쇼 '켈리 클락슨 쇼'에서 처음 무대가 공개돼 화제를 모았다.

콘서트는 영상과 무대가 테마별로 자연스럽게 이어지게 한 것이 특징이다. 스토리텔러가 되어 이야기하는 앨범 구성처럼, 공연은 3년간 발표한 음악을 댄디, 캐주얼, 다크, 러브 등의 주제로 다채롭게 풀어냈다. 영상 속에선 작가의 모습, 무대 위에선 스토리 속 주인공처럼 투영되는 흐름이었다.

2) 실경공연과 넌버벌 퍼포먼스

'인상(印象) 시리즈'는 장예모(張藝謀, 장이머우) 감독이 중국 정부와 공동으로 중국의 명산, 호수, 관광지를 무대로 그 지역의 민화나 전설을 야외공연 작품으로 만든 예로, 자연환경을 무대로 한 대형 예술극이다.

이른바 자연 실경공연이다. '인상유삼저'가 2004년 3월 정식 공연되고 이후 비슷한 많은 공연들이 창작되었다. '인상유삼저'의 성공 이후 공연되고 있거나 제작 중에 있는 실경산수극의 종류만 해도 60여 가지가 넘는다. 2004년 광서성(廣西省)의 계림(桂林)을 시작으로 운남(雲南), 절강(浙江), 해남도(海南島)와 무이산(武夷山)까지 늘려가며 인상 "시리즈"라는 명칭이 붙었다. 대표적으로 계림 양삭(阳朔)의 '인상유삼저'(印象刘三姐), 운남 여강(丽江)의 '인상여강'(印象丽江), 항주(杭州)의 '인상서호' 등이 있다. 계림의 '인상유삼저'(印象刘三姐)는 5년 반에 걸쳐 만들어낸 완성도 높은 공연인데 세계인의 관심이 집중되었고 대표적인 세계 공연작품이 되었다. 계림의 대표적인 아름다운 풍광을 지닌 리강(漓江)과 주변 산봉우리, 즉 강변 12개 산봉우리를 무대로 대자연 속 무대에서 펼쳐지기 때문에 사계절마다 색다른 분위기도 연출된다. 참여 인원은 700여 명으로 장예모가 설립한 리강예술학교의 선생님과 학생, 그리고 더 파격적인 것은 강변 5개 마을의 어민들도 포함되어 있다. 예술학교 학생들을 제외한 현지 주민들은 낮에는 마을에서 일을 하고, 저녁이 되면 공연에 참여한다. 이에 주민 경제적 효과로도 유명하다. 지역설화를 바탕으로 했다. 관객이 모두 착석하면 모든 조명이 꺼지고 공연이 시작된다. 순식간에 조명이 꺼지고 온 세상이 캄캄해지는데, 산봉우리 끄트머리에서부터 작은 등불을 단 배가 들어오면서 공연이 시작된다. 여기에서 '유삼저'는 유씨 집안의 셋째 딸을 의미한다. 욕심 많은 지주가 셋째 딸을 탐해 자기 여자로 취하려고 하지만 온갖 고난과 역경을 딛고 주인공 여성이 사랑하는 목동과 사랑을 맺게 된다는 이야기다. 이 지역 소수민족인 장족과 묘족의 노래로 극을 전개한다. 그렇기 때문에 사전에 공연에 대한 내용을 들어야 이해가 더 쉽다. '인상유삼저'의 무대는 '산수극장'

이라 부르고, 야외 공연인지라 극한 날씨에는 취소되는 경우도 있다. 이 공연은 완전한 스토리텔링의 추구보다는 화려하고 인상적인 공연을 시각적으로 보여주는 것이 장점이다.

스토리텔링이 좀 더 완벽한 인상시리즈는 '인상서호'(西湖) 공연이다. 항주(杭州)시 서쪽에 있는 호수 서호(西湖)는 아름다운 물빛과 수려한 풍광으로 이름 난 곳이다. '땅 위의 천당'이라 불릴 정도로 경치가 좋은 곳이다. '인상서호'는 장예모가 2005년부터 3년간 준비기획한 자연 실경 뮤지컬이다. 이 공연은 수많은 관광객이 항주시에 오면 반드시 보는 야간 공연이 되었다. 무엇보다 이 공연은 중국의 민간설화 4대 사랑 이야기 가운데 하나로 꼽은 〈백사전(白蛇傳)〉을 모티프로 했다. 주인공인 백서(白蛇)와 허선(許仙)의 사랑이 시작하는 곳이 바로 이 서호이기 때문이다. 이러한 〈인상서호〉는 다양한 첨단 과학기술수단을 이용해 고도 항주와 밀접한 관계가 있는 천고의 전설을 반영한 국제일류의 대형 산수 실경공연이라고 할 수 있다. 또한 인상서호는 대화 없이 음악과 함께 펼치는 공연이다. 그러므로 스토리를 사전에 알아야 한다.

천 년 전 허선은 백사의 목숨을 구해줬고, 이에 백사는 그 은혜를 갚기 위해 천 년이 지난 후 여인이 되어 허선을 찾아다닌다. 그들은 서호에서 다시 만나 사랑을 키우다 결혼하여 행복하게 지내게 되는데, 천리를 지키는 법해(法海)스님이 이들 앞에 나타난다. 법해스님은 인간과 요괴가 같이 사는 것은 하늘의 뜻에 반하는 일이라 하여 백사를 잡아 뇌봉탑(雷峰塔)에 가두게 되고, 이로 인해 이들이 이별하게 된다는 슬픈 사랑 이야기다.

'인상서호'의 스토리는 '만남', '사랑', '이별', '추억', '인상' 이렇게 5부로 구성되어 애절한 사랑 이야기를 웅장하고 화려한 수상 무대 연출로 형상화했다. 다만, 원래 백사와 허선의 캐릭터를 학(鶴)으로 각색하여 호수에서 펼쳐지는 슬픈 사랑 이야기로 만들었다. 백사전의 공간적 배경도 서호만으로 하고 있다.

공연의 줄거리를 살펴보면, 제1장 '만남'에서는 하늘에서 한 마리의 학이 날아 내려와 젊은 서생(書生)으로 변해서 아름다운 호수를 여유롭게 구경한다. 마침 또 하나의 학이 멀리서 날아와 여자로 변한다. 이 둘은 서로 한눈에 반해서 좋은 경치를 함께 즐긴다. 이때, 갑작스럽게 비가 내려, 남자주인공이 여자주인공에게 우산 하나를 건네준다. 아주 평범한 전통 종이우산이 둘의 사랑의 증표가 되었다. 제2장 '사랑'에서는 서로의 사랑을 느끼게 된 남녀 주인공이 배를 타고 호수를 구경하며, 더 사랑을 키운다. 그들은 함께 행복한 내일을 꿈꾸며 결혼식을 성대하게 거행한다. 제3장은 '이별'이다. 결혼식 도중에 보이지 않는 세력, 즉 법해스님으로 인해 여자주인공이 죽게 된다. 둘은 다시 한 번 서로 손을 잡고 싶고, 안아보고 싶어 하지만, 그것은 이미 사치가 되었다. 결국 두 사람은 생이별을 하게 된다. 두꺼운 북소리가 고난을 암시하고, 여자로 변한 학이 발버둥치면서 죽어간다. 제4장 '추억'에서는 남자주인공의 내면적인 정서 묘사에 중심을 둔다. 금산사의 작은스님 덕에 간신히 금산사를 빠져나온 허선은 다시 자신을 사랑했던 사람과 만났던 그곳, 서호로 돌아간다. 지난 추억들이 꿈같이 흘러나오지만, 아내는 없고 아름다운 기억들과 후회스럽고 갈망하는 마음만 강하게 솟아나온다. 이는 서호의 비와 함께 표현된다. 비는 두 주인공의 첫만남을 떠올리게 하면서 추억이 되어버린 그날을 그리게 한다. 제5장 '인상'에서는 두 마리의 학이 날아들어 이리저리 춤을 추면서 지나간 아픈 사랑을 표현한다. 언젠가 두 사람이 다시 만나 사랑을 나눌 수 있으리라는 암시를 던져주어

원작이 가지고 있는 비극적 슬픔을 어느 정도 대중적으로 경감시키려한다. 결국, 주인공들이 다시 역사 속에 사라진 채, 남아있는 서호에 이스토리가 담겨, 그의 고유함과 함께 공연의 막을 내리게 된다.

이 공연은 캐릭터도 분명하고 갈등구조에 따른 플롯도 적절하게 구성되어 있다. 무엇보다 멜로 코드가 있기 때문에 사람들의 애간장을 녹일 수 있는 여지가 있다. 다만 비극적인 사랑이기 때문에 해피엔딩을 바라는 이들에게는 아쉬움을 줄 수도 있을 것이다. 그래도 완전한 비극은 아니기에 그나마 낫다고 할 수 있다. 왜냐하면 다음 생애에 사랑을 이룰 것이라는 희망이 그래도 있기 때문이다.

'인상서호'가 세계적인 작품이 된 것은 말이 없기 때문이다. 일종의 넌버벌 즉 비언어극 공연이라고 할 수 있다. 넌버벌 공연 '난타 (NANTA)'는 한국 전통 타악 특유의 리듬감을 선보이며 호평을 받아왔다. 난타는 한국 전통가락인 사물놀이 리듬을 소재로, 주방에서 일어나는 일들을 코믹하게 그린 한국 최초의 비언어극(Non-verbal performance)이다. 1997년 10월 초연부터 폭발적 반응으로 현재까지 한국 공연 사상 최다 관객을 동원했다. 이후 지속적인 업그레이드 작업을 통하여 작품성을 높여왔다. 해외 첫 데뷔 무대인 1999년 에딘버러 프린지 페스티벌에서 최고의 평점을 받았고, 이후 영국, 독일, 오스트리아, 이탈리아, 일본, 대만, 싱가폴, 네덜란드, 호주 등 계속되는 해외공연을 성공적으로 진행했다. 이를 발판으로 뉴욕 브로드웨이에 진출해 아시아 최초로 1년 6개월의 장기공연을 마쳤다. 서울의 전용관에서 연중 상설공연 중인 '난타'는 2011년 1월 총 관람객 600만 명을 돌파하는 역사적인 기록을 만들었으며 '난타'는 1997년 10월 10일 호암아트홀에서 첫 공연을 시작했기 때문에 2017년 20주년을 맞이한 바가 있었다.

무엇보다 하나의 스토리텔링을 타악 공연으로 했기 때문에 의미와 가치가 있었다. 주방장을 비롯한 세 명의 요리사가 하루 일과를 시작한다. 세 명의 요리사가 주방에서 야채를 나르고, 주방기구를 정리하는 동안, 심술기 가득한 지배인이 등장한다. 지배인은 요리사들에게 예정에 없던 결혼피로연 음식을 저녁 6시까지 모두 만들어놓을 것을 명령한다. 게다가 자신의 철부지 조카를 데려와 요리기술을 가르치며 함께 준비할 것을 요구하고 사라진다. 주어진 시간은 저녁 6시까지다. 요리사들은 지배인의 조카가 마음에 들지 않지만 음식 준비를 서두르기 시작한다. 피로연에 쓸 음식들을 만들며 좌충우돌 해프닝이 계속되는 동안, 세 명의 요리사와 조카는 어느덧 가까워지고, 무대도 객석과 하나가 되어간다. 마침내 저녁 6시가 된다. 요리사들은 온갖 아이디어로 주어진 음식들을 모두 만들어내고, 그들의 결혼피로연은 무사히 마치게 된다.

스토리텔링이란 자신들이 전하고자 하는 메시지를 마치 사람이 앞에 있는 듯이 말을 하는 것이기 때문에 그 말은 단지 언어만이 아니라 음악이나 무용, 다양한 시각적 효과일수도 있다. '판토마임'(pantomime; 문화어: 몸짓극)이 언어를 사용하지 않는다고 하여 스토리텔링이 아니라고 하면 곤란하다. 칼과 도마 등의 주방기구가 멋진 악기로 승화되어 만들어내는 화려한 연주가 인상적인 공연이다. 깜짝 전통혼례, 관객과 함께하는 만두 쌓기, 한국 전통춤과 가락이 어우러지는 삼고무, 가슴이 뻥 뚫릴 만큼 시원한 엔딩의 드럼연주 등으로 구성된다. '난타'는 국적을 불문하고, 남녀노소 누구나 즐길 수 있는 공연으로 전 세계 57개국, 308개 도시 해외공연 투어로 총 39,913회 공연을 하여 1,300만 명의 관객이 관람하는 대기록을 세웠다.

3) 스토리텔링 콘서트

　흔히 우리는 스토리텔링을 작품 속의 이야기구조로 생각하는 경향이 있지만, 국외에서 스토리텔링은 그 자체가 공연 장르가 되었다. 콘서트는 단지 음악연주와 안무만 보여주는 것이 아니다. 한 예로 〈개그콘서트〉라는 코미디 프로그램이 보여준 바 있었다. 특히 해외에서는 문화적 차이 극복과 소통의 수단으로서 자리매김하는 경향이 있다. 이른바 '스토리텔링 콘서트'다. 스토리 자체가 공연무대의 공연 리스트가 된다. 미국에서는 전문적인 스토리텔러가 존재하는데, 활발하게 활동하며 기여 또한 상당하다.

　스토리텔러인 데이비드 캠벨(David Campbell)은 교토에서 스코티시 이야기로 일본인이 간접적으로 해당 국가 문화에 대한 이해와 가치관에 대해 긍정적인 반응을 했다. 미국에서는 스토리텔링 콘서트가 일상생활에도 상당히 보편적으로 자리 잡고 있다. 스토리텔링 콘서트는 자신의 이야기를 통해 사람들과 교감하고 소통하는 공연양식이다. 각자 자신이 겪어왔거나 직접 살아온 삶의 이야기를 마치 공연무대에서 노래하듯이 이야기한다. 다만, 수다를 떨 듯이 정보나 사실을 나열하는 것이 아니라 이야기의 완결 형태로 공감할 수 있게 전달한다. 이를 통해 치유효과도 있고 공동체의 단결과 정체성을 확립하는 데도 도움이 된다. 요컨대, 스토리텔링 콘서트는 스토리텔링 자체만 있으면서 이야기를 통해 정서적 교감과 향후 행동의 변화를 이끌어내는 방식이다. 문화 교류와 소통 관점에서는 다음과 같은 해외 사례들이 있다.

　사례 1: "International Storytelling Concert"

- 주체: Storytelling for Peace and Renewing Community (SPARC)

- 대상: 제한 없음

- 콘서트의 목적: 세계시민(Global Citizen)과 인권보호, 그리고 자연에 대해 세계 각국의 텔러와 학생들이 꾸며나가는 스토리텔링 콘서트

- 콘서트의 특징

  ① 캐나다에서 가장 규모가 큰 스토리텔링 콘서트

  ② 에든버러 축제 같은 형식의 소규모 무대공간에서 스토리텔링을 함

  ③ 세계 각국 텔러들의 공연

- 콘서트의 기대효과: 공익성을 내세워 도덕성이 강조되고, 학생들과 지역 텔러 그리고 세계 각국에 대한 간접 경험과 다양한 경험을 할 수 있음

사례 2: "Blowing in the Scottish Wind Storytelling Concert"

- 주체: 스토리텔링 전문회사 익스커버리(Excovery)

- 대상: 세계시민

- 콘서트의 목적: 해외 텔러를 초빙하여 간접적으로 해당 국가 문화에 대한 이해와 여유를 찾아 떠나는 여행 콘서트

- 콘서트의 특징: 스토리텔러와 함께 움직이며, 무대 제한 없이 움직이는 모든 곳이 공연장

- 콘서트의 기대효과: 새로운 이야기와 여행을 통한 새로운 경험

사례 3: **"Arirang Night of Storytelling Concert"**

- 주체: 스토리텔링 전문회사 익스커버리
- 대상: 외국인
- 콘서트의 목적: 한국의 전래동화, 설화, 소설 등 스토리를 통해 한국문화를 외국인에게 쉽고 재미있게 알리기 위함
- 콘서트의 특징
  ① 스토리텔링이 주가 되고 노래, 연주 등이 스토리와 어우러져 진행
  ② 상대방의 문화를 이해하며 그들과 공유할 수 있는 기회 제공
- 콘서트의 기대효과: 영어 스토리텔링으로 우리 문화를 알림으로써 새로운 문화상품으로 부각

이러한 스토리텔링 방식을 모든 분야에 적용시키기는 어렵지만 응용한다면 가능하다. 각자의 위치에서 겪게 되는 이야기들을 서로 텔링을 통해 교감하고 공유하는 공연무대 작업들이 필요하다. 그것은 스토리텔링 콘서트 방식이 아니라도 가능할 것이다. 이 같은 이야기의 나눔을 통해 상하 간의 소통은 물론 정신적·정서적 유대성을 강화하는 데 긍정적으로 작용할 것이다. 이는 소규모 단위 모임에서도 충분히 가능한 일이다. 원칙은 모든 것을 경험에 바탕을 둔 '정서적 이야기로 말하고(Storytelling)', 그것을 통해 서로 몰랐거나 이미 알고 있음에도 간과할 수 있는 소중한 통합적 가치들을 확인하고 재인식하여 좀 더 나은 삶을 영위하게 하는 것이다. 무엇보다 전문적이지 않은 이들, 즉 시민이나 국민도 참여할 수 있는 대중적인 공연무대가 되기 때문에 시민 참여형 축제 행사에서도 활용될 수 있다.

스토리텔링은 이야기하는 사람과 이야기를 듣는 사람 사이에 구어의 효과를 극대화한다. 이성적·합리적 정보와 사실의 나열에서 얻을 수 없는 효과를 나타내기 때문이다. 그동안 주로 매체적 차원의 스토리텔링이 강조되었다. 하지만 스토리텔링 콘서트는 매체적 특성보다는 그 공간 안의 사람 사이에 발생하는 효과에 주목한다. 마셜 맥루한의 지적대로 매체의 확장은 오히려 둔감함과 무관심을 드러내기 마련이다. 이 때문에 매체적 스토리텔링보다는 직접적인 현장성 스토리텔링에 더 관심을 가질 수 있다. 그것이 바로 스토리텔링 콘서트다. 미국의 강연 콘서트 테드(Ted: Technology, Entertainment, Design) 이후 한국에서는 테드가 표방하는 방식의 콘서트가 열렸고, 한때 트렌드를 이루기도 했다. 하지만 이런 방식의 국내 콘서트는 테드가 가진 전문성, 엘리트의 속성과 이야기의 주제와 소재, 그리고 방식의 제한성을 극복했음에도 테드의 장점이라는 미디어 속성과 확산이라는 점을 염두에 두지 않았다. 즉, 테드는 현장성과 함께 디지털 매체의 속성을 잘 활용했기 때문에 더욱 큰 효과를 성취했다. 테드는 처음부터 아이디어를 널리 확산한다는 점을 염두에 두고 그것을 실천했다. 그래서 더 많은 사람이 현장에 모여들었고 더욱 강력한 시너지 효과를 냈다.

스토리텔링 콘서트는 테드처럼 기존의 방식이 가진 단점은 최소화하고 장점을 살리는 것이 필요하다. 누구나 참여시키고 그 이야기의 제한성을 최대한 낮추는 것이 중요할 것이다. 실제성과 진정성을 감수성의 눈높이에 맞게 갖추되 처음부터 미디어, 특히 스마트 환경에서 이루어지는 대중의 상호작용성은 진지하게 간주되어야 한다. SNS가 가진 장점과 효과성도 스토리텔링 콘서트의 진로에 중요한 변인이 될 것이다. 결국 스토리텔링 콘서트는 고유의 장점을 살리되 매체적 속성을 잘 활용하는 하이브리드 전략을 사용하는 것이 스마트 환경에서 중요하게 대두된다. 이는 곧 펼쳐질 근미래에 대한 방비다. 미래에 대한 방비는 과거의 사례와 현재의 진단을 통해 이루어질 수도 있다.

4) 비틀스와 리버풀, 그리고 한국의 공연장 스토리텔링

영국의 리버풀을 보면 산업혁명 다음에 문화혁명, 산업화 이후에 문화화의 시대가 될 것임을 충분히 짐작할 수 있다. 리버풀은 산업혁명기의 상징인 기차가 최초로 승객을 태운 곳이며, 타이타닉호를 만든 도시다. 즉, 철강과 선박 건조 등 산업시대에 중추적인 역할을 한 곳이다. 하지만 지금은 예전 산업시대의 번성했던 모습은 찾을 수 없고, 퇴락한 공장건물들만이 옛 영화의 흔적을 남기고 있다. 한편으로 리버풀은 퇴락한 도시가 아니라 최첨단 문화경제 도시로 자리매김했다. 바로 비틀스 때문이다.

비틀스라는 그룹과 그룹의 구성원들에게 명예와 부를 가져다주었을 뿐만 아니라 그들이 활동했던 리버풀은 이제 관광도시가 되었다. 비록 비틀스는 없지만 전 세계에서 수많은 사람이 그들의 흔적을 찾아 리버풀을 방문하고 있고, 리버풀 사람들은 그들의 소비로 풍요로움을 누린다. 이렇게 전 세계 사람들이 리버풀을 찾는 이유는 비틀스의 멤버들이 태어난 곳이기 때문일까. 우리나라에도 각 지방자치단체에서 작가나 예술가들의 문학공원이나 생가를 복원해놓고 있다. 그러나 그 작가들이 활동한 공간은 그 지역이 아니었다.

1961년부터 1963년까지 비틀스는 캐번 클럽(The Cavern Club)에 292회 출연하며 유명세를 얻기 시작했다. 그들은 리버풀에서 영감을 얻었고, 그곳에서 노래를 만들고 공연을 했다. 그렇기 때문에 전 세계 사람들은 리버풀을 방문해 곳곳에 있는 비틀스의 흔적을 찾으며 감성에 젖는다. 리버풀 사람들은 그들의 실제 흔적들로 스토리텔링으로 만들고, 관광 콘텐츠화한다.

만약 음악감상실이자 당대 클럽 세시봉이 서울에 아직도 남아 있다면, 세시봉은 명소가 되었을 것이다. 끊임없이 새로운 것만을 중시하다 보니 이런 문화콘텐츠를 잃어버리게 된다. 방송에서 세시봉을 더 이상 주목하지 않아도 사람들은 세시봉이 활동한 현장을 방문할 것이다.

홍대의 무수한 사연과 스토리는 어디로 갔는지 아쉽다. 스토리자원이 많아도 홍대 앞에는 스토리텔링이 부족하다. 그러나 관광 비즈니스 콘텐츠 관점에서 대중적 인지도를 생각하지 않을 수 없다. 그런 면에서 무엇을 떠올릴 수 있겠는지 묻지 않을 수 없다. 홍대 앞만 그런 것은 아니다. 아이돌 가수를 보러 오는 해외 팬들은 SM 건물을 둘러보는 수준에 머물고 만다. SM 건물은 소속사 가수들이 항상 공연하는 곳도 아니다. 시간이 지나면 스토리가 있는 물리적 공간뿐만 아니라 관광자원도 없어질 것이다. 그들의 스토리는 자연발생적으로 영감의 공간과 공연장을 중심으로 형성되어 있지 않기 때문이다.

아이돌을 중심으로 한 한류가 지역 관광경제와 맞물리지 못하는 근본적인 한계다. 그렇다면 아이돌 음악 문화를 정면으로 비판하면서 등장한 〈슈퍼스타K〉와 〈나는 가수다〉도 결국 서울 중심적이고 한정된 인위적 공간이다. 리버풀은 영국의 수도가 아니었다. 오디션 프로에서 그들의 신화 스토리는 철저하게 스튜디오 혹은 경연장 내부에 있다. 이래서는 공간적, 특히 지역적 연계성이 없다. 그들의 흔적을 차후에 어디에서 찾을 수 있을지 의문이다.

지역과 연계한 가수들 혹은 음악공연의 스토리를 만들고 향후 이를 지역경제 활성화와 연관시켜야 한다. 이를 위해 방송사가 지역과 연계하여 초기단계부터 스토리 자원을 만드는 것이 중요하다.

지금의 음악적 흐름이 지나가고 나면 지속적인 경제수익을 낼 수 있는 다른 영역과의 시너지 효과나 창구 역할이 모두 사라질 것이다. 따라서 도시와 지역에 스토리를 만들고 그것을 통해 경제를 활성화하는 음악 스토리텔링 콘텐츠 산업에 대한 인식 전환이 필요하다. 이를 위해 매우 제한된 공간적 토대 위에서 진행되는 오디션 프로의 일신이 필요하다. 무엇보다 지방자치단체와의 연계성이 중요하다.

또한 이는 아이돌 음악이나 미디어 음악뿐만 아니라 공연장문화의 활성화와 밀접하다. 자칫 오디션 프로의 활성화는 자생적으로 성장하는 뮤지션들의 공간적 스토리를 모두 죽이는 결과를 초래할 수 있기 때문에 각별한 공간적 인큐베이팅을 생각해야 한다. 그들만의 잔치로 상생과 생태학적 문화콘텐츠 역할을 깊이 고찰하면서 지역문제를 연결해야 한다.

5) 포스트 코로나19 지역 공연/콘서트

코로나19 이후에 다시금 공연과 콘서트가 모색되었다. 지역의 사례를 살펴보면 다음과 같다.

우선 실경공연은 계속되었다. 고려 건국 시기를 배경으로 한 뮤지컬 왕의 나라 '삼태사와 병산전투'가 2022년 8월 11일부터 닷새간 공연되었다. 한국스토리텔링연구원에 따르면 왕의 나라 '삼태사와 병산전투'는 실경 뮤지컬로 11일부터 15일까지 매일 오후 8시에 안동민속촌 성곽 특설무대에서 관객을 만났다.

내용은 고려 개국공신으로 왕건을 도와 견훤을 막아낸 공로로 '삼태사' 칭호를 받은 김선평, 권행, 장정필과 함께한 고창^(당시 안동) 백성들의 치열했던 삶을 재조명한 작품이다. 이 공연은 음악적 완성도를 더욱 높였다. 안무와 실력파 뮤지컬 전문 배우들의 출연으로 더 화려해진 볼거리와 재미를 제공했다.

지난 2019년 공연에서는 〈미스터트롯〉에 출연한 가수 영탁이 왕건 역으로 출연해 눈길을 끌었다. 이후 매년 문경 출신 트롯가수 선경이 왕건 역을 맡아 극의 완성도를 높였다. 700석 규모의 무료 공연이었다. 연출을 맡은 극단 맥은 "음악적 완성도는 물론 배우들의 수준 높은 연기, 안무 등 더욱 세련되고 재미있는 공연을 만나게 될 것"이라고 말했다.

경남 함양군은 2022년 8월 26일 문화예술회관에서 2022년 방방곡곡 문화공감사업의 하나인 창작무용 '처용―心^(일심)'을 개최했다.

처용은 설화상으로 용왕의 아들로 알려져 있으며 '처용가'를 부르며 춤을 추어 아내를 탐한 역신을 쫓았다는 이야기가 전해지는 인물이다. 처용과 역신의 갈등과 대립을 관용으로 풀어내는 설화 속 기인의 유쾌한 복수극으로 모두가 화합하는 계기를 메시지로 남겼다. '처용―心'의 기획 의도에 색다른 시점에서 바라보는 스토리텔링을 구사했다. 이를 통해 관객들에게 전통문화의 새로운 이미지를 부여하려 했다. 우리가 갈 수 없는 '처용'의 시대와 역신을 상대하는 모습을 판타지컬하게 재현하여 새 연희공간을 창출하려고 노력했다. 또한 적극적인 테크놀로지의 접목을 통해 융·복합 포퍼먼스로 극의 긴장감과 재미를 더하려 했다. 이는 동시대 관객에게 접근하여 전통공연시장을 확대하기 위한 것이다.

이 공연은 '처용'이라는 주제로 궁중무용과 전통무용, 현대무용이 하나의 공연에 전혀 이질감 없이 잘 어우러지고 타악 라이브까지 함께 했다. 관객이 지루할 겨를 없이 볼거리가 많은 공연이었다.

2022년 6월부터 매주 토요일마다 열린 '공산성 달밤 이야기 & 콘서트'는 대부분 간단한 답사만 이뤄져 기존 방식으로는 그 가치를 이해하고 향유하는 데 접근성의 한계가 있었기에 이를 타파하기 위한 방안으로으로 이루어졌다. '공산성 달밤 이야기 & 콘서트'는 역사, 문학, 예술, 과학적 장르를 통해 폭넓은 유산의 가치를 들어내는 콘셉트다. '공산성 달밤 이야기 & 콘서트'의 대표 프로그램인 '성곽 밟기'는 명사와 함께 공산성 금서루에서 출발, 왕궁추정지 → 진남루 → 연은사 → 연지 → 금남루를 1시간 가까이 함께 돌며 백제의 숨결을 느끼고 공주 구도심을 전망하는 코스다. 공산성의 야경뿐 아니라 그 앞으로 펼쳐진 금강 사이에서 여유 있는 문화재 감상과 스토리텔링이 가능해 지역민들에게 다양한 방법을 통해 세계문화유산의 관심과 자긍심을 높이려는 것이다. 전문가의 지식에 스토리텔러의 역량이 결합되어야 하는 과제는 여전하다.

지역 공연/콘서트라고 해도 한결 수준이 높아지고 있었다. 지역에서 좀 더 대중성 있는 스토리텔링이 필요하다. 다만 아직도 순수예술공연을 지향하는 경향이 강하다. 이는 스토리텔링의 잠재성을 생각했을 때 좀 더 일반 관객들의 요구를 받아들일 필요가 있겠다.

3.
적용하기

Q. 무대(공연, 콘서트)에서 스토리텔링을 어떻게 적용할 수 있을까?

_____

_____

_____

_____

_____

Q. 무대(공연, 콘서트)와 디지털미디어의 상호작용 방안을 생각해보자.

_____

_____

_____

_____

Q. 해외에서 무대(공연, 콘서트) 스토리텔링이 잘된 사례를 찾아보자.

_____

_____

_____

_____

_____

Cultural contents
DNA
Storytelling

14
강

푸드
스토리텔링

1.
이해하기

사람에게 중요한 3가지를 들라 하면 대개 의식주를 강조한다. '의'가 가장 먼저 언급되고 다음이 식, 주라는 데 대개 이견이 없는 경우가 많다. 정말 그런가 생각해보는 경우도 많지 않다.

의는 의복이고, 몸을 보호하기 위해 갖춰 입는다. 그런데 대부분은 다른 사람들에게 보여주기 위해 입는다. 집에만 있으면 옷이 거의 필요 없다. 이를 다른 말로 하면 예(禮)다. 인간을 인간답게 하는 것 중에 대표적인 것이 옷이다. 세상에 옷을 입는 존재는 사람밖에 없다. 그것도 시간과 공간에 따라 옷이 바뀐다. 동물도 옷이 있지만 그것은 스스로 만든 옷이 아니다. 다만 주기적으로 털갈이를 할 뿐이다.

개를 집안에서 키우는 이들은 사람처럼 개에게도 옷을 입히는데, 오히려 그 옷이 개에게는 피부병을 일으키는 등 부정적인 효과를 낳는다. 사람이 옷을 입는 것은 문화적 존재이기 때문이다. 좋은 옷, 아름다운 옷을 입는 것도 자신이 물화의 존재가 아니라 문화의 존재가 되고 싶기 때문이다. 넝마조각이나 동물의 가죽을 대충 걸치고 다니는 삶을 꿈꾸지 않을뿐더러 상대방에 대한 예절도 옷으로 표현한다.

그러나 문화를 너무 강조하면 상대적으로 우리에게 정말 필수적인 음식이 부차적인 것이 될 수도 있다. 의식주에서 식이 두 번째다. 일반 민중은 음식을 중요하게 고려했는데, 이는 속담에도 나온다. "금강산도 식후경이다", "잘 먹고 죽은 귀신은 때깔도 좋다", "수염이 석 자라도 먹어야 양반이다."

텔레비전에는 온통 먹을거리에 관한 것과 음식뿐인 듯하다. 교양이든 예능 프로그램이든 결국 모든 정보와 콘텐츠의 결과나 끝은 음식에 모아진다. 인터넷에서도 먹방이 1인 미디어의 인기 아이템이 된 지 오래다. 2018년 현재, BJ 밴쯔는 한 해 수입이 10억 원에 달한다고 했다. 얼마든지 비판이 가능할 수 있다. 못 먹은 한을 풀려는 듯싶다. 전통적인 가치관에서는 음식을 탐하지 말고 소박하게 살아야 한다고 생각할 수 있다. 음식을 탐하면 건강에도 부정적인 영향을 미친다. 성인병의 원인은 음식에서 비롯한다.

한편, 국내외 연구 결과를 보면, 음식 프로그램을 시청하는 대부분의 사람들이 대리만족하는 데 그친다고 한다. 먹고 싶어도 다 먹을 수 없어 문화콘텐츠를 통해 대신 충족하기 때문에 대중문화 관점에서 볼 필요도 있다. 즉, 문화 관점에서 어떤 꿈과 소망이 음식에 작용하고 있기 때문이다.

그런데 이렇게 음식과 관련한 콘텐츠가 많다는 것은 그만큼 사람들이 많이 원하고 중요하기 때문이다. 그리고 음식을 판매해서 생계를 영위하는 사람이 많다는 것을 뜻한다. 거리에 가장 많은 매장이 음식 관련 업소다. 자영업자 중에 식당 운영자가 제일 많다. 지역 특산품이나 축제에도 음식이 빠질 수 없다. 사람은 삼시 세끼 이상 밥을 먹고 디저트도 즐긴다. 음식을 먹는 것이 인생의 낙이라고 말하는 사람도 많다.

그런데 상대적으로 음식은 적극적인 관심과 선호의 대상이 되지 못했다. 특히, 유교주의 사대부의 검소함을 강조했던 한국에서는 더욱 그러했다. 단순히 목구멍이 포도청이라면서 목숨을 부지하기 위해, 나아가 생명을 위해 에너지, 영양을 채우는 데만 급급했다. 그러므로 근력에 필요한 보양식을 더 우선했다.

이제 음식은 단순히 에너지를 채우기 위해 먹는 것이 아니라 문화를 먹는 것이다. 음식이 문화와 만난다고 하면 스토리텔링이 필요하다. 같은 음식이라고 해도 역사와 내력, 스토리가 있는 음식이라면 더 관심을 가질 것이다. 수많은 음식 가운데 스토리는 차별화의 중요한 요소가 될 수 있다. 스토리를 어떻게 전달할 것인가를 고민해야 하는데, 현실은 대개 단순히 콘셉트나 이벤트를 공지하는 수준이다.

2.
사례 분석하기

1) 음식 스토리텔링 — 만한전석, 잡채 등

(1) 만한전석

조선시대 궁중 수라간을 무대로 한 드라마 〈대장금〉에서도 만한전석(滿漢全席)이 등장하는데, 만한전석은 청나라 강희제가 고안하게 한 만찬이다. 만한전석이 유명해진 것은 1970년대 홍콩 TV가 엄청난 제작비를 들여 청나라 황제의 잔치에 등장했다는 요리를 재현해 TV로 중계하면서부터다. 그리고 '옛날 청나라 황제가 만주족과 한족 화합을 위해 마련했던 만한전석'이라는 제목을 붙였다. 만한전석은 나흘 동안 하루 두 끼씩 먹는데, 모두 합해서 240가지 요리가 등장한다. 그야말로 대륙의 규모를 과시하는 세계 최대의 연회였던 셈이다.

강희제가 만한전석을 만든 목적은 만주족과 한족 최고의 진귀한 요리를 모두 모아 만주족과 한족의 단합을 위해 베푼 화합의 잔치로 알려져 있다. 청나라는 당시 만주족과 한족 사이에 심각한 대립이 있었다. 만주족은 한족을 지배하고 있었는데, 풍성한 잔치를 통해 갈등과 대립을 해결하려 했던 것으로 해석된다. 만한전석에서 '만한(滿漢)'은 만주족과 한족에서 따왔고, 만주족이 한족보다 앞에 위치하고 있다.

연회 중에서 흔히 만한전석의 모델이라고 추정하는 잔치가 강희제와 건륭제가 주최한 천수연(千叟宴)이다. 청나라 정사인 《청사고(清史稿)》에 따르면 강희제의 잔치에는 65세 이상 만주족 문무대신 680명, 한족 관리 340명 등 약 1,000명이 참석했고 건륭황제 재위 50주년 기념 천수연에는 만주족과 한족 노인은 물론 조선을 비롯해 주변국 노인까지 모두 3,000명을 초대했다.

이때는 청나라가 최고 전성기를 구가하던 때였다. 이를 '세 과시'라고 하는데, 당연히 그런 것도 있지만 문화적인 관점에서 화합과 평화를 선언하는 요리이기도 했다. 한편으로는 내부적으로 불안의식도 있었다. 지배하는 민족은 만주족이었지만, 강희제 등은 만주족이 한족에 흡수되는 것을 걱정했다. 그렇기 때문에 자신들의 문화를 지키고자 했다. 그런 면에서 만주족의 음식과 한족의 음식이 대등하다는 점을 부각하고 싶었던 것으로 보인다. 어쨌든 만한전석은 단순히 대륙의 거대한 음식상이 아니라 화합과 평화, 하나의 세상을 향한 꿈이 담겨 있다.

(2) 잡채

잡채는 요즘에도 우리 잔칫상에 빠지지 않으며, 국민 누구나 좋아하는 음식이다. 잡채의 '잡(雜)'은 '섞다, 모으다, 많다'는 뜻이고, '채(菜)'

는 채소를 의미한다. 즉 여러 채소를 섞은 음식이라는 뜻인데, 여기에는 육고기도 들어간다. 조리과정을 보면, 삶은 당면에 각종 채소와 버섯, 쇠고기를 볶아서 넣고 버무려서 달걀지단과 실백 등을 고명으로 얹는다. 보기에도 좋고 맛도 매우 좋다. 외국인은 한국식 스파게티로 부르기도 하는데, 그것보다는 영양이 풍부하고 균형이 잡혀 있다. 《음식지미방》에 기재된 잡채는 오이 · 무 · 표고버섯 · 석이버섯 · 송이버섯 · 숙주나물 · 도라지 · 거여목 · 건박 · 호박고지 · 미나리 · 파 · 두릅 · 고사리 · 시금치 · 동아 · 가지 · 생치(生雉) 등을 각각 채 썰어 볶아서 담고 그 위에 즙액을 뿌리고 다시 천초 · 후추 · 생강가루를 뿌린 음식이다. 즙액은 생치를 삶은 국물에 된장 거른 것을 섞고, 밀가루를 풀어 끓여서 걸쭉하게 만든다. 지금의 잡채와는 달리 즙액을 뿌렸는데, 처음에는 당면을 넣은 흔적이 없다는 것을 짐작할 수 있다.

잡채의 시작에 대해서는 조선시대 광해군 시기 이충(李沖)이 만들었다고 한다. 궁에서 잔치를 열었을 때 잡채를 만들어 바쳐서 왕의 환심을 사게 되었고, 그 때문에 호조판서가 되었다는 것이다. 그렇다면 《조선왕조실록》에 관련 기록이 나오는지 봐야 할 것이다.

"이충(李沖)은 타고난 성품이 탐욕스럽고 방종하며 거칠고 사나웠다. 광해 말년에 샛길로 손을 잡아 온갖 수단을 다 부려 임금에게 아첨하고 못된 비위를 맞추었다. 겨울철에는 반드시 땅속에 큰 집을 마련해놓고 그 속에다 채소를 심었는데, 새로운 맛을 취한 것이었다. 반찬을 매우 맛있게 장만해 아침저녁으로 올렸는데, 그로 인해 총애를 얻어 높은 품계에 올랐다. 그가 길에 오가면 비록 삼척동자라도 반드시 잡채 판서(雜菜判書)라 지목하면서 너나없이 침 뱉고 비루하게 여기었다."

－《광해군일기》〔중초본〕 11권, 광해 즉위년 1608년 12월 10일
판윤 이시언 등이 전 목사 이충의 일을 들면서 자신들에게 죄줄 것을 아뢰다

그는 진기한 음식을 만들어 사사로이 궁중에다 바치곤 했는데, (왕
은 식사 때마다 반드시 이충의 집에서 만들어 오는 음식을 기다렸다가 수저를 들곤 했
다.) 당시에 어떤 사람이 시를 지어 조롱하기를, "사삼 각로 권세가 처
음에 중하더니 잡채 상서 세력은 당할 자 없구나." 했는데, 각로는 한
효순(韓孝純)을, 상서는 이충을 지칭하는 것이었다. 〈효순의 집에서는
사삼(沙蔘)으로 밀병을 만들었고, 이충은 채소에다 다른 맛을 가미했
는데, 그 맛이 희한했다.〉

－《광해군일기》〔중초본〕 138권, 1619년 광해 11년 3월 5일
이충의 졸기

왕이 좋아했기 때문에 일반 민중의 잔칫상에도 잡채가 오르게 된
것을 알 수 있다. 그런데 《조선왕조실록》에는 그에 대해 부정적으로 기
술되어 있다. 신하들이 쫓아낸 광해군이기 때문에 더욱 그러할 수도 있
다. 그런데 중요한 것은 왕이 잡채의 맛을 보고 크게 즐거워했던 점이
다. 조선에서 맛있는 음식을 다 맛보는 임금인데, 그런 임금을 감동시켰
다는 것은 대단한 일임에 분명하다. 한편 광해군은 임진왜란 당시 전장
을 다니느라 부상을 당했다는 말도 들린다. 그런 면에서 잡채가 허한 몸
에 좋은 영향을 주었을 수도 있다. 또한 그 음식이 지금까지도 인기가
많기 때문에 실체가 있는 것이다. 어쨌든 음식 하나로 호조판서 자리를
받을 정도로 뛰어난 맛을 지녔다는 점에서 이견이 있을 수 없다. 맛도

있지만 영양학적인 면에서도 나무랄 데가 없는 것은 분명한 사실이다.

(3) 김

'해태(海苔)', '해의(海衣)'로도 불리며, 맛있기로 유명한 한국 김은 일본 등지에 수출되는 상품이기도 하다. 고려인삼과 함께 한국 최고의 특산품으로 2017년 수출액이 5,380억 원을 돌파하는 등 매년 늘어나는 중이다. 김 수출액은 인삼보다 많으며, 세계 1위 수출국이 한국이다. 해초의 일종인 김을 먹기 시작한 것은 조선 중기부터라고 한다. 경상남도 하동지방의 구전 이야기에 따르면, 한 할머니가 섬진강 어구에서 조개를 채취하고 있던 중에 우연히 김을 먹고는 의외로 맛이 좋아 대나무를 물밑 흙에 박아 김을 양식했다고 한다.

김을 김이라고 부르게 된 내력도 있다. 조선시대 임금의 수라상에 검고 초록빛을 띤 종이 같은 음식이 올라온 적이 있는데, 임금은 처음 보는 그 음식을 한번 맛보고는 맛이 있다며 음식의 이름을 물어보았다. 이에 신하는 음식의 이름이 아직 정해지지 않았다고 했다. 임금은 다시 이 음식을 누가 발견했냐며 물어보았다. 신하는 경상도 하동지방의 김아무개라는 사람이 발견했는데 맛이 좋다며 진상한 공물이라고 했다. 임금은 그 사람의 성을 따 이 맛있는 음식의 이름을 '김'이라고 이름 붙였다.

또 다른 설에 따르면, 1650년경 전남 광양의 김여익(金汝翼, 1606~1660)이 처음으로 양식법을 찾아내서 보급했다고 한다. 이때 특별히 부를 이름이 없어서 김여익의 성을 따서 '김(金)'이라 부르게 되었다는 것이다. 여기에는 또 다른 이야기가 있다. 김여익은 전남 영암 출신으로 병자호란 때 의병을 일으켰는데, 조정이 항복하자 태인도에 숨어 살았다. 이때 소나무와 밤나무 가지를 이용한 김 양식 방법을 창안하여 보급했다. 이후 광양 김은 왕실에 바치는 특산물로 인기가 높았다. 하루는 임금이 광양에서 온 김을 반찬삼아 수라를 맛있게 드신 후 음식의 이름을 물었는데 아는 사람이 없자 한 신하가 "광양 땅에 사는 김 아무개가 만든 음식입니다."라고 아뢰었다. 임금이 "그럼 앞으로 이 바다풀을 그 사람의 성을 따서 김으로 부르도록 하여라."라고 해서 '김'이라고 했다는 것이다. 김여익이 올린 김을 먹은 임금이라면 인조(仁祖, 1595~1649)가 된다. 광양시 태인동에는 김여익을 기리는 유지가 있으며, 태인동 궁기마을의 '광양 김시식지(光陽 金始殖址)'는 전남기념물 제113호로 1987년에 지정되었다. 1714년(숙종 40) 광양 현감 허심(許鐔)이 지었다는 김여익의 묘표(墓表: 무덤 앞에 세운 비석 등 표지)에 관련 기록이 있는데, 묘표는 남아 있지 않으나 내용이 김해 김씨 족보에 남아 있다. 김시식지에는 '김여익 사당'과 함께 '김역사관'도 있는데, 안내문에는 "김여익이 병자호란 때 의병을 일으켰으나 조정이 항복하자 고향으로 돌아와 태인도에 살던 중 소나무 밤나무를 이용한 김 양식 방법을 창안해 보급했다."는 묘표 및 족보 내용 일부를 넣었다. 그는 해의(김)를 키우는 것만으로 만족하지 않고 그것을 건조하는 방법도 연구했고, 그 결과 짚을 엮어 만든 김발 위에 해의(김)을 고루 펴서 말린 뒤에 떼어내는 건조 방법을 개발해 사람들에게 보급했다. 태인도 사람들은 이 방법에 따라 해의를 양식하고 건조하여 이를 하동 장에 내다 팔게 된다. 이후 광양 김은 섬진강의 민물과 광양만의 바닷물이 조화된 독특한 맛으로 왕실에서도 인기가 많았다.[1] 과거 광양시는 완도와 함께 김 생산지로 유명했는데, 광양 제철소 건설로 현재 양식장이 거의 없어졌다. 하동이나 광양은 섬진강 하구에 위치하여 같은 바다에 접해 있다.

여기에서 생각해봐야 할 것은 왜 김여익이 섬에 숨어 살았는가 하는 점이다. 당시 청나라와 조선은 화친했기에 청나라에 항거했던 이들은 공식적인 활동을 할 수 없었다. 김여익도 그런 차원에서 출사를 하지 못했을 것이다. 그럼에도 애민하는 마음으로 김 양식 기술을 개발한 것이고, 김 양식 기술을 통해 생산한 맛있는 음식을 임금에게 진상한 셈이다. 덕분에 조선의 음식상은 풍성해졌다. 해초류답게 적당량의 섬유질과 미네랄이 함유되어 있으므로 좋은 식품이고, 칼로리나 나트륨 함량이 적으므로 열량과 나트륨 섭취를 줄이기에 적당한 반찬이다. 아이오딘이 풍부하게 들어 있고, 식물성 식품 중 유일하게 시아노코발아민(비타민 B12)이 매우 풍부한 음식이다. 아이오딘은 '요오드'라고도 불리는데, 아이오딘 부족은 특히 아이들의 두뇌발달과 지능발달을 저해한다. 현재 전 세계 인구의 예방 가능한 지적 장애 발생의 가장 큰 원인이 바로 아이오딘 부족 때문이다. 일본의 젊은이들은 한국 여행을 오면 반드시 사야 하는 물품 중 하나로 추천한다. 2017년 7월, 국제식품규격위원회에서 대한민국의 김이 아시아 표준이 되었다. 애민 그리고 절개, 충심의 마음이 많은 이들의 식탁을 풍성하게 하고 나라의 수출액을 늘리는 큰 공헌으로 이어졌다면 충분히 스토리텔링할 가치가 있는 것이겠다.

김을 즐겨 먹는 나라는 한국, 중국, 일본 정도인데 마른 김을 만들어 먹는 나라는 일본과 한국뿐이다. 김은 김밥 형태로 많이 먹기도 한

---

1) "우리나라 최초의 김양식을 했던 광양!", 〈국립중앙도서관 디지털컬렉션〉 참조.

다. 김밥이 복(福)을 싸서 먹는다는 의미의 우리나라 고유 음식 '복쌈(밥과 취나물을 배춧잎이나 김으로 싼 음식)'에서 유래했다는 주장도 있다. 전통 사회에서 조상들이 정월 대보름에 복쌈을 만들어 먹는 풍습이 있었기 때문이다. 조선 말기 조리서인 《시의전서》에도 밥에 싸먹는 김에 대한 조리법이 나온다.

> "채취한 김을 손으로 문질러 잡티를 제거하고 소반 위에 펴놓고 꿩
> 깃털로 기름을 바르고 소금을 뿌려 재운 후 구워 네모반듯하게 잘라
> 담고 꼬지에 꽂는다."

한국의 복쌈과 일본의 김초밥이 영향을 주고받으며 만들어진 음식이 김밥이라고 추정된다. 김밥 하나에도 복을 비는 사람들의 마음이 담겨 있는 것을 스토리텔링하는 것도 필요한데, 그동안 간과되어온 면이 있다. 이렇게 복을 비는 마음은 누구에게나 있기 때문에 소중하다.

2) 식당 스토리텔링 — 탕평채 등

전통음식을 발굴하고 그것을 식당의 메뉴로 개발하는 사례를 흔히 볼 수 있다. 이러한 사례는 전통의 민담이나 설화, 사연을 찾아서 상품과 연결시켜야 한다는 비즈니스 스토리텔링의 전형이기도 하다. 대표적인 사례는 다음과 같다.

한식뷔페 '자연별곡'은 왕의 이야기, 팔도진미라는 콘셉트를 강조해 수라상처럼 놋그릇을 사용하고 매장 내부도 고궁에서 식사하는 느낌이 들도록 전통소품을 사용했다. 또 실록이나 《승정원일기》 등을 통해 전해 내려오는 왕들의 이야기와 각 지방의 특색을 메뉴에 부여했다.

영조 임금이 당파를 가리지 않고 고루 등용하는 탕평책을 실시하며 대신들에게 내놓았다는 탕평채 등 메뉴 하나하나에 역사 이야기를 담았다. 또 진한 사골 육수에 국수를 넣고 소고기, 호박채 등의 고명을 올려 담백하고 깔끔한 맛을 내는 사골 안동국시는 안동 지방 양반가에서 귀한 손님을 맞거나 잔칫날 먹던 국시를 재현했다. 한식뷔페 자연별곡 관계자는 "브랜드 콘셉트나 메뉴 개발 시 흥미로운 이야기를 곁들여 고객의 호기심을 유발하고 있다."며, "단순한 식사를 넘어 외식과 콘텐츠를 결합해 새로운 외식문화를 만든다는 일념으로 스토리텔링 개발에 힘쓰고 있다."고 전했다.[2]

해당 업체는 탕평채와 국시를 스토리텔링했다고 말한다. 엄밀하게 말하면 스토리텔링이라고 할 수 없다. 이유는 스토리의 요건을 제대로 갖추고 있지 않기 때문이다. 탕평채의 경우 왕이라는 캐릭터가 등장하지만 플롯이 등장하지 않는다. 안동국시도 지방 양반이라는 캐릭터가 나오지만 역시 플롯이 없다. 즉, 갈등이나 긴장이 없기 때문에 이의 해결에 따른 극적 감동이 없다. 이는 역사적 사실이 깃든 정보를 전달하는 수준이다. 그런데 탕평채는 어디에 근거하고 있는 것인지 살펴야 한다.

---

2) "그 레스토랑에 가면 스토리텔링이 있다", 외식업계, 스토리 바람, 〈매일경제〉, 2015. 4. 24.

칼럼리스트 이규태(1933~2006)는 탕평채에 대해 "노란 창포묵에 붉은 돼지고기, 파란 미나리, 검은 김을 초장에 찍어먹는 3월의 시식(時食)이다. 정조는 노랗고 붉고 파랗고 검은 사색 당쟁을 탕평코자 도처에 탕평비를 세우고 이렇게 음식까지 만들어 먹게 함으로써 파당을 화합토록 했던 것이다."(조선일보, 1987년 3월 17일자)라고 했다. 탕평은 《서경》에 나오는 "무편무당 왕도탕탕(無偏無黨 王道蕩蕩) 무당무편 왕도평평(無黨無偏 王道平平)"이라는 글귀에서 유래한 것으로 싸움이나 시비, 논쟁에서 어느 쪽에도 치우침이 없이 공평함을 뜻한다. 그런데 공식적인 기록에 정조가 이렇게 했다는 사실조차 없다.

조선 후기 학자 조재삼(1808~1866)이 1855년(철종 6)에 쓴 《송남잡지》는 그나마 본래에 가깝다고 할 수 있다. 여기에는 탕평채에 대한 사연이 다르게 적혀 있었다.

"탕평채: 청포에 쇠고기와 돼지고기를 섞어서 이것을 만들기에 곧 나물의 골동(骨董)이다. 송인명이 젊은 시절에 가게를 지나가다가 탕평채 파는 소리를 듣고 사색을 섞어 등용해야 함을 깨달았다. 그래서 탕평사업을 했다고 전해진다."

송인명(1689~1746)은 1719년(숙종 45) 증광문과에서 을과로 급제, 예문관검열 뒤 세자시강원설서로 있을 때 당시 세자 였던 영조의 총애를 받았다. 영조가 임금으로 즉위한 다음해인 1725년 동부승지가 되어 왕에게 당쟁의 금지를 건의했다. 특히 1731년 이조판서가 된 송인명은 노론과 소론을 막론하고 온건한 인물들을 두루 등용하고 당론을 조정했다. 1740년 좌의정이 된 송인명은 당쟁을 억누르면서 탕평책을 강하게 추진했다. 송인명은 탕평사업의 중심인물이었다. 아마도 이런 이유 때문에 《송남잡지》에서 '탕평채'라는 음식과 송인명의 사연을 적은 것으로 보인다.[3] 송인명이라는 실제 인물이 탕평정책을 추진했는데, 그의 고민과 갈등이 어떠했을지 짐작할 수 있다. 탕평사업을 하게 된 것은 그만큼 사색당파로 나누어져 조정이 갈등으로 혼란스러웠음을 말한다. 사색당파, 즉 네 개의 당파로 나뉘어 싸우고 있는 상황은 조선 백성에게도 도움이 되지 않는다. 그러할 때 골고루 인재를 등용해야 하는 해법이 필요했을 것이다. 송인명이라는 인물이 탕평책을 추진하려고 했을 때 아마도 기득권 세력은 엄청나게 반대했을 것이고, 영조는 이러한 갈등 국면에 송인명에게 힘을 실어주었을 것이다.

스토리텔링이 되려면 무엇인가 문제가 있고 그것을 해결해야 한다. 그렇게 해결되었을 때 관객은 치유와 희망, 힘을 얻을 수 있다. 또한 상품이나 서비스도 고객이나 소비자에게 뭔가 도움이 될 것 같다는 느낌이나 생각을 하게 만든다. 탕평채가 스토리텔링이 되려면 송인명과 영조의 관계를 통해 탕평정책의 추진 과정을 스토리로 짜고 플롯을 넣어서 극적인 효과를 낳을 수 있도록 해야 한다. 오랫동안 탕평책 실시를 두고 논란과 갈등이 있었을 것이기 때문이다. 안동국시 같은 경우는 이러한 배경 자료도 없으니 스토리텔링이라기보다는 콘셉트가 있는 음식 메뉴가 될 것이다. 스토리텔링을 음식에 적용할 때 반드시 옛날이야기에만 근거하는 것은 아닐 것이다. 근현대 시기의 실제 이야기들을 적용시킬 수도 있다.

---

3) 〔주영하의 음식 100년〕(20) "탕평채", 〈경향신문〉, 2011. 7. 19.

"우리는 1년에 단 한 번만 산나물을 뜯을 수 있습니다. 할머니들은 수많은 풀들 사이에서 먹을 것들만 똑 끊어서 삶고 말리고 데쳐 나물 찬을 내지요. 수십 해의 봄마다 보들보들 피어난 산나물들을 뜯어 삶을 지탱해왔습니다. 싱싱한 생나물은 향긋한 봄의 향기를 그대로 느끼게 합니다. 태양의 에너지를 흡수해 건조된 묵, 나물은 두고두고 실속 있는 먹거리입니다. 나물은 시간 속에서 더욱 향이 진해집니다. 삶의 노하우를 몸에 아로새긴 할머니들처럼요."

스토리가 있는 음식점

위는 서울 시내 S음식점에 내걸린 스토리보드에 쓰여 있는 글귀다. 산나물과 할머니 그리고 소녀의 감성까지 연결하여 짜지 않고 담백한 건강 식단을 제공하고 있는 식당인데, 10대에서 50~60대까지 다양한 연령대의 손님이 가득한 틈을 사뿐하게 다니면서 연신 웃음을 선사하는 여종업원의 모습에서 활기찬 에너지가 느껴져 매우 기분 좋게 식사를 했던 기억이 난다.

재미가 있는 음식점

근처에 있는 또 다른 S식당은 주문을 마치고 나니 앙증맞은 깨절구통를 준다. 잠시 어리둥절하여 주변을 둘러보니 모두들 즐겁게 깨를 갈면서 얘기를 나누고 있었다. 아마도 주문한 음식이 나오기를 기다리는 사이에 재미 삼아 깨를 갈아서 소스에 넣어 찍어 먹을 준비를 하라는 뜻인 것 같았다. 처음엔 "무슨 식당이 손님에게 번거로운 일을 시킬까 생각했으나 실제로 해보니 재미가 쏠쏠하고 메인 메뉴를 기다리는 시간을 자연스럽게 채워주어 여러모로 좋은 아이디어인 것 같았다. 너도 나도 모두 깨를 갈고 있으니 식당 내에 고소한 냄새가 은은하게 퍼져서 식욕을 더욱 돋우는 효과도 생겼다.

감성에 호소하는 스토리텔링 마케팅

두 식당은 별 것 아닌 것 같지만 손님에게 화제가 될 수 있는 스토리를 간접적으로 체험하거나 느껴지게 해서 좋은 인상을 남기고 식당에 와서 체험하는 전반적인 만족도를 높일 수 있는 이른바 '스토리텔링 마케팅'을 하는 좋은 사례다. 대기업처럼 큰 투자로 기획 영상물을 만들어 광고해야만 스토리텔링 마케팅이 되는 것은 아니다. 고객의 니즈가 다양화되고 SNS가 발달한 요즈음, 오히려 작은 투자로 아이디어와 감성을 매개로 한 효과적인 마케팅 방법을 찾는 것이 진짜 경쟁력이라고 본다.[4]

첫 번째 사례에서는 산나물 식재료를 사용하는 식당일 것이라는 생각이 든다. 스토리보드에 할머니를 등장시킨 것은 캐릭터 관점에서 바람직할 것이다. 수십 년간 할머니들이 봄마다 산나물을 뜯어 삶을 지탱해왔다고 적었는데, 이것이 몸의 건강을 위해 산나물을 뜯은 것인지 경제적인 이유 때문인지 불분명하다. 아마 이 부분에 대해 자신 있게 말할 수 있는 근거가 없기 때문일 것이다. 단지 생계를 위해 수십 년 동안 산나물을 채취해 팔았다는 것은 음식 관련 스토리텔링과 직접적인 연관성이 없어지기 때문에 이렇게 좀 모호한 문장을 작성한 것으로 보인다. 감성을 자극하기 위해 할머니와 산나물을 연결시키는 것인데, 스토리텔링의 요건이 좀 부족하다고 하지 않을 수 없다. 아울러 이 문장을 제외하고는 대부분 산나물에 대한 정보를 나열하고 있는 것을 볼 수 있다.

또한 깨절구통을 가지고 음식이 나오기 전에 만들어 먹는 것을 스

---

4) "고객에게 스토리를 제공하라", 〈식품저널〉 2017. 7. 25.

토리텔링 마케팅이라고 규정하고 있는데, 스토리텔링과는 관련이 없고 지루함을 탈피하는 재미있는 성취감을 제공하는 이벤트다. 스토리텔링을 결합한 스토리두잉(doing)[5]이 되려면 예전에 그 음식을 먹던 이들이 깨절구통을 사용해 음식을 만들었던 점이 부각되어야 한다. 스토리텔링을 넘어 스토리두잉을 직접 경험한다는 점에서 오히려 단순 스토리텔링으로 접근하는 것보다 결과가 좋다는 연구들이 이미 증명했다.

3) 문화콘텐츠와 음식 스토리텔링

2016년 소설가 황석영의 산문집 《밥도둑》이 출간 사흘 만에 초판이 매진됐다. 초판 5,000부가 다 팔리고 2쇄 2,000부도 매진되었다. '음식'을 모티프로 삼아 자신의 경험담을 풀어낸 에세이로, 음식을 나눠 먹으며 함께 웃고 울던 곡절 많은 사람들과의 이야기를 담고 있다. 전쟁을 피해 괭매이(경기도 광명)의 한 외양간에서 한철을 보내던 어린 시절에 옆집 소녀가 쥐어준 누룽지 맛, 군대 시절 닭서리를 해서 철모에 삶아 먹었던 일, 1980년대 북한 방문 당시 맛본 노티(평안도 향토 음식) 이야기 등 34편의 음식 관련 인생 스토리가 담백하고 여운 있게 담겨 있다. 초판 인세 전액을 결식아동을 돕는 데 기부했다. 출판사도 책 한 권이 판매될

---

5) Ty Montague(Author), *True Story: How to Combine Story and Action to Transform*, Harvard Business Review Press, July 16, 2013 참조.
"요즘 기업이 사는 법, 스토리텔링보다 스토리두잉", 〈중앙일보〉, 2014. 6. 19.
"스토리텔링? 이제는 행동으로! 마케팅의 진화, '스토리 두잉' 마케팅", 〈소셜마케팅코리아〉, 2016. 11. 16.

때마다 결식아동에게 밥 한 그릇을 기부하기로 했다. 이른바 스토리두잉에도 해당하는 사례였다.

2015년 KBS1TV 토크드라마 인순이의 〈그대가 꽃〉은 초대 손님과 인생 이야기를 하고 그 인생 이야기에 해당하는 음식을 만들어 같이 먹으며 공유하는 포맷을 선보여 눈길을 끌기도 했다. 〈그대가 꽃〉은 식당 '그대가 꽃'에 일일 손님이 찾아와 사연이 담긴 음식을 함께 먹으며 주인장(MC – 인순이, 신효섭)에게 자신이 겪은 삶의 운명적인 순간 혹은 경험을 이야기하는 프로그램인데, 음식이 인생 스토리와 관련이 없는 경우도 많아서 스토리텔링 관점에서 아쉬움이 있었다. 어쨌든 음식 스토리텔링과 두잉이 간접 결합된 사례였다.

스토리텔링 콘텐츠로 도서시장에서 큰 반향을 일으킨 것은 아무래도 허영만의 만화 〈식객〉이라고 할 수 있다. 이 작품은 2002년부터 8년 동안 연재하면서 27권으로 완결되었으며, 선풍적인 인기를 끌어 후속편도 출간되는 등 대표적인 요리만화다. 초반에는 인기가 없어 작가가 연재를 중단하려 했으나 10화인 '고구마' 편이 폭발적인 인기를 끌면서 연재가 이어졌다. 허영만 작가는 이 작품을 위해 실제로 전국 각지의 유명한 음식은 다 먹어봤다고 한다. 〈식객〉은 드라마적 전개방식을 취하는데, 이는 스토리텔링 기법으로 기본은 음식이 주인공인 만화다. 성찬이나 진수 같은 주인공 위치의 캐릭터가 거의 혹은 전혀 등장하지 않는 경우도 있다. 아예 한 에피소드를 음식 자체에 얽힌 이야기로 구성하기도 한다. 대표적으로 '염전' 편에서는 소금이 어떤 경로로 만들어져 음식에 들어가는지 그 과정을 다룬 에피소드가 대표적이다. 끝은 대개 음식을 만드는 사람의 이야기로 마무리된다.

많은 사람이 〈식객〉을 "사람 사는 드라마"라고 평하는 이유일 것이다. 요리만화이면서 사람의 드라마, 즉 스토리텔링이 단연 돋보였고 영화와 드라마로 제작됐다. 영화는 관객 300여만 명을 동원해 후속편도 제작되었다. 만화 에피소드 중에 몇 가지를 골라 '운암정'이라는 대형 음식점의 후계자를 정하는 요리 대결 경쟁포맷이었다. 조선 말 대령숙수의 운명과 계승이라는 내러티브를 성찬의 요리 대결 승리 목표와 결합했다. 일종의 가족주의가 요리대결, 그리고 민족주의와 연계되어 있었다. 골라낸 에피소드는 각색되었는데, 고구마 사형수와 숯 대결 편을 결합하여 하나로 만들었다.

또한 8월 15일 광복절에 열린 영화의 마지막 대결에서 성찬이 꺼낸 육개장의 경우 원작에서도 치매에 걸린 시어머니와 관련된 일화가 모티프인데, 원작에서는 치매에 걸린 시어머니가 며느리에게 육개장 재료를 알려주었고 장례식장에서야 며느리는 시어머니의 뜻을 이해한다. 영화에서는 이 재료를 성찬의 할아버지 성현이 치매에 걸려 하나하나 퍼즐을 맞추는 방식으로 각색되었고, 순종이 먹고 눈물을 흘린 한민족의 한이 서린 음식으로 변모했다. 이런 민족주의의 과장은 평자들에 따라 논의가 엇갈렸다. 다만, 원작 자체를 사랑한 이들보다는 대중적인 관점에서 이러한 감성을 건드리는 것은 스토리텔링 측면에서 생각해야 할 점이다. 그것을 지나치게 과장하여 다루면 당연히 역효과가 난다.

푸드 스토리텔링은 공연 소재로도 사용될 수 있는데, 어린이극에까지 소재로 확산하는 것을 보면 음식에 대한 관심이 일반화되었음을 의미한다. 2017년 어린이뮤지컬 〈프랭키와 친구들〉에서는 '좋은 먹거리'에 대한 교훈과 철학을 함께 담았다. 단순히 '무엇을 먹을까'에만 집중하지 않고 '잘 먹는 것은 무엇일까'에 대한 의미 있는 물음을 전하고 아이들 스스로 답을 찾도록 한다. 고순덕 작가는 "일곱 살 아들과 나눈

대화에서 아이디어를 얻었다. '다 먹는 건데 왜 이건 되고, 저건 안 돼?' 라는 질문에서 출발했다. 그저 맛이나 본능에 따라 먹는 음식이 아니라, 만든 사람의 사랑이 담겨 있어야 한다고 생각한다."고 말했다. 이러한 점은 본능보다는 문화적 관점을 부각하고자 했던 창작 의도를 읽을 수 있게 한다. 물론 너무 문화적이어도 대중적인 주목과 선호에서는 밀릴 수 있음을 항상 생각해야 한다.

지역 음식과 관련하여 각 지자체에서 신경을 쓰고 있는 것이 스토리텔링 공모다. 이는 지역 음식에 대한 관심을 환기시키고 시민의 적극적인 참여를 유도하는 것이다. 이런 대회가 지속된다면 지역 음식에 대한 관심이 증가하게 될 것이다.

2017년 대구시는 대구음식의 숨겨진 이야기를 재발견하고 지역음식의 우수성을 대내외에 널리 알리기 위해 '대구음식 스토리텔링 공모전'을 추진했다. 에세이 35편, 동영상 9편, 만화 및 그림 등 총 53편을 응모했으며 분야별 전문가 5명으로 구성된 심사위원단이 평가했다. 평가 기준을 보면 주제연관성(25점), 작품구성력(20점), 소재독창성(30점), 표현력(25점) 등이다.

주최 측은 대구 10미(味)를 포함한 대구음식이 대구시민뿐만 아니라 타 지역 사람들에게도 많은 관심과 사랑을 받고 있음은 물론 대구를 알리는 스토리텔링 마케팅의 중요한 소재가 될 수 있다는 것을 확인했다고 밝혔다. 대상에는 30년 전 광주에서 대구로 시집와 힘든 타향살이를 겪으면서 위로가 된 납작만두에 얽힌 가슴 뭉클한 추억을 인상 깊게 스토리텔링한 '나의 30년지기 친구 납작만두'가 선정됐다. 최우수상에는 어린 시절 아빠의 사랑과 막창에 얽힌 그리움과 추억을 담은 '내가 언제 어른이 되었나 하면, 막창이 도넛모양이 아니라는 것을 알게 되었을 때다'와 대구음식이 매력적인 이유를 잘 설명한 '대구음식 왜 매력적일까?'가 선정됐다. 우수상에는 남자친구와 서문시장에서의 칼제비와 납작만두에 대한 추억을 그린 '내가 다른 건 양보해도 서문시장 칼제비랑 납작만두만큼은 양보 못해' 외 6개 작품이, 장려상에는 '따로국밥, 추억과 그리움의 맛' 외 9편이 선정됐다. 대구시는 당선작품들을 독자들의 흥미를 끌 수 있는 친근하고 멋스러운 스토리북으로 제작하고, 대구푸드홈페이지, SNS 등을 통해 홍보했다. 대구시는 "앞으로도 대구음식에 대한 스토리텔링 공모전을 개최해 대구음식을 이야기로 지속적으로 발굴하고 대구음식 홍보는 물론 다양한 문화관광 자료로 활용할 계획이다."라고 했다.

2017년 고흥군도 고흥의 역사와 문화가 담긴 음식관광자원을 발굴하기 위해 추진한 고흥음식 스토리텔링 공모전 심사결과를 발표했다. 2016년 12월부터 2017년 2월까지 형식제한 없이 신청을 받은 결과 글, 동영상, 만화, 그림 등 75건의 작품을 접수했다. 은상은 관광객이 가상의 고흥 역사인물이 되어 고흥의 대표음식을 맛보는 유람기인 〈충렬이의 훈련일지〉와 조선시대 설화문학의 대가인 류몽인을 모티프로 고흥의 9가지 맛을 노래한 시조 〈고흥 구미가(高興九味歌)〉가 차지했다. 동상네 작품은 ▲ 고흥의 굴과 매생이를 스토리텔링한 '눈물처럼 간간한 매생이굴국' ▲ 고흥 여행 에세이 '하이, 해피, 따뜻한 인심과 먹거리의 하모니를 찾아 떠난 고흥!' ▲ 고흥 참장어(하모)에 대한 이야기 '고흥에서 힘자랑 "하모" 안 된다' ▲ 고흥 유자를 설화와 접목한 '나라를 구한 황금빛 열매'가 선정됐다.

지역 음식을 스토리텔링하는 이유는 그 음식을 먹으러 가거나 그 음식이 있는 곳을 방문하고 싶은 욕구를 불러일으키는 것이어야 한다.

그렇게 하려면 단순히 감상적이거나 놀랍고 위대한 이야기라는 점을 강조하기보다는 실제로 외지인이 고민하고 있는 부분들을 다루어주어야한다. 각 지자체에서 이런 푸드 스토리텔링을 공모하는 것은 외지 여행객들을 유치하기 위한 점도 있다. 그러므로 그들이 바라는 소망과 꿈을반영한 스토리텔링도 중요하다.

한편으로, 시민이 공모전에 참여하도록 유도하여 홍보를 확산하는것은 한계가 있다. 더 확산하려면 일반 시민의 스토리텔링 공모전뿐만아니라 유명 인사와 스타들이 관련되어 있는 스토리자원을 발굴하고 그것을 형상화하여 관광자원으로 활용하는 노력도 필요하다. 문화는 밑에서 위로 흐르는 경우도 있지만, 위에서 아래로 영향을 미치는 경우도 많다. 귀족이나 왕, 부자, 양반, 유명한 인사들의 이야기가 끊임없이 회자되는 것은 그러한 이유 때문이다. 사람들이 선망의 대상으로 삼는 인물들의 스토리가 중요하다는 점을 여기에서 다시금 말할 필요는 없겠다.

4) 서민 음식 스토리텔링

우리 음식에 관한 스토리텔링은 그 음식의 유래와 시대적 상황을전하는 데 초점을 맞추고는 한다. 다음의 내용을 보자. 국밥에 관한 내용이다.

국밥은 토렴하는 국밥과 따로 국밥이 있었다. 국과 밥이 따로 나오는 것이 따로국밥이다. 밥에 국물을 부은 다음 따라내고 다시 붓기를 반복하는 것이 '토렴'국밥이다. 이런 국밥이 설렁탕 이전에는 대세였다.

특히 국물이 식지 않게 따뜻하게 먹을 수 있는 것이 토렴국밥이다.

국밥은 친숙하지만 지식층에게는 인기가 없는 음식이었다. 조선시대는 농경사회로 소는 도축하면 중형에 처할 정도로 귀한 가축이었고 소를 한번 잡으면 하나도 버리지 않고 음식으로 삼았다. 소꼬리와 도가니 등의 부위와 소머리뼈까지 가마솥에 고아서 밥을 말아낸 것이 소머리국밥이다. 경기도 광주시의 곤지암읍이 소머리국밥으로 유명하다. 경남의 소고기국밥은 소의 머리부속도 쓰고 양지를 쓰는데 창녕군은 수구레를 넣은 국밥이 별미다.

설렁탕은 신분이 낮은 사람이나 먹는 것으로 여겨졌다. 설렁탕 특유의 냄새와 푸짐함, 고소함 등으로 일제강점기 내내 득세하면서 장국밥은 서서히 사라졌다. 해방 이후 경상도의 돼지국밥이나 전주의 콩나물국밥 등도 많이 인기를 끌었다. 물자가 풍족해졌기 때문이다. 일제강점기에는 설렁탕은 외식 가운데 가장 저렴한 메뉴였다.

돼지국밥은 돼지 뼈로 우려낸 육수에 돼지 살코기와 밥을 넣는 부산에서 유명하다. 돼지국밥의 유래에는 다양한 설이 있는데, 전쟁 중에 배고픈 피난민들이 쉽게 구할 수 있는 돼지의 부속물로 국을 끓여 나눠 먹어 시작했다는 유래가 있다. 전라도 콩나물국밥은 해장국으로도 불리는데, 특히 전주는 물이 맑아 콩나물이 유난히 맛있기로 유명해 콩나물국밥 전문점들이 많다고 한다. 백석의 시 〈나와 나타샤와 흰 당나귀〉처럼 눈이 펄펄 나리는 날 작고 아늑한 불빛의 선술집에서 먹는 국물요리가 생각난다. 힘든 시기 국밥집에서 말이 통하는 사람과 소주잔을 기울이고 싶은 음식이다([스토리텔링39] 한국인의 패스트푸드 '국밥' 2022.01.19. 재구성).

이러한 글이 대개 스토리텔링이라고 일컬어진다. 이런 글에는 지식과 정보의 전달 그리고 내러티브가 주를 이루고 있다. 즉 스토리텔링을 좀 더 심화시킬 필요가 있다.

다큐멘터리 프로가 시청률 7~10% 인근을 유지하는 것은 쉬운 일이 아닌데 2011년부터 꾸준하게 인기를 얻고 있는 방송이 〈한국인의 밥상〉이다. 매주 어느 지역의 숨어있는 먹거리를 보여줄까 싶게 푸드와 다큐멘터리를 결합하여 '푸드멘터리'라는 새로운 콘셉트로 진행되는 〈한국인의 밥상〉에서 스토리텔링 방식은 빼놓을 수 없다. 음식 속에 담긴 한민족의 삶을 되돌아본다는 뚜렷한 기획의도를 가지고 대한민국 밥상의 가치를 재발견하고 해석해왔다. 시대가 변하면서 요리방식도 입맛도 변해간다. 하지만 그 지역에 가면 그 지역만의 음식 맛이 여전히 유지되며 사랑을 받고 있다. 지역을 벗어났어도 그것을 잊지 못하고 그리워하는 이들도 여전하다. 부모님 세대는 옛날 음식에 대한 향수, 젊은 세대는 자연 속에서의 독특한 요리법으로 미각은 물론 여행 동기를 자극받는다.

〈한국인의 밥상〉은 가난하고 배고팠을 때 먹었던 음식들, 숨겨진 애환의 이야기를 통해 공감을 이끌어낸다. 음식은 먹방쇼의 대상이 아니라 철학의 화두였다. 음식 속에 사람과 그들의 이야기가 있었기에 감동을 주었다.

갈비를 굽다가 눈밭에 묻어두었다는 전설 속 고기구이, 쇠고기의 육질을 연하게 하기 위해 쌀뜨물에 담그거나 차게 식혔다 다시 굽는 조리법에서 과학적 원리도 중요하다. 이것이 물론 전부는 아니었다. 전남 화순에서 24살에 상경해 치열하게 살아 젊은 시절을 보낸 김영필 씨는 외롭고 힘이 들 때 가장 기억나는 음식이 어머니가 끓여준 닭죽이었다. 70년째 두부를 만드는 93세의 이명옥 할머니는 쓰러지신 시아버지를 위해 만들기 시작한 두부를 지금도 만들고 있다. 황해도 출신의 95세 박태복 할아버지는 고향에서 장이 열릴 때마다 먹던 선짓국을 그리워한다.

음식과 맛의 뒤에 새겨진 애달픈 역사와 사연이 양념처럼 맛깔나게 버무려져 있다. 스토리텔링이 있는 먹방의 표본이다. 우리는 평생 동안 82,500번의 밥상을 차린다고 한다. 그 밥상에서 우리는 스토리텔링이 있을수록 밥숟가락이 한 번 더 갈 수밖에 없다. 다만 스토리텔링이 주 요리가 아니라 양념에 머물렀다는 점에서 아쉬움이 있다.

5) 자영업과 모바일 스토리텔링 — 돈쭐 사례

돈쭐 스토리는 모바일 시대의 스토리텔링이 어떻게 형성되고 확산될 수 있는지 상호작용적인 관점에서 엿볼 수 있는 사례다. 2021년 2월, 고등학생 A군은 코로나19로 인해 일을 하던 음식점에서 해고된 뒤 생계에 어려움을 겪었다. 어릴 적 부모를 잃고 할머니, 7세 동생과 함께 살며 가장 역할을 해야 했던 A군은 그동안 택배 상하차 업무 등으로 생활비를 벌었다.

A군은 치킨이 먹고 싶다는 동생을 데리고 집 근처 가게를 전전했지만, 가진 돈은 5,000원이 전부였다. 이때 해당 점주가 쭈뼛거리는 A군을 가게로 들어오라고 했다. 점주는 A군에게 치킨 세트를 건네주고는 돈은 받지 않았다. 이후 A군 동생은 형 몰래 치킨집을 몇 번 더 방문했고, 점주는 그때마다 치킨을 만들어주었다. 또 한 번은 미용실에서 동생의 머리를 깎아서 돌려보내기도 했다.

A군은 고마운 마음에 점주에게 "앞으로 성인이 되고 돈 많이 벌면 저처럼 어려운 사람들을 도와주며 살 수 있는 사장님 같은 사람이 되고 싶다"고 편지를 썼다. 이런 미담이 알려지자 해당 지점을 '돈으로 혼쭐'내주겠다며 네티즌들의 치킨 주문이 이어졌다. 실제 배달 앱 리뷰란에는 "강남에서 '돈쭐' 내러 택시 타고 갔다 왔습니다", "강원도입니다. 치킨은 먹은 걸로 하겠습니다" 등의 반응이 전국에서 올라왔다.

그런데 형편이 어려운 형제에게 공짜로 치킨을 대접한 프랜차이즈 지점 점주가 주문 폭주로 영업을 중단했다. 네티즌들의 '돈쭐'(돈+혼쭐) 작전으로 주문이 쇄도했기 때문이다. 이유는 "이 밀려오는 주문을 다 받자니 100%의 품질을 보장할 수 없어 영업을 잠시 중단한다"며 "빠른 시간 안에 다시 돌아오겠다"는 것이었다. 많은 주문이 밀려온다고 해서 함량 미달의 음식을 그냥 보낼 수 없다는 그의 뜻은 또 하나의 스토리상의 극적인 효과를 낳았다. 그는 "저를 '돈쭐'내주시겠다며 폭발적으로 주문이 밀려들었고, 주문하는 척 들어와서 선물이나 소액 봉투를 놓고 가신 분도 계신다"며 "전국 각지에서 응원 전화와 DM(다이렉트 메시지), 댓글이 지금 이 시간에도 쏟아지고 있다. 진심으로 감사하단 말씀을 드리고 싶다"고 했다. 이어 "특별한 일, 대단한 일을 했다고 생각하지 않는다. 누구라도 그렇게 하셨을 것이라 믿기에 많은 관심과 사랑이 부끄럽기만 하다"며 "소중한 마음들 평생 새겨두고 항상 따뜻한 사람, 선한 영향력을 주는 사람이 되겠다"고 강조했다. 여기에 머물지 않고 그는 결식아동과 취약 계층을 위해 3월에 600여만 원을 기부했다. 2022년 7월 이렇게 배고픈 형제에게 공짜 치킨을 제공해 이른바 '돈쭐'이 났던 치킨집 점주가 서울시 명예시장에 선발됐다.

스토리텔링은 오래전 다른 누군가에게나 전해지는 것만이 아니라 지금 현재 이 순간에도 태어나고 있고 만들어지고 있다. 시장조사 전문 기업 엠브레인에 따르면, 소비자 10명 중 7명은 "내 소비가 누군가에게 도움이 된다면 그것만으로도 행복하다"고 답했다. 특히 MZ세대의 주축인 10대와 20대는 절반 이상(10대 58.3%, 20대 53.7%)이 올바른 상품을 구매하기 위해 추가적인 비용을 더 들일 의향이 있다고 답했다. 올바른 상품의 구매 동기를 작동시키는 것은 스토리라는 점을 생각하지 않을 수 없다.

2020년 맛과 관련한 소비트렌드 조사 결과 단순히 훌륭한 맛보다는 브랜드에 대한 스토리텔링(뒷이야기)이 더 중요하고, 이러한 스토리텔링이 맛을 뒷받침해야 소비자의 선택을 받을 수 있는 것으로 나타났다. 글로벌 시장조사 기관인 Innova Market Insights가 발표한 2020년 글로벌 식음료 향미동향 보고서에 따르면 소비자의 절반 이상인 56%가 혁신적이고 새로운 맛보다는 제품의 스토리텔링이 구매의사 결정에 더 큰 영향을 미친다고 답했다. 또한, 제품이 어디에서 어떻게 왔고, 어떤 성분으로 이루어졌는지에 관한 소비자들의 관심이 높아져 기원과 성분에 관한 스토리텔링이 맛을 뒷받침하고 조화를 이뤄 시너지 효과를 내는 것이 무엇보다 중요했다. 스토리텔링의 주요 전략으로는 진실된 맛과 제품의 레시피, 성분의 기원, 가공 방법의 독창성 등에 초점을 맞추는 것이 중요하다고 Innova Market Insights는 언급했다.

3.
적용하기

Q. 음식 스토리텔링을 활용해 성공한 사례와 실패한 사례의 차이에 대해
논의해보자.

_____

_____

_____

_____

_____

Q. 푸드 스토리텔링을 다양한 픽션 창작과 공연에 결합해보자.

_____

_____

_____

_____

_____

Q. 푸드 스토리텔링에 스토리두잉을 접목시킬 수 있는 기획안을 작성해
보자.

_____

_____

_____

_____

_____

에필로그
스토리텔링의 유행과 오해

　사적 영역, 기업경영론 차원에서 크게 부각되기 시작한 스토리텔링이 이제 공적 영역에도 널리 적용되고 있다. 스토리텔링의 장점과 잠재성, 효과의 파급성을 생각한다면 긍정적이다. 하지만 잘 쓰면 약이 되고, 잘못 쓰면 독이 되는 것이 스토리텔링이다. 몇 년 사이 각 대학에 문화콘텐츠 관련 강좌에서 가장 인기 높은 강의는 스토리텔링이다. 어떤 때는 스토리텔링이 마치 신묘한 영물(靈物)이라도 되는 듯이 대우받는다. 그 영물을 손에 넣으면 우리가 숙원으로 여기던 문제의 해법을 가질 수 있을 듯하다. 그런데 이렇게 높은 선호도에 비해 만족도는 그렇게 크지 않은 경우가 많다.

　만족도가 크지 않은 이유를 살피면 '승자의 저주'를 연상하게 만든다. 치열한 경쟁을 뚫고 원하던 물건을 얻었지만, 그 물건의 효용은 승자가 투여한 가용자원에 비하면 턱없이 기대에 미치지 못하기 때문이다. 영물을 손에 넣었지만 그 영물의 신묘함은 확인할 길이 없다. 왜 이런 현상이 일어나는 것인지 생각하지 않을 수 없다. 그것은 스토리텔링의 본질적인 특성을 오해하는 데서 비롯한다.

기존의 스토리텔링 담론은 무엇보다 창작실습강의와 무엇이 다른지 구분되지 않는다. 더구나 스토리텔링 강의를 개설한 과들이 과거의 영문학, 국문학, 문예창작학과들과 구분되지 않는 경우도 많다. 다만 그 창작론과 방법론들이 적용되는 영역이 조금은 달라졌다. 예컨대, 예전에는 소설, 영화, 연극, 드라마에 초점이 맞추어졌다면, 이제는 테마파크, 축제, 애니메이션, 광고, 게임, 박물관, 브랜드 등에 적용되고 있기 때문이다. 그러나 이러한 적용영역의 변화가 일어나도 창작론과 방법론에 변화가 일어나지 않는다면 애써 구분되어 등장한 스토리텔링의 영역이 유지되지 않을 것이다. 또한 모처럼 부각된 스토리텔링이라는 블루오션이 레드오션으로 변할 뿐만 아니라 너도나도 자신의 입장에서 이익만 취하게 되므로 공유의 비극으로 끝날 우려도 있는 상황이다. 심지어 왜 '스토리라이팅(Story Writing)'이 아니라 '스토리텔링(Story Telling)'인지에 대한 기본적인 개념 이해도 되지 않는 상태에서 각 문화콘텐츠에 이야기 창작론을 적용시키는 경우가 빈번하다. 더구나 일부 학자들은 스토리텔링에 대해 학술적인 정립을 모색하는 가운데 현실과 다른 이론적 구성에 몰두하고 있다. 이는 현실적인 수용자의 욕구를 무시하는 것일 뿐만 아니라 스토리텔링의 기본적인 존재이유를 부정하는 행위가 된다. 이러한 스토리텔링의 적용행태는 비단 대학에만 영향을 미치는 것이 아니라 기업은 물론 공공기관에서도 흔하다. 정부는 물론 지자체에서도 스토리텔링에 대한 관심이 높아졌기 때문이다. 각 지자체에서는 지역경제 활성화를 위한 문화관광정책에는 스토리텔링이 거의 의무적으로 포함되기도 했다. 성공한 경우도 있지만 대부분 원하던 성과를 얻지 못하거나 아예 추진되지 못하기도 했다.

　기대에 부응하여 스토리텔링의 장점을 살리기 위해서는 그 본질에 대한 이해가 선행되어야 한다. 이를 통해 이러한 점들이 창작영역에서 반복되지 않도록 하는 것이 중요하다. 스토리텔링은 콘텐츠 창작만이 아니라 대내외 마케팅 소통 운영에서 탁월한 효과를 나타낼 수 있기 때문에 실제 사례를 살피는 것도 중요하다. 올바른 자리매김을 위해 이제라도 스토리텔링의 기본적인 특징과 속성, 주의해야 할 점들을 바탕으로 창작하고 평가하는 일부터 해야 한다. 그런 면에서 이 책을 읽는 독자는 매우 소중한 사람이다. 중요한 것은 스토리텔링은 수용자의 의사와 소망에 따라 끊임없이 변화를 추구해야 하며 그 목적은 좀 더 나은 삶의 추구에 있다는 점이다. 이를 위해서는 스토리텔링이 마치 사람들을 앞에 두고 그들에게 상호작용을 하듯 문화콘텐츠나 미디어콘텐츠를 재구성하고, 창조해나가야 한다. 아울러 사람들에게 이야기를 하고 이야기를 들으며 끊임없이 삶의 행복을 꿈꾸고 만들어가는 본체가 되어야 한다.